DAS VOLK DER ADLER

Semjon Lipkin

Das Volk der Adler

Das Schicksal eines Kaukasusvolkes

Aus dem Russischen übersetzt von
Wolfgang Kasack

GEROLD & APPEL HAMBURG

Der Druck dieses Buches wurde gefördert durch
ORIENT-OCCIDENT Gesellschaft zur Förderung
osteuropäischer Literatur e. V.

EDITION ORIENT-OCCIDENT NR. 3

ISBN 3 7604 0066 3

Hamburg: Gerold & Appel Verlag 1984
Umschlaggestaltung: Karsten Brunckhorst

Originaltitel: Semen Lipkin, Dekada
Copyright 1983 by Chalidze Publications
Eighth Avenue, New York, N.Y. 100 18

Erstes Kapitel

Von jenem Telefonanruf bei Amirchanow, damals, noch vor dem Kriege, mitten in der Nacht, erzählten Obrigkeit und Intelligenz der Republik noch lange mit Vergnügen. Man redete darüber voller Spott, aber mit einem Spott ohne Bosheit, und überhaupt war die Geschichte eigentlich gar nicht so harmlos.
Kein Zweifel, Amirchanow kam dabei nicht sehr gut weg, aber wenn man sich hineindachte, dann wiederum nicht so übel, und wenn man sich tiefer hineindachte, dann durchaus nicht so übel. Natürlich klang in dieser komischen Geschichte an, daß unser Amirchanow keine großen Sprünge machen würde, aber er hatte doch etwas von einem Adler, etwas von unserer Gebirgsart, etwas Kühnes und vor allem – die unerschütterliche Sicherheit einer ihres Wertes bewußten Führernatur. Einen Russen hätte sicher die Unruhe gepackt, er wäre nervös geworden, unsereiner aber...
Die Geschichte war folgendermaßen. Es hatte ein Gelage gegeben. Irgendeiner aus der Obrigkeit hatte entweder geheiratet oder seine Frau hatte das siebente Kind bekommen, und auch noch einen Jungen, oder jemand hatte seine Kandidatendissertation erfolgreich verteidigt. Kurz und gut, im Kulturhaus hatte sich fast die gesamte Parteiführung des Kreises versammelt. Tamada, also leitender Tischältester, war der Direktor der Konservenfabrik für Obst und Gemüse, zwar ein Armenier, aber ein Mensch mit Gemüt, der hier geboren und aufgewachsen war, der wußte, wie man im Bergland ein Gelage steuert. Mitternacht war schon vorüber, als nach dem Huhn in saurer Sahne mit scharfer Sauce einer der sogenannten Instrukteure feierlich und fröhlich Amirchanow einen Hammelkopf vorsetzte. Amirchanow war für seine Kunst berühmt, einen Hammelkopf mit einem langen Messer geschickt zu tranchieren und die Stücke unter den ehrwürdigsten Gästen, entsprechend ihren Funktionen und ihrem Alter, aber auch ihren beruflichen Aussichten, zu verteilen. Wenn er Ohren, Augen und Hirn reichte, machte er dabei seine kleinen Späße, die seit langem bekannt waren, aber alle belustigten, weil erstens ein Gebet durch die Wiederholung nicht schlechter wird und zweitens Amirchanow so aufrichtig, so kindlich glücklich war, wenn er diese abgedroschenen Späße machte, daß einem leicht und licht zumute wurde. Vergessen wir nicht, daß man

im Orient vernünftigerweise der Auffassung ist, ein Gedanke sei nie neu, der ganze Reiz eines Gedankens läge in der Neuartigkeit der Wortverbindung, und wenn es auch dieses Neue nicht gäbe, dann sei das auch kein Unglück, wenn nur der Gedanke nicht durch vorgebliche Originalität ärgere, eine immer vorgebliche, denn alles, was gesagt werden müsse, sei schon lange gesagt worden. Die Gäste brachen in ein zufriedenes Lachen aus, als Amirchanow in seinen beiden aneinandergelegten Handflächen dem Chef der Miliz ein Hammelauge brachte. „Wachsamkeit, Wachsamkeit!" erklärte gerade jemand, als plötzlich ein derartig durchdringendes Klingelzeichen ertönte, wie es nur in einer Behörde auf dem Dorfe vorkommen kann. Das Gelage verfiel in Schweigen.

Amirchanow, der kleine breitschultrige Mann, erhob sich mit jenem seligen Lächeln auf seinem runden, braungebrannten Gesicht, das mit dienstlichen Obliegenheiten nichts zu tun hat, erhob sich ohne Eile, um sein Ansehen in den Augen der Festgesellschaft nicht zu schmälern, begab sich zu dem an der Wand hängenden Telefon und ergriff den Hörer. Er lauschte mit konzentrierter Aufmerksamkeit, stellte einige Fragen, wobei er die Worte seiner Muttersprache mit den entsprechenden russischen Flüchen würzte. Dann hängte er den Hörer ein, ließ seinen ernüchterten Blick über die Anwesenden schweifen und teilte mit:

„Im Kaganowitsch-Kolchos ist ein Unglück geschehen. Die Speicher mit der gesamten Maisernte sind abgebrannt."

Die Festgesellschaft erstarb. Irgendwo fielen Gläser um. Amirchanow sagte:

„Draußen ist finstere Nacht, es regnet, die Chauffeure sind betrunken. Bis zum Kolchos sind es siebzig Kilometer, selbst wenn wir heil hinkämen, könnten wir nicht mehr helfen, alles ist niedergebrannt, eine solche Festtafel aber zu verlassen – das ist eine Sünde vor dem Volk, das alle diese Wohltaten im Schweiße seines Angesichts erarbeitet hat. Ein Feuer aber ist ein elementares Unglück."

So blieben sie da, tranken und aßen bis zum Morgen, sie tanzten, und Amirchanow, mit seinem fast quadratischen Körper, tanzte nicht schlechter als die anderen, mit einem seligen, aber, wie es sich beim Tanzen gehört, zugleich auch bedeutenden Lächeln.

Als der Erste Sekretär des Gebietskomitees der Partei, Dewjatkin, von dem Vorfall erfuhr, packte ihn der Zorn, aber er fand bei den Mitgliedern des Parteibüros kein Verständnis und ließ es daher gut sein. Da gab es eine Besonderheit, und Dewjatkin war sich dieser durchaus bewußt. Der Vorsitzende des Rates der Volkskommissare der Republik, der Nationalität nach ein Tawlare, war Dewjatkin zwar ergeben wie ein

Jagdhund dem Jäger, stammte aber aus derselben Sippe wie Amirchanow, zwei andere Tawlaren, Mitglieder des Parteibüros, hätten sich ohne starken Druck wegen einer solchen Kleinigkeit nicht gegen Amirchanow gestellt, sie schätzten ihn um seiner Einfachheit willen und weil er allem Anschein nach sogar im Jahre 1937 niemanden angezeigt hatte, um Karriere zu machen, was er auch seinen Fähigkeiten entsprechend nicht gekonnt hätte – in ihm steckte zu wenig Gemeinheit, kaum bösartiger Neid. Für die fünf anderen Mitglieder des Büros aber, Guschanen, war es unschicklich, einen Tawlaren zu verurteilen, das erlaubte ihnen ihre Bergethik nicht.

Bald danach kam der Krieg, die Deutschen besetzten die gesamte Guschanisch-Tawlarische ASSR, hißten sogar die Fahne mit dem Hakenkreuz auf dem Gipfel des Elbawend, hinter dessen Gletschern märchengleich die Heimat Stalins blühte, wohin Amirchanow, wenn auch unter großen Verlusten, das Vieh hatte rechtzeitig treiben lassen, Dewjatkin hatte ihm im Namen des Parteibüros dafür den Dank ausgesprochen und dann vertraulich mit Parteihumor hinzugefügt: „Also du meinst, ein Feuer ist ein elementares Unglück?"

So wandelte sich der Vorfall mit Amirchanow, nachdem er die indirekte Billigung der Partei erhalten hatte, zu einem epischen Motiv. Nun aber, nach so vielen Jahren – und was für Jahren –, klingelte wieder plötzlich und mitten in der Nacht das Telefon.

In dieser Nacht wollte Amirchanow nur eines: sich ausschlafen. Die Deutschen hatten in der Republik nicht lange gehaust, etwa ein halbes Jahr, aber man hatte sie mit Mühe hinausgekämpft, die Häuser waren zerstört, das Vieh hatte sich Moskau geholt, in den Schafpferchen kein einziges Lämmchen, als Arbeitskräfte nur Frauen, die Männer aber befanden sich entweder in führenden Posten – dann hatte man von ihnen nicht viel –, oder es waren alte Leute, Krüppel, heranwachsende Buben, sogar Kinder. Fleisch gab es nicht, das Mehl für das Brot war mit Melde versetzt. Tag für Tag war jemand zu beerdigen, die Klage tönte über das ganze Dorf, weint doch niemand auf der Welt so wie die Mohammedaner. Dewjatkin aber stellte immer neue Forderungen.

Amirchanow hatte einen weit entfernten Kolchos aufgesucht, er war müde, durchgefroren, der Weg war scheußlich gewesen, der erste winterliche Wind hatte von den Bergen herabgeweht, unten aber hatte sich Nebel ausgebreitet. Die Leute dort befaßten sich seit Jahrhunderten mit Teppichweberei. Moskau hatte befohlen, das uralte Gewerbe ungeachtet des Krieges wieder in Gang zu bringen, die Frauen aber hatten gezetert und sich beklagt, hatten Amirchanow beleidigt, er habe ein feistes Gesicht und seine Frau ein Fettpolster von zwei Pud, ihre Männer und Söhne aber müßten ihr Leben an der Front lassen und sie selbst Hunger leiden. Amirchanow hatte versucht, sie mit Späßchen und Witzchen zu beruhigen, hatte Brot und Fleisch versprochen, allen war klar, daß er log, aber sie hatten ihm glauben wollen, hatten doch keinen anderen Ausweg. Eine Teppichknüpferin hatte Amirchanow zugezwinkert, aber er war nicht darauf eingegangen, ihm war nicht danach gewesen.

Spät war er nach Hause zurückgekehrt. Er hatte eine halbe Flasche getrunken und dazu Maisbrei mit einem aufgewärmten Stück gedörrten Hammelfleisch gegessen. Während er aß, hatte seine Frau ihren Kleinen in Schlaf gewiegt und sich dabei über die Wiege gebeugt. Amirchanow hatte sie von hinten betrachtet und sich an den treffenden Ausdruck vom zwei Pud schweren Fettpolster erinnert. Er hatte sich, um Wasser zu lassen, auf den Hof begeben; als er damit fertig war, hatte seine Frau schon geschlafen. Amirchanow war ihr nicht gram gewesen, hatte sich ausgezogen und mit einem Seufzer neben sie gelegt, ohne zu wissen, ob er wolle oder nicht, und war schnell und tief eingeschlafen.

Das Telefon weckte ihn. Dewjatkin rief an. Um Stalin nachzueifern, pflegten die Sekretäre der Gebietskomitees der Partei nachts nicht zu schlafen, den Sekretären der kleinen dörflichen Kreiskomitees aber war das Schlafen nachts gestattet.

„Amirchanow, hörst du, hast du mich erkannt?"

„Und wenn ich im Sarg liege, sobald ich Ihre Stimme höre, erkenne ich Sie auch, Iwan Grigorjewitsch, das schwöre ich beim allmächtigen Allah."

„Wie geht es denn? Kein elementares Unglück?"

„Bis jetzt nicht, aber es wird kommen."

„Ich reiß dir den Kopf ab, klappt es mit der Teppichgenossenschaft?"

„Ihre Worte fasse ich in Gold, Iwan Grigorjewitsch, eher lasse ich mir den Kopf abschlagen, als daß wir zum Sommer keine Teppiche liefern."

„Du bist ein tüchtiger Kerl. Hör mal, da ist folgendes. In den nächsten Tagen kommt zu dir nach Kagar für ein oder zwei Wochen ein Generalmajor. Er wird bei dir zuhause wohnen. Du hast doch nichts dagegen?"

„Iwan Grigorjewitsch, Sie wissen das doch besser als wir. Für einen Tawlaren ist es eine große Ehre, wenn sich ein Gast in seinem Haus ein Stück Brot bricht, und dann noch so ein Gast. Aber zu einem Stück Brot gehört noch etwas dazu. Wie heißt doch das russische Sprichwort, ‚ein trockener Löffel kratzt im Mund'."

„Spiel nicht den Armen, deinen trockenen Löffel kenne ich, drei Tage hat mir der Kopf danach noch gebrummt. Aber mach dir keine Sorgen, alles kommt in Ordnung. Wie man mit einem hohen Gast umgeht, brauche ich dir ja nicht beizubringen."

„Wir sind Ihre Schüler, Iwan Grigorjewitsch. Die alten Leute bei uns sagen, ‚kein Mulla und kein Ustad kennt unsere Sitten so gründlich, wie der Genosse Dewjatkin'."
„Redest du mir da nicht nach dem Mund? Es hört sich gut an. Mit alten Leuten soll man sich immer beraten. Das ist übrigens kein einfacher General, er heißt Semissotow."
„Auch diese Ihre Worte werde ich in Gold fassen. Aber erlauben Sie mir die Frage, was hat er denn in unserem Kagar zu tun? Der Krieg ist weit weg, wir sind dabei, unsere friedliche Arbeit wieder in Gang zu bringen."
„Das ist nichts fürs Telefon, Mohammed. Wenn es nötig ist, dann lasse ich dich das wissen. Du fährst dem General entgegen, die Straßen bei uns sind ja schlecht. Hast du begriffen?"
„Morgen früh werde ich es begreifen", dachte Amirchanow und schlief ein. Er wachte früh am Morgen auf, der Kleine hatte angefangen zu schreien. Amirchanow nahm das nackte Kerlchen auf den Arm, küßte ihn auf das noch nicht beschnittene Glied und sagte gerührt, „laß mich für deine Eierchen sterben". Drei Dinge hatte Amirchanow am Morgen begriffen. Erstens, ein solcher Gast, ein General, zudem noch kein einfacher, wie Dewjatkin hatte anklingen lassen, ist für ihn als Sekretär des Kreiskomitees eine Ehre und wird seine Autorität in den Augen der Bevölkerung heben. Zweitens wird man ihm aus Gugird, der Hauptstadt der Republik, für den General alles Notwendige schicken – Cognac, wohl ein paar Dutzend Flaschen, mindestens zwei fette Hammel, Konditoreiwaren, lauter hübsche Schleckereien, das wird ein Spaß für die Frau und die Kinder werden. Drittens hatten sich in ihm die Worte Dewjatkins über die schlechten Straßen festgesetzt: Das konnte doch nicht anders sein, als daß man über die Berge eine Verbindungsstraße bauen wollte. Zum Meer? Zum Erdöl? O, allmächtiger Allah, der Kreis Kagar wird noch von sich reden machen!
Der General traf ein, ohne daß Dewjatkin eine Vorwarnung gegeben hätte. Amirchanow putzte gerade eine Kolchosvorsitzende herunter, geduldig warteten zwei andere Vorsitzende, die Amirchanow vorgeladen hatte, wann sie an die Reihe kämen, als bei dem Schulgebäude, wo jetzt das gesamte Erdgeschoß zeitweilig vom Kreiskomitee der Partei und vom Kreis-Exekutivkomitee mit Beschlag belegt war, ein Wagen vorfuhr, dem Wesirow, der Volkskommissar für Innere Angelegenheiten der Republik, und ein hochgewachsener, leicht gebeugter, nicht mehr junger General mit einer altmodischen Brille entstiegen.
Amirchanow trat würdevoll auf die Gäste zu. Er hatte seine Fellmütze aufgesetzt, aber keinen Mantel angezogen, war in seiner Militärbluse. Unverändert wehte von den Bergen der Wind. Wesirow, ein ebenso

kleiner Mann wie Amirchanow, aber mit einer schlanken Taille, eher weiblich wirkend wie ein Mundschenk auf einer persischen Miniatur, stellte Amirchanow dem Generalmajor, dem Genossen Viktor Nikolajewitsch Semissotow vor. Der Generalmajor lächelte liebenswürdig, er hatte schmale blasse Lippen, einen breiten Mund, durchweg Goldzähne, wie auch seine Brille eine goldene Fassung hatte. Amirchanow bat die beiden in sein Arbeitszimmer.
„Das ist Fatima Safarowa", sagte er, „die tüchtige Vorsitzende des Ordshonikidse-Kolchos. Wir erwägen, sie für eine Auszeichnung vorzuschlagen, aber das ist zunächst noch ein Geheimnis, nicht wahr, Fatima? Ihr Mann hat sich schon einen Orden an der Front verdient. Sie arbeitet pausenlos, dabei ist sie Mutter von vier Kindern. Ihr Ältester, Alim, ist dreizehn, hat ein außergewöhnliches Zeichentalent, wir wollen ihn in die Malschule nach Baku oder Tbilissi schicken."
„Sehr angenehm, guten Tag", sagte der Generalmajor und reichte der Kolchosvorsitzenden die Hand. Brüderlich strich der Volkskommissar Wesirow mit seiner braunen harten Hand über ihr schwarzes Kopftuch.
„Auch dir einen guten Tag", sagte Fatima zu dem Generalmajor. Ihre herrischen klugen Augen schienen gleichsam zu verlöschen, und sie zog sich verschüchtert, mit dem Rücken zur Tür, die großen Hände ganz unweiblich an die Brust gedrückt, zurück.
Der Generalmajor ließ sich nieder und begann das Gespräch:
„Ein schweres Los ist auf unsere Frauen gekommen. Zeitweilig haben sie es, seien wir offen, nicht leichter als ihre Männer an der Front. Sie, Genosse Amirchanow, haben noch nicht im Kampf gestanden?"
„Dreimal habe ich einen Antrag gestellt, habe darum gebeten, man gibt mich nicht frei."
„Wir, die Soldaten der Partei, müssen dort aushalten, wohin die Partei uns gestellt hat."
„Er hat bei uns seine Erfahrung im Kampf mit Feuersbrünsten", erlaubte sich Wesirow zu witzeln. Der Generalmajor zeigte, wie es sich in einem solchen Falle gehört, ein blasses, kaum merkliches Lächeln, man hatte ihm diese weit zurückliegende Geschichte bereits berichtet. Aber der General hatte erkannt, daß er Wesirow ein bißchen zügeln und den Hausherrn ermuntern sollte. Er sagte:
„Es gefällt mir, Genosse Amirchanow, daß Sie Ihre Leute gut kennen, haben sogar den Namen eines begabten kleinen Jungen im Kopf. Lobenswert."
Amirchanow wurde etwas kühner.
„Da gibt es eine hübsche Geschichte. Im Kreis fand eine offene Parteiversammlung statt. Der Saal war gestopft voll. Ein Vertreter des Gebietsparteikomitees war gekommen und hatte im Präsidium neben

dem Sekretär des Kreisparteikomitees Platz genommen, der, wie es sich gehört, die Versammlung leitete. Plötzlich merkte man im Präsidium, daß jemand in dem überfüllten Saal, entschuldigen Sie, die Luft verpestet hatte. Der Sekretär des Kreiskomitees sagte unverzüglich: ‚Muhammadijew, mach, daß du hinauskommst!' Während der Pause fragte der Vertreter des Gebietskomitees den Sekretär: ‚Wie konntest du denn bei dieser großen Menschenmenge, und wo noch dazu so viele Parteilose dazwischen waren, erkennen, daß es ausgerechnet Muhammadijew war, der einen hatte fahren lassen?' Der Sekretär des Kreiskomitees antwortete: ‚Wir kennen unsere Leute.' Vielleicht paßt die Geschichte nicht ganz hierher, aber ich kann Ihnen versichern, daß ich im Kreis jeden Bürger kenne, daß ich weiß, wer wonach riecht."
Der General mit dem breiten Mund zeigte wieder sein blasses Lächeln, nickte und beschloß, diesen Witz in Moskau zu erzählen. Der Amirchanow war offenbar kein dummer Kerl. Der sah nur so naiv aus.
„Ich höre Ihrem Gespräch mit Interesse zu", mischte sich Wesirow höflich ein, „aber vielleicht setzen wir es beim Genossen Amirchanow zu Hause fort? Ich glaube, er wird sich nicht lumpen lassen, obwohl wir Kriegszeiten haben, schwierige Zeiten."
Dann wandte er sich an Amirchanow:
„Was starrst du mich so verdattert an? Hast du Angst, wir hätten nicht für alles gesorgt? Bei dir auf dem Hof steht schon ein Anderthalbtonner."
Wesirow erhob sich und sagte zu dem hohen Gast:
„Verzeihen Sie, Genosse Generalmajor, daß ich in Ihrer Gegenwart mit Amirchanow nicht russisch gesprochen habe. Das waren organisatorische Probleme."
„Aber ich bitte dich, man muß unsere Mitarbeiter anspornen, wenn sie die örtlichen Sprachen lernen."
„Das ist nicht mein Verdienst, Genosse Generalmajor. Die tawlarische Sprache ist der unseren, dem Aserbeidschanischen, sehr ähnlich. Beides sind Turksprachen."
Der Umstand, daß Amirchanow die Möglichkeit hatte, sich mit dem Volkskommissar für Innere Angelegenheiten der Republik nicht auf russisch, sondern in seiner Muttersprache zu unterhalten, hatte zwischen ihnen einen vertrauteren Umgangston geschaffen, und das war Amirchanow bei der tagtäglichen Arbeit gelegentlich zugute gekommen. Aber Amirchanow wußte noch anderes von Wesirow, hatte es stets im Kopf.
Fast seit den Anfangsjahren der Sowjetmacht war bei ihnen ein Held des Bürgerkrieges, Suleiman Nashmuddinow, Erster Sekretär des Gebietskomitees der Partei gewesen, ein Partisanenführer, der persönlich mit

Stalin bekannt war. Wegen seiner hohen Statur und des schwarzen Schnurrbarts hatte man ihn Peter den Großen genannt. Die örtlichen Hymnendichter und Reimeschmiede hatten ihn als hünenhaften Rekken gepriesen, was ihm, wie es heißt, später angekreidet wurde, weil diese epische Wendung vom lyrischen sozialistischen Realismus für den Genossen Stalin vergeben worden war. Indessen stützte Genosse Stalin mit Hilfe der Moskauer Presse die Person des Nashmuddinow auf jegliche Weise. Man nahm an, daß die Bevölkerung der Republik Nashmuddinow in fester Liebe zugetan sei. In einer der drei Republikzeitungen hatte man gedruckt, daß Suleiman Nashmuddinow eine eben solche Macht über die Volksfeinde habe, wie sein Namensvetter, der weise Zar Suleiman, über die Dschinns, die bösen Geister. Der Redakteur der Zeitung hatte einen Orden bekommen.

Im Jahre 1937, als Amirchanow im Gebietskomitee der Partei als Instrukteur des Handelsnetzes arbeitete, war Wesirow Leibwächter von Suleiman Nashmuddinow. Sein zarter Körperbau und die geringe Größe spielten hierbei keine Rolle, Wesirow war Freistilringer und Champion im Leichtgewicht, so wunderte es niemanden, daß den riesenhaften mächtigen Nashmuddinow der kleine Wesirow mit den weiblichen Zügen vor Gefahren schützt.

Eines Tages hatte man Amirchanow zum Nachbarn entsandt, dem Sekretär des Stadtparteikomitees eines berühmten Kurorts. Es war darum gegangen, daß der Kurort zustimmen sollte, mit seinem Versorgungssystem – und sei es in beschränktem Umfang – auch die Republik zu versorgen. Im Stadtparteikomitee hatten einige Bekannte Amirchanow gegenüber geäußert:

„Der Erste Sekretär wird dich heute nicht empfangen. Zur Zeit ist Andrej Andrejewitsch Andrejew hier auf Urlaub. Er sitzt beim Ersten im Zimmer. Übrigens, euren Peter den Großen hat man auch vorgeladen, der wird bald eintreffen."

„Dann werde ich auf ihn bei euch warten."

„Paß nur auf, daß dich keiner hinauswirft", hatten die Bekannten gesagt.

Und wirklich, es war keine Stunde vergangen, da war der riesige Nashmuddinow aufgetaucht. Der Rote Kampfbannerorden für Heldentum während des Bürgerkrieges leuchtete auf seinem Rock. Er war mit schweren Schritten, ohne jemanden anzuschauen, in das Arbeitszimmer des Sekretärs des Stadtkomitees gegangen. Wesirow, der treue Leibwächter, hatte ihn begleitet. Nashmuddinow war nach fünf Minuten aus dem Zimmer befördert worden. Seine Hände waren gefesselt, an der Stelle des Ordens gähnte ein Loch. Zwei Tschekisten hatten ihre Taschenkanonen auf ihn gerichtet. Hinter ihnen folgte erregt Wesirow.

Als es so aussah, als wollte sich Nashmuddinow von den ihn fesselnden Riemen befreien, war der kleine Wesirow flink hinzugesprungen und hatte Nashmuddinow einen Schlag gegen das Kinn versetzt. Die beiden fremden Tschekisten und Wesirow hatten Nashmuddinow nicht ohne Mühe auf den kleinen Hof des Stadtkomitees geführt. Der Sekretär des Stadtkomitees hatte die Tür seines Arbeitszimmers weit aufgerissen, und Andrej Andrejewitsch Andrejew hatte den Raum mit gewichtigen Schritten verlassen. Das Mitglied des Politbüros hatte älter ausgesehen als auf den massenweise im Lande ausgehängten Porträts. Auf dem etwas mongolischen Gesicht des Mannes aus dem einfachen Volk glomm ein ungesundes Rot. Was konnte ein rechtgläubiger Kuraischit, ein Mann aus dem Stamm des Propheten, empfinden, wenn er mit ansehen mußte, wie man in Mekka den Gottesboten Mohammed zusammenschlägt? Genauso, wenn nicht noch mehr, war Amirchanow damals erschüttert. Lange noch erinnerte er sich an den riesigen Nashmuddinow (der, wie es heißt, noch in derselben Nacht an der Gefängnismauer des Kurorts erschossen worden ist) und an den kleinen Wesirow, der jenem Mann einen Schlag gegen das Kinn verpaßt hatte, der anscheinend autokratisch siebzehn Jahre lang die Republik regiert hatte.

„Klug ist Andrej Andrejewitsch", hatten die Bekannten zu Amirchanow gesagt. „Er hat euern Mann hierher geladen, um ihn hier zu verhaften und nicht in der Republik, wo seine Gefolgsleute die Sache nur in die Länge gezogen hätten. So geht es stiller." Und schon hatten sie teilnahmslos auf den niedergeschmetterten Amirchanow geblickt.

Zweites Kapitel

Gast heißt auf tawlarisch Kunak, auf guschanisch Gustan. In jedem Haus gibt es unbedingt ein Zimmer für den Gast. Bei den Tawlaren heißt es Kunazkaja, bei den Guschanen Gustanchas. Die Guschanen sind Indogermanen, wir hoffen Zeit und Platz zu finden, davon zu berichten, wie sie in diese Gegend geraten sind. „Gustan" erinnert an russisch „gost", deutsch „Gast", „Chas" an „Haus". Die Kunazkaja ist meistens geschmackvoll eingerichtet, an den Wänden hängen Teppiche, auf den Regalen stehen Krüge, von örtlichen Töpfern hergestellt, auf dem breiten Bett liegen viele Kissen, auf dem Boden ein Palas-Teppich. Zur Kunazkaja führt ein separater Eingang, sie ist so gelegen, daß der Gast keinen Einblick in die inneren Räume hat, die Frauen nicht sieht. Obwohl jetzt die früheren Sitten in Vergessenheit geraten, bedeckten Amirchanows Frau und ihre siebenjährige Tochter, als sie dem Generalmajor unversehens auf dem Hof begegneten, schamhaft und etwas ungelenk ihre Gesichter mit der Hand.

Semissotow bemühte sich, seinen Wirtsleuten nicht zur Last zu fallen. Frühmorgens fuhr er mit dem Wagen weg, abends kehrte er zurück. Sein Chauffeur war ein Tawlare. Amirchanow kannte ihn ein wenig, er hieß Temir und arbeitete bei Wesirow. Vor dem Abendbrot bereitete man Semissotow warmes Wasser. Jeden Abend badete er in einem großen Bottich, der in einem kleinen Schuppen neben der Küche stand. Temir war ihm hierbei als Badediener behilflich. Morgens wusch sich Semissotow in seiner Schlafanzughose, nackt bis zum Gürtel, draußen an einem kleinen Waschbecken. Amirchanow hatte die Anordnung getroffen, daß für den Waschakt jeweils ein noch verpacktes Stück Toilettenseife bereitzuliegen hatte und daß man an einen Nagel ein frisches Handtuch hängte. Aus Gugird war ein ganzer Kasten solcher Seife eigens für den Generalmajor geschickt worden, abgesehen von einigen Kilo Kernseife. Die aus gestampftem Lehm gebaute Toilette wurde in bester Sauberkeit gehalten, für die Nacht stellte man Semissotow einen emaillierten Eimer in die Kunazkaja, so hatte es Wesirow angeordnet, die Hausfrau aber trug ihn hinaus. Manchmal suchte sich Semissotow ein Buch, um vor dem Schlafen zu lesen. Amirchanow plusterte sich auf und sagte selbstzufrieden: „Wir haben da schon eine hübsche kleine Bibliothek. Ich hatte mir einen Plan zurechtgelegt, wollte mir an die tausend Bücher zusammenstellen, aber der Krieg hat mich daran gehindert, ich habe den Plan nur zur Hälfte erfüllt."

Dem außerordentlich einsilbigen Temir konnte Amirchanow mit einiger Mühe doch etwas entlocken.

Der Generalmajor hatte sich in verschiedenen Ansiedlungen aufgehalten und mit den Leuten geplaudert – Temir diente ihm als Dolmetscher –, hatte sich aber vor allem für die Straßen interessiert. Es hatte ihn beunruhigt, als er erfahren hatte, daß der hoch auf einem Berg gelegene Aul Kurusch im Winter praktisch wegen der Wegelosigkeit von der übrigen Welt abgeschnitten war. Amirchanow schloß daraus, daß seine Vermutung richtig war: Der General war gekommen, um an Ort und Stelle die Möglichkeit der Anlage einer bequemen Straße zu studieren.

Aber wer würde sie bauen? Wenn man den Bau zur Volksmaßnahme erklärte, dann würde es den Kolchosbauern schlecht ergehen. Ob nicht vielleicht deshalb kein einfacher General gekommen war, weil man die Absicht hatte, Strafgefangene hierher zu verlegen? Das versprach auch nicht heiter zu werden.

Einmal hatte der Parteisekretär des etwas unterhalb, im Vorgebirge gelegenen Kreiskomitees Amirchanow zu sich geladen. Die Bevölkerung bestand dort aus Guschanen, und die Leute von Kagar standen bei der Planerfüllung mit diesen Guschanen im sozialistischen Wettbewerb. Der Nachbar hatte eindringlich darum gebeten, den Generalmajor mitzubringen, aber Semissotow hatte das kategorisch abgelehnt und dabei noch ein derartiges Gesicht gemacht, daß Amirchanow sich nicht wohlfühlte in seiner Haut.

Lange wurde über die sozialistischen Selbstverpflichtungen diskutiert, noch länger getrunken. Die Guschanen haben die Sitte, den Gast bis zur Bewußtlosigkeit unter Alkohol zu setzen, und Amirchanow gab sich alle Mühe, seine Trinkgenossen zu betrügen. Er kehrte nachts nach Hause zurück und entließ seinen Chauffeur. Das Haus schlief, auch Semissotow. Am Zaun schien Amirchanow irgendein Schatten entlangzugeistern. „Bin ich etwa betrunken?" überlegte Amirchanow, aber der Schatten näherte sich ihm lautlos und Amirchanow erkannte den Chauffeur des Generals. Besorgt fragte er:

„Ist etwas passiert, Temir?"

„Still, Mohammed, wir haben etwas zu besprechen", flüsterte Temir, und Amirchanow wurde von noch größerer Sorge gepackt.

Die Nacht war totenstill. Der Wind hatte sich gelegt. Plötzlich tauchte über den Berggipfeln ein durchsichtiger Mond auf, beleuchtete eine Wolke, die sich an der Schießscharte eines Turmes festgekrallt hatte, der in alten Zeiten den Leuten von Kagar als Zuflucht gedient hatte. Temir

zog Amirchanow zu den Trümmern des Nachbarhauses und fragte noch in demselben Flüsterton:
„Wir haben doch das gleiche Blut, Mohammed?"
„Du kannst mit mir wie mit einem Bruder reden."
„Dann sage mir als erstes, wer ist bei den Deutschen Kyleisyt?"
„Kleist. Ein General. Er hat die deutsche Panzereinheit befehligt."
„War er in unserem Gebiet?"
„Angeblich ja."
„Jetzt merke dir jedes Wort. Unsere guschanischen Freunde haben dem General gesagt, daß wir Tawlaren uns über den Einmarsch der Deutschen gefreut und diesem Kyleisyt einen Schimmel geschenkt hätten, einen Paßgänger mit einer samtenen Schabracke, am Sattel aber seien Koransprüche mit reinem Gold eingestickt gewesen."
„Hat dir das Semissotow selbst gesagt?"
„Ja, er selbst."
„Und wie hat er das gesagt? Amüsiert?"
„Oh, nein. Böse hat er es gesagt. Als Warnung. Sprich mit ihm. Wenn du mich dabei erwähnst, kannst du meinen Namen gleich aus dem Buch der Lebenden löschen."
„Wir haben doch das gleiche Blut, Temir."
Am Sonntag schlug Amirchanow dem General vor, ein wenig höher ins Gebirge zu steigen, um sich berühmte Wasserfälle anzuschauen. Wider Erwarten ging der General gern darauf ein. Als sie am letzten Haus vorüber waren, lenkte der General die Aufmerksamkeit auf einen alten Turm. Er ragte zwischen den Felsen, die mit Buchen bewachsen waren, empor. Etwa in zwei Drittel seiner Höhe, vom Boden her gerechnet, war ein rechteckiger Durchbruch entstanden, durch den geheimnisvoll Nebelschwaden drangen, die die Erinnerung an das entsetzliche Gespräch der Nacht noch bargen. Amirchanow erklärte:
„Die Steine hat man von den Bergen gebracht. Wie man derartig riesige Granitblöcke hierher schaffen konnte, das begreifen die Historiker bis heute nicht. Da bricht jeder Holzkarren zusammen. Der Turm besteht aus fünf Stockwerken; jedes Stockwerk hat vier Meter Höhe. Wir haben vor dem Krieg Vermessungen vorgenommen. Das unterste Stockwerk war für das Vieh, im zweiten hat man Lebensmittel aufbewahrt, im dritten und vierten haben sich die Frauen verborgen, auch die Kinder und die alten Leute, im obersten aber waren die Krieger."
„Gegen wen hat man gekämpft?"
„Es hat viele Feinde gegeben. Mongolen, Araber, Perser, Türken."
„Russen?"
„Als solche Türme in den Bergen gebaut wurden, hatten die hiesigen Stämme von den Russen noch nichts gehört. Die Türme sind etwa

tausend Jahre alt. Unser Volk ist sehr alt, ein ehrwürdiges Volk. Wir haben auch unter dem weißen Zaren nicht gegen die Russen gekämpft, unser Volk galt als ‚friedlich', wie es bei Lermontow heißt."
„Gab es Auseinandersetzungen mit den Guschanen?"
„Niemals, Genosse General. Mit den Guschanen sind wir zu allen Zeiten ganz eng verbunden gewesen." Amirchanow streckte die Zeigefinger beider Hände aus und ließ sie leicht gegeneinander schnippen, bis er sie fest ineinander verhakte, um dem General anschaulich zu zeigen, wie nah einander Tawlaren und Guschanen sind.
„Mohammed Amirchanow, ich wollte Sie schon seit einiger Zeit etwas fragen. Aus dem Wagen sehe ich jeden Morgen, wie zwei Häuser von Ihnen entfernt ein alter Mann in kurzen Hosen und einer Pelzmütze Frühsport treibt. Gestatten das eigentlich Ihre Sitten? Immerhin, es ist doch kein Mann aus unserer Generation, und dann noch unmittelbar an der Straße, fast nackt?"
„Wenn die Gläubigen den Namas, das Gebet, verrichten, dann geschieht es fünfmal am Tag, daß sie sich abwechselnd erst tief verneigen, dann wieder aufrichten. Das nennen sie Rakat. Dieser alte Mann hat für seinen Frühsport den Rakat als Grundlage gewählt."
„Ich bitte Sie, jetzt ist doch Winter. Es ist kalt. So etwas wäre selbst in einem russischen Dorf verwunderlich. Hier aber, im Orient... Wer ist denn dieser alte Mann?"
„Das ist ein Homer des zwanzigsten Jahrhunderts. Er kann zwar weder lesen noch schreiben, ist aber ein Weiser."
„Doch nicht gar ‚Mussaib aus Kagar'? Daß ich nicht gleich darauf gekommen bin!"
„Ja, Mussaib aus Kagar. Abgeordneter des Obersten Sowjets der UdSSR. Träger zweier Leninorden."
Semissotow schien verunsichert:
„Ein hervorragender Dichter. In allen Schulen unseres Vielvölkerstaates lernt man seine Werke. Seine Verserzählung über den Genossen Stalin wird die Jahrhunderte überdauern. Ja, schwierig, schwierig."
„Warum schwierig, Genosse General?" Amirchanow war auf der Hut.
„Gedichte schreiben ist schwierig. Und noch dazu derartige chef d'oeuvres."
„Er schreibt ja nicht, er kann nicht schreiben. Er dichtet mündlich. Er setzt sich auf die Terrasse, nimmt den Sas, seine Laute, in die Hand und skandiert. Den halben Koran kann er auswendig. Er hat ein erstaunliches Gedächtnis. Bei uns hier gab es einen Mulla, einen Volksfeind, der hat viele Jahre in einer Medrese Arabisch studiert, aber den Koran kannte er schlechter als unser Mussaib. Sie haben einen Wettkampf veranstaltet, dabei war er der Unterlegene. Mussaib spricht auch

Persisch, er hat in Baku studiert, hat in Erdölbetrieben gearbeitet, die Armut hatte ihn aus dem Aul vertrieben. Wenn er etwas trinkt – er trinkt nur hausgemachten Wein –, dann deklamiert er den Omar-i-Chajjam. Schön, sehr schön. Von seiner Verserzählung über unseren großen Führer haben Sie, Genosse General, treffend bemerkt: ‚Jahrhunderte wird sie überdauern.' Russisch klingt es zwar auch nicht schlecht, aber irgendwie autorisiert, nimmt einen nicht sofort gefangen, doch wenn man Mussaib selbst hört oder es auf tawlarisch liest, dann kann man sich der Tränen nicht mehr erwehren."
„Warum? Ist das etwa eine traurige Dichtung? Sie ist doch heroisch, beflügelt."
„Vor Glück weint man, Genosse General. Es geht einem unter die Haut."
„Ihn soll Gorki entdeckt haben?"
„Ja, der Sturmvogel der Revolution, Alexej Maximowitsch, der Maxim. 1934, auf dem Ersten Schriftstellerkongreß. Dabei hatte man zunächst Mussaib nicht zum Kongreß entsenden wollen."
„Was war der Grund?"
„Eine alte Geschichte. Bei uns hatte sich damals auf dem Posten des Ersten Parteisekretärs ein gewisser Suleiman Nashmuddinow breitgemacht. Er wurde später als Volksfeind entlarvt."
„Ich erinnere mich."
„Nashmuddinow war ein Guschane. Die Guschanen sind sehr gute Leute, arbeitsam, gastfreundlich. Aber Nashmuddinow, ehrlich gesagt, war ein bourgeoiser Nationalist. Er hat den guschanischen Schriftsteller Hakim Asadajew protegiert. Der ist auch heute noch wohlauf und tüchtig an der Arbeit. Sie haben sicher von ihm gehört?"
„Ja, das eine oder andere ist mir zu Ohren gekommen", antwortete Semissotow ausweichend, und Amirchanow begriff, daß der Name Hakim Asadajews dem General unbekannt war.
„Er lebt in Gugird. Ich will nichts Schlechtes über ihn sagen, er ist natürlich ein hervorragender Schriftsteller, aber jeder wird mir zustimmen, daß er unserem Mussaib aus Kagar nicht das Wasser reichen kann. Sein eigentlicher Name ist Scharmatow, er stammt also vom Adel ab, die Scharmaten sind die Vorfahren der Guschanen, die Russen nennen sie ‚Sarmaten'. Asadajew ist als Mohammedaner sehr erudiert, er hat die Medrese beendet, war in seiner Jugend ein Mulla, hat Reisen nach Bagdad, Damaskus und Mekka unternommen. Während des Bürgerkriegs, es gibt so einen Habar, hat er den Pseudoimam begrüßt, den die türkischen Okkupanten mit hierhergebracht hatten."
„Was heißt ‚Habar'?"
„Habar, das ist ein Gerücht, wie es auf dem Markt entsteht. Später hat Hakim seine Schuld gesühnt, hat die Kollektivierung besungen und

gegen die Adaten, die alten Gewohnheitsrechte, gekämpft. Er hat sich sogar ein passendes Pseudonym ausgesucht: ‚Asada', das heißt auf guschanisch ‚frei'. Er ist in die Partei eingetreten. Na ja, und dann hatte man unserer Republik auf dem Schriftstellerkongreß nur einen Platz zugebilligt, wir hatten damals eine winzig kleine Schriftstellerorganisation, und Nashmuddinow hatte unter Ausnutzung seiner hohen Stellung beschlossen, zum Kongreß einen Mann seines Stammes zu entsenden. Vetternwirtschaft, Genosse General, ist auch heute die Geißel unserer Republik. Aber bei der Sitzung des Parteibüros haben dann die Tawlaren allen Mut zusammengenommen und gefragt: ‚Warum nicht Mussaib aus Kagar? Er ist ein armer Mann, ein Arbeiter, Hakim Asadajew aber ist ein ehemaliger Mulla.' Da telefonierte man nach Moskau, erklärte den besonderen Umstand, daß es bei uns zwei Völker gibt, man verstand uns, und zum Kongreß fuhren beide."

„Also hat man schon vor Gorkis Rede in Ihrem Gebiet von Mussaib etwas gewußt?"

„Seine Gedichte wanderten durch alle tawlarischen Aule von Mund zu Mund. Da gab es so eine Geschichte..." Amirchanow mußte im Vorgeschmack des Vergnügens, das er dem hohen Gast und auch sich selbst alsbald bereiten würde, laut loslachen. Auch Temir brach in Gelächter aus, während er geschickt das Auto über die Serpentinen der Bergstraße lenkte, die sich an den Abgründen entlangschlängelte. Temir wußte, welche Geschichte Amirchanow jetzt gleich zum Besten geben würde.

„Da war ein Tawlare, der hatte beschlossen, in den Bergen eine Chartschewnja, so eine Art Schenke, in der man einfaches Essen bekommt, aufzumachen. Das war gerade am Vorabend des Ersten Weltkrieges. Damals überwog bei uns die Naturalwirtschaft. Feudale Stammesstruktur. Also machte auch Mussaib über diese Schenke eine Satire."

Amirchanow konnte nicht weitersprechen. Er wurde von jenem Lachen geschüttelt, das der andere Homer, nicht der aus dem zwanzigsten Jahrhundert, besungen hat. Sein rundes, immer braungebranntes Gesicht wurde dem eines Fauns ähnlich. Höchste Begeisterung packte den Sekretär des Kreis-Parteikomitees.

„‚Da gehe ich doch', heißt es bei ihm, ‚in die Schenke und man setzt mir', sagt er, ‚eine kalte und ungesalzene Suppe vor. Zwei, drei Löffel habe ich gegessen, ekelhaft', sagt er, ‚ich bitte um ein Glas Tee, und man bringt mir kalten und ungesüßten Tee. Mit Müh und Not', sagt er, ‚habe ich zwei, drei Schluck runtergebracht, verfluche', sagt er, ‚den Wirt und möchte gehen. Er aber packt mich am Beschmet, an meinem Kaukasierhemd, läßt mich nicht hinaus, ich solle erst einmal zahlen. Ich', sagt er,

‚antworte dem, wo hat man denn so was gehört, daß ein Tawlare einem Tawlaren Geld für eine Bewirtung gibt, und dann noch für so eine?'" Amirchanow lehnte in genüßlicher Erschöpfung seinen ganzen quadratischen Körper auf dem Rücksitz des Autos weit zurück. Er erstickte fast vor Lachen, als er die Geschichte mit einem Epilog beendete: Der Wirt der Schenke mußte den heimatlichen Aul verlassen, um dem Gespött durch eine Flucht in die Ferne zu entgehen. Jetzt empfand Amirchanow, der sich sichtlich an die Verse über die Schenke erinnerte, einen höheren, einen geistigen Genuß. Hier hatte sich die Möglichkeit ergeben, so wurde ihm klar, dem General zu erzählen, was für ein gutes, ehrwürdiges Volk die Tawlaren sind, eine Möglichkeit, die guschanischen Verleumdungen zu zerstreuen. Vielleicht hatten auch die Guschanen gar nichts derartiges dahergeredet, und Temir hatte den General nur nicht richtig verstanden? Aber die Geschichte mit dem Paßgänger-Schimmel, den die Tawlaren angeblich Kleist geschenkt haben sollten, beunruhigte Amirchanow. Es war immerhin eine Zeit, in der auch ein harmloses Wort großes Unglück auslösen konnte. Er beugte sich zu Semissotow, dessen schmale Schultern er leicht gekrümmt neben denen des Chauffeurs vor sich hatte, und setzte seine Geschichte fort, eine Lehrgeschichte, im Dienste seines Volkes.
„Unser Mussaib ist nicht nur ein unvergleichlicher Dichter. Er ist auch sehr geschickt. Als im Kreml ein Empfang für Aktivisten der Landwirtschaft stattfand, wandte sich die Gattin des Genossen Kaganowitsch an Mussaib. Natürlich hatten wir unseren alten Mann fein ausstaffiert – eine hohe Papacha aus braunem Lammfell, ein dunkelblauer Beschmet, ein Tscherkessenrock mit aufgesetzten Patronentaschen, Chromlederstiefel, alles ganz neu und nach Maß. ‚Sagen Sie mal, verehrtester Mussaib', fragte ihn die Gattin des Genossen Kaganowitsch, ‚wieviel Töchter haben Sie?' Mussaib hat zwei Töchter, sie leben auch jetzt noch beide hier, ihre Männer sind an der Front. Dem alten Mussaib aber, mögen ihm noch viele Jahre geschenkt sein, kam eine hübsche Idee: ‚Ich habe drei Töchter, die schönste hat Kaganowitsch geheiratet.' Der Gattin gefiel natürlich dieser Witz, sie ist schließlich eine Frau, und sie erzählte es ihrem Lasar Moissejewitsch, der kam dann auch zu Mussaib und drückte ihm die Hand. Er erkundigte sich nach den Erfolgen unserer Schafzucht. Mussaib aber, dem man nichts vormachen kann, ließ Schafzucht Schafzucht sein, wußte, daß jeder sein Volk liebt, und antwortete deshalb:
‚Leute, die es wissen müssen, haben mir gesagt, daß die Menschen deines Stammes einen großen Dichter, einen Aschug, haben und daß sie ihn Salam Aleikum nennen. Ein schöner Name.'
Lasar Moissejewitsch erriet natürlich, daß er mit Salam Aleikum

Scholem Alejchem meinte, den Klassiker der jüdischen Literatur, und er küßte unseren genialen alten Mann."
„Küßte ihn?"
„Küßte ihn, Genosse Generalmajor. Alle haben es gesehen. Es gibt auch ein Foto davon. Würde ich mir denn erlauben, Sie nicht richtig zu informieren. Wir Tawlaren haben ein Sprichwort: ‚Jeder soll unser Gesicht so sehen, wie es ist.'"
Semissotow machte ein finsteres Gesicht. In dem engen Raum des Autos wurde es still, drückend. Semissotow spürte das selbst. Außenstehenden aber kam es nicht zu, in seine Sorgen einzudringen. Er verzog seinen ganzen breiten Mund zu einem Lächeln und fragte durch seine dünnen Lippen in freundschaftlichem Ton:
„Wie kam es denn, daß Gorki auf dem Schriftstellerkongreß ausgerechnet Mussaib aus Kagar beachtet hat, aber nicht den, der sozusagen sein Konkurrent war, diesen anderen..."
„Asadajew?"
„Ja, Asadajew."
„Ich selbst bin natürlich beim Kongreß nicht dabeigewesen, aber Suleiman Nashmuddinow hat uns, die Mitarbeiter des Gebietskomitees, die Großen und Kleinen, zusammengerufen, um uns von dem großen Erfolg der Republik auf dem Gebiete der Kultur zu berichten. Im Kolonnensaal, wo der Kongreß stattgefunden hatte, war es sehr heiß gewesen, die Veranstaltung fand im August statt, den Teilnehmern lief der Schweiß herunter, sie wischten sich die Gesichter mit ihren Taschentüchern ab, und die Mitglieder des Präsidiums tranken die ganze Zeit Mineralwasser. Da sieht Alexej Maximowitsch im Präsidium einen alten Mann sitzen, und zwar nicht wie die anderen im Hemd ohne Jackett und ohne Schlips, sondern in einem Tscherkessenrock und mit einer hohen Papacha aus einem ganzen Lammfell. Der sitzt da und rührt sich nicht, sitzt feierlich, würdevoll, hört den Rednern zu, als ob er sie verstünde, und kein Tropfen Schweiß ist unter seiner hohen Fellmütze. Alexej Maximowitsch interessierte sich für den erstaunlichen alten Mann. Man erklärte ihm, wer er sei und woher er käme. Während der Pause ging Alexej Maximowitsch in Begleitung seiner nächsten Mitstreiter zu Mussaib und stellte ihm eine Frage in literarischer Form: ‚Wer bist du denn, hochverehrter Bruder der Feder?'
Mussaib antwortete ihm ruhig, ohne jede Erregung, als ob er einen Bauern auf einem Bergpfad getroffen hätte, mit Hilfe des Dolmetschers (wir hatten unseren beiden Delegierten auf Kosten der Republik je einen Dolmetscher zur Verfügung gestellt), antwortet ihm also sofort über den Dolmetscher:
‚Ich bin ein ebenso alter Mann wie du.'

Wir Tawlaren sind ein offenes Volk, wir verstehen es nicht zu schmeicheln. Gorki hatte das sofort begriffen. Nicht von ungefähr ist er der Begründer der proletarischen Literatur, er hat die Welt zutiefst erfaßt, und ihm gefiel die Antwort sehr. Er riet, Mussaib das Wort zu erteilen. Stellen Sie sich das einmal vor, unsere Republik ist klein, wir hatten damals kein Dutzend Schriftsteller, und uns sollte eine solche Ehre widerfahren, daß man uns das Wort beim Kongreß erteilte, als ob wir die Ukraine oder Georgien wären. Mussaib verfaßte an Ort und Stelle, im Handumdrehen eine Grußadresse in Versen und sang sie auf tawlarisch."
„Wie konnte denn Gorki über die Qualität der Verse in einer unbekannten Sprache urteilen?"
„Hier sprach das Herz zum Herzen."
„Ich habe das in Zeitungen und Zeitschriften verfolgt. Auf russisch lesen sich die Gedichte leicht."
„Eine hervorragende Übersetzung. Ein Dichter aus Moskau hat sie besorgt, Stanislaw Bodorski."
„Kennt er Ihre Sprache?"
„Nein. Na ja, ein paar Worte. Mein-dein-sein. Er kann besser Guschanisch. Man bereitet ihm eine Interlinear-Übersetzung vor, und er schreibt daraufhin die Verse."
„Ist dieser Bodorski kein Russe? Ist er Jude? Warum hat der einen solchen Namen? Ich weiß, Sie haben da eine Ortschaft namens Bodor. Ist das vielleicht ein Pseudonym?"
„Er ist Russe. Aber Sie haben recht, in der Ebene gibt es wirklich so ein guschanisches Dorf. Früher lebten hier die Fürsten von Bodor, denen hat ein Drittel unserer Republik gehört. Sie waren Guschanen. Die sind ins Ausland geflohen."
„Stammt der Übersetzer von diesen Fürsten ab?"
„Das kann ich nicht sagen. Ich habe einmal, als ich noch als Instrukteur auf dem Handelssektor arbeitete, den Auftrag erhalten, ihn bei einer Reise zu begleiten. Damals war er noch ganz jung, er ist auch jetzt erst knapp über dreißig, recht groß, schlank, hübsch, sieht ziemlich wie ein Guschane aus. Wie wir da durch Bodor kommen, steckte Stanislaw, der angesäuselt war – man hatte uns im Kreis zuvor tüchtig bewirtet – den Kopf aus dem Autofenster und rief: ‚Sei gegrüßt, mein liebes Volk!' Er ist ein kluger Kerl. Jetzt ist Stanislaw an der Front, das heißt, er soll bei einer Armeezeitung sein. Ein fröhlicher Bursche, ein lieber Kerl."
„Der Name klingt gut – Bodor", lobte Semissotow. Amirchanow aber war unablässig darauf aus, die tawlarischen Interessen zu schützen.
„Ihre Worte fasse ich in Gold, Genosse General. Bei uns haben die Namen der Auls auch ihren Wert. Zum Beispiel jenes Kurusch, nach

dem Sie mich kürzlich fragten. Kurusch ist der Namen eines uralten persischen Zaren."

„Ich sehe, Sie wissen in Geschichte Bescheid. Was haben Sie denn studiert?"

„Ich habe das Plechanow-Institut in Moskau absolviert, habe also ein Handelsdiplom. Aber ich lese gerne Bücher aller Art. Als ich noch in Gugird arbeitete, konnte es vorkommen, daß unser gesamtes Aktiv zu einem Fußballspiel fuhr, ich aber las ein Buch, von mir aus hätte es dieses Fußballspiel überhaupt nicht geben müssen."

„Da haben Sie unrecht. Das ist ein Volkssport. Aber Sie erwähnten Kurusch." Semissotow zeigte sein Interesse. „Ist der Aul wirklich den ganzen Winter über von der übrigen Welt vollständig abgeschnitten? Haben Sie viele solcher Auls? Wie kommen denn die Parteifunktionäre dorthin, wie werden da Kolchosversammlungen durchgeführt? Wird nicht alles sich selbst überlassen, und, schließlich, wie gelangen denn die Bewohner nach unten, wenn es einmal etwas Wichtiges gibt, zum Beispiel die Teilnahme an Wahlen?"

„Mit dem Auto kann man da im Winter nicht hin, auch nicht zu Pferde. Wenn die Lage schlecht ist, dann sagen die Tawlaren: ‚Um in den Himmel zu fliegen, haben wir keine Flügel, um uns in die Erde einzugraben, keine Krallen'. Aber dort ist die Lage nicht so aussichtslos, wie es scheint. Zu Fuß kann man über einen steilen Pfad hingelangen. Es ist schwierig, aber es geht. Auf diesem kommt man hinauf und auch wieder herunter."

„Und Sie, Mohammed Amirchanowitsch, könnten Sie es?"

„Als ich ein junger Springinsfeld war, bin ich dahin gelaufen. Ja, auch vor kurzem noch, als wir das Vieh nach Georgien hinübergetrieben haben, bin ich nach Kurusch hinaufgestiegen", log Amirchanow. „Da war zwar immerhin Frühling, aber die Flüsse und Bäche waren über die Ufer getreten, so daß, ich schwöre es beim allmächtigen Allah, ich meine Mühe hatte. Wenn es sein muß, werde ich schon hinaufkommen."

„Und wie steht es mit den beiden anderen Hochgebirgsauls Ihres Kreises – mit Surchai und Shilgin?"

„Auch dahin kann man gelangen. Genosse Generalmajor, Sie haben unsere Berge schon gut studiert."

Amirchanow sah, daß Semissotow an dem plumpen Lob Gefallen fand. Der Weg, der sich am Abgrund entlangzog, führte inzwischen an Felswänden entlang und näherte sich, schmaler werdend, den Gebirgsweiden. Platanen- und Kiefernwälder tauchten auf. Für einen flüchtigen Augenblick war ein kaukasischer Steinbock mit seinen steil aufragenden Hörnern zu sehen, wie er über eine abschüssige Geröllhalde setzte. Die Felsen glichen Festungstürmen. Wer mochte sie hochgewuchtet haben? Titanen? Halbgötter? Sie schweigen, die Felsen, aber sie haben ein Gedächtnis, sie denken. Das Denken ist die Erinnerung an das, was geschehen ist. Als noch nichts gewesen war, da gab es auch kein Denken auf Erden. Die Felsen erinnern sich, wie hier alles von dem endlosen, tosenden Wasser überflutet war, und wie unweit die Arche schwamm, wie das Wasser sank, die Erde heraustrat, wie aus der Arche Menschen, Tiere und Vögel kamen, die des Fliegens entwöhnt waren. Die Felsen erinnern sich auch an jene Menschen, die die Vorfahren der jetzigen Bewohner waren, und jene Menschen lebten hier vor ganz kurzer Zeit, gestern oder vorgestern nach der Steinrechnung. Im Grunde aber gibt es nur ein und dieselbe Rechnung für Stein und Fluß und Mensch und Wolke, nur ein Denken für alles, und nur den Menschen kommt es so vor, daß sie ein besonderes menschliches Denken haben, aber es gibt kein besonderes Denken, gibt keinen Stein und keinen Fluß und keinen Vogel und kein Tier und keinen Menschen, es gibt nur den Schein, es gibt nur das Denken in der vergänglichen Form des Steins, des Tieres, des Vogels, des Menschen, des Flusses, und dieses Denken ist nichts anderes als die Erinnerung an das, was war.

Wußte Amirchanow davon? Vielleicht wußte er es, aber durch ein anderes, nicht das im Plechanow-Institut erhaltene Wissen, eines das ihm selbst unbekannt war, das auch überhaupt kein Wissen in der gängigen Bedeutung des abgegriffenen Wortes ist, sondern etwas anderes. Doch was?

Sie näherten sich den Wasserfällen. Der Wagen hielt an, man konnte nicht mehr weiterfahren. Die Weggenossen stiegen aus und schritten über die feuchte, leicht verschneite Erde. Die Wasserfälle waren erstarrt. Die Bewegung des Wassers war zu Eis geworden, es gab nur den Anschein der Bewegung, weißer Anschein vergangenen Herabfallens von Wasser. Aber das Wasser war nicht gestorben, es war einfach verstummt, um in Ruhe nachzudenken, ganz ruhig zu denken, denken aber heißt sich erinnern. Auch du, Amirchanow, denke nach, du hast es nötig nachzudenken, hast es nötig, dich zu erinnern. Verstumme und denke nach.

Zwei Tage später verließ der Generalmajor Amirchanows Haus, nachdem er sich herzlich von der Familie, bei der er untergekommen war, verabschiedet hatte. Temir bestätigte mit einem Augenausdruck, den nur ein Tawlare verstehen konnte, daß der Dank des Generals von Herzen kam, daß er sich in dem tawlarischen Aul wohlgefühlt hatte. Bereits zwei Tage später ließ Dewjatkin Amirchanow nach Gugird zu einer Sitzung des Büros des Gebietsparteikomitees kommen.

Drittes Kapitel

Gugird ist eine Eisenbahnendstation, zu der eine kurze Strecke vom Bahnhof Teplowskaja führt. Die Ortschaften in der näheren Umgebung sind entweder heiße, staubige Kosakendörfer mit zwei, drei Häuserzeilen, die in der Regel nach Kosaken-Generälen, die sich im Krieg gegen Napoleon ausgezeichnet hatten, benannt sind, oder aber sie tragen Namen, die die Phantasie des Historikers in Entzücken versetzt. Die meisten Menschen haben keine historische Vorstellungskraft, denn sie leben in dem Schein, den sie selbst Zeit nennen, Zeit aber ist bei den Menschen etwas Menschliches, Durchsichtiges, Augenblickliches, und das, was nur einen Augenblick zurückliegt, etwa im ersten Jahrtausend der abstrakten scheinbaren Ära, ist den Menschen unbekannt oder wenig bekannt, oder, was noch schlimmer ist, die Menschen glauben selbstsicher, daß das vor langer Zeit war, aber es war gestern, und der Staub auf den Gegenständen, mit denen wir heute zu tun haben, wurde gestern von den Pferden der Hunnen, der Hethiter, der Alanen, der Sarmaten, der Skythen oder heute früh von den Pferden der Mongolenhorde aufgewirbelt. Für einen Russen sind zum Beispiel Kaluga oder Tula gewöhnliche Städte, Gouvernementsstädte vor der Revolution, Gebietszentren nach der heutigen Terminologie, aber nur einen Augenblick zuvor bedeuteten die Bezeichnungen dieser Städte für die Reiter Dschingis Khans oder Batys eine Grenzmarke und den Ort, wo Waffen geschmiedet werden. Für das russische, wenigstens das vorrevolutionäre russische Ohr sind Berditschew oder Balta gleichbedeutend mit Ghetto, Peies, Kaftan, Knoblauch und Judenborschtsch, aber nur einen Augenblick zuvor waren das Kampfplätze orientalischer Ritter, hörte man in Berditschew das Wort „berdysch" für Streitaxt, und Balta heißt auf türkisch Axt. Und wie steht es mit Gugird? Man weiß, daß es sich um die kleine Hauptstadt einer kleinen autonomen Republik in einer kurortreichen Gegend handelt, aber wem käme wohl in den Sinn, daß „gird" ein altiranisches Wort ist und daß es in der Sprache des Awesta eine Umgrenzung bedeutet und lautlich an slavische Wörter wie „gorod", „grad" (das ist Stadt, wie Nowgorod, Belgrad) erinnert. Doch was bedeutet die Vorsilbe „gu"? Oh, wieviel Wichtiges, Bedeutendes liegt in diesem kurzen „gu", mit dem sowohl Gugird als auch Gunib – die Heimat Schamils, und der Name des Volkes der Guschanen

beginnen. Vielleicht wird uns das ein wenig weiterbringen, daß das rätselhafte „gu" eines der ältesten Wörter der Erde ist, daß es im Persischen „guscht" – Fleisch, im Russischen „gowjadina" – Rindfleisch zu hören ist, und in der russischen Sprache enthält nicht nur das, was der Mensch ißt, sondern auch das, was er ausscheidet, diese alte Lautverbindung. Auch die Stelle, über die die Ochsen stampfen, wenn sie das Getreide dreschen, die Tenne, beginnt im Russischen mit dem Laut „gu" – gumno. Im Sanskrit bedeutet „gu" – Stier. Gugird – Stierstadt? Oder poetischer – Stadt der Steinböcke, die im Russischen ihren Namen mit den Auerochsen teilen? Die Menschen, die hier lebten, verglichen sich mit den kaukasischen Steinböcken, und in den Chroniken ist diese Bezeichnung vor anderthalbtausend Jahren belegt, vor anderthalbtausend Jahren, also gestern, ja, ja, gestern, das bestätigen die Steine, sie bewahren das Gedächtnis, weil sie es wissen, weil sie sich nicht ändern, ja, auch die Menschen ändern sich nicht, aber die Menschen glauben, in ihrem unvollständigen, lückenhaften Wissen anmaßend, daß sie jetzt andere sind, nicht so wie gestern, weil sie mit Flugzeugen fliegen und nicht mit einer Arba, dem zweirädrigen Karren, fahren, aber andere fahren auch jetzt mit einer Arba, und Flugzeuge, so kann man annehmen, flogen über diese Berge in vergangenen, weit zurückliegenden Zeiten, als gäbe es wirklich vergangene oder kommende Zeiten. War nun das alte Gugird größer oder kleiner als das heutige, das die Züge eines Kosakendorfes mit seinen eingeschossigen Häusern und sogar Lehmhütten bewahrt hatte, von denen sich nur hier und dort neue, verhältnismäßig hohe Gebäude geschmacklos abhoben, in denen sich die wichtigsten (und schrecklichsten) Behörden und Wohnungen der Regierenden befanden? Aber in der Luft von Gugird spürt man etwas anderes, der Mythos durchwebt diese Luft, ein fast sichtbarer, greifbarer Mythos. Kurz vor dem Krieg begann man das wichtigste Regierungsgebäude zu bauen, der Krieg hat Gott sei Dank das hellenistische Halbrund der unfertigen Mauern verschont und die Architekten hatten offenbar, ohne sich dessen bewußt zu sein, den Atem des Mythos gespürt, und nun strömen von den Mauern, von dem weiten Platz davor Erinnerungen an eine ionische Polis aus, denn die Griechen waren auch bis zu diesen Stätten vorgedrungen. Übrigens sind sowohl die Griechen als auch die Guschanen verwandte Abkömmlinge ein und desselben Stammes: gestern war das noch alles am Leben, erregte sich, hoffte, sang – gestern, gestern. Das Morgen aber, das nach weiteren scheinbaren anderthalbtausend Jahren anbrechen wird, wird nur das Äußere ändern, das Wesentliche bleibt unverändert: der Stein, der Fluß, der Mensch und der Himmel über ihnen.
In der Stadt erzählte man sich gern und immer wieder einen Ausspruch

von Mussaib aus Kagar. Das war damals, als er noch nicht so berühmt war, da mußte er sich – auf einem Esel wie Homer – wegen irgendeiner Bescheinigung in die Hauptstadt der Republik begeben. „Seitdem", so pflegte Mussaib zu sagen, „in den Aulen die Menschen mit den Aktentaschen aufgetaucht sind, hat man die Bauern mit Bescheinigungen nicht mehr in Ruhe gelassen. Da hat man mich also", so berichtete Mussaib, „vom Kreis-Exekutivkomitee zum Stadt-Exekutivkomitee geschickt, vom Stadt-Exekutivkomitee zum Rat der Volkskommissare, vom Rat der Volkskommissare in das Gebietsparteikomitee, zu Zeiten des weißen Zaren aber regierte die ganze Stadt allein der Polizeihauptmann, dieser hatte einen Schreiber, und dieser Schreiber erledigte in zehn Minuten alles, was ein Bauer brauchte, und das kostete zehn Kopeken."

Da man das neue Gebäude des Gebietsparteikomitees vor dem Krieg nicht hatte fertigstellen können, das frühere aber im Krieg zerstört worden war, hatte das Parteikomitee das zweistöckige Gebäude des Ethnographischen Museums beschlagnahmt. Dewjatkins Arbeitszimmer befand sich im zweiten Stockwerk. Die Treppe dorthin war mit einem Teppichläufer ausgelegt. Das Vorzimmer wies noch Spuren des Museums auf, an seinen Wänden hingen noch immer ausgestopfte Köpfe von Steinböcken und Hirschen. Über der rothaarigen stupsnäsigen Alewtina, über ihrem Tisch mit den drei Telefonen neben der Tür zu Dewjatkins Arbeitszimmer, prangte auf einer Stellage ein silberner Krug mit einer aramäischen Gravur, der im zweiten Jahrhundert aus dem achämenidischen Iran hierher geraten war. Ein Museumsexponat. Gestern hat man diesen Krug zisiliert, gestern.

Alewtina war ein Mensch, den man brauchte, Amirchanow hatte ihr eine Kleinigkeit aus dem Aul mitgebracht, aber er blickte sich um: da saßen schon drei andere im Vorzimmer, und diese drei waren auch Parteisekretäre von Kreiskomitees. Während Amirchanow sie fröhlich begrüßte, bemerkte er, zwar nicht sofort, aber doch mit einem plötzlich außerordentlich geschärften Empfinden, – daß alle diese drei Sekretäre Tawlaren waren. Kein einziger Guschane dabei. Das war allerdings seltsam!

Die drei empfanden das gleiche Befremden, ihr erschrockenes Verwundern übertrug sich auf Amirchanow, sein Inneres zog sich zusammen. Es gab in der Republik vier tawlarische Kreise und sieben guschanische. Warum befand sich im Vorzimmer kein einziger guschanischer Parteisekretär? Amirchanow begann etwas zu dämmern, aber er wollte nicht begreifen, fürchtete sich zu begreifen, das erschrockene Verwundern mußte man vor sich selbst und vor den anderen verbergen. Sie plauderten miteinander in ihrer Muttersprache, in dieser so lieblichen und schon so spannungsvollen Muttersprache, wie wo das Wetter sei, wie es den Frauen und den Kindern gehe, obwohl sie wußten und spürten, daß sie einander ganz andere Fragen hätten stellen müssen. An Alewtinas Tisch flammte ein kleines Lämpchen auf – sie wurde zu Dewjatkin gerufen. Schnell kehrte sie von ihm zurück und bat die vier Parteisekretäre der Kreiskomitees einzutreten. Dewjatkin saß nicht an seinem gewohnten Platz, an diesem Platz unter dem Porträt Stalins saß Semissotow.

Als die vier den Raum betraten, erhob sich der General und drückte, die Schultern leicht vorgebeugt, jedem mit einem freundlichen Blick durch seine goldgeränderte Brille die Hand, lud sie wie ein leutseliger Hausherr ein, es sich bequem zu machen, und zeichnete Amirchanow dadurch aus, daß er ihn nach der Gesundheit seiner Frau und seiner Kinder fragte, sprach aber jeden mit Namen an, zeigte, daß er sich erinnerte. Ja, er war jetzt der Herr, er und nicht das Haupt der Republiksregierung, Akbaschew, der sich an die Wand des Zimmers lehnte, ein hochaufgeschossener Tawlare mit einem langen schmalen Kopf und verwirrten Augen, die schon nichts mehr wahrnahmen, wie ein Windhund, der die Spur verloren hat. Er war der Herr, und nicht Dewjatkin, der Amirchanow neben sich auf dem Sofa hatte Platz nehmen lassen, Dewjatkin, dessen Karriere heute zusammenbrach, er, und nicht der Guschane Parwisow, der Propagandasekretär des Gebietsparteikomitees, ein Mann mit dem Kandidatenexamen in Geschichte, mit einem solchen Lockenkopf, daß er Semissotow an einen Juden unter den externen Studenten erinnerte. Heute oder morgen würde Parwisow Erster Sekretär des Gebietsparteikomitees werden, der erste Mann in der Republik, das wußte er, aber er wußte auch, daß er ein Diener war, auf ewig ein Diener, daß der Herr aber Semissotow hieß, auf ewig der Herr.

„Liebe Genossen", wandte sich Semissotow an die vier Vorgeladenen, „gestatten Sie, daß ich Ihnen zunächst einmal einen wichtigen staatlichen Beschluß, einen Parteierlaß, vorlese", und er verlas mit leiser ausdrucksloser Stimme den Erlaß der Sowjetregierung über die vollständige Massenaussiedlung der Personen tawlarischer Nationalität aus den Gebieten der Republik nach Kasachstan. Der Grund für die Aussiedlung: verräterische Kollaboration der Tawlaren mit der deutschen Besatzung.

Die Stimme des Generals wurde für einen Augenblick fester, als er den Namen Molotows verlas, der den Erlaß unterzeichnet hatte, danach wurde sie wieder leise und ausdruckslos:

„Das ist keine leichte Operation, besonders unter den Bedingungen des gebirgigen Geländes, sie ist den Soldaten des Staatssicherheitsdienstes

übertragen, und wir werden sie ehrenvoll und furchtlos durchführen, doch wir brauchen wie immer und überall in unserem Lande dabei die Hilfe der aktiven Kommunisten, in erster Linie der tawlarischen Kommunisten, und besonders der Parteiführer, also Ihre Hilfe, Genossen. Sie müssen sich dessen bewußt sein, daß Sie vor allem Kommunisten sind und daß Sie auch in Zukunft Kommunisten bleiben." An dieser ermutigenden Stelle seiner Rede hielt Semissotow inne, als ob er auf Beifall warte – „Ja, vor allem Kommunisten, und dann erst Tawlaren. Sie müssen alle Bewohner der tawlarischen Kreise auf eine präzise, schnelle, von überflüssigen Aufregungen und Emotionen freie strikte Erfüllung des Erlasses der Sowjetregierung hinsteuern. Die Operation wird am 21. Januar durchgeführt, also am Todestag von Wladimir Iljitsch Lenin, wenn die Leute einen freien Tag haben. Jede Familie erhält eine Stunde Zeit zum Packen, pro Person, Säuglinge mitgerechnet, darf ein Koffer oder ein anderes Gepäckstück (Rucksack, Bündel oder Paket) mitgenommen werden. In jedem Ort werden auf die Bürger fahrbereite Pritschenwagen warten. Aus den schwer zugängigen Gebirgssiedlungen werden sich die Bewohner zu Fuß oder auf Eseln und Maultieren bis zu der Stelle begeben, wo sie in die Lastwagen umsteigen können. Wir werden Ihnen helfen, aber Sie, liebe Genossen, sollten sich nicht als eine Horde Verdammter sehen, sondern Sie müssen aktiv handeln, denn Sie tragen die Verantwortung dafür, daß alle Bewohner Ihrer Kreise in die Lastwagen verladen werden. Kein einziger Tawlare, ungeachtet seines Alters, Geschlechtes, Gesundheitszustandes, seiner Funktion, seiner früheren Verdienste, kein einziger Soldat der Roten Armee, der als Kriegsversehrter oder aus anderen Gründen entlassen worden ist, darf in irgendeiner Ortschaft, Ansiedlung oder Stadt zurückbleiben. Wenn das Familienoberhaupt Russe oder Guschane ist oder ein Angehöriger einer anderen, nicht der Aussiedlung unterliegenden Nationalität, die Frau aber eine Tawlarin, dann wird die gesamte Familie einschließlich Frau und Kinder nicht ausgesiedelt. Ist das Familienoberhaupt ein Tawlare und seine Frau gehört zu einer anderen Nationalität, die nicht der Aussiedlung unterliegt, dann wird die Familie einschließlich der Kinder ausgesiedelt, aber die Frau kann nach eigenem Ermessen in der Republik bleiben. Die Dokumente für diese Familien sind bereits vorbereitet, aber Sie sollten ihre Richtigkeit überprüfen. Ist alles klar, Genossen, hat jemand eine Frage?"
Was kann es für Fragen geben, wenn alles so klar ist wie der Schneegipfel des Elbawend, wenn ihn die Morgensonne bescheint. Semissotow aber hatte noch eine wichtige Mitteilung zu machen:
„Die Lastwagen fahren mit den Leuten bis zum Bahnhof Teplowskaja.

Dort werden die Leute in Eisenbahnwagen verladen. Während der gesamten Fahrt erhalten sie Verpflegung. Es wird auch einen Sanitätswagen geben. Für die Partei und Regierungsspitze, für hervorragende Persönlichkeiten in Wissenschaft, Literatur und Kunst werden ein Polsterwagen und zwei Wagen mit Einzelabteilen zur Verfügung gestellt. Außerdem dann noch zwei Personenwagen. Diese Genossen können ihren Besitz ohne jegliche Beschränkung mitnehmen. Unterwegs erhalten sie Sonderverpflegung mit erhöhtem Kaloriensatz. Nach der Ankunft in Kasachstan werden ihnen gute Arbeitsplätze zugewiesen, vor allem im wirtschaftlichen Bereich, aber in Einzelfällen auch in der Verwaltung und sogar im Parteiapparat. Ich verstehe Ihre Stimmung, liebe Genossen, habe menschlich mit Ihnen Mitgefühl, es ist nicht leicht, die Stätten zu verlassen, wo man geboren und aufgewachsen ist, aber ich erinnere noch einmal: vor allem sind wir Kommunisten, und das Wort der Partei, jeglicher Befehl der Partei ist für uns das Allerheiligste."
Die Sekretäre der tawlarischen Kreiskomitees hatten verstanden, daß die Besprechung zu Ende war, und verließen das Zimmer. Dewjatkin und Akbaschew wollten noch zurückbleiben, aber als Semissotow Parwisow fragte: „Sie haben es nicht besonders eilig, Genosse Parwisow?", da entfernten sie sich im klaren Bewußtsein ihrer Überflüssigkeit im Gefolge der vier. Das nächtliche Gugird schwieg finster – die Elektrizität funktionierte sogar zu einer weniger fortgeschrittenen Abendzeit nur schlecht – gestern war den ganzen Tag Schneeregen gefallen, auf den Straßen herrschte Glatteis.
Wie die Nacht, so schwiegen auch die Menschen: vier vorneweg, zwei hinterher. Die vier Dienstwagen aus den Kreisen krochen greisenhaft ihren Chefs über das Kopfsteinpflaster nach. Die Fahrer wußten, das es nachts nicht mehr nach Hause ging, gewiß stand wie immer eine Sauferei bis zum Morgen bei einem der Tawlaren in der Stadt bevor. Da schritten sie durch ihre nächtliche Hauptstadt, die künftigen Sonderumsiedler und ihr großer Bruder. Woran dachten sie? Woran dachten sie in dieser sternlosen, wortlosen Nacht? Nicht an das, was man ihnen aufgetragen hatte.
Dewjatkin überlegte, wann er sein Schicksal verspielt hatte. Er war in Teplowskaja geboren, in einer armen Kosakenfamilie. Während der Kollektivierung hatte man ihn zum Kolchosvorsitzenden ernannt, er war gegen die Einwohner mit derartig rücksichtsloser Grausamkeit vorgegangen, daß dies auch Suleiman Nashmuddinow gebührend aufgefallen war und er ihn, der kaum lesen und schreiben konnte, nach hastiger Absolvierung irgendwelcher Dreimonatskurse zum Vorsitzenden der Landwirtschaftsabteilung des Gebietskomitees der Partei

machte. Bald danach war Dewjatkin dann beauftragt worden, regelmäßig über Suleiman Nashmuddinow bei der entsprechenden Stelle zu berichten. Dewjatkin berichtete eifrig. Da hatte sich zum Beispiel Nashmuddinow damit gebrüstet, er hätte ein Gespräch mit dem Genossen Stalin auf dem ZK-Plenum während einer Pause gehabt. Genosse Stalin habe ihn gefragt: „Suleiman, hast du ‚Krieg und Frieden' gelesen?" „Bei Gott, natürlich habe ich das gelesen, Genosse Stalin", habe Nashmuddinow geantwortet. „Dann sag mir, bist du größer oder länger als ich?" „Ich bin ein Stalinist", sei dem hochgewachsenen Guschanen zur rechten Zeit eingefallen, als er vor dem kleingeratenen Georgier zitterte, und dieser habe ihm den beifälligen Rat gegeben: „Geh ans Büfett, und iß etwas." Ja, und einmal, da hatte Nashmuddinow durch einen seiner Lakaien dem Schriftsteller Hakim Asadajew die Weisung gegeben, ein Gedicht auf ihn zu schreiben, und die Gedichte waren dann in russischer Übersetzung über den Sonderkorrespondenten der „Prawda" nach Moskau geschickt worden und eben da, im Zentralorgan der Partei gedruckt worden. Der Sonderkorrespondent war auch Guschane. Und ein andermal hatte Nashmuddinow mit einer Wirtschaftsschwester in der Regierungsdatscha der Republik geschlafen, und da war folgende Geschichte passiert: Die Wirtschaftsschwester hatte ihre Freundin, die Magazinverwalterin (Dewjatkin hatte klugerweise nicht verschwiegen, daß er mit dieser Magazinverwalterin geschlafen hatte), gebeten, ihr eine Seidengarnitur mit Achselbändern zu besorgen, denn es schicke sich nun nicht mehr für sie, ein Hemd aus einfachem weißen Baumwollzeug zu tragen. Wieder ein andermal hatte Nashmuddinow, als er sich über den Vorsitzenden des Rates der Volkskommissare, Akbaschew, geärgert hatte, ihn in Gegenwart Dewjatkins als „tawlarischen Maulesel" beschimpft, hatte das Nationalgefühl des bescheidenen Haupts der Regierung der Republik beschimpft. All das waren scheinbar nur Kleinigkeiten, aber aus solchen Kleinigkeiten setzt sich das wenig attraktive Bild eines eingebildeten Parteibürokraten zusammen. Ja, und dann noch etwas, schon gewiß gar keine Kleinigkeit mehr: da war einmal Bucharin zur Jagd in den Bergen gekommen, noch nicht endgültig entlarvt, damals noch Redakteur der „Iswestija", und Nashmuddinow begleitete ihn, liebedienerte sklavenhaft vor ihm und nahm keinen der Leute aus dem Gebietsparteikomitee mit. Obwohl Nashmuddinow damals an dieselbe Stelle berichtet hatte, wohin auch Dewjatkin seinen Bericht sandte, und zwar über jedes Wort und jede Handlung Bucharins und seines Sekretärs Landers, der ihn auf Schritt und Tritt begleitete, erwies sich Dewjatkins Bericht als gewichtiger als der Nashmuddinows, und als man Nashmuddinow erschoß, wählte man Dewjatkin zum Ersten Sekretär des Gebietsparteikomitees.

Er hatte anscheinend nicht schlecht gearbeitet, Jahr für Jahr hatte die Republik ihren Plan zur Lieferung von Mais und Melonen übererfüllt, waren die Produktionskapazitäten der Konservenfabriken vergrößert worden, der Viehbestand und die Kultur gewachsen, die Stimme des Homers des zwanzigsten Jahrhunderts, jenes Mussaib aus Kagar, tönte über die ganze Sowjetunion, ja man konnte sagen, über die ganze Welt (daß Mussaibs Ruhm unter Nashmuddinow aufgegangen war, war von geringerer Bedeutung), auch während des Krieges hatte sich Dewjatkin bestens bewährt, er hatte das Vieh ohne größere Verluste gerettet, und als der Verteidigungsgürtel gebaut wurde, hatte Lawrenti Pawlowitsch Berija, der diese Bauarbeiten leitete, ein paar Tage lang in seinem Hause gewohnt, ein bezaubernder Mensch, hoch gebildet. Einmal hatte Lawrenti Pawlowitsch zu ihm gesagt: „Dewjatkin, komm zu mir arbeiten, das hier ist eine Endstation, nicht nur für die Eisenbahn."
Dewjatkin hätte die Anspielung begreifen müssen, Lawrenti Pawlowitsch wußte alles, sah alles voraus, er hatte ihm wohl gewollt, aber Dewjatkin hatte sich die Gelegenheit entgehen lassen. Der Sicherheitsdienst hatte ihn nicht gelockt, die Parteiarbeit schien ihm in verschiedener Hinsicht ehrenhafter, war es doch immerhin kein Pappenstiel, wenn man sagen konnte: „Erster Sekretär des Gebietsparteikomitees, Mitglied der Zentralen Revisionskommission", aber du, mein lieber Dewjatkin, du Mitglied der Zentralen Revisionskommission, du hast dein Glück versäumt, bist an einer Endstation gelandet, und für dich steht jetzt schon in Moskau so eine kleine Wohnung bereit, ein mieser Posten – Wohnung und Posten hat dir ja Genosse Malenkow vor drei Monaten versprochen, als er dich nach Moskau vorlud und dich warnte, daß eine Aussiedlung der Tawlaren bevorstehe...
Neben Dewjatkin ging der hagere hochaufgeschossene Akbaschew mit vorsichtigen Schritten über den vereisten Bürgersteig. Sie sind Nachbarn, ihre Wohnungen liegen einander gegenüber. Keinen guten Rat hatte ihm Dewjatkin vor drei Monaten gegeben, Dewjatkin hatte nämlich folgendes geraten: Wenn Akbaschew nach Moskau fahren würde (ein geeigneter Vorwand müßte sich schon finden lassen), dann möge er einen persönlichen Empfang beim Genossen Malenkow durchsetzen und ihm eine Liste von tawlarischen Volksverrätern übergeben, so etwa fünftausend an der Zahl. Auf diese Weise könne man wohl der vollständigen Aussiedlung des ganzen Volkes, also von einhunderttausend Menschen, zuvorkommen. Akbaschew hatte die Liste selbst zusammengestellt, hatte den Untergebenen nicht getraut, und dort hinein waren die vermißten Soldaten der Roten Armee gekommen (natürlich auch ihre Familien), die persönlichen Feinde Akbaschews – die vermuteten oder auch tatsächlichen –, die entferntere Verwandt-

schaft von Verhafteten, den sogenannten Repressierten (die nahen Verwandten waren schon längst in Lager oder in Verbannung verbracht), ein paar Hundert Familien, die unter den Deutschen in Gugird geblieben waren. Akbaschew hatte einen persönlichen Empfang bei Malenkow erreicht und ihm die auf blütenweißem Papier getippte Liste ausgehändigt. Das mürrische Weibergesicht Malenkows schien dabei etwas milder zu werden, aber nein, die Liste hatte nicht geholfen, Dewjatkin hatte einen schlechten Rat gegeben, die Kopie der Liste würde man nach Kasachstan schicken, und den Akbaschew ebenfalls nach Kasachstan, Akbaschew als genau so einen Sonderumsiedler wie sein ganzes Volk, nur würde er im gepolsterten Waggon fahren. Oder in einem mit Abteilen?

Zu dieser Zeit strahlten in die vollständige Dunkelheit der sternlosen, wortlosen Nacht nur die Fenster jenes Zimmers, wo sich Semissotow und Parwisow unterhielten.

„Wie beurteilen Sie, Danijal Saurowitsch, den Erlaß der sowjetischen Regierung?" fragte Semissotow unverblümt, wie er es als Tschekist gewohnt war. Parwisow begriff sofort, daß seine Antwort aufrichtig, ehrlich klingen müsse:

„Der Erlaß entspricht meiner Ansicht nach der Zeit. Einen anderen Ausweg gibt es nicht und kann es nicht geben. Aber es tut mir leid um die Tawlaren, das ist eine große Volkstragödie."

„Sie sprechen von einer Volkstragödie. Verdient denn jedes Volk die Bezeichnung einer sozialistischen Nation? Mir sind die genialen einfachen Worte des Genossen Stalin in diesem Zusammenhang sehr wohl bekannt. ‚In einem Volkslied', hat Iossif Wissarionowitsch gesagt, ‚heißt es, bei uns am Tisch ist niemand überflüssig.' Das ist ein gutes Lied, ein patriotisches, aber leider waren wir zu vertrauensselig, es hat sich herausgestellt, daß es an unserem Tisch auch Überflüssige gibt. ‚Wir haben sie zu Tisch geladen, sie aber, diese Undankbaren, haben ihre Füße auf den Tisch gelegt.' Den Gedanken des Führers muß man extensiv verstehen."

Parwisow packte ein Schrecken, aber er ließ sich auch nicht das geringste anmerken, seine Haut war aus Stein, aus Bergfels, und er fand die notwendigen Worte:

„Man hat mir einen hohen verantwortungsvollen Posten anvertraut. Ich habe wenig Erfahrung. Belehren Sie mich, wie ich die Gedanken des Führers extensiv verstehen soll."

Parwisow hatte man zum Ersten Sekretär nicht ohne Zutun Semissotows empfohlen, der die Unterlagen zu seiner Person und die Berichte über ihn studiert hatte und erkannte, daß er sich in diesem verhältnismäßig jungen Mann nicht getäuscht hatte, der vor dem Kriege stellvertre-

tender Volkskommissar für Volksbildung gewesen war, anderthalb Jahre an der Front gedient hatte, nach einer Verwundung mit einem Orden ausgezeichnet, vom Militärdienst abgezogen und dem Gebietskomitee der Partei zur Verfügung gestellt worden war, den Posten des Sekretärs für Propaganda erhielt und nunmehr Erster Sekretär werden würde. Semissotow sprach mit ihm bereits so wie mit seinem Zögling: „Wir haben eine Reihe von Republiken liquidiert, deren Bevölkerung den Weg des Verrats, der Zusammenarbeit mit den Deutschen gewählt hatte, die es nicht verstanden hatten, mit uns an unserem gemeinsamen sowjetischen Tisch zu sitzen. Ihre Republik wird von den Tawlaren gesäubert. Aber es geht nicht so sehr um solche kleinen räuberischen Völkerschaften. Über die ganze Sowjetunion hat sich wie die Heuschrecken eine Nation ausgebreitet, die sozialistisch zu nennen verbrecherisch ist."
„Was für eine Nation, Viktor Nikolajewitsch?"
Semissotow erhob sich, krümmte seine schmalen Schultern in dem Generalsrock, beugte sich nah zu dem unverändert sitzengebliebenen Parwisow und durchbohrte ihn mit einem Blick durch seine Brille:
„Gibt es viele derartig lockige Menschen wie Sie unter den Guschanen?"
„Sie sind selten, doch es gibt welche", wehrte Parwisow mit einem Lachen ab. Er hatte eine solche Frage nicht erwartet. Semissotow drückte ihm die Hand:
„Gute Nacht, Danijal Saurowitsch. Ich wünsche Ihnen Erfolg auf Ihrem neuen verantwortungsvollen und schweren Posten. Morgen werden wir uns wiedersehen."
Er ging hinaus, und bald danach drang an Parwisows Ohr das Geräusch seines Autos. Parwisow schickte Alewtina nach Hause: „Ich schließe selbst ab", sagte er. Er wollte allein in dem wichtigsten Zimmer der Republik bleiben. Jetzt gab es in seinem Heimatland keinen Menschen über ihm, über ihm war nur Moskau. Er, Parwisow, hatte sein Volk gerettet.
Die Sekretäre der Gebietskomitees hatten schon vor einigen Monaten von der geplanten Operation Kenntnis bekommen. Es hatten alle ausgesiedelt werden sollen – sowohl die Tawlaren als auch die Guschanen. Da war in Parwisow ein verzweifelter Plan herangereift. Eigentlich war die Idee einfach, kompliziert war nur ihre Verwirklichung. Man mußte nach Moskau fahren. Ein Sekretär eines Gebietskomitees kann nur dann nach Moskau fahren, wenn die Hauptstadt ihn ruft. Parwisow hatte beim Zentralkomitee einen Freund, der war dort Instrukteur. Sie hatten zusammen studiert, zusammen die Historische Fakultät der Pädagogischen Bubnow-Hochschule (des jetzigen Lenin-Instituts) absolviert. Ihn hatte Danijal Saurowitsch (von jetzt an würde die ganze

Republik Parwisow nur noch mit Vor- und Vatersnamen nennen: Danijal Saurowitsch) gebeten, ihm eine Vorladung nach Moskau zu verschaffen. Ein passender Vorwand fand sich: eine Genehmigung des Zentralkomitees zur Veröffentlichung von Komsomol-Zeitungen in den beiden Landessprachen stand bevor, bei einer solchen Angelegenheit pflegte der Sekretär eines Gebietskomitees für Propaganda in der Regel mündlich zu berichten. Die große Schwierigkeit bestand darin, daß es außer diesem Zeitungsprojekt eine streng geheime Entscheidung von höchster Stelle über die Aussiedlung der beiden Nationalitäten gab, über die Liquidierung der Republik und ihre Aufteilung zwischen den benachbarten russischen Gebieten und Georgien. Was sollten dann Komsomol-Zeitungen in Sprachen, die man als nichtexistent betrachten würde?

Parwisow besaß eine Naturgabe: er beherrschte eine Kunst, die jeder sowjetische Mensch auf jedem beliebigen Niveau braucht: die Kunst des Schauspielerns. Übrigens, vielleicht fristet unser Theater deshalb ein derartig kümmerliches Dasein, weil die gesamte Bevölkerung in sehr viel höherem Maße schauspielert, als die Menschen auf der Bühne. Parwisow benahm sich in Moskau so, als ob es sich nicht um das Schicksal eines ganzes Volkes handele, sondern um eine ganz gewöhnliche, wenngleich ernsthafte Parteiangelegenheit. Darüberhinaus half dem jungen Sekretär auch sein Äußeres. Er hatte das offene, immer fröhliche Gesicht des kühnen, aber hinreichend gebildeten Mannes aus den Bergen. Vielleicht floß in seinen Adern ein wenig Kalmückenblut, und die aparten mongolischen Züge in Verbindung mit der arischen guschanischen Männlichkeit und dem Körperbau eines Tänzers sowie mit dem für einen Guschanen ungewöhnlichen Lockenkopf machten ihn nicht nur für Frauen anziehend, sondern, was wichtig war, auch für Männer. Außerdem verstand er zu trinken, ohne betrunken zu werden, sprach akzentfrei Russisch, sein Vater war Lehrer gewesen, Parwisow gehörte also, wie man das heute nennt, zur Intelligenz in der zweiten Generation. Die Toasts, die er ausbrachte, waren hervorragend und witzig. Er wußte um seinen Reiz und verstand es, diesen gekonnt einzusetzen und richtete es somit nach Überwindung von Hunderten von Schwierigkeiten mit Hilfe von Freunden und den Freunden seiner Freunde so ein, daß man ihn nicht bei irgendeinem Abteilungsleiter vorließ, sondern bei Malenkow persönlich. Dieser großmächtige Centurio Stalins, Malanja, wie ihn freundlich herablassend der Führer nannte, hörte Parwisow mit einem gleichgültig aufmerksamen Ausdruck seines weibischen Gesichts zu. Doch plötzlich kam Leben in ihn, als Parwisow sagte:

„Wir wollen die Titelseite der ersten Nummer der beiden Zeitungen mit

einem Zitat aus den Aussprüchen des Genossen Stalin schmücken: ‚Das guschanische Volk hat den Weg der Freiheit und des Glücks betreten.‘ "
Im selben Augenblick verschwand die Gleichgültigkeit Malenkows, sein Gesicht wurde hart, herrisch, sogar jung:
„Woher ist das Zitat?"
Auf diese Frage hatte Parwisow hingearbeitet, darauf beruhte sein überaus kühner Plan:
„Aus der Grußbotschaft an die guschanischen Kommunisten vom Juli 1921."
„Warum nur an die guschanischen und nicht auch an die tawlarischen?"
„Damals gab es noch nicht die heutige Grenzziehung, es gab auch noch keine guschanisch-tawlarische Autonome Republik. Wir Guschanen hatten damals unser eigenes autonomes Gebiet, man hat uns später mit den Tawlaren vereint. Genosse Stalin befand sich kurzfristig zur Erholung in Gugird im Sanatorienbereich Saoserje. In jener Zeit hatten sich die guschanischen Kommunisten zu ihrem ersten Kongreß versammelt. Genosse Stalin konnte aus Gesundheitsgründen daran nicht teilnehmen, so hat er eine Grußbotschaft geschickt."
„Steht sie in seinen Werken? Erscheinungsjahr? Seite?"
Parwisow gab genaue Auskunft und fügte hinzu:
„Sie steht in allen Ausgaben. Wir zitieren nach dem Buch: ‚Lenin und Stalin über Mittelasien, den Nordkaukasus und Transkaukasien‘."
„Haben Sie das Buch mit?"
Malenkow begriff natürlich, worin der wahre Grund dafür lag, daß Parwisow unter Übergehung der untergeordneten Instanzen einen Empfang bei ihm persönlich durchgesetzt hatte, und warum er über die Titelseiten der neuen Zeitungen sprach. Folglich mußte er auch das Buch bei sich haben.
Parwisow holte den kostbaren Folianten aus der Aktentasche, reichte ihn Malenkow und schlug das Buch an der entsprechenden Stelle auf. Malenkow kroch förmlich mit seinem ganzen Weibergesicht, anscheinend sogar mit seinem ganzen schwammigen Körper in die geheiligten Buchstaben hinein (wie unser Dorfmulla in die Suren des Korans, dachte Parwisow). Er las an dieser halben Seite lange, anscheinend las er sie ein paar Mal und dachte dabei nach. Er schwieg und sah Parwisow nicht an, sondern blickte in irgendeine ganz entfernt liegende Weite jenseits des Zimmers. Dann sagte er, nein, er sagte es nicht, er verkündete, legte fest:
„Die drucktechnischen Voraussetzungen bei Ihnen sind schwach. Sie können zunächst keine zwei Zeitungen für die Komsomolzen herausgeben, geben Sie nur eine heraus, auf guschanisch."
In diesem Augenblick hatte Parwisow begriffen, daß er gesiegt hatte,

daß sein Volk gerettet war. Ein Ausspruch des Führers ist eine große Kraft, aber nur dann, wenn man diesen Ausspruch im rechten Augenblick, taktisch, in Erinnerung ruft. Der kurzsichtige Akbaschew hatte auf den Rat des kurzsichtigen Dewjatkin gehört – und verloren. Alle sind sie klug, solange sie die Macht haben. Aber nimmt man selbst so einem Malenkow die Macht, was bleibt dann von ihm? Der hat nicht mehr Verstand als ein Maulesel. Und was bleibt von Semissotow, wenn man ihm die Macht nimmt? Aber er hat die Macht, eine zweite Revolution wird es nicht geben, und nicht zufällig hat Semissotow eine gewisse Nation mit den Heuschrecken verglichen. Das gibt noch ein zweites Unglück. Parwisows Kinder aber gehören zur Hälfte zu dieser Nation, seine Frau Nadeshda Grigorjewna ist dem Personalausweis nach Nadeshda Girschewna. Verbirg dich, Parwisow, verbirg dich im Inneren deines Wesens, mögen die Menschen nur deine Haut sehen, sei fröhlich, offen, energisch, machtvoll, grausam, du bist jetzt wie der Zar Herodes, und magst du auch von dem von Moskau bestellten Landpfleger abhängig sein, dennoch – du bist der Zar, und deine Nadeshda Girschewna ist die Zarin dieser kleinen Bergmacht, und deine Kinder werden wie die Prinzen heranwachsen, nur verbirg dein Wesen: spiele Parwisow, spiele voller Glanz.

Viertes Kapitel

Amirchanow hatte es dem General richtig erklärt: Der Aul Kurusch hatte seinen Namen tatsächlich von einem alten persischen Zaren erhalten, den man in russischen Lehrbüchern fälschlich Kir nennt, was bei gebildeten Persern, die auf Symposien russische Historiker reden hören, ein vergnügliches Erstaunen auslöst, weil das persische „kir" dem Klang und dem Sinn nach dem kürzesten unanständigen russischen Fluchwort entspricht. Wer indessen hat dem Aul diesen Namen gegeben? Das Territorium der derzeitigen Guschanisch-tawlarischen ASSR befand sich in Vasallenabhängigkeit vom Zaren Kurusch. Doch ob sich dieser ungemein mächtige Eroberer selbst in dieser Bergwildnis aufgehalten hat und, betroffen von dem einsam wie eine Krone über die Gipfel herausragenden Dorf, diesem zur eigenen Ehre seinen Namen gegeben hat? Oder ob das seine Nachfahren taten? Seine Diener? Der Schreiber dieser Zeilen gehört lediglich zu den Menschen, die gern historische Bücher lesen, er ist ein Dilettant und kann diese Frage nicht beantworten. Als vor ganz kurzer Zeit, im 18. Jahrhundert, der Schah Nadir, ein Emporkömmling wie Hitler, ein unverschämter und nicht geradezu umwerfend gebildeter Kerl, über das Land der Tawlaren hergefallen war, da bewies er die Zugehörigkeit des eroberten Landstriches zu Persien durch den Hinweis darauf, daß der höchste Aul hier einen persischen Namen trüge. Aber das ist genauso ein Unsinn wie der, den gerade vor ganz kurzer Zeit die Deutschen verbreiteten, die Leningrad belagerten: dies sei hier doch deutsches Land, man sähe es ja an den Namen der Orte: Petersburg, Peterhof, Oranienbaum. Was wissen wir von unseren vergangenen Jahrhunderten? Was wissen wir über unsere vergangenen Jahre? Die Lehrbücher lügen, die Zeiten lügen, nur der Mythos ist Wahrheit.
Es hätten auch die Guschanen diesen Aul Kurusch nennen können, sind sie doch den Persern sprachverwandt, die komplizierte Beziehungen zu der achämenidischen Dynastie hatten, aber man weiß mit Sicherheit, daß die Guschanen in diesen Bereichen niemals siedelten, daß sie sich nie so hoch ins Gebirge begeben haben. Die Höhe aber ist schwindelerregend. Unmittelbar hinter der Kreisstadt zieht sich über etwa eintausend Meter Höhenunterschied von einer steinigen Kolchosweide aus fast senkrecht ein schmaler Pfad in die Höhe, der etwa einen Meter breit

ist, gelegentlich auch anderthalb. Der Schreiber dieser Zeilen ist einmal als junger Mann auf diesem Pfad zu dem Aul hochgeklettert, und ihm ist damals fast das Herz stehengeblieben, als er in die Abgründe von unvorstellbarer Tiefe blickte, die auf beiden Seiten des steinigen Pfades gähnten. Der Schreiber dieser Zeilen ist zwanzig Jahre später wieder über die steinige Weide zu diesem Pfad gekommen, aber da konnte er sich schon nicht mehr entschließen, zu dem Aul aufzusteigen, er glaubte sich sogar selbst nicht mehr, daß er einmal den Mut dazu gehabt hatte, und er schämte sich sehr, als er sah, wie Schulkinder lachend und hüpfend über den schrecklichen Pfad liefen, der außerdem noch glitschig war, denn das war im Spätherbst gewesen.

Dieser fast senkrechte schmale Pfad inmitten von Gebirgsschluchten verband die Einwohner von Kurusch mit der übrigen Welt, die sie die untere nannten. Der Boden da oben war schlecht, das Hofland der einzelnen Familien verschwand, wie man so sagte, unter einer Kosakenpelerine, die Männer zogen für ganze halbe Jahre zur Arbeit fort, manche in nahe Bezirke, sie kamen bis zum Don, andere weiter weg, sie gingen in die Türkei, nach Syrien, sogar nach Ägypten, wo einem Gerücht zufolge ein Mann aus Kurusch einmal Wesir geworden war. Die Einwohner von Kurusch übten verschiedene Handwerke aus: es gab Schmiede, Goldschmiede, gab auch Bettler, vor manchen aber fürchteten sich die Kinder in den umliegenden Siedlungen, sie hatten Angst vor denen, die nach mohammedanischem Ritus die Beschneidung vornahmen, irgendein Gespür ließ sie diese Männer schon aus der Ferne ahnen.

Den Schmied Ismail hatte das Schicksal weiter nach Norden verschlagen als die anderen: er gehörte zu den Erbauern des Wolga-Moskwa-Kanals. Einmal, im Jahre 1932, hatte er einen allzu unverschämten Finanzinspektor hart angefahren, der aber hatte es ihm, obwohl er genau so ein Tawlare war, mit einer politischen Denunziation heimgezahlt – böswilliges Abschlachten eigener Schafe –, und Ismail hatte dafür fünf Jahre bekommen: Schon die Kürze der Frist bewies, daß es sich um eine harmlose Geschichte gehandelt hatte. Zu dem Zeitpunkt, als das große Unglück über sein Volk hereinbrach, war Ismail sechzig. Er hatte viel gesehen, er wußte viel. Er las Russisch und Arabisch, er hatte zu Fuß die Kosakendörfer am Don und am Kuban durchmessen, hatte in den Schmieden von Damaskus gearbeitet, wo der beste Stahl der Welt hergestellt wird. Was er aber beim Bau des Kanals erblickt hatte, das war einmalig. „Das jüngste Gericht! Dadshal (der mohammedanische Antichrist) ist gekommen!" riefen die Leute seines Dorfes aus, als er ihnen nach seiner Rückkehr von den zwischen den Staudämmen treibenden Leichen erzählte. Ismail lahmte, als er zurückkehrte. Ein

Stein hatte ihm das Bein zerschmettert, man hatte ihm seine Strafe auf drei Jahre herabgesetzt, nicht weil er lahmte, auch als Lahmer blieb er zur Zwangsarbeit verurteilt, sondern weil seine Arbeitsleistung so hoch gewesen war, an vielen Tagen hatte er einhunderteinundfünfzig Prozent der Norm erfüllt.

Ja, und feiern konnte man in Kurusch! In einem russischen Dorf hätte man sicherlich Angst gehabt, so herzlich, sogar begeistert einen ehemaligen politischen Gefangenen zu empfangen, aber alle Einwohner von Kurusch waren aus einem Geschlecht, von einem Blut, und die Gemeinsamkeit des Geschlechts ist höher als die des Staates, wichtiger als der Staat, fester als der Staat. Auch die hiesigen Felsen, die Wolken über den Felsen und die Büsche zwischen den Felsen waren vom gleichen Schlage wie die Menschen, auch sie nahmen an dem gemeinsamen Dorffest teil.

Wie wohl, wie zutiefst von innen heraus wohl fühlte sich Ismail, als er nach dem Kanal, jener Zeit, die auf ihm so schwer lastete wie die Ketten an den Gefangenen des vorigen Jahrhunderts, wieder seine gealterte, abgemagerte Aischa sah, seinen Sohn Murad, den Gesellen in seiner Schmiede, einen schlanken Jüngling mit einer Hakennase wie bei einem Geier, als er seine Freunde sah, seine Felsen, seine Wolken, seine Bäume, seine Saklja mit dem weit überstehenden flachen Dach, seinen Aul, der von allen Seiten her von schwindelerregenden Abgründen umgeben war und den nur der eine Pfad, schmal wie der Sirat, die Gottesbrücke in das Paradies, mit dem übrigen Land der Tawlaren verband.

Ismail wurde wieder Kolchosschmied. Die ersten Jahre nach der Zwangsarbeit half ihm Murad, dann wurde Murad zum Wehrdienst einberufen. An nahen Verwandten war nur noch seine Schwester Fatima am Leben, die sie viele Jahre zuvor in einen Aul im Unterland verheiratet hatten. Der Sekretär des Kreiskomitees Amirchanow wußte natürlich um die Vergangenheit ihres älteren Bruders, aber er hatte keine andere Wahl, die Männer waren im Krieg. Fatima gehörte zu den Armen, in den Kolchos war sie mit ihrem Mann als eine der ersten eingetreten. Ismail hatte seiner Schwester Russisch beigebracht, was damals unter den Bergfrauen eine Ausnahme war. Fatima war eine arbeitsame, verständige Frau, hatte als Kolchosarbeiterin ihre Auszeichnungen, sie tat, was man ihr sagte, war allerdings, was sich nicht leugnen ließ, rückständig: sie war religiös, andererseits achteten sie die Kolchosleute gerade deshalb, sie hatten Vertrauen zu ihr.

Als am Vorabend des Lenintages Ismail, ganz nach Rauch riechend, mit seinem verrußten, tadellos rund geschnittenen Bart, mit den vom Schmiedefeuer geröteten Lidern zu seiner Saklja hinkte, stieg Freude in

ihm auf: Aus der unteren Welt war Alim, der dreizehnjährige geliebte Neffe, Fatimas Sohn, zu ihm heraufgestiegen, damit sie den Feiertag zusammen verbrächten. Der Junge hatte inzwischen schon an der Wand entlang hinter dem Herd auf der Holzpritsche, die auf Ziegelfüßen stand, seine Bilder in grob zurechtgezimmerten Rahmen aufgestellt. Die alte Aischa hatte es geschafft, für den Neffen in der Herdasche ein paar ungesäuerte Fladen aus einem Gerstenrest zu backen. Sie hatte auch ein paar Nüsse für den Winter verwahrt (ein Nußbaum wuchs vor der Saklja), sie leuchteten golden auf einem kleinen, dreibeinigen runden Tisch. Ismail und Alim umarmten sich, aber wie es sich für Rechtgläubige gehört, berührten sie einander nicht mit den Lippen. Das großäugige, rassige schmale Gesicht des Jungen verstand sich noch nicht ganz auf die orientalische Sitte, seine Regung zu verbergen. Er war aufgeregt, weil sein Onkel anfing seine Bilder zu betrachten, wie ein Meister die Arbeit eines anderen Meisters. Es waren Kopien – Porträts der Führer und Porträts attraktiver Personen. Karl Marx sah wie ein tawlarischer Mulla aus, es fehlte nur noch der Turban. Ismail gefiel das Porträt, das Aischa von Kopf bis Fuß zeigte. Der Neffe hatte die Frau des Schmieds verschönt, hatte sie in einem großen reichen Schal dargestellt, den sie nicht besaß, und hatte ihre Füße in kurze Saffianstrümpfe gesteckt und in Schuhe aus derselben Farbe, die sie auch nicht hatte. Voller Zustimmung blickte Ismail auch sein eigenes Porträt an. Alim hatte sein Gesicht mit Bleistift gezeichnet, dazu einen Teil des Oberkörpers, der an der Stelle abbrach, wo die schmalen Biesen der Patronentasche des Rockes ansetzten. Ismail staunte über die Ähnlichkeit, ohne zu erkennen, daß der junge Maler den Ausdruck seiner durchdringenden blauen Augen nicht erfaßt hatte.
„Warum malst du einen schlechten Menschen?" fragte der Onkel vorwurfsvoll und zeigte mit seinem opalfarbenen, rußgeschwärzten Finger auf Stalins Porträt. Der Junge riß den Mund in tödlichem Schrecken auf. Aischa wiegte mißbilligend ihren mit einem schwarzen Tuch umwickelten Kopf und mahnte:
„Der Prophet verbietet das Malen."
„Der Prophet verbietet, Allah zu malen", entgegnete der Schmied sicher. „Denn vor Allah ist niemand und nichts verborgen. Er selbst aber ist vor allen und vor allem verborgen. Jedoch, den hinkenden Schmied Ismail und seine alte Frau Aischa zu malen, verbietet keine einzige Sure und kein einziger Ajat des Koran."
In Kurusch ist das Auftauchen eines neuen Menschen, der aus der unteren Welt heraufgestiegen ist, immer ein Ereignis, auch wenn es sich dabei um ein Kind handelt. In die Saklja des Schmieds kamen die Nachbarinnen, eine nach der anderen, sie zeigten ihre Begeisterung

über die Bilder Alims und schnalzten dabei mit den Fingern oder brachten mit Zunge und Lippen ein Geräusch vor wie jenes, mit dem man in Rußland Pferde anspornt, und zogen sich dann zögernd zurück. Auch Babrakow kam mit seinem einen Bein und einem Arm, die Medaille und das rote Band des Verwundetenabzeichens auf dem Militärrock, eine angesehene Persönlichkeit – der Leiter des Klubs. Er umarmte mit dem unversehrten Arm Alim wie einen Erwachsenen und seufzte, auf seine Krücke und den Jungen gestützt, nach Mohammedanerart, das heißt, indem er seinem Seufzen einen besonderen Sinn gab. Dann ließ er sich auf der Holzpritsche nieder und sagte belehrend: „Vergiß nie, Alim, daß du mütterlicherseits aus Kurusch stammst, hier ist deine Heimat. Schenke also unserem Klub die Porträts der Führer. Da wird sich deine Mutter über ihren Jungen freuen, über ihr Geschlecht, wenn ganz Kurusch, dieses Minarett des Berglandes, auf deine Gemälde schaut."
Nach diesen Worten seufzte Babrakow wieder bedeutungsvoll. Ismail begriff, daß der Klubvorsitzende ihm etwas Wichtiges mitteilen wollte, wartete aber, daß Babrakow damit anhub. Und Babrakow schien auch anzufangen.
„Die Zungen unserer Frauen sind wie Mühlsteine. Doch die Mühle klappert, und es kommt nichts heraus. Hast du nichts gehört, Ismail?"
„Was soll man in einer Schmiede hören? Die Blasebalge pumpen sich voll, das Feuer springt, das Eisen dröhnt."
„Du bist weise, Ismail. Aber heute stört dich das Dröhnen in der Schmiede nicht mehr, und morgen wird es dich auch nicht stören. Da ist ein freier Tag. Spitz deine Ohren, dein Rat wird gebraucht. Was dich aber anbetrifft, Alim, so habe ich mir die Sache überlegt. Wir wollen deine Gemälde nicht als Geschenk haben, wir werden sie kaufen. Wir machen es ganz so, wie sich das gehört, vielleicht gelingt es uns, daß wir in Lebensmitteln zahlen und nicht mit Geld."
„Lebensmittel wären besser", antwortete Ismail für seinen Neffen. „Du hast da etwas von allerlei Redereien gesprochen. Bekanntermaßen wachsen Kletten zwischen den Felsen, Gerüchte auf dem Markt. Wenn wir in den Klub gehen, werden wir es hören, dort werden wir es erfahren."
Das Klubhaus des Auls stand in der Mitte eines breiten Platzes, der am Steilhang des Berges etwas unregelmäßig verlief. Früher war es die Moschee gewesen, und man hatte an dem Bau nichts verändert, wenn man einmal von zwei quadratischen Fensterchen absieht, die zur Vorführung von Filmen eingebaut worden waren. Diese Fensterchen hatten das wohlüberlegte Ornament der Wände zerstört. Niemand in Kurusch, nicht einmal Ismail, der Arabisch konnte, wußte, daß das

Ornament in Wirklichkeit aus Buchstaben des alten arabischen Alphabets, der sogenannten kufischen Schrift, bestand, und daß sich die Worte zu einem Spruch aus dem Koran zusammenfügten, so daß unter der russischen Losung „Die Sache Lenins und Stalins wird siegen" gelehrte Arabisten die ewigen Worte von Gott und Seinem Propheten lesen konnten und davon, daß man das Feuer fürchten müsse, das den Ungläubigen bereitet sei, das Feuer, dessen Brennmaterial Menschen und Steine seien. Doch obwohl die Bergbauern weder das alte noch das jüngere arabische Alphabet verstanden, wußten sie genau, daß der Krieg den Klub verschont hatte, während er rücksichtslos die anliegenden Gebäude zerstörte, weil der Klub früher eine heilige Moschee gewesen war.
Auf dem Platz versammelten sich schon die Einwohner. Sie wußten, daß nach dem Vortrag der Film „Lenin im Oktober" gezeigt würde, und obwohl sie ihn alle schon ein paarmal gesehen hatten, war für sie das Erwarten der Zerstreuung in diesem hungrigen, kümmerlichen und langweiligen Leben eine Freude. Die älteren Frauen verbargen ihre Haare unter enganliegenden Tüchern, darüber hatten sie große, verschlissene schwarze Schals geworfen, die zum Dreieck zusammengelegt waren, wobei die Enden auf den Rücken geworfen wurden. Die Mädchen waren moderner gekleidet, städtisch, ihre Kleidung war ärmlich, aber manche hatten noch die hohen zylindrischen Mützen, die mit Stickerei und einer versilberten Kugel geschmückt waren. Die Kriegsversehrten trugen ungeachtet des Winters Militärblusen, hatten keine Filzstiefel an, sondern die Füße in abgetragenen Tschuwjaki, weichen Lederschuhen ohne Absätze, aber auf dem Kopf saßen Papachas, gewaltige Pelzmützen, denn der Mann aus den Bergen kann ohne Schuhe und im zerfetzten Beschmet herumlaufen, aber er trägt unbedingt eine ordentliche Pelzmütze (denn das Beste am Menschen ist sein Kopf) und führt einen Dolch mit sich. O weh, Dolche waren verboten... Die Jungs hatten auch Pelzmützen auf und trugen abgerissene, viel zu große Jacken mit Filzkapuzen. Wie alte Adler auf Bergfelsen kauerten die achtzigjährigen Greise auf ihren Hacken.
Ismail begrüßte alle Männer mit Handschlag. Auf ihn trat, was der Sitte widersprach, Sarijat Babrakowa zu, die Kolchoshirtin. Sie war eine stattliche Frau von etwas über dreißig Jahren, ihre Augenbrauen flossen über der Nase in einem schwarzen schmalen Streifen zusammen, ihr Gesicht hatte hohe Backenknochen und war vom Wind gegerbt. Sie roch nach Schnee und Schafsjauche. Ihr erster Mann war an der Front gefallen und hatte sie mit zwei Kindern zurückgelassen. In zweiter Ehe war sie mit dem einarmigen und einbeinigen Klubvorsitzenden Babrakow verheiratet, der vor einem halben Jahr aus dem Krieg zurückge-

kehrt war, aber sie hatten die Ehe erst vor kurzem legalisiert. Die Nachbarinnen, die sich zunächst dagegengestellt hatten, waren inzwischen beruhigt. Eigentlich waren nur wenige Monate vergangen, aber man sah schon, daß Sarijat ihr drittes Kind erwartete. Einmal hatte ein Wolf sie angefallen, als sie ihre Herde auf eine höhere Weide trieb, wo das Gras dichter stand, der Hirtenhund konnte mit dem Räuber nicht fertig werden, und Sarijat erschlug den Wolf mit ihrem Hirtenstock, aber der Graue schaffte es noch vor dem Tode, ihr den Umhang ihres verstorbenen ersten Mannes zu zerfetzen, den sie umgelegt hatte. Sarijat hatte ihn mit Filzresten, so gut es ging, geflickt. Vor dem Kriege waren Frauen niemals Hirten gewesen. Sarijats Stimme war rauh, unweiblich geworden:
„Ich möchte dich etwas fragen, Ismail, möchte, daß du mir die richtige Antwort gibst, du bist doch einer von den gebildeten Bergleuten, bist nicht von gestern, hast bei Moskau, wenn auch nicht aus freiem Willen, drei Jahre verbracht, kennst Tiefen und Höhen. Sag uns, Ismail, warum wird heute ein anderer Mensch bei uns über Lenin sprechen?"
„Was für ein anderer Mensch?"
„Wer hat bei uns all die Jahre während des Krieges Vorträge gehalten? Immer hat man uns die Fasilewa heraufgeschickt, die Redakteurin von der Kreiszeitung. Heute aber sitzt bei unserem Kolchosvorsitzenden ein anderer Mann, trinkt da und ißt, gleich wird er hier auftauchen. Weißt du, wer dieser andere ist? Bijew."
„Bijew? Der Chef des Kreis-NKWD? Jetztnochbesser?"
„Der Chef des NKWD wird uns über Iljitsch und die gegenwärtige Lage berichten. Die Jungs haben gesehen, wie er in das Haus des Vorsitzenden gegangen ist, mit seinem dicken Bauch, dicker als meiner, und an jeder Seite einen Revolver."
Ismail erinnerte sich an die erregten, unverständlichen Worte von Sarijats Mann, dem Klubvorsitzenden Babrakow. Ja, er mußte seine Gedanken etwas ordnen. Es war nicht Sache eines Kreis-NKWD-Chefs, Vorträge über Iljitsch zu halten, die Ideologie war nicht sein Bereich. Ein NKWD-Chef war für anderes zuständig.
Sarijat schien seine Gedanken zu lesen und fügte heiser hinzu:
„Es gibt ein Gerücht, daß man uns aus Kurusch fort in einen Aul da unten jagen will. Man will die zerstörten Häuser reparieren und uns dort einweisen. Angeblich ist es der Obrigkeit zu schwer, zu uns zu kommen. Da hat man Bijew geschickt, um uns auf die Umsiedlung vorzubereiten. Gleichzeitig wird er den Leninabend leiten."
„Allah Akbar, du Herrscher der Welten, was wird aus Kurusch? Was wird aus den Gräbern unserer Vorfahren? Können denn die Lebenden für immer ihre Toten verlassen?"

So fragte Ismail, er fragte sich selbst, fragte die Leute aus dem Dorf um ihn herum. Da rollte in einem kleinen Wagen grimmig lächelnd ein hübscher junger Mann heran, ein wahrer Tscherkesse, als sei er einer der kaukasischen Verserzählungen Puschkins oder Lermontows entsprungen. Entspringen konnte er übrigens nicht, nicht einmal einer Verserzählung. Er hatte mit beiden Beinen für seinen Stalingradorden bezahlt.
„Salam Aleikum, Ismail."
„Waaleikum salam, Ahmed. Keine Schwierigkeiten mit deinem Wagen?"
Den kleinen Wagen Ahmeds hatte Ismail gebaut. Der Schmied hatte auch eine bequeme Lenkvorrichtung angebracht. Die Konstruktion stammte von ihm.
„Hab Dank, der Panzer ist in Ordnung. Wir bekommen also heute von Bijew die Anweisung, in welcher Weise wir ins Tal zu steigen haben. Pack deinen Rucksack, Ismail. Aber unser Kurusch..."
Ahmed brachte den Satz nicht zu Ende. Bijew war in Begleitung Babrakows aufgetaucht. Alle hatten in Gedanken festgestellt, daß der Kolchosvorsitzende nicht bei ihnen war. Was bedeutete das? Wollte er Lenin nicht die Ehre erweisen? Zwei Pistolenhalfter glänzten schwarz auf den beiden schwabbeligen Gesäßbacken Bijews. Zwei Porträts, eines von Lenin und eines von Stalin, die beiden Porträts, die der Junge Alim gemalt hatte, hielt er unterm Arm.
Die Bevölkerung drängte in den Klub, ließ sich im Gebäude der ehemaligen Moschee nieder. Bijew stellte die Porträts der Führer mitten auf die Bühne vor den Tisch, so daß alle sie sehen konnten, und ließ sich neben dem am Tisch sitzenden Babrakow nieder, der seine Krücke an die Stuhllehne gestellt hatte. Ein weiteres Stalinporträt hing im Michrab, der Nische, die einst den Betenden die Richtung nach Mekka gewiesen hatte. Über die seit langem nicht gewichsten Holzstufen stieg der Sekretär der Parteiorganisation auf die Bühne. Babrakow verkündete nach kurzen Einführungsworten, die dem traurigen, aber mit Optimismus zu sehenden Ereignis entsprachen, daß den Vortrag unser verehrter Genosse Bijew halten werde.
Der Chef des NKWD des Kreises Kagar war groß, hatte einen groben Mund und einen dicken Bauch. Sein Kopf saß so auf den Schultern, als ob er keinen Hals brauche. Die schmalen Augen verschwammen im massigen hellrosa Fleisch. In Kurusch hatte sich das turksprachige Idiom recht rein erhalten, allerdings mit einer ziemlich großen Zahl von Wörtern arabischen Ursprungs, die der regionalen Mundart angeglichen und auf der letzten Silbe betont wurden. Bijew las seine Rede ab. Er konnte zwar Tawlarisch lesen, beherrschte aber die Sprache schlecht. Sobald er sich vom Geschriebenen löste, vermischte er tawlarische

Wörter mit verunstalteten russischen. Er hatte es sich angewöhnt, seine Reden mit dem lauten Appell zu schließen: „Jetzt noch besser!" Einmal hatte er verkündet: „Es leben die Soldaten Dsershinskis, unsere Sicherheitsorgane, die der Sowjetunion gut dienen. Jetzt noch besser!" Seitdem hatte er den Spitznamen „Jetztnochbesser".
Über Lenin sprach er wenig, mehr über Stalin, über den nahen Sieg, der Anstrengungen und Opfer verlange. Der Text verband wie gewohnt die großen Aufgaben des ganzen Landes mit den Kolchossorgen und Aufgaben Kuruschs. Nachdem er mit ungespielter Erregung alle notwendigen, auch ohne Textvorlage klaren Lobpreisungen hinausgeschrien und das Verebben der erforderlichen Beifallsstürme abgewartet hatte, löste sich Bijew endgültig vom Manuskript und sagte:
„Die Bilder der größten Führer aller Völker hat der hier anwesende Schüler der fünften Klasse Alim Safarow gemalt. Er hat sie gut gemalt, jetzt noch besser!"
Wieder ertönte Beifall, diesmal von Herzen, wirklich zustimmend. Alim schämte sich, alle bemerkten das, der Beifall schwoll an, aber Bijew zeigte mit erhobenem Arm, daß er noch etwas mitzuteilen habe. Die Anwesenden setzten sich wieder hin und lauschten.
„Seit langem beklagen sich die Kolchosleute über die Schwierigkeiten des Lebens in Kurusch. Ihr klagt zu Recht. Ihr habt keinen Arzt – kein einziger Mitarbeiter des Gesundheitswesens ist sozusagen bereit, hier heraufzuklettern. Ihr habt keine Schule – kein einziger Pädagoge möchte sozusagen unter diesen Bedingungen leben. Kurz und gut, das Gebietsparteikomitee und die Regierung der Republik haben die Klagen der Kolchosmitglieder berücksichtigt und beschlossen, ungeachtet der Kriegszeit euer Leben zu verbessern und euch gut eingerichtete Häuser in einem unten liegenden Aul zur Verfügung zu stellen. Jetzt wird es auch den kleinen Kindern gut gehen, dort gibt es eine Schule. In Kurusch gibt es eine ganze Anzahl Kriegsversehrter, kranker alter Männer und alter Frauen, alle brauchen ärztliche Hilfe. Bald wird Sarijat uns einen kühnen Dshigiten schenken, dann braucht sie sich nicht mit ihrer Bürde über den schmalen Pfad hinabzumühen: wenn irgendetwas ist, gibt es das Krankenhaus gleich nebenan. Liebe Bergleute und Bergfrauen, ich gratuliere euch, bereitet euch auf ein neues Leben vor, jetzt noch besser!"
Mit den witzigen Worten über die schwangere Sarijat wollte der Chef des Kreis-NKWD eine fröhliche Stimmung im Saal auslösen, wollte sein Verständnis für die üblichen menschlichen Sorgen und Freuden ausdrücken, was immer zur Annäherung an das Volk beiträgt, aber er löste Angst, Verwirrung, Mißbilligung und Schimpfen aus. Es geschah etwas Unvorhersehbares: Alim stieg auf die Bühne, nahm die Porträts

Lenins und Stalins und ging nicht, sondern sprang über die Stufen hinab. Die Bevölkerung schrie:
„Niemals werden wir Kurusch verlassen! Kurusch ist besser als alle Städte unten! Niemals werden wir die Stätte unserer Toten – die Gräber unserer Vorfahren verlassen!"
Ahmed rollte mit seinem Wägelchen nach vorne. Auf seinen Stümpfen kletterte er, an den Geländerstangen entlanghangelnd, nach oben, er, der schöne Mann ohne Beine, und schleuderte in das dicke Maul Bijews die kräftigen doch ohnmächtigen Worte:
„Übel redest du, Bijew, gemein redest du! Bist du etwa aus dem Gebirge? Du bist ein fettes Schwein, sollen dich doch die Ungläubigen fressen!"
Auch Sarijat, die schwangere Frau, die einen künftigen Sonderumsiedler unter ihrem Herzen trug, stieg nach oben und stand da, groß wie eine Wolke in ihrem Hirtenumhang:
„Verflucht sei der Schoß, in dem du empfangen wurdest, du Satan mit der Schweineschnauze! Wo ist der Kolchosvorsitzende? Warum versteckt er sich vor uns?"
Schlimmste russische Flüche, durchsetzt mit ausgesuchten tawlarischen Beschimpfungen und mohammedanischen Verwünschungen, erschütterten die Wände der entweihten Moschee. Den Film wollte keiner sehen, alle gingen nach draußen. Bijew und der Sekretär der örtlichen Parteiorganisation hatten sich unbemerkt wie Füchse verdrückt. Keiner wußte, daß sowohl der Sekretär der Parteiorganisation als auch der von Bijew ehrlich vorgewarnte Kolchosvorsitzende im Augenblick damit befaßt waren, ihre Sachen zu packen, ihnen war genehmigt worden, nicht nur ein Gepäckstück pro Familienmitglied mitzunehmen, sondern drei. Bijew war beunruhigt und nervös, ob man es bei ihm zu Hause schaffte, alles ordentlich zu packen. Er hatte das beneidenswerte Recht erhalten, Sachen und Lebensmittel ohne Beschränkung mitzunehmen, aber seine Frau war unvernünftig, er konnte nur auf seine Mutter und seine Schwiegermutter hoffen, das waren praktische alte Frauen. Er selbst mußte zu seinem Leidwesen bis zum nächsten Morgen in Kurusch bleiben.
Kurusch aber schlief nicht. Lange tönte das Stimmengewirr auf dem Platze durcheinander. Sollten doch die Männer, die gut russisch sprechen, Ismail und ein paar andere, zusammen mit den weisesten Alten einen Brief an das Gebietsparteikomitee und an den Rat der Volkskommissare aufsetzen, an Dewjatkin und Akbaschew adressiert, der zwar nicht aus Kurusch stammte, aber doch ein Tawlare war, zudem noch aus der Schlucht bei Kagar, sein tawlarisches Herz konnte doch nicht auf dem hohen Posten versteinert sein.

Groß und niedrig leuchteten die Sterne, die Berggipfel waren eingeschlafen, eingelullt von der Musik ihres Leuchtens, in den Häusern aber schlief man nicht. Wie sollte man den Ort verlassen, wo man schon seit Jahrhunderten gelebt hatte, schon zu Zeiten, als es die Moskauer Herren noch gar nicht gab, als es kein Moskau gab, wie konnte man das Minarett des Berglandes verlassen? Alim hatte irgendwo gelesen, daß Kurusch die höchste Ansiedlung in Europa sei. Und wann würde man mit der Umsiedlung beginnen? Sicher nicht vor dem Sommer, erst mußten ja unten die zerstörten Häuser repariert werden. Ismail verfaßte in Gedanken den Brief, aber ihm war klar, daß das ein sinnloses Unterfangen war. Er hatte den Wolga-Moskwa-Kanal mitgebaut, er kannte die Herren.

Unmittelbar vor der Morgendämmerung schliefen die Menschen ein, zur Morgendämmerung wurden sie wieder geweckt: Über den Gipfeln der Berge dröhnten die Motoren einiger Douglas, an den halbautomatischen Fallschirmen „PD-41" setzte man Fallschirmjäger über dem unebenen Gelände von Kurusch ab. Junge Tschekisten drangen in die Häuser, verlangten, daß die Einwohner binnen einer Stunde ihre Sachen gepackt hätten, je ein Gepäckstück pro Person, die Kinder mitgerechnet. Bijew und der Kommandeur der Fallschirmspringer teilten die Einheit in Gruppen zu je zwei Fallschirmspringern ein, man war demnach davon ausgegangen, doppelt so viel Fallschirmspringer einzusetzen, als es Häuser gab: Semissotow konnte zählen. Unter den Fallschirmspringern gab es auch Frauen, nicht nur, weil die Männer nötiger an der Front waren; die humane Regierung hatte begriffen, daß es sich um eine ungewöhnliche Operation handelte, die Mehrzahl der Auszusiedelnden waren Frauen, viele davon auch hinfällige Greisinnen, viele Kranke, vielleicht auch Schwangere. Hier war eine zierliche Tschekistin eher am Platze als mancher Schwerathlet.

Die Fallschirmspringer drangen auch in Ismails Saklja, ein junger Mann und ein junges Mädchen, beide stupsnäsig, mit glatten Gesichtern und gleichsam augenlos, denn in ihren Augen leuchtete keine Seele, sondern eine dumpfe, nicht einmal tierische, sondern irgendwie allem Lebenden entfremdete Bosheit.

Zunächst schrien die beiden herum, fluchten, dann aber kühlten sie sich ab und fingen sogar an zu helfen, um die Sache zu beschleunigen, griffen beim Packen zu, aber sie hetzten und hetzten. Schließlich waren drei Gepäckstücke gepackt. Alim hängte sich einen Churdshin über die Schulter, die im Gebirge übliche Umhängetasche. In der einen Hand hatte er die Porträts von Lenin und Stalin, in der anderen die von Ismail und Aischa. Marx hatte er offenbar beschlossen zurückzulassen. Die Fallschirmspringerin tobte los:

"Was fällt dir denn ein, verdammter Kerl, gleich fünf Stück mitzunehmen? Man hat dir doch klar auf gut russisch gesagt, ein Gepäckstück pro Mann. Was bist du bloß für ein blöder Hammel, wozu nimmst du denn die Bilder. Da gibt es bestimmt bessere Sachen. Das muß hierbleiben, so ist der Befehl."
„Ich habe das selbst gemalt, ich kann die Porträts nicht hierlassen. Schlagt mich doch tot, aber ich lasse sie nicht hier", schrie Alim, und in seinem Schrei tönten kindliches Weinen und unkindlicher Zorn. Der Fallschirmspringer sagte auf ukrainisch:
„Polina, laß den Bub sein Zeug mitnehmen, wenn wir beim Auto sind, sehen wir weiter. Da wird ihm doch nicht erlaubt, die Sachen aufzuladen."
Die Fallschirmspringerin ließ sich erweichen:
„Na schön, nimm es mit, verdammt nochmal."
Sie holten die Bewohner zusammen, alle bis auf den letzten, wie Semissotow befohlen hatte. Die Kinder weinten, die Frauen sprachen Verwünschungen aus, die alten Männer schwiegen bedrückend, noch bedrückender, tragisch war das Schweigen der schönäugigen Maultiere. Man begann mit dem Abstieg über den schmalen Pfad. Nach je fünf Einwohnern ein Fallschirmspringer. An der Spitze Bijew, als letzter folgten den Ausgesiedelten der Kommandeur der Fallschirmspringereinheit. Auf diesem fast senkrecht abfallenden Pfad verloren die Tschekisten ihre Sicherheit. Ihnen wurde schwindlig auf dem schmalen Stück Boden zwischen den Abgründen. Ismail hatte es übernommen, den schwersten der drei Churdshine zu tragen. Natürlich hatte er begriffen, schon vor dem Morgengrauen begriffen, daß es nicht um eine Umsiedlung der Bewohner des hochgelegenen Auls nach unten ging, sonst hätte man bis zum Frühjahr, sogar bis zum Sommer gewartet. Bijew, der Kreis-Berija, hatte ihnen Sand in die Augen gestreut: ganz Kurusch, vielleicht sogar das ganze Volk, vielleicht die ganze Republik würden weit weg ausgesiedelt, vielleicht ging es sogar bis nach Sibirien. Darum auch hatte Bijew sie ja betrogen, hatte Widerstand der Leute von Kurusch gefürchtet, obwohl man eigentlich keine Angst haben mußte, seit langem hatte man alle wie Hufeisen zurechtgebogen. Darum auch gab es ja den Befehl, nur ein Gepäckstück pro Person mitzunehmen, darum auch hatte man ja die Fallschirmspringer von der Tscheka über Kurusch abgesetzt.
Nicht nur Ismail hatte das gewaltige Ausmaß des Unglücks begriffen. Das war wohl der Grund, warum alle, als sie in der Mitte des Pfades waren, gleichsam wie verabredet verschnauften und für einen Augenblick zurück nach oben schauten. Die Häuser waren schon nicht mehr zu sehen, nur das Minarett des Dorfklubs stand einsam wie ein

verträumter Pilger auf dem Weg nach Mekka, entrückt und ehrfurchtsvoll. Frei und ungehindert war die Morgenröte aufgeflammt, und vor den Augen tat sich der zweigipflige Elbawend auf. Der eine Gipfel des Berges schien den von der morgendlichen Sonne gekreuzigten Körper zu krönen, der andere, von einem Schneetschalma umwunden, hatte die schweren Eislider gesenkt: der Berg wollte und konnte das große Unglück seiner Landsleute nicht mitansehen. Der Auszug eines Volkes? Die Vertreibung eines Volkes?
Lange lebte dieser Augenblick fort in den Herzen der Menschen, dort, in der fernen Fremde. Hier aber verflog der Augenblick, und der Abstieg ging weiter. Ismail hatte den Eindruck, daß es seinem Neffen, der vor ihm schritt, schwerfiel, den Churdshin und noch zwei Bilder in jeder Hand zu tragen. Er wollte dem Jungen die Last erleichtern, versuchte, ihm wenigstens zwei Bilder abzunehmen, aber sein lahmer Fuß knickte um, Ismail fiel, und der Fallschirmspringer, dessen Atem er in seinem Rücken gespürt hatte, schaffte es nicht mehr, ihm zu helfen. Der alte Schmied Ismail Kutschijew stürzte ab und wurde am Boden des Abgrunds zerschmettert. Auch Lenin und Stalin stürzten in den Abgrund, und ebenso der beinlose Ahmed in seinem Wägelchen, das Ismail gebaut hatte. Babrakow, der Mann, dem nur ein Arm und ein Bein geblieben waren, verschwand mit seinem Gepäck und seiner Krücke ebenfalls im Abgrund und noch ein paar alte Frauen und Kinder. Dem Kommandeur der Fallschirmspringereinheit wurde unbehaglich zumute: die Anzahl der Aussiedler würde nicht der Zahl entsprechen, die in seiner Liste stand. Obendrein hatte sich auch einer der Fallschirmspringer nicht halten können, er war in den Abgrund gerutscht, und all das wegen dieser verräterischen Kaukasusindianer, dieser schwarzärschigen Hitlermietlinge.
Die Berge aber standen da, schauten zu, erinnerten sich und weinten, weinten aus Quellen ihre nie einfrierenden Tränen. Niemals werden diese Tränen einfrieren. Die Fallschirmspringer werden sterben, auch die Kinder der Fallschirmspringer und die Enkel der Fallschirmspringer, die Berge aber werden stehen, denken, sich erinnern, weinen, und auf ewig werden in ihren faltigen Gesichtern die Quellen der Tränen nicht versiegen.

Fünftes Kapitel

Der Zug hatte Alma-Ata Ende März verlassen. In Arys war er über die Turksib-Strecke fahrplanmäßig angekommen. Dort war es warm, die Dshida-Sträucher hatten schon angefangen zu blühen. Dann hatte der Zug an Geschwindigkeit verloren, offenbar hatte er es von Asien nach Norden, nach Moskau, nicht eilig. Fast die ganze Nacht verbrachte er in Ksyl-Orda, stundenlang stand er auf Bahnhöfen und Haltepunkten herum, sogar mitten in der graslosen Steppe, wie ein an Angina pectoris leidender Kranker mitten auf der Straße. Am siebten Tag hatte er es bis Rusajewka geschafft, lange und anscheinend sinnlos hatte er auf diesem Knotenpunkt herumrangiert und war schließlich auf irgendeinem abgelegenen Gleis gelandet.

In der kalten Dämmerung flimmerten die Lichter von Rusajewka, um auf das erste Gleis, zum Bahnhofsgebäude, zu kommen, mußte man durch andere Züge hindurch, manchmal auch unter den Rädern durch. Einen riesenlangen, fest verrammelten Lazarettzug mußte man umgehen. Wie üblich hatten viele Passagiere, Soldaten und Zivilisten Kessel und Teekannen in der Hand. Der Zug war überfüllt, eine große Menge Passagiere hatte sich hineingepfercht. In Alma-Ata war während des Einsteigens ein solches Gedränge entstanden, daß die Zugbegleiterinnen, um Ruhe zu haben, die Türen der Waggons vor den Passagieren einfach abgeschlossen hatten, gleichgültig, ob sie Fahrkarten hatten oder nicht, sogar vor Generälen und Obersten, doch die Militärs mit geringeren Rängen erwiesen sich findiger. Viele hatten von geschickten Leuten an der Front vorsorglich angefertigte Türklinken bei sich, mit denen sich leicht die hinteren Türen der Waggons öffnen ließen.

In Rusajewka drängten die Soldaten zum Kommandanten, um auf ihre Verpflegungsscheine irgend etwas zu essen zu bekommen. Nur ein einziger Soldat suchte die Post. Dort tippte man ihm sein Telegramm: „Ankunft verzögert wegen erheblicher Zugverspätung." Er hätte sich genau an dem Tag wieder bei seiner Einheit melden müssen, an dem der Zug sich bis Rusajewka geschleppt hatte, und der Soldat wußte natürlich nicht, wann diese Reise enden würde. Außerdem hatte er vor, zwei, drei Tage zu Hause in Moskau zu bleiben. Von der Post begab er sich zum Kommandanten. Als der Zug sich dem Bahnhof genähert hatte, konnte man den Eindruck gewinnen, als flackerten dort viele

Lichter, nun aber stellte sich heraus, daß der Bahnhof ganz in Dunkel, Schnee und Schmutz begraben war. Überall standen, meist hoffnungslos wartend, Menschen zusammen, man hörte russisch, ukrainisch und sogar polnisch reden. Der Soldat stellte sich an, und als er sich nach vierzig Minuten zu dem kleinen Schalter beugte, bemühte er sich, den Adjutanten des Kommandanten davon zu überzeugen, daß er den Verpflegungsschein nicht mitgenommen habe, aber etwas zu essen brauche, daß er um einen Gutschein für einen Laib Brot bäte.

„Ohne Verpflegungsschein steht Ihnen nichts zu, Genosse Hauptmann", sagte der Adjutant des Kommandanten gelangweilt, aber der Hauptmann hatte sich bei anderen erkundigt und wußte, wie man in solchen Fällen zu antworten hatte:

„Entschuldigen Sie, Genosse Oberleutnant, ich habe nur fünf Tage zum Besuch meiner Familie bekommen. Da war keine Zeit mehr, die Unterlagen in Ordnung zu bringen. Ich wollte so schnell wie möglich wieder an die Front, aber der Zug, der kommt ja kaum vorwärts, jetzt knurrt mir der Magen."

Er konnte gar keine Lebensmittel aufgrund eines Verpflegungsscheins bekommen. Er hatte sich alles – für einen Monat im voraus – in Alma-Ata aushändigen lassen und seinem Vater übergeben. Der Adjutant des Kommandanten, der da im tiefen Hinterland saß, gab ärgerlich-beleidigt dem Hauptmann Gutscheine für Brot und ein Päckchen trockenes Grütze-Konzentrat. Der Hauptmann erfuhr, daß man ziemlich weit gehen mußte, um die Lebensmittel zu bekommen, bis ans Ende des Bahnhofs, dann über einen Platz in die Stadt. Auf dem Bahnhof aber hatte sich schon ein rechter Tauschhandel entwickelt. Soldaten tauschten Nüsse und Rosinen, die sie in Alma-Ata organisiert hatten, auch das eine oder andere Teil von ihrer Einkleidung, zum Beispiel Handschuhe, gegen selbstgebrannten Schnaps, sie feilschten mit den Mordwininnen, stritten mit ihnen, forderten, zunächst einmal probieren zu dürfen. Dort, wo der schmutzige Asphalt aufhörte und die letzte Laterne nicht brannte, stand ein Zug mit Viehwaggons. Drei Soldaten und ein Sergeant in kurzen Pelzmänteln und Filzstiefeln, über die sie Gummigaloschen gezogen hatten, zeigten den Soldaten, die Verpflegungsgutscheine hatten, den Weg: nach dem dritten Waggon mußte man nach links abbiegen, dort war der Ausgang zum Platz. Plötzlich wurde die eine Hälfte der Schiebetür des zweiten Waggons beiseite geschoben, ein Durchschlupf entstand, und der Hauptmann sah eine junge Frau in einem weißen Kittel. Der Sergeant half ihr, auf den Boden zu springen, und fragte:

„Was ist denn los, Sinka?"

„Warte, ich muß erst einmal Luft holen. Frühgeburt. Diese Kaukasusindianerin hat sich den richtigen Augenblick ausgesucht, aber die sind ja gesund wie die Hündinnen. Das macht gar nichts aus, daß die nicht einmal bis zum achten Monat gewartet hat. Der Junge ist in Ordnung, der wird nicht sterben, der wird leben."

„Was sind denn das für Leute?" fragte der Hauptmann, ohne mit einer Antwort zu rechnen, denn er hatte begriffen, zu welcher Art von Einheit diese Soldaten gehörten. Aber der Sergeant war offenbar der Auffassung, daß es keinen Sinn hatte, geheim zu tun.

„Das sind keine Menschen, Genosse Hauptmann, sondern Verräter, Familien von Wlassow-Soldaten. Außer Rand und Band geratene Abtrünnige. Wohl vom Kaukasus."

„Darf ich mal schauen?"

„Von mir aus, schauen Sie nur. Aber nicht lange. Es wird Ihnen schlecht werden, das sind Wilde, haben alles vollgefurzt, sind vollkommen verlaust."

Der Hauptmann blickte in die Öffnung. Der Waggon, der für den Transport von Vieh vorgesehen war, war für den Transport von Menschen umgebaut worden, doch so, daß es die Menschen schlimmer hatten als das Vieh: Auf beiden Seiten des schmalen Durchgangs waren Pritschen übereinander eingebaut. Weder unten noch oben konnten sich die Menschen ausstrecken, sie krümmten sich in dem stinkenden und faulenden Schmutz. Die früheren Hirten waren zur Herde, zum Vieh geworden. Ein zahnloser Alter in einer Fellmütze saß auf dem vollgespieenen und besudelten Boden des Viehwaggons inmitten der angetrockneten Exkremente und sog gierig die Luft ein, die feucht und dunstig durch die Öffnung hineindrang. Links in der Ecke schrie das Neugeborene. Frauen umgaben die Wöchnerin. Seit langem unrasierte Männer hockten schweigend, unbeweglich und finster auf den Pritschen. Ihre bloßen Füße waren wächsern wie die von Toten. „Man faßt es kaum: ein jeder war auf Mutters Arm einmal ein zartes Kind", ging dem Hauptmann eine Annenski-Zeile durch den Kopf. Die Gesichtszüge dieser Unglücklichen kamen dem Hauptman seltsam bekannt vor. Er schob sich an die Öffnung heran und sagte:

„Salam Aleikum. Chardan sis? Woher kommt ihr? Kim sis? Wer seid ihr? Tawlar?"

„Tawlar, Tawlar", bestätigten die Männer und zeigten ihr weißes Zahnfleisch. Auch das war ein Lächeln.

Für das weitere Gespräch mangelte es dem Hauptmann an tawlarischen Wörtern. Er ging zum Russischen über.

„Warum sind Sie hier? In einem Viehwagen?"

Die Antwort ertönte in Frauen-, Jungen- und Greisenstimmen:

„Wir sind auch Vieh! Futter für die Russen! Man vertreibt uns! Man

vertreibt uns nach Sibirien! Unser Volk wird ausgetrieben! Wer bist denn du? Wo kommst du denn her?"
„Seid Ihr denn noch bei Verstand? Wie kann man denn ein ganzes Volk vertreiben?"
„Ja, das ganze Volk! Stalin, dieser Hund aus Gurdshistan, vertreibt uns!"
„Ist Mussaib aus Kagar auch unter euch? Und sogar Akbaschew? Und alle, wirklich alle? Auch die Guschanen?"
„Die Guschanen hat man dagelassen. Sie und unsere Toten hat man dagelassen. Auch Mussaib ist hier, auch Akbaschew, aber sie fahren in guten Waggons. Uns aber, du siehst es ja selbst, transportiert man schlimmer als Vieh. Wenn bei uns ein Schaf in der Herde ein Lämmchen geboren hat, dann haben wir Mutter und Kind gepflegt, bei uns aber hat Sarijat ein Kind bekommen, der Atem Allahs ist in ihr und in ihrem Jungen, aber wir haben kein Wasser für sie."
„Habt Ihr einen Eimer?"
„Der findet sich. Man läßt uns nicht hinaus."
„Gebt ihn her, ich bringe euch Wasser."
Der Hauptmann überlegte schon, daß der Sergeant von der Tscheka wütend werden könnte, aber der hatte sich umgedreht. Vielleicht hatte er sich absichtlich umgedreht. In einem russischen Menschen mag der Zorn aufflammen, aber er kann das Gute nicht verbrennen, das Gute ist kein Holz, keine Kohle, kein Petroleum sondern Gottes Geist. Dem Hauptmann war schon vorher eine Stelle aufgefallen, wo man heißes Wasser bekommen konnte. Er lief dorthin, mischte das heiße Wasser mit kaltem und kehrte zu der Öffnung zurück. Ein Junge – in seinem blutleeren Gesicht nur Augen – nahm ihm den Eimer ohne Dank ab. Der Hauptmann ging fort, um seine Lebensmittel auf die Gutscheine zu holen. Er bekam einen Laib Brot mit einem Stückchen zum Gewichtsausgleich dazu und als Konzentrat Weizenkascha. Den Zusatzbrocken aß er auf, das Brot schmeckte säuerlich. Als er sich dem Viehwaggon näherte, war die Öffnung schon zugeschoben. Der Hauptmann wandte sich an den Sergeanten mit der Bitte, die Tür für einen Augenblick aufzuschieben, er wolle den Leuten nur Brot und Weizen hineingeben, aber der Sergeant lehnte es ab:
„Darf nicht sein."
Leise fügte er hinzu:
„Befehl. Ich habe schon einen Anranzer bekommen."
Der Hauptmann begab sich völlig verstört zu seinem Zug, er war nicht sicher, daß er den richtigen Weg eingeschlagen hatte, kletterte durch fremde Personen- und Güterzüge, marschierte um schweigende Lokomotiven. Der Hauptmann hieß Stanislaw Jurjewitsch Bodorski. Er war

ein Lyrikübersetzer, diente seit Beginn des Krieges bei der Armeezeitung „Söhne des Vaterlandes". Als die Front nach Westen vorrückte (seine Einheit aber hatte man aus irgendeinem Grunde zur Reserve bei Proskurow gelassen, wohl zur Neuaufstellung), hatte Bodorski aus Alma-Ata, wohin seine Eltern evakuiert worden waren, ein Telegramm bekommen: „Mutter gestorben." Sein Redakteur, der Oberstleutnant Emmanuil Abramowitsch Priluzki, hatte ihm die Bitte, zur Beerdigung fahren zu dürfen, abgeschlagen. Ein Soldat, so hatte er gesagt, müsse den persönlichen Kummer überwinden. Aber ein Mitglied des Kriegsrates, das ihm wohlgesonnen war und ihm erst kürzlich den Rotbannerorden angeheftet hatte, zeigte Mitgefühl für seinen Kriegsberichterstatter und hatte ihm erlaubt, für fünf Tage nach Alma-Ata zu verschwinden, für die Hin- und Rückreise hatte er ihm zehn Tage zugebilligt.

Jetzt kehrte Bodorski in die Redaktion zurück. Er hatte sich verspätet, weil der Zug sich kaum vorwärtsschleppte, aber er hoffte, daß seine Einheit noch bei Proskurow stünde. Wenn nicht, würde er sie schon finden: an die Front zu gelangen war nie schwierig. Die Aussiedlung der Tawlaren hatte ihn zutiefst getroffen. Wie gewöhnlich in schweren Situationen dachte er vor allem an sich selbst. Sogar als er erfahren hatte, daß seine Mutter gestorben war, hatte er zunächst einmal an sich selbst gedacht. Indessen, man soll niemanden voreilig verurteilen. Auch Turgenjew wendete sich, nachdem er ausführlich die Hinrichtung Tropmans dargestellt hatte, im letzten Augenblick ab. Nachdem Dostojewski Turgenjews Artikel gelesen hatte, bemerkte er böse: „Schrecklich diese Besorgtheit um sich selbst, bis zur letzten Kleinigkeit um die eigene Unversehrtheit, die eigene Ruhe, und das angesichts eines abgeschlagenen Kopfes!" Dennoch hält der Schreiber dieser Zeilen Turgenjew nicht nur für einen großen Schriftsteller, sondern auch für einen guten Menschen.

Der Name Bodorskis floß gewissermaßen, zumindest in den Augen der Literaturverwaltung, mit dem Namen Mussaib aus Kagar zusammen. Bodorskis Vater, ein kleiner Mann mit dem niedrig auf den Schultern sitzenden lockigen Kopf des Athleten, mit hellblauen Augen unter dem Grau buschiger Brauen, ein Pole mit einem grauen Bart, war früher einmal Offizier bei der Gendarmerie gewesen. Wahrscheinlich hatte das die beiden älteren Brüder Stanislaws auch dazu bewogen, der Kommunistischen Partei beizutreten. Sie hatten am Bürgerkrieg teilgenommen, einer war im Kampf bei Sinelnikow gefallen, der andere 1937 in Haft verschwunden. Stanislaw glich seiner Mutter, einer Armenierin aus Jelisawetgradka, war groß und gut gebaut, hatte schwarze Brauen, ein braunes Gesicht, war hager. Im Unterschied zu seinen Brüdern hatte er

keinen Kontakt zur Macht, er war nicht einmal bei den Jungen Pionieren gewesen.
Seine Gedichte standen allen Richtungen der sowjetischen Lyrik fern. Er verehrte vor allem die Symbolisten, besonders Fjodor Sologub und Wjatscheslaw Iwanow. Sie besaßen seiner Auffassung nach alles, wonach er strebte: feurige geistige Spannung, Eleganz, himmlische Musik, Geheimnisse. Die sowjetischen Verseschmiede, die proletarischen und die formalistischen, die linken und die rechten, stießen ihn durch ihren Pragmatismus, ihre Abhängigkeit von den jeweiligen Umständen, durch ihren geringen Wortschatz und das Suchen nach Halt außerhalb der Dichtung ab. Nachdem er 1926 die Höhere Schule im Süden des Landes, in seiner Heimatstadt, absolviert hatte, begab er sich nach Moskau, fast ohne Geld, und verfolgte dabei zwei Ziele: in der Hauptstadt seine Gedichte zu veröffentlichen und irgendwo in einer Fabrik als Arbeiter unterzukommen, damit er nach Ableistung der notwendigen Frist und selbstverständlich ohne die Gendarmenvergangenheit des Vaters zu erwähnen, an der Universität studieren könne. Die Gedichte nahm man in den Redaktionen nicht an, sie seien zu altmodisch und düster, er solle mal einen Literaturzirkel besuchen und bei Demjan Bedny, bei Sharow, Besymenski, Utkin und Moltschanow in die Lehre gehen, aber ungeachtet der Arbeitslosigkeit klappte es mit der Fabrikarbeit, in der Derbenjow-Chemiefabrik, sie war gesundheitsschädlich, dort hatte er mit Metanilsäure für Azofarbstoffe zu tun.
Stanislaw mietete eine Ecke in einem Blockhaus im Stadtbezirk Malaja Tatarskaja, die Besitzerin der Zweizimmerwohnung mit den niedrigen Decken (Toilette und Wasseranschluß auf dem Hof) arbeitete in derselben Fabrik wie er, ihr Mann war Wächter, hatte immer zwei Tage Dienst, dann zwei Tage frei, und Stanislaw schlief, wenn ihr Mann nicht da war, mit der Hausfrau. Sie war nicht hübsch, hatte einen üppigen Busen und einen dicken Zopf, sie haßte ihren Mann und sagte zu Stanislaw in singendem Tonfall (sie stammte aus dem Poschechonje, der finstersten Provinz): „Ich bin mit ihm verwandt, seine erste Frau war meine Tante zweiten Grades, wir standen in Korrespondenz, sie kam hierher, fing an, in der Fabrik zu arbeiten und ist dann von heute auf morgen gestorben, hatte ein Geschwür im Bauch. Dann gab es die Beerdigung und den Leichenschmaus, da hat er mich zu sich ins Bett gelockt. Was hätte ich tun sollen? Wir haben die Ehe registrieren lassen, er hat mich nicht betrogen. Widerlich finde ich ihn, ich liege bei ihm wie ein Holzklotz, aber bei dir gerate ich ganz in Feuer, ich liebe dich, mein Tscherkesse mit den schwarzen Brauen."
Tscherkesse? Sein Vater hatte sich damit gebrüstet, aus einem alten Adelsgeschlecht zu stammen, hatte behauptet, daß ihre Familie die

jüngere Linie der Fürsten von Bodor sei, die fast die Hälfte des Tscherkessenlandes besessen hatten. Stanislaw verschaffte sich einige Bücher (er hatte zwei Neigungen – Musik und Geschichte), erfuhr, daß in den Tälern und Vorgebirgen des Elbawend der Stamm der Guschanen wohnt, daß einer ihrer Fürsten unter Gedimin zum Katholizismus übergetreten war und daß auf diese Weise die Fürsten Bodorski in Litauen und Polen aufgetaucht waren: Der Familienname leitete sich vom Namen des Sitzes der guschanischen Landesherren her.
Stanislaw begriff, daß er zu diesen Bodorskis keinerlei Beziehung hatte, sein Vater hatte nicht die Wahrheit gesprochen, in seinen Adern war adliger Hochmut und nicht adliges Blut, seinen Adel hatte er bekommen, als er es bei der Gendarmerie bis zum Offiziersrang gebracht hatte. Je nun, das war eine verzeihliche Schwäche, man findet sie auch bei großen Leuten, zum Beispiel bei Balzac. Trotz allem pflegte Stanislaw morgens, wenn er sich spöttisch im Spiegel begrüßte, auf polnisch zu sagen:
„Dzień dobry, Jego Mość, Jaśniewielmożny Panie Stanisławie! Guten Tag, gnädiger Herr, Hochwohlgeborener Pan Stanislaw!"
Als er in der Fabrik seinen ihm zustehenden Urlaub erhielt, fuhr Stanislaw nach Leningrad, um die nördlichen Gefilde Puschkins, Dostojewskis und Bloks in Augenschein zu nehmen. Er wohnte bei Bekannten seines Vaters und wagte es, sich eines Tages bei Sologub vorzustellen, ohne wissen zu können, daß es sich um das letzte Lebensjahr des verehrten Dichters handelte. Fjodor Kusmitsch öffnete ihm die Tür selbst: kahlhäuptig, mit ungesundem, eingefallenem Gesicht, auf der Wange eine große Warze, mit bloßen Füßen. Stanislaw konnte vor Schrecken kein Wort herausbringen. So standen sie voreinander, bis Sologub sich an ihn mit der höflichen Frage wandte:
„Mit wem habe ich die Ehre zu schweigen?"
Die Wohnung war groß, menschenleer und kalt. In dem halbdunklen Arbeitszimmer hing eine Ikone der Gottesmutter. Stanislaw rezitierte ein Dutzend in Gedanken ausgewählter Gedichte. Sologub nickte währenddessen billigend mit seinem kahlen Kopf, doch als er zu sprechen anhob, warf er dem jungen Verseschmied bissig, wenngleich ohne die Stimme zu heben, südrussische Redewendungen vor („nordrussische Abweichungen mag ich, südrussische kann ich nicht ausstehen"), zieh ihn des Epigonentums, mangelnder Lebendigkeit, stellte aber einige hervorragende – so hatte er wörtlich gesagt: „hervorragende" – Zeilen heraus.
Stanislaw blieb die Begegnung sein ganzes Leben lang im Gedächtnis. Jetzt war er schon fünfunddreißig und hatte noch kein einziges eigenes Gedicht veröffentlicht. Dabei hatte er doch sonst, Teufel noch eins,

nicht immer Pech. Er hatte es geschafft, nach einer angemessenen Zeit als Fabrikarbeiter einen Platz in der Historischen Fakultät der Pädagogischen Hochschule zu bekommen, in den Fragebogen hatte er als Beruf des Vaters „Angestellter" eingetragen, was der Wahrheit nicht widersprach: sein Vater war zu diesem Zeitpunkt ein kleiner Angestellter im städtischen Wirtschaftskomitee.

In der Pädagogischen Hochschule schloß Stanislaw eine Studentenfreundschaft mit Danijal Parwisow; das war der erste lebende Guschane, den er sah. Sie kamen einander besonders nahe, als Stanislaw den Wunsch äußerte, bei ihm Guschanisch zu lernen: das schmeichelte Parwisow, rührte den künftigen Sekretär des Gebietsparteikomitees. Er war Gewerkschaftsfunktionär des Kurses und wußte es so einzurichten, daß Stanislaw in dem Studentenheim auf der Stromynka, einem ehemaligen Armenhaus, aus dem Zimmer, in dem fast aneinander anschließend sechzehn schmale Betten und acht Nachttische standen, in das geräumige Zimmer Parwisows verlegt wurde, wo nur vier Studenten lebten, alle außer Stanislaw Parteigenossen. Dann lief es so, daß Stanislaw den aufgeweckten Guschanen an die russische Sprache gewöhnte, an die russische Literatur, an eine intellektuelle Erziehung sozusagen, Parwisow aber freute sich, daß dieser russische Student sich für Sprache, Geschichte und Volksdichtung der Guschanen interessierte. Beide waren nicht dumm, aber beide hielten einander, obwohl sie vier Jahre fast unzertrennlich in einem Zimmer lebten, für überaus naive und einfältige Burschen. Beide irrten sich.

Einmal las Stanislaw einige seiner Gedichte Parwisow vor. Der verstand sie schlecht. Das war ein seltsames Russisch, so sprachen die Russen jetzt nicht, aber das Tun Stanislaws selbst rührte den Guschanen, der von Kindheit an gewohnt war, Männer der Wissenschaft und der Dichtung zu ehren. Seitdem wandelte sich Parwisow zu einer Art Vormund Stanislaws, versorgte ihn in seiner Eigenschaft als Gewerkschaftsfunktionär großzügig mit Anweisungen für Schuhe, Unterhosen und sogar einmal für einen Mantel. Er empfand, daß Stanislaw sich ihm gegenüber nicht von oben herab verhielt, wie zum Beispiel der Sekretär der Parteizelle des Kurses, der, wenn auch gönnerhaft, so doch unablässig den Tatbestand herausstrich, daß Parwisow kein Russe war. Stanislaw hingegen war mit ihm wie mit seinesgleichen ohne Überlegenheitsgefühl befreundet, und Parwisow war ihm, vielleicht ohne sich dessen bewußt zu sein, dafür dankbar. Er erzählte dem Kommilitonen von seinem Volk, von seiner uralten sagenumwobenen Herkunft, von seinem Schicksal, und einmal trug er ihm singend ein kleines episches Lied vor und übersetzte es mündlich, wobei er sich des modernen und unpersönlichen Zeitungsstils bediente. Stanislaw wunderte sich, daß

das epische Lied der Guschanen ihn an die griechischen Epen erinnerte, daran, wie Odysseus (bei den Guschanen trug der Held einen anderen Namen) listig den Zyklopen betrog, ihn blendete und aus seiner Höhle entkam, indem er sich ein Schafsfell überstülpte und sich unter die Schafe mengte. Mit feinem, angeborenem Gespür nahm Stanislaw den ungewöhnlichen Rhythmus des epischen Liedes auf, die Stimme aus der Tiefe der Jahrhunderte und Berge, und er erkannte, daß er in der Lage war, diesen Rhythmus auf russisch so wiederzugeben, daß er neu und wohltönend klingen würde. Stanislaw übersetzte dieses epische Lied in russische Verse und fand dank seiner ungefähren Kenntnis der Sprache des Originals derartige syntaktische Wendungen, daß sie zwar im Russischen richtig, dennoch frisch und lebendig die guschanische Sprache wiedergaben. Parwisow war außerordentlich begeistert und bestand darauf, daß Stanislaw das guschanische epische Lied zu einer der angesehenen Litaraturzeitschriften brachte. Nach einigen Monaten wurde die Übersetzung gedruckt. Mehr noch: Gorki lobte in einem seiner Artikel über die Notwendigkeit, den multinationalen Charakter der sowjetischen Literatur zu berücksichtigen, die Übersetzung des guschanischen epischen Liedes (allerdings nur nebenbei, in Klammern, und ohne den Namen des russischen Dichters zu nennen).
Das war ein Erfolg, ein ungewöhnlicher Erfolg! Danijal Parwisow strahlte: Stanislaw hatte in einer kurzen einführenden Bemerkung „Vom Übersetzer" Danijal Parwisow als Verfasser der Interlinear-Übersetzung genannt. Die Namen der beiden Freunde erschienen gleichzeitig und zum ersten Mal in der Presse. Der Student Stanislaw Bodorski wurde ein sowjetischer Lyriker, wenn auch auf niedrigster Stufe, der des Übersetzers. Als ein neues episches Lied auftauchte – von Mussaib aus Kagar, dem Weisen, der nicht lesen und schreiben konnte, da erinnerte sich Gorki an Bodorski, und auf Empfehlung des Begründers der Sowjetliteratur wurde dem unbekannten, am Beginn seiner Laufbahn stehenden Dichter eine wichtige Staatsangelegenheit übertragen: die Übersetzung des von dem Homer des zwanzigsten Jahrhunderts mündlich in Vierzeilern verfaßten Opus, das die Heimat, das Stalin verherrlichte, wie er die Feinde des Volkes züchtigte, die das Kolchosheu verbrannt hatten.
In jenem August, als Stanislaw und Danijal nach Abschluß der Pädagogischen Hochschule vor ihrer Trennung durch Moskau schlenderten, bekam Stanislaw eine Einladung nach Gugird, und die beiden Freunde reisten in die Hauptstadt der Guschanisch-tawlarischen ASSR: Parwisow für immer, Bodorski beruflich. Auf dem Bahnhof Teplowskaja wurde der Waggon nach Gugird vom Schnellzug nach Baku abgekuppelt und an einen Arbeiterzug gehängt, der als Endstation den Bahnhof

Gugird hatte. Das Abkuppeln und Anhängen dauerte gewöhnlich zwei Stunden.

In Teplowskaja stieg in ihren Platzkartenwagen (eine andere durchgehende Verbindung gab es nicht) ein junger Guschane und begann jemanden zu suchen. Als er Danijal sah, sprach er mit ihm in dessen Muttersprache, und Danijal zeigte auf Bodorski. Der junge Guschane drückte mit seinen beiden Händen dem Moskauer Dichter die Hand und bat ihn in einen anderen Waggon, begann dem verunsicherten Stanislaw mit dem Gepäck zu helfen. Stanislaw fragte, ob in diesem anderen Waggon (seltsam, es gab doch keinen anderen) auch sein Genosse von der Hochschule mitfahren könne. Der junge Guschane war einverstanden, nahm Stanislaw gegen dessen Widerstand seine beiden Koffer ab, von denen der eine durch Bücher recht schwer war. Der für sie bestimmte Waggon stand am Ende des Arbeiterzuges, den Platzkartenwagen hatte man noch nicht angehängt. Danijal verschlug es die Sprache: Das war der Sonderwagen von Suleiman Nashmuddinow, dem Ersten Sekretär des guschanisch-tawlarischen Gebietskomitees der Partei. Auch Stanislaw verschlug es die Sprache, als sie zu dritt den Wagen betraten: Hier gab es eine Küche, ein Eß- und Wohnzimmer, wo eine freundliche, ältere russische Frau den Tisch deckte: trockenen Wein, Cognac „Dwin", Wodka, Narsan, verschiedene Häppchen – Stör, Kaviar, kaltes Huhn. Stanislaw warf einen Blick hinter einen schweren Vorhang: dort war ein Schlafzimmer, zwei mit Brokat bezogene Betten.

In einer der Flaschen befand sich eine seltsame graue Flüssigkeit, ein Etikett hatte die Flasche nicht, Danijal erklärte: „Busa". So erblickte Stanislaw zum ersten Mal das den Mohammedanern gestattete Getränk, von dem schon Puschkin, Lermontow, Tolstoi und Bestushew-Marlinski sprachen. Der Guschane, der sie abgeholt hatte, begab sich in die Toilette. Bodorski wollte gleich den „Busa" probieren, Danijal Parwisow gefiel dieses Interesse des Russen für sein nationales Getränk, sie tranken jeder ein Glas, und ein schwacher Rausch stieg Stanislaw sanft in den Kopf. Der Übersetzer verlangte nach einem zweiten Glas, aber sein Freund bremste ihn:

„Das wäre unschicklich. Warten wir auf den Vertreter des Gebietsparteikomitees. Er heißt Shamatow. Zuerst werden wir zu dritt Cognac trinken. Man begrüßt dich hier deshalb so prächtig, weil bis hierher gedrungen ist, daß dich Gorki persönlich empfohlen hat, das parteilose Mitglied des Politbüros."

In Gugird trennten sich die Freunde: Bodorski wurde mit einem Wagen (er fuhr zum ersten Mal in einem Auto) ins Hotel gebracht. Shamatow, der Kultur-Instrukteur des Gebietskomitees, entschuldigte sich bei

Stanislaw für die Bescheidenheit des Zimmers, aber der entgegnete – und das ganz ehrlich –, er habe seit langem, seit seiner Kindheit keine solche Unterkunft gehabt. Er hatte zwei Zimmer bekommen, ein Schlafzimmer und ein Arbeitszimmer mit einer gewichtigen – fast so schwer wie aus Granit – Schreibgarnitur auf dem Schreibtisch, daneben ein Telefon. Auf dem Eßtisch prangte auf einer irdenen Schale eine riesige Melone, garniert mit prallen Weintrauben. Da standen drei Flaschen, wieder Cognac, Wodka und Narsan. In einer Ecke sah er – wie in seiner Kindheit in ihrem Haus im Süden – ein vorrevolutionäres Waschbecken: weißer Marmor und helles Holz. Toilette und Dusche, so erklärte Shamatow, seien am Ende des Flurs. Die Fenster waren auf einen dichten, offenbar langen Park gerichtet, den irgendwann Fürst Ismail-Bei angelegt hatte, dem Vernehmen nach der Prototyp des Lermontowschen Helden.

Shamatow bat, das Telefon benützen zu dürfen. Stanislaw begriff: er berichtete jemandem von der Ankunft des Gastes, wartete die Antwort ab, legte den Hörer auf und sagte:

„Stanislaw Jurjewitsch, Suleiman Nashmuddinow bittet Sie zu sich. Ruhen Sie sich aus, in einer Stunde werde ich Sie abholen."

Stanislaw wusch sich – im Handwaschbecken war nicht genug Wasser –, packte Kleidung und Bücher aus, zog frische Hosen und sein einziges gutes Seidenhemd an, begab sich vom zweiten Stockwerk auf die Straße und beschloß, auf Shamatow am Hoteleingang zu werten. Den Elbawend konnte man nicht sehen, später erfuhr Stanislaw, daß der zweiköpfige Gipfel des Berges sich nur frühmorgens den Blicken zeigt, wenn es keinen Nebel gibt. Nach links zogen sich weithin öde eingeschossige Häuser und Lehmhütten, rechts war freies Land. Ungeachtet der Hitze konnte man leicht atmen, vom Park her strömte ein wohlriechender frischer Wind. Mit dem Rücken zum Hoteleingang saßen Lenin und Stalin aus Stein – die Marmorvariante der bekannten zweifelhaften Fotografie. Ab und an rollten Autos zum Hotel, nachdem sie einen Halbkreis um die Skulptur beschrieben hatten. So kam auch Shamatow vorgefahren, verließ den Wagen und lud Stanislaw mit einem breiten Lächeln ein, Platz zu nehmen. Ihr Weg hätte, wie sich später herausstellte, nur ein paar Minuten zu Fuß gebraucht, Stanislaw verstand nicht, warum ein Auto benötigt wurde, später begriff er es, wie er auch vieles andere im Verhalten der Führung dieser kleinen Republik mit der kleinen Hauptstadt erst später begriff: man mußte bei dem Gast den Eindruck hervorrufen, daß es sich um eine große Stadt handelte. Das Gebietsparteikomitee befand sich in einem zweistöckigen Gebäude des 19. Jahrhunderts, das vor der Sowjetmacht einem reichen ortsansässigen Karakul-Züchter gehört hatte. Auf dem Flur gegenüber der Tür stand bei einem Tisch mit einem Telefon ein Rotarmist. Shamatow sagte zu ihm: „Zum Genossen Nashmuddinow." Der Rotarmist mit seiner Uniformmütze auf dem Kopf nickte, er sei informiert. Langsam und schweigend stiegen sie bis zur zweiten Etage. Mein Gott, da fährt er, Stanislaw Bodorski, gestern noch Student, namenloser Reimeschmied ohne Hoffnung auf einen Namen, allem Neuen fremd, gleichsam im Hinterhof des silbernen Zeitalters steckengeblieben, fährt im Salonwagen, in Staatskarossen, bewohnt ein Zweizimmer-Appartment im Hotel und wird jetzt gleich von einem ZK-Kandidaten, vom Ersten Sekretär des Gebietsparteikomitees, empfangen!

Shamatow klopfte in gewohnter Weise an die weiße Tür des Zimmers, ließ den Gast vorangehen. Suleiman Nashmuddinow, der legendäre Held des Bürgerkriegs, erhob sich und ging ihnen entgegen. Er war ungewöhnlich groß gewachsen, blaue Reithosen bauschten sich über hohen Stiefeln, die Jacke in Tarnfarbe war aus hervorragendem Stoff. Der kahle Kopf wirkte, als sei er nicht kahl, sondern nach Mohammedanerart rasiert und bedürfe des Turbans. Die scharfen, gelblich-roten Augen eines Raubtieres prüften den Gast wie eine Beute. Sogar als Nashmuddinow Stanislaw gewohnheitsmäßig fragte, wie es seiner Frau und seinen Kindern ginge (die Stanislaw alle nicht hatte), bewahrte er diese Ähnlichkeit mit einem gigantischen Raubvogel, der sein Küken kost. Die Riesenfigur Nashmuddinows, der schwarze Schnäuzer à la Peter der Große, der Orden an der Militärjacke, ein in jener Zeit seltener, verfehlten ihre Wirkung auf Bodorski nicht und ließen ihn vor der Macht erschauern. Das Telefon klingelte. Nashmuddinow hielt den Hörer an sein großes, für das Gesicht zu dicke Ohr und horchte. Der Gesprächspartner mißfiel ihm offenbar:

„Genosse Professor, wer hat Ihnen gesagt, daß man unter Hochgebirgsbedingungen keine Schafe mit feinem Vlies und durchschnittlich zwei Lämmern pro Mutterschaf in großem Umfang züchten kann? Was? Das zeige die Wissenschaft? Als Sie in Ihre Sieben-Klassen-Schule gingen, da war ich schon ein Hirt, seit meinem achten Lebensjahr hatte ich den Hirtenstab in der Hand und weidete eine fremde Herde, weidete sie unmittelbar unter den Wolken. Mich hintergeht man nicht! Was heißt hier Einzelfälle! Hör mal, Professor, morgen, verdammt noch eins, da bist du mir ein ehemaliger Professor!"

Nashmuddinow war offensichtlich mit seiner telefonischen Strafpredigt sehr zufrieden und wandte sich Stanislaw wieder zu. So mußte auch ein Schauspieler zufrieden sein, der eine kleine Szene hübsch gespielt hat. Er sagte:

„Bei uns gibt es immer rückständige Besserwisser, die Schwierigkeiten machen. Wir sind gegen kleinliche Bevormundung, aber was soll man

mit solchen Leuten anfangen... Ich hörte, Sie können Guschanisch reden?"
Stanislaw antwortete auf guschanisch:
„Ich habe eine schlechte Aussprache. Ich schaffe es einfach nicht, Ihr ‚z' und Ihre drei ‚k' richtig auszusprechen. Auch ist mein Wortschatz nicht groß."
Shamatow mischte sich in das Gespräch der Herren.
„Wie sauber er das ausspricht! Ein echter guschanischer Dshigit!"
Nashmuddinow lobte:
„Ständige Verantwortung gegenüber der Kultur der kleinen Nationalitäten, das ist es, was uns der Vater lehrt. Sie haben unser episches Lied hervorragend übersetzt. Als ich das las, erinnerte ich mich an meine Kindheit, meine Großmutter hat das gesungen. Wir haben viele solcher Überlieferungen. Man hält sie für griechisch, aber es sind unsere, wir sind älter als die Griechen, wir werden die bourgeoise Wissenschaft zwingen, das anzuerkennen. Zwingen. Der Vater liebt epische Lieder. Ich habe den ‚David aus Sassun' der Armenier und den ‚Manas' der Kirgisen gelesen. Ehrlich gesagt, unsere epischen Lieder sind besser, verständlicher. Können Sie auch Tawlarisch?"
„Nein, das kann ich nicht, ich habe Mussaib nach einer Interlinear-Version übersetzt."
„Das Tawlarische ist anders, eine Turksprache. Unsere guschanische Sprache ist älter, eigenständiger. Sie müssen alle guschanischen epischen Lieder vollständig übersetzen, das gibt ein großes Buch. Wir besitzen in Moskau ein gewisses Ansehen, ein Verlag wird mit Ihnen einen Vertrag schließen."
„Ich werde mich glücklich schätzen."
Stanislaw war wirklich glücklich. Er träumte von einer solchen Arbeit. Sie war für ihn fast so wie eigene Gedichte. Er sah sich schon als zweiten Gneditsch – nein, mehr noch als Gneditsch: als Entdecker. Er überlegte: ‚Wenn es mir gelingt, den Quark von Mussaib zu übersetzen, dann wird das in der „Prawda" erscheinen, dann werde ich den Segen, sogar die Liebe der Leitung der Republik erhalten.' Er warf einen kurzen professionellen Blick durch das Arbeitszimmer: das Mobiliar war zusammengestellt, ein herrlicher Bücherschrank, geschwungene Stühle, bequeme Sessel, wie sie vielleicht in Tschechows Haus hatten stehen können, aber dieser Schreibtisch, der war entsetzlich, war modern, sollte imponieren.
Nashmuddinow gefiel dieser junge russische Lyriker, den Gorki empfohlen hatte, und der, wenn auch schlecht, Guschanisch sprach. Er sagte:
„Wir haben uns mit dem Schriftstellerverband, mit Schtscherbakow, geeinigt. Sie erhalten den Auftrag, eine Verserzählung zu übersetzen,

die Mussaib auf unseren Auftrag hin gedichtet hat. Sie heißt „Mein Guschano-Tawlarien". Wir wollen sie zum Tage der Annahme der Stalinschen Verfassung in der ‚Prawda' veröffentlichen. Das ist ein Zyklus über das glückliche Leben der Werktätigen der Republik unter der Stalinsonne, aber zunächst werden Bilder der nahen und fernen Vergangenheit gezeigt, unsere Schlachten gegen die fremden Eroberer, unser freiwilliger Anschluß an Rußland."

„Freiwillig? Und was war mit den langen grausamen Kämpfen? Marx hat von Schamil geschrieben, die Völker Europas sollten sich an ihm ein Beispiel nehmen, wie man gegen den Despotismus kämpft..."

Stanislaw hatte noch nicht gelernt, sich wie ein sowjetischer Höfling aufzuführen. Er würde es noch lernen. Zunächst unterbrach Nashmuddinow ihn scharf:

„Der Marxismus, verdammter Mist, ist kein Dogma. Die Guschanen haben gegen den Zaren gekämpft, aber nicht gegen Rußland. Die Tawlaren waren rückständig, sie kämpften nicht gegen den Zaren. Unser großer Bruder, das große russische Volk, hat unsere Erde von den raubgierigen Persern und Türken errettet. Sind Sie Parteimitglied? Macht nichts, dann eben ein parteiloser Bolschewik. Die hiesigen Historiker, unsere Leute, haben Mussaib geholfen, aber er hat nicht alles verstanden, Sie müssen die Verse in die richtige Beschaffenheit bringen. Sie werden bei dem alten Mann wohnen, solange wie es nötig ist. Wir werden die notwendigen Vorkehrungen treffen. Dort in Kagar gibt es gute Luft, da ist es schön. Es ist zwar nicht sehr sauber, nicht so wie in den guschanischen Dörfern, aber wir werden für alles Sorge tragen. Mussaib ist ein interessanter Mann, ein ungewöhnlicher Mann. Ich bin einmal hingefahren, um ihn zu besuchen, ich bin kein Parteiführer, der vom grünen Tisch aus regiert, ich bin, ehrlich gesagt, immer dem Volke nahe. Man hatte dem alten Mann von meinem Besuch vorher Kenntnis gegeben. Das war ein Fehler. Er hatte seine Kleidung in einer Truhe versteckt und einen zerfetzten Beschmet, zerfetzte Schuhe und eine zerfetzte Pelzmütze angezogen. Wir kommen hin, aber uns kommt da, verdammt noch eins, so ein Diwana, ein Spinner, entgegen, ein richtiger Bettler. Ich kochte, aber beherrschte mich. Ein finsteres Reich, wie es Dobroljubow kritisiert. Und den mag ich. Wir setzen uns auf einen löchrigen Teppich, Mussaibs Alte bringt uns Rührei, Mazoni mit Knoblauch, und das war alles. Keinen Chinkal, keinen Wein. Da habe ich die Referenten angebrüllt, die mich begleiteten, auch den Sekretär des Kreisparteikomitees von Kagar. Da lebt ein Dichter, den die ganze Welt kennt, den Genosse Stalin kennt, in solcher Armut. Ich befahl ihn zu kleiden, wie es sich gehört, ihm so viele Lebensmittel zu geben, wie er wünscht, und mir in zwei Wochen zu berichten. Als ich

nach Gugird zurückkehrte, teilte man mir mit: alles sei ausgeführt, wie ich es befohlen hätte, nur hätte der Mussaib eine volle Truhe guter Kleidung und guten Schuhwerks gehabt, die neuen Sachen habe er dazugetan. Meine Referenten hatten auch gesehen, daß der Deckel der Truhe von innen mit Bildern beklebt war, mit alten, wie vor dem Großen Oktober: Reklame für Wyssozki-Tee, eine Zigeunerin von einer Schachtel Papyrossen. Bauernpsychologie. Aber der Dichter ist natürlich genial. Die Guschanen haben auch einen ganz passablen Klassiker, nicht schlechter als Mussaib, er ist nur sehr bescheiden. Hakim Asadajew. Ich werde Sie mit ihm bekanntmachen."
Suleiman Nashmuddinow gab Shamatow ein Zeichen, er möge das Zimmer verlassen. Der Sekretär des Gebietskomitees der Partei ging um den Tisch herum, setzte sich Stanislaw gegenüber auf einen geschwungenen Stuhl und sah ihn bohrend mit seinem Raubtierblick aus den rotgeäderten Raubtieraugen an:
„Sagen Sie mir, wer ist eigentlich dieser Hómer?"
Die Betonung verunsicherte Stanislaw zunächst, er hatte schon angenommen, daß Nashmuddinow ihn nach irgendeinem Moskauer Juden fragte, aber dann schloß er blitzschnell, daß es sich um den blinden Sänger handeln müsse, mit dem Gorki Mussaib verglichen hatte, und er beantwortete die Frage. Nashmuddinow wurde wütend, aber nicht auf ihn:
„Diese verfluchten Referenten! Sie sagen, verdammt noch eins, daß Hómer ein Klassiker des Marxismus-Leninismus ist. Ich antwortete ihnen: ‚Vier gibt es!' " und er zeigte es noch einmal mit seinen derben Schafhirtenfingern: „Vier Klassiker! Marx-Engels-Lenin-Stalin! Vier!"
Nashmuddinows ganzes Wesen empörte sich in seinem gewaltigen Körper. Seine hohen Stiefel stampften auf den langen achtynischen Teppich. Er atmete schwer und wiederholte, wie einen Fluch, wobei er die Finger der rechten Hand hochhielt:
„Vier! Vier! Verfluchte Referenten, Nichtsnutze, verdammt noch eins! Vier Klassiker des Marxismus-Leninismus, vier, sage ich ihnen. Woher soll denn der fünfte kommen? Hómer? Vier!"
Er konnte sich lange nicht beruhigen. Stanislaw erkannte durch das Glas des Bücherschranks einzelne Bände der Enzyklopädie „Granat", die offenbar dem früheren Besitzer des Hauses, dem Karakulzüchter, gehört hatte. Die Bände standen durcheinander, aber unter ihnen war auch der mit dem richtigen Buchstaben. Stanislaw zeigte mit der Hand auf den Schrank und erklärte:
„Hier ist über Homer noch viel ausführlicher geschrieben, als ich es Ihnen gesagt habe."
„Die Zeit reicht nicht, soweit reicht sie nicht. Ja, das tawlarische Volk

gab uns einen genialen Dichter. Ihnen aber ist für die Übersetzung unseres epischen Liedes der Dank des Bergvolkes gewiß. Ich habe es gelesen, ich habe mich daran erinnert, wie meine Großmutter mir das vorgesungen hat, habe mich an den einäugigen Riesen erinnert." Stanislaw mußte nicht genial sein, um sofort zu durchschauen, daß dem Guschanen Nashmuddinow der Ruhm des Tawlaren nicht paßte, aber daß er gezwungen war, ihn anzuerkennen und sich vor ihm zu verneigen. Und so war Stanislaw also nach Kagar gefahren, und er wird noch mit Gottes Hilfe in gemessener Puschkinscher Prosa erzählen, ja unbedingt wird er nach dem Kriege erzählen, wie er zwei Monate bei dem wirklich hochbegabten Autodidakten gelebt hat, wie er seinen Zyklus in ein hübsches Spielzeug verwandelte, wo großartige idiomatische Wendungen und Redensarten von abgegriffenen Formeln verdrängt wurden, wie die „Prawda" die Übersetzung gedruckt und Stalin selbst seine Billigung ausgesprochen hatte, er selbst aber, Stanislaw Bodorski, in den Schriftstellerverband aufgenommen worden war. Dann hatte er noch eine andere Dichtung des großen Mussaib übersetzt – „Das Lied vom Führer" – und alles, was man Mussaib gezwungen hatte zu besingen: das Puschkin-Jubiläum, die Kämpfer der Internationalen Brigaden in Spanien. Aber es hatte auch etwas Erfreuliches gegeben. Ein Buch alter guschanischer epischer Lieder war erschienen, in Stanislaws Übersetzung, man konnte sagen, ein Stückchen seines Herzens, ein glänzendes Meisterwerk der Reimkunst, archäologische Wörterausgrabungen, die goldene Verzierungen schenkten. Das Buch hatte Erfolg, und zwar nicht nur beim Staat, sondern auch bei den Lesern. Es wurde viel darüber geschrieben, sogar von Hochschullehrten im Ausland. Stanislaw kam zu Geld.
Mussaibs Verserzählungen und Gedichte in der Übersetzung Stanislaw Bodorskis wurden in den Schulen gelernt, die Kinder deklamierten sie bei Festveranstaltungen, sie dienten als Thema von Kandidatendissertationen, Scholochow sprach auf dem Parteikongreß darüber wie über eine der größten Leistungen der sowjetischen staatsbürgerlichen Lyrik, und jetzt wurden Mussaib und alle Leute seines Dorfes und sein ganzes Volk in Viehwaggons nach Sibirien ausgesiedelt. Nein, so ging es nicht, man mußte noch einen Versuch unternehmen. Mit dem braunen Brotlaib und dem Weizenpäckchen zwängte sich Stanislaw wieder durch fremde Züge und unter den Rädern hindurch, da war das erste Gleis, aber der Zug mit den Viehwaggons war schon weg. Hatte man ihn weitergeschickt oder nur auf ein anderes Gleis geschoben? In dem feuchten Dunst rundum flimmerten friedlich die Lichter von Rusajewka, die Schienen glänzten matt und verloren sich rasch im Nebel. Alles schwieg: der Bahnhof, die Lokomotiven, die Waggons, die Menschen.

Wie diese neblige feuchte Nacht war die Trauer, die Stanislaw bedrängte, finster und schwer. Er kletterte durch einen Güterzug, da ruckte dieser plötzlich an, und Stanislaw sprang im Fahren ab.

Sechstes Kapitel

Gerechtigkeit ist das Wirken der Wahrheit, und Wahrheit ist die Überlieferung der Vorfahren. Was berichtet uns die Überlieferung? Am Anfang war die Unendliche Zeit. Von ihr entstammen Zwillinge, Ahura Masda und Angra Mainju. Ahura Masda schuf die Ewige Trinität – Guter Gedanke, Gutes Wort, Gute Tat. Von Guter Gedanke entstammen Traurigkeit und Freude, Aufstieg und Fall. Ferner entstammen von Guter Gedanke die Engel mit den lichten Flügeln. Von Gutes Wort entstammt der Mensch, das einzige Geschöpf mit aufrechtem Gang. Von Gute Tat entstammen Feuer und Wasser, von Feuer und Wasser entstammt die Liebe. Ferner entstammen von Feuer und Wasser noch Schaf und Kuh, darum sind sie heilig.
So sind die Schöpfungen von Ahura Masda, dem Vielwissenden. Wie sind die Schöpfungen von Angra Mainju, dem Unterdrücker? Er schuf eine andere Trinität – Tückischer Gedanke, Trügerisches Wort, Grausame Tat. Von Tückischer Gedanke entstammen die Dämonen. Angra Mainju schuf auch die Schlange – den Feind des Menschen, schuf Wolf und Tiger, die Feinde von Kuh und Schaf. Angra Mainju wollte, daß die Erde entmenscht, entwässert und entgrast werde, auf daß es keine Felder und Weiden gäbe, nur Salzwüsten und Sandmeere. Die Zwillinge Ahura Masda und Angra Mainju wären gleich mächtig, gäbe es auf Erden nicht den Menschen, das Feuer und die Liebe. Darum trachtet Angra Mainju mit allen Kräften, den Menschen zu vernichten und die Macht der Schlange zu festigen, die Liebe zu vernichten und den Haß zu festigen, das Feuer zu löschen und die Finsternis zu festigen.
Das hat den Menschen als erster der Prophet Zarduscht verkündet, der von fernen Stämmen Zarathustra genannt wird. Über Zarduschts Stirn brannte immer ein Stern. Weiter verkündete Zarduscht folgendes:
Es gab im Iran einen Zaren, der hieß Lichter Jima. Er lehrte die Menschen, Flachs und Seide zu spinnen, Wolle zu weben, Kleider zu nähen. Er zwang auch die Dämonen, für die Menschen zu arbeiten, Ziegel zu brennen, Häuser zu bauen. Lichter Jima begann zu prahlen, er dachte: Die Welt ist gut, so habe ich sie eingerichtet. Aber das war ein tückischer Gedanke: ohne es zunächst selbst zu erkennen, wurde er ein Diener Angra Mainjus, wurde er ein Dunkler, und der Vielwissende, Ahura Masda, entzog ihm seinen Segen.

Da gab es ein Land, das hieß Wüste der Reiter. Die Reiter selbst nannten sich Araber. Das Land regierte der fromme Zar Mirdas. Er hatte einen Sohn, Sahhak. Eines Tages erschien Angra Mainju vor Sahhak in der Gestalt eines frommen Pilgers und sprach zu ihm:
„Du bist stark, dein Vater aber ist schwach, du bist jung, dein Vater aber ist alt, du mußt regieren und nicht er."
„Wie soll ich das machen?" fragte Sahhak, und da verwandelte sich Tückischer Gedanke, gekleidet als Lügnerisches Wort, zu Grausamer Tat. Der Zar Mirdas begab sich vor dem Morgengebet stets zu einer Quelle, wo er die Waschung vornahm. Angra Mainju hob auf dem Weg des Zaren eine tiefe Grube aus. Als die Nacht kam, begab sich der Zar in der Finsternis zu der Quelle, fiel aber in die Grube und war tot. Da wurde Sahhak Zar der Wüste der Reiter. Wieder erschien vor Sahhak der Unterdrücker Angra Mainju, diesmal in der Gestalt eines Kochs, und Sahhak befahl ihm:
„Tritt in meine Dienste."
Noch wußte Sahhak nicht, daß er selbst im Dienste des Unterdrückers war. In jener Zeit aßen die Menschen noch kein Fleisch, sie ernährten sich nur von Brot, Kuhmilch und den Früchten der Erde. Angra Mainju schlachtete einen jungen Stier, kochte das frische Fleisch, würzte es mit Moschus, Rosenblatt und Safran. Sahhak verzehrte das Kind der Kuh, des heiligen Wesens, und hatte sich damit auf ewig von dem Vielwissenden gelöst. Freundlich blickte er auf den Koch und fragte:
„Du Künstler, sage mir, was wünschst du dir für einen Lohn?"
„Ich möchte, oh Zar, mit meinen Lippen deine Schultern berühren", antwortete der angebliche Koch.
Der Zar gewährte ihm diese Gunst. Angra Mainju küßte den Zaren auf die Schultern – und entschwand. Aus den Schultern Sahhaks aber wuchsen plötzlich zwei schwarze Schlangen, sie glichen zwei sich windenden Ästen. Der Zar befahl, sie von seinen Schultern abzuschneiden, aber die Schlangen wuchsen nach. Der Zar geriet in Verzweiflung. Da erschien zum dritten Mal vor dem Zaren Angra Mainju, stand diesmal da im langen Gewand eines Arztes und sagte:
„Vergeblich läßt du die Schlangen abschneiden, wenn sie abgeschnitten sind, wachsen sie wieder neu. Füttere sie mit Menschenhirn, dann beruhigen sie sich und hören auf, dich zu quälen."
In jener Zeit kam es im Iran, im Reich des Lichten Jima, wegen seines Stolzes zu Wirren. Die angesehenen Heerführer bekämpften sich, die Kriegspferde zerstampften die Saaten. Würdenträger des Lichten Jima kamen zum Zaren der Wüste der Reiter und sprachen:
„Unser Zar ist schlecht, unser Zar ist hochmütig, im Land ist keine Ordnung, komm du zu uns und regiere."

Sahhak kam, traf auf den Lichten Jima, spaltete ihn in zwei Teile und begann im Iran zu herrschen. Sein Zarentum dauerte tausend Jahre. Unter seinem Joch schritt die Welt rückwärts, umgab Finsternis das Tun der Weisen, regierte der Wille eines Irren den Staat. Jede Nacht brachte man in die Küche des Zaren zwei starke junge Männer oder zwei schöne Jungfrauen, und der Koch gewann aus ihnen die Medizin für den Schlangenzaren: er schlachtete die Jünglinge und Jungfrauen, fütterte mit dem Hirn die Schlangen, die aus Sahhaks Schultern wuchsen. Das Volk empörte sich, es murrte, aber es duldete die Last, hatte Angst vor dem Schlangenzaren. Zwei gottesfürchtige Männer wollten das Leid nicht erdulden. Ihre Namen sind uns verborgen, denn dies waren bescheidene Männer. Sie lernten die Kochkunst, man nahm sie in der Zarenküche in Dienst. Sie aber handelten so: von zwei Jünglingen töteten sie einen, den anderen entließen sie in der Finsternis der Nacht in die Freiheit. Sollte er laufen, soweit ihn seine Füße trugen. Genauso verfuhren sie mit den Jungfrauen. Sie mischten das menschliche Hirn mit Hammelhirn, betrogen mit Hilfe von Gewürzen die Zarenschlangen. So retteten die beiden gottesfürchtigen Männer jeden Monat dreißig Jünglinge und dreißig Jungfrauen, gaben ihnen Schafe und Kühe zur Zucht und schickten sie in die unzugänglichen hohen Berge.
Doch über Sahhak kam allmählich die Angst. Er legte sich schlafen und hatte Angst, daß es die Schlangen gelüsten könnte, auch sein Hirn zu kosten. Und jedesmal, wenn er gegen Morgen einschlief, erschien ihm im Schlaf sein Vater und sagte zu ihm:
„Meinen Tod erlitt ich wegen dir, meinen Tod in einer Grube, deinen Tod wirst du wegen deiner bösen Taten erleiden, deinen Tod in den Bergen des Elbawend. Siehst du deinen Tod?"
Und Sahhak sah seinen Tod. Um sich zu retten, rief er die Würdenträger und Priester. Gelb vor Angst und dem schlimmen Traum saß er auf seinem diamantenen Thron und sagte:
„Ich habe einen geheimen Feind. Er ist gefährlich. Unterschreibt mir eine Urkunde, daß ich stets den Samen des Guten säte, daß meine Gesetze gerecht sind, daß unter meiner Hand der Iran frohlockt und die Menschen frei atmen."
Die Priester und Würdenträger, die gewohnt waren, vor dem Schlangenzaren zu zittern, unterschrieben die trügerische Urkunde. Aber es gab im Lande einen Menschen, der die Lüge nicht duldete. Er war ein Schmied, der Eisen schmiedete. Er sprach:
„Wer eine trügerische Urkunde unterschreibt, hat Angst vor dem Bösewicht, nicht aber Angst vor Ahura Masda, dem Vielwissenden. Aber auch wer eines von zwei Opfern rettet, einen von zwei Menschen, die zum Tode bestimmt sind, ist noch kein wahrer Diener von Ahura

Masda. Wer Böses duldet, ist noch kein wahrer Feind des Bösen. Achtzehn Söhne hatte ich, achtzehn starkarmige, achtzehn breitschultrige, achtzehn geschickte und kluge Söhne, aber nur neun wurden gerettet. Mit den Hirnen der anderen neun wurden die Zarenschlangen gefüttert. Je länger wir das Böse dulden, desto eifriger dienen wir ihm. Brüder, laßt uns aufhören, dem Bösen zu dienen!"
Der Schmied hing seinen ledernen Schurz wie eine Fahne an einen Pflock, trat auf den Platz hinaus und rief:
„He, gute Leute, ihr Diener der Wahrheit, alle, die sich vor dem heiligen Feuer verneigen! Das Land ist entvölkert, die Felder sind nicht bestellt, so kämpft Angra Mainju, der Unterdrücker, gegen den Vielwissenden, Sahhak aber ist seine Waffe und sein Werkzeug, sein Opfer und seine Verkörperung. Wir jedoch, wir Diener des Feuers, wollen gegen den Herrscher der Finsternis in den Kampf ziehen!"
Der Schmied drang an der Spitze der Menschenmassen in Sahhaks Schloß, packte den erschreckten, zitternden Schlangenzaren, jagte auf einem schnellen Pferd weit, weithin fort zum zweigipfligen Elbawend und schmiedete auf ewig den Schlangenzaren an einen hohen Felsen. Da kamen die Raben geflogen und fraßen Sahhak auf, aber sie vermochten nicht, die eisernen Ketten und die Schlangen aufzufressen, und bis heute kommen die Schlangen aus dem hohen Felsen gekrochen, die Menschen aber glauben, es sei Rauch. Da begann der Schmied den Iran zu regieren, und er regierte gerecht. Zur Fahne des Landes wurde der lederne Schurz des Schmiedes.
Unter jenen Jünglingen und Jungfrauen, die von den beiden gottesfürchtigen Männern vor dem Schlangenzaren gerettet worden waren, gab es zwei Brüder: Gu und Junan. Zuerst wurde Gu gerettet, dann floh auch Junan in die Berge. Einige Tausend Menschen, die aus des Zaren Küche geflohen waren, hatten sich in jenen Bergen angesiedelt. Die Menschen von heute nennen die höchsten Berge Pamir, Schemel des Emir-Gottes, des Sonnengottes Mithra, aber die richtige Bezeichnung ist „Berge der Gottessöhne". Die Flüchtlinge bildeten einen ganzen Stamm, später teilten sie sich in zwei Stämme.
Gu war Hirt, Junan Jäger und Tierfänger. Sie nahmen sich Jungfrauen zur Frau, ebensolche Flüchtlinge wie sie selbst, und bekamen Kinder. Die Zwillingsbrüder waren einander so ähnlich, daß selbst die Mutter Erde sie erst unterscheiden konnte, als sie einen von ihnen in ihre weichen Arme aufnahm.
Der Jäger hatte eine spitze Zunge. Einmal spottete er gutmütig über seinen schweigsamen Hirtenbruder:
„Nur ein Jäger und Tierfänger kann als wahrer Mann gelten. Du aber, lieber Bruder, verbringst deine jungen Jahre auf der Weide, deine

einzigen Gesprächspartner sind Schafe und Hammel. Du kannst mit deinem Ohr das Brüllen der wilden Tiere nicht wahrnehmen, dein Auge findet keine Beute – schwach sind bei dir Hören und Sehen geworden. Es wird noch so weit kommen, daß du nicht bemerkst, nicht mehr hörst, wie man dir deine besten Lämmer stiehlt."
Gu fühlte sich durch die Worte des Bruders nicht beleidigt, er wußte, daß Junan ihn liebte. Er antwortete ruhig, gemächlich, wie es sich für Hirten gehört.
„Du hast Recht, Junan, groß ist deine Jägerkraft. Wie kann ich, der Schwache und Schüchterne, mich mit dir an Schärfe des Blicks und Genauigkeit des Treffens messen? Aber du sagst, man werde mir die besten Lämmer stehlen. Gibt es denn etwa unter uns Vertriebenen Diebe? Außerdem ist bei mir auf den Wiesen winters und sommers Stille, nachts spreche ich mit den Sternen, tagsüber mit dem Gras, ringsum sind nur Felsen und hohe Bäume und Pferche, um das Vieh hineinzutreiben, und Schafe und Hammel, doch neben der Herde sind der Hund und ich."
Die Nacht brach herein. Gu begab sich auf die Weide, legte sich auf das Gras und bedeckte sich mit einem Schafsfell. Junan, der Mann mit der spitzen Zunge, erhob sich von seinem Lager, kleidete sich an, stieg auf die Weide in den hohen Bergen und schlich sich vorsichtig wie eine Schlange an die Herde an. Er kroch wie eine Schlange, ohne einen Halm zu berühren, ohne einen kleinen Zweig zu bewegen, dachte dabei selbst in stummem Lachen:
„Ach, wie werde ich mich morgen früh über den Bruder lustig machen. ,Wo warst du denn, du unermüdlicher Wächter', so werde ich ihn fragen, ,als man dir die Hammel stahl? Den Dieb hast du nicht bemerkt, du sorgloser Hirt. Hast also dummes Zeug geredet, als du davon sprachst, es gäbe unter uns keine Diebe!' "
Doch Gu schlief nicht. Er lag am verloschenen Feuer und spitzte seine Ohren. Er wußte, daß Junan, der Spötter, die Nacht nicht als Nacht ansah. Der Hirt lauschte auf ein Raunen. Zitterte das Gras, raschelten die Bäume? Schweigsam war Gu, nicht kühn, nicht scharf mit der Zunge, doch klug, sicher im Begreifen. „Nein", sagte er sich, „da rascheln nicht die Bäume, da zittert nicht das Gras, da kriecht mein Bruder Junan zur Herde, um mich zu verspotten, um sich einen Spaß zu machen. Aber den Spaß werde ich mir selber mit ihm machen: Ich werde ihm einen Schrecken einjagen und mein Vergnügen haben."
Nach diesen Gedanken stieß Gu einen Schrei aus. Drei Schreie hatten die Männer in den Bergen: den Jägerschrei, den Kriegsschrei und den Hirtenschrei. Vom Hirtenschrei zerbarsten die Felsen zu Sand. Gu spannte seinen Bogen – die Hirten in den Bergen hatten immer Pfeil und

Bogen bei sich – schoß einen Pfeil ab, schoß ihn in das Dunkel der Nacht, schoß ihn, ohne zu zielen, schoß ihn aus Spaß. Ein langgezogenes Stöhnen antwortete dem sausenden Pfeil, antwortete von der anderen Seite des Pferchs für das Vieh. Der Pfeil war ohne Ziel losgeflogen, aber er hatte unüberlegt ein Ziel durchbohrt: Er war Junan ins Herz gedrungen, hatte ihn getötet. Hellrotes Blut floß schäumend aus Junans Herzen. Schon im Vorgefühl des Kummers, ganz verwirrt, stürzte Gu zum Bruder hin, aber er fand im Dunkel der Nacht nur den Körper des Bruders. Er preßte seine breite Brust an den entseelten Körper des Bruders, und seine Brust färbte sich mit dem hellroten Blut des getöteten Junan.

Angra Mainju, der Unterdrücker, triumphierte: Ein Bruder hatte seinen Bruder getötet! Aber der Vielwissende Ahura Masda hatte Mitleid mit dem Hirten: er verwandelte Gu in eine rotbrüstige Möwe, denn mit dem Blut des Bruders war die Brust des unschuldigen Brudermörders getränkt. Bis heute schwebt die Möwe über den Meeren, bald dort, wo die Nachfahren Junans leben, bald da, wo die Nachfahren Gus leben, und sie klagt über den ermordeten Bruder, sie schluchzt und bittet die Welt um Verzeihung und Gnade.

Gus ältester Sohn war Ssan: Dieser Name bedeutet Sohn. Ssan hatte einen Sprachfehler, er sprach seinen Namen Schan aus. Schan, Sohn des Gu. Von ihm stammt das Volk der Guschanen ab. Von Junan stammt der Stamm der Junanen. Die Junanen wollten nicht neben den Kindern von Gu leben, dem Mörder von ihrem Stammahnherrn. Sie zogen weg aus den hohen Bergen und ließen sich auf den Inseln im Meer nieder, die ihren Namen nach dem unglücklichen Ägeus tragen, von dem sowohl die Guschanen als auch die Junanen in ihren epischen Liedern singen – den Ägäischen Inseln. Die Junanen wurden ein großes, berühmtes Volk. Später lebende Menschen, die diesen Namen auf ihre Weise entstellt haben, nannten sie die Ionier. Die Guschanen verließen ebenfalls die hohen Berge und bauten sich Ansiedlungen in tiefer gelegenen Bergen, über dem Ort Marakand, dem heutigen Samarkand. Man nannte sie Soghder. Wie auch immer die benachbarten Stämme sie nannten, Soghder oder Skythen, Sarmaten oder Kerketen (die heutigen Tscherkessen), sie selbst wußten um ihre Herkunft, sie nannten sich immer Guschanen. Lange Zeit bewahrten sie die Erinnerung, daß ihr Stamm eine lebende, uralte Brücke zwischen den Iranern und den Junanen ist, die griechisch sprechen. Als über den Iran der Zar Dara herrschte, was „der Besitzende" bedeutet, und gegen die Junanen Krieg führte – so nannte man im Iran nicht nur den Stamm der Ionier, sondern alle Griechen –, da wollten die Guschanen gegen ihre Stammesgenossen nicht zu Felde ziehen und verließen den Iran. Lange zogen sie über die

Erde hin, bis sie zum Kaspischen Meer kamen und durch das Tor – durch Derbent – bis zu den Bergen des Kaukasus gelangten. Es verfolgten sie unzählige Krieger Daras – sie waren zahllos wie Sand –, die Guschanen kämpften gegen sie, zogen sich zurück, kämpften wieder, obwohl sie ebenso wie die Iraner das heilige Feuer anbeteten. Viele Jahrhunderte lebten sie im Kaukasus und vergaßen sogar bisweilen, daß sie und die Junanen von der gleichen Wurzel abstammten, nur die guschanischen Weisen erinnerten sich daran und die rotbrüstige Möwe, die über dem Ägäischen Meer schwebte und ihre Stammesgenossen anrief, doch niemand verstand ihre Vogelsprache. Im Kaukasus fielen die Guschanen vom Glauben an Zarduscht ab und nahmen das Christentum an. Der Palast ihres Zaren war mit Wandmalereien geschmückt, und die guschanischen Krieger waren dort in Panzerhemden dargestellt, auf denen man ein Kreuz sieht. Die Guschanen überlieferten, es habe sie der Heilige Georg selbst getauft, und sogar als sie Mohammedaner geworden waren, schwörten sie bei seinem Namen. Zu Ehren der Gottesmutter nannten sie einen Wochentag „Mariam", und bis heute ist dies der Tag der Ruhe. Aber die Guschanen verehren auch die junanische Göttin Aphrodite, sie nannten sie „Apatura", die ihre Macht über Erde, Meer und Himmel erstreckt.
Zunächst lebten die Guschanen auf beiden Seiten des Kaukasus, in ihrer Sprache heißt Wasser „pse", der Name des Ortes Tuapse bedeutet Zwischenstromland. Am Schwarzen Meer wurden die Guschanen wieder Nachbarn der Junanen, die dort nach weiter Seefahrt den Ort Dioskurias gegründet hatten. Dann drängten stärkere Stämme die Guschanen bis hinter den kaukasischen Gebirgsrücken.
Allmählich vermengten sich die Guschanen mit anderen Stämmen, und die Wörter dieser Stämme drangen in ihre Sprache ein. Aber ihre ältesten Wörter sind dieselben wie bei den griechischen Junanen. Bei den Junanen heißt Feuer „pyr", auch bei den Guschanen heißt Feuer „pür". Bei den Junanen heißt Brot „artos" – bei den Guschanen „art". Auch altpersische Wörter haben sich in der guschanischen Sprache erhalten. Sowohl bei den Guschanen als auch bei den Persern heißt Mutter „madar", Vater „padar", Frau „san", Pferd „asp". Im Griechischen heißt Pferd „hippos". Das ist ähnlich.
Seit man die Guschanen als Sarmaten bezeichnet, ordneten sie sich die Sind, die Kolcher und Mäoten unter. Ihre Waffe waren nicht Bogen und Pfeil, sondern lange Schwerter und riesige schwere Spieße. Ihr Reich erstreckte sich vom Kubangebiet bis nach Dagestan. Sie hatten reiche Städte, die größten waren Aboraka, eine bedeutende Stadt, die jetzt Anapa heißt, und auf der anderen Seite des Kaukasus Gugird. Die Guschanen trieben Handel mit Chios, Attika, Thassos, Heraklea,

Sinope, Chersones, Athen. Als die Goten von der Krim herüberströmten und sie nach Osten abdrängten, zerfielen die Guschanen in eine Menge Stämme, einer von ihnen hieß Achäer, ob nicht die Bezeichnung Achäer in Griechenland von dieser Wurzel stammt? Dennoch starb der alte Name der Guschanen nicht aus: so nannte sich weiter ein kleiner Stamm, der sich am Fuße des Elbawend niedergelassen hatte, jenes zweigipfligen Berges, wo einst der Schmied den Schlangenzaren an den Felsen geschmiedet hatte. Die Guschanen zahlten Rum, wie sie das Reich der Byzantiner nannten, Tribut, später dem Kagan der Chasaren, aber sie trugen ihr Haupt aufrecht, waren auf ihre Herkunft stolz. Rum brachte ihnen das Christentum, doch beteten die Guschanen weiter das Feuer an, wie es sie Zardascht geheißen hatte. Die Guschanen vergaßen allerdings, daß das Feuer Ahura Masda geschaffen hatte, der Vielwissende, und obwohl sie die Doppelexistenz von Ahura Masda und Angra Mainju ablehnten, nachdem sie die Gnade der heiligen Trinität erkannt hatten, zitterten sie vor dem Gott des Feuers. Sie vertraten die Ansicht: Das Feuer des Herdes vereint die Menschen, es ist die Bindung.

Einmal, so berichtet die Überlieferung, erlosch das Feuer im Lande der Guschanen. Grauer Dunst hing tief über den flachen Dächern der Häuser. Kein einziger Stern stand am Himmel. Fast schien es, als habe jenes ursprüngliche Schweigen von den guschanischen Siedlungen Besitz ergriffen, das vor der Unendlichen Zeit gewesen war, wenn man nicht in dem einen oder anderen Haus ein Kind hätte weinen hören. So sehr sich die Menschen auch bemühten, kein einziger Feuerstein vermochte Feuer zu entzünden, kein einziger Kessel kochte, keine einzige Leuchte brannte, kein einziger Herd wärmte eine Behausung, kalte Herdasche lag grau da wie Dunst.

Unter den Guschanen gab es einen kühnen Jüngling namens Metej. Er hatte oft gesehen, wie hinter der zweigipfligen Spitze des Elbawend morgens ein gleißendes Licht aufflammte: Da entzündete der Gott des Feuers in der Morgendämmerung seine Lampe. Er hatte gesehen, wie der Gipfel des Elbawend unter der Abendröte erstrahlte: Da entfachte der Gott des Feuers vor Einbruch der Nacht sein Lagerfeuer. Vor den übrigen Guschanen zeichnete sich Metej nicht nur durch seine Kühnheit aus, sondern auch durch seine große Kraft, und obendrein noch dadurch, daß er das Pferd Alp besaß, einen reckenhaften Fuchs mit schweren Hufen. Metej setzte seinen hohen Helm auf, bedeckte seine Brust mit dem eisernen Kettenhemd, bewaffnete sich mit Schwert und Spieß, sattelte Alp, sprang in den Sattel und jagte das treue Pferd auf den Gipfel des Elbawend.

Nicht leicht war der Ritt nach oben. Der Reiter mußte Abgründe und Steilhänge überwinden, Nebel und Dickicht, Hagel, Schneesturm und

Steinfall. Aber Alp durchbrach das Waldesdickicht wie der Sturm, setzte über Abgründe wie ein Vogel. In einem sonnendurchwärmten Tal wollte das Pferd ausruhen, aber Metej drängte vorwärts, in seinem Zorn versetzte er dem Pferd einen Hieb mit der Peitsche. Da packte auch Alp der Zorn, und er schlug mit dem Huf auf den Boden, daß das Wasser blau aus der Tiefe der Erde hervorschoß.
Habt ihr, die ihr die Überlieferung hört, den blauen See auf dem Wege zum Gipfel des Elbawend gesehen? Dann mögt ihr wissen, daß dieser See entstand, als Alp mit dem Huf auf die Erde schlug.
So galoppierte Metej bis zur zweigipfligen Spitze des Elbawend. Schlangen zischten aus dem Felsen hervor – dieselben, welche einst aus den Schultern Sahhaks gewachsen waren. Über den Berg türmte sich ein zweiter riesenhafter Berg, und dieser Berg war von leuchtendroter Farbe: Da loderten die Flammen, die der Gott des Feuers entfacht hatte. Metej erhob seine Stimme:
„Ich komme mit einer Bitte zu dir, allmächtiger Gott. Es heißt, du seist gut, denn nur Güte leuchtet, du aber bist das Licht aller unserer Leuchten. Es heißt, du seist verständnisvoll, denn nur Verständnis wärmt. Du aber bist die Wärme unserer Herde. Warum hast du uns das Feuer genommen? Unsere Herde sind verloschen, unsere Kessel kochen nicht mehr, dunkel sind unsere Leuchten. Gib den Menschen das Feuer, gib uns Feuer!"
Metejs Worte brachten den Feuergott in Wut. Wie ein Blitz stürzte seine Rede von der Höhe herab:
„Ihr Menschen, ihr graue Asche, ihr habt mich vergessen. Wenn eure dreibeinigen Tische voller Essen und Trinken stehen, wenn ihr den Pokal zum Toast erhebt, wenn ihr reichlich Getreide erntet, wenn ihr im Kampfe siegt – wem dankt ihr? Dem Jesus von Nazareth. Zu wem betet ihr? Zu dem Sohne Marias aus dem Hause Davids. Mich aber mißachtet ihr, mich, ohne den nichts Lebendes leben kann. So hebe dich hinfort, entschwinde, du graue Asche, du Erdenstaub!"
„Gib Feuer, oh Gott, gib den Menschen Feuer!" ließ Metej nicht ab. „Willst du es nicht im Guten geben, dann fordere ich dich zum Zweikampf. Sollte ich siegen, dann gehört das Feuer mir."
„Gut, schreiten wir zum Zweikampf", lachte der Gott des Feuers. Sein Lachen war wie ein Donnerschlag, und von dem Donnerschlag erklirrten die eisernen Ketten, die sich von selbst vom Gipfel des Elbawend lösten und von selbst Metejs Körper umschlangen. Der Gott des Feuers stieg vom Berg herab, riß Metej aus dem Sattel und fesselte ihn mit den Eisenketten an den Felsen. Da beschloß der Gott des Feuers: „Möge dieser Mensch dem Tode nahe sein, doch sterbend am Leben bleiben. Möge er weder zu den Lebenden noch zu den Toten zählen."

Der an den Felsen geschmiedete Metej befahl Alp:
„Lauf, mein treues Pferd, nach unten. Laß die Krieger meines Volkes von meinem Schicksal wissen."
Tage und Nächte vergingen unter dem Felsen, an den Metej geschmiedet war. Es heulten über ihm gewaltige Stürme, es stürzten auf ihn die Schneemassen, es krochen die Schlangen aus dem benachbarten Felsen und versuchten, ihn zu beißen. Der Tod aber wagte sich nicht an ihn heran, denn er fürchtete den Berg des Feuers. Und so ergab es sich, daß Metej nicht starb, aber auch nicht zu den Lebenden gehörte. Ein Adler, ein Diener des Feuergottes, hackte an Metejs Kettenpanzer, wollte zum Herzen des Jünglings vordringen, und Metej bedauerte manchmal, daß der Tod sich nicht an ihn heranwagte, um ihn von seinen Qualen zu befreien. Er fragte den Adler:
„Wer ist stärker, du oder ich?"
„Du bist dumm, Metej", antwortete der Adler. „Ich habe Flügel, du aber bist in Ketten. Ich fliege über die Berge, du aber bist an den Felsen geschmiedet. Ich bin stärker als du."
„Gleichst du, Adler, jedem anderen Adler?"
„Es gibt Adler, die schwächer sind als ich, es gibt aber auch solche, deren Flügel mächtiger sind als meine."
„Haben alle Adler Herren?"
„Nein, ich bin der einzige im ganzen Adlergeschlecht, der dem Gott des Feuers dient."
„Also gleichst du nicht jedem anderen Adler, denn die, die schwächer sind als du, und die, die stärker sind als du, erkennen keinerlei Macht über sich an. Ich aber, der ich ein Mensch bin und sogar an den Felsen geschmiedet, von dir gequält, gleiche jedem beliebigen Menschen, und es gibt keinerlei Macht über mir. Du dummer Tor glaubst, du seist stärker als ich, aber deine Stärke ist nur der Anschein der Stärke, das Gespenst der Stärke, deine Kraft ist Gewalt, nur die Zeit ist die wahre Kraft. Die Zeit aber hat nicht heute begonnen und hört nicht morgen auf. Achte darauf, wie hoffnungslos sich deine Zeit bewegt, Adler! Sie bewegt sich in Sklaverei. Nur der Freie besitzt Zeit. Du hast ein Heute, du hast vielleicht auch ein Morgen, aber was liegt bei dir hinter dem morgigen Tag? Nichts liegt bei dir hinter dem morgigen Tag, denn du hast nicht die Kraft der Zeit. Ich aber habe die Kraft der Zeit. Mag ich heute in deiner Macht sein, magst du dich morgen an meiner Brust atzen, aber es kommt die Zeit, meine Zeit, und ich werde sein, du aber wirst nicht sein, denn du lebst für einen Herrn, ich aber lebe für die Gleichen, für die Menschen. Die Zeit, das ist sowohl der Richter als auch der Krieger, die Zeit, das sind die Tränen der Menschen und der Triumph der Menschen. Die Kraft der Zeit kennt keinen Anschein und

keine begrenzte Dauer. Ein Tor glaubt, er sei stark durch Gewalt, weil die Schwäche vor ihm zittert, der Weise aber weiß, daß er stark ist durch die Macht der Zeit, denn wer heute schwach, ist durch scheinbare Schwäche schwach, durch den Anschein der Schwäche, aber er ist stark durch die wahre Kraft, durch die Kraft der Zeit."
Indessen hatte Alp nach Überwindung von Hunderten von Hindernissen die Ansiedlungen der Guschanen erreicht. Die Menschen quälten sich ohne Feuer. Dunkel und kalt war es in jedem Haus, in jedem Herzen. Als die Menschen Alp ohne seinen Reiter sahen, packte sie der Schrecken. Hieß das, daß der kühne Jüngling zugrunde gegangen war? Sie versammelten sich, um Rat zu halten und beschlossen: „Laßt uns gegen den Gott des Feuers in den Krieg ziehen. Befreien wir Metej, wenn er am Leben ist. Verschaffen wir uns das Feuer."
Die Reiter bewaffneten sich mit Schwertern, deren Griffe Kreuze waren. Die Reiter gelangten zum Wohnsitz des Feuergottes. Die Schlangen zischten aus dem Felsen, um den ersten Reiter, der in ihre Nähe kam, mit tödlichem Gift zu treffen, aber dieser Reiter zückte das Schwert und vernichtete die schwarzen Schlangen. Keiner hatte die schwarzen Schlangen von Sahhaks Schultern schneiden können, nur dieses Schwert, dessen Griff aus dem heiligen Kreuz bestand, vernichtete sie. Den Schlangen flog der Adler zu Hilfe, der sich an Metejs Brust geatzt hatte, doch auch ihn streckte das Schwert zu Boden. Ein anderer Reiter jagte mit unglaublicher Schnelligkeit zu dem Felsen hin, an den Metej mit den Eisenketten geschmiedet war. Er zog ein Schwert, dessen Griff ein Kreuz war, und zerschlug die Ketten. Da überkam auch den Gott des Feuers Angst vor dem Schwert mit dem Kreuzgriff, und er verbarg sich hinter dem Gipfel. Metej sprang auf den Boden. Die Kraft der Zeit war bei Metej, und der Jüngling, der die Freiheit wiedergewonnen hatte, vergeudete nicht seine Zeit. Er riß einen Baum aus der Erde, sprang auf Alp, der seiner unter den Reitpferden harrte, sprengte zum Berg des Feuers, tauchte den Baum in die Flamme und jagte mit dem brennenden Wipfel nach unten zu den Menschen. Feuer war die Farbe seines Pferdes, Feuer war in seiner Hand, Feuer in seiner Seele. Ihm nach sprengten die anderen Reiter von Dorf zu Dorf.
„Feuer! Wir haben Feuer!" tönte es von Herd zu Herd, von Leuchte zu Leuchte.
Andere Stämme – die Junanen zum Beispiel, erzählen diese Legende anders, aber die Guschanen sind der Auffassung, daß nur sie sie richtig erzählen – so wie es tatsächlich war.
Nicht selten knickt und stürzt ein Sturm mächtige Bäume mit vielen Ästen, ist aber nicht in der Lage, einen kleinen Busch zu zerstören. So war es auch mit den Guschanen. Wie ein Sturm stürzten sich auf sie

zunächst die Horden von Dschingis Temudshin, danach die Scharen des Lahmen Timur, sodann brach die Pest über sie herein, später fielen die Araber aus der Wüste der Reiter über sie her, sie brachten die Guschanen zu ihrem Glauben, von da an beteten die Guschanen nicht mehr zu Jesus von Nazareth, sondern zum Propheten Mohammed, dem Sohn Abdallahs, aber sie gingen nicht zugrunde, denn das Feuer hatte sie geeint und verbunden, das Feuer des Herds, das Feuer der Leuchte, das Feuer der Sprache. Sie zogen hinter dem Awaren Schamil in den Kampf gegen den weißen Zaren, und Rußland überwand sie, nahm ihren Boden, nahm ihnen aber nicht das Feuer. Das Feuer ist nicht nur die Wärme des Herds, das Leuchten der Leuchter und die Sprache des Menschen, das Feuer ist auch das unauslöschliche Gedächtnis an die Vergangenheit. Es gibt noch ein Feuer – das Gedächtnis an die Stammesgemeinschaft. Oft wird ein solches Gedächtnis zu Asche, und die Asche glimmt, aber verlöscht nicht. Es glomm, aber verlosch nicht die Erinnerung der Guschanen an ihre Stammesgemeinschaft mit den Iranern und den Junanen, und es verlosch nicht die Erinnerung daran, daß sie, die Guschanen, nicht einfach Menschen sind, daß sie ein Volk sind.
Der Schreiber dieser Zeilen hat von den Guschanen so erzählt, wie er es vermag. Manches hat er aus Büchern geschöpft, mehr aus mündlichen Überlieferungen, am meisten aber aus Gesprächen mit Hakim Asadajew, von dem noch die Rede sein wird.

Siebtes Kapitel

Beim Übergang über den Dnjepr wurde der Kommandant eines Minenwerfers, der Sergeant Murad Kutschijew, von einem Splitter am Bein verwundet und erhielt den Titel „Held der Sowjetunion". Im Lazarett in dem direkt hinter der Front liegenden Tschernigow beschloß man zunächst aus Sorge vor einer Gangrän, das Bein zu amputieren, doch da mischte sich Sanitätshauptmann Kalerija Wassiljewna ein, eine, wie es Murad schien, noch ziemlich junge, etwa fünfunddreißigjährige Chirurgin. Sie hatte Mitleid mit dem dunkelhäutigen, blauäugigen und hakennäsigen, wortkargen Kaukasier und rettete ihm das Bein. Er wußte nicht, wie er ihr danken sollte. Einmal, als sie die Decke hochgeschlagen hatte, befühlte sie das verwundete Bein und machte ihm Hoffnung: „Bald werden wir wieder gehen." Sie strich Murad auch über Hals und Kinn. Seit dem Tage, als sie im Krankenzimmer aufgetaucht war, waren ihrer beider Augen in ein angeregtes Gespräch getreten.
Als Murad wieder gehen konnte, hinkte er genauso wie sein Vater Ismail und besuchte jede Nacht die Wohnung, wo Kalerija Wassiljewna Unterkunft gefunden hatte.
Aus seiner Minenwerferbatterie erhielt Murad die Nachricht, daß man ihn frontuntauglich geschrieben habe. Der Politoffizier wünschte ihm herzlich baldige Genesung und spielte darauf an, daß er als „Held der Sowjetunion" nicht außerhalb der Partei bleiben solle, es werde sich für ihn schon ein passender Arbeitsplatz finden, wenn nicht bei der Batterie, dann an anderer Stelle. Kalerija Wassiljewna indessen verlängerte seinen Aufenthalt im Hospital. Zum ersten Mal war sie als Frau glücklich, einigte sich unter Überwindung ihrer weiblichen Zurückhaltung mit dem Obersten, dem Lazarettchef, Murad als Kraftfahrer einzustellen. Er hatte bei der Armee den Führerschein erworben. Alles schien normal zu laufen, der Lazarettchef hatte Verständnis für Kalerija Wassiljewna, und ein weiterer Chauffeur schadete dem Lazarett nicht. Murad drängte nach Hause, nach Kurusch, wollte sich vor seinen Landsleuten zeigen, meinte, es dürfte kaum viele „Helden der Sowjetunion" unter den Tawlaren geben, und einen so anerkannten Menschen solle man schon als Kolchosvorsitzenden oder auch noch höher einsetzen. Murad machte sich Sorgen, er hatte vor drei Monaten seinen Eltern

einen Feldpostbrief geschickt, aber noch keine Antwort erhalten. Er hätte nach Hause fahren können, darauf hatte der Politoffizier in seiner Nachricht auch angespielt, aber es tat ihm leid, Kalerija zu verlassen, und offenbar für immer zu verlassen. Sie war schwanger und wußte nicht, wie sie sich verhalten sollte, wollte eigentlich das Kind behalten, aber in ihrem Alter war eine Erstgeburt mit Schwierigkeiten verbunden. Murad würde mit ihr nicht auf immer zusammenbleiben, er war zwölf Jahre jünger, da brauchte sie sich keine Hoffnung zu machen, und dennoch hegte sie diese Hoffnung, er war so lieb zu ihr, sie fühlte, daß Murad von ihrer Mitteilung bewegt war. Murad rührte es wirklich, daß diese Frau ihm ein Kind gebären würde, vielleicht einen Sohn.
Da kam in das Lazarett ein Befehl von der Armee – er war zwei Monate unterwegs gewesen – über die Ernennung des Sergeanten Kutschijew zum Fähnrich. Diese angenehme Nachricht war mit etwas Betrüblichem verbunden: Ein Offizier durfte kein einfacher Chauffeur sein.
Der ukrainische Frühling ging zu Ende, ein hungriger, ein friedlich stiller inmitten der leeren Felder und Trümmer, die Liebenden überlegten, wie es weitergehen solle. Kalerija konnte wegen ihrer Schwangerschaft die Entlassung aus dem Militärdienst beantragen und zusammen mit Murad in seine Heimat fahren und dort abwarten, ob man ihn wieder zum Wehrdienst nähme. Sie machte diesen Vorschlag halb fragend, halb, als wäre er sinnlos. Murad schwieg und lächelte, als sei er der Ältere – da plötzlich bekam er den Marschbefehl nach Frunse in die Kirgisische SSR, um sich beim Militärkommandanten der Stadt zu melden.
Murad begriff nicht. Wieso Frunse? Seine Hauptstadt war doch Gugird. Außerdem ging aus dem Schreiben des Politoffiziers, das er zusammen mit der Ernennung zum Fähnrich erhalten hatte, klar hervor, daß Murad das Recht hatte, für etwa einen Monat nach Hause zu fahren und dann zum Schreibstubendienst in der Armee außerhalb der Fronttruppe zurückzukehren. Kalerija Wassiljewna war sicher, daß bei der blödsinnigen bürokratischen Maschinerie etwas schiefgegangen war und begab sich in dieser festen Überzeugung zum Chef des Lazaretts. Dieser sagte ihr die Wahrheit: Sämtliche Tawlaren bis auf den letzten Mann würden aus der Armee entlassen, weil dieses ganze Volk nach Mittelasien ausgesiedelt sei. Er warnte sie, er habe ihr ein militärisches Geheimnis anvertraut, Murad dürfe in keinem Falle etwas vom Schicksal seines Volkes erfahren: sei er doch Kaukasier, zudem noch „Held der Sowjetunion", man könne nie wissen, was er vor Erregung täte, dann hätten sie beide nichts zu lachen, weder sie noch er.
Murad wunderte sich, daß Kalerija, die immer auf seine Zärtlichkeiten reagiert hatte wie die Berge auf seine Stimme in der Schlucht von Kagar,

in der letzten Nacht irgendwie beklemmt und niedergeschlagen war, ihre Traurigkeit reizte und freute ihn zugleich, er sagte ihr, er würde nicht nach Frunse fahren, in der Angelegenheit mit Frunse handelte es sich sicher um einen Irrtum, er würde nach Gugird fahren und von dort in sein Kurusch. Die nackte russische Frau mit ihren feuchten Augen und schwachen offenen Lippen preßte sich an seine breite behaarte Brust. Sie dachte nicht an sein Volk, sie dachte an ihn und an sich. Auch er dachte nicht an sein Volk, er wußte noch nichts, er wußte nur, daß er von dieser Frau Abschied nahm, er sehnte sich nach ihr, aber fühlte, daß ihr nicht so wohl zumute war wie sonst. Doch obwohl es nicht so schön war wie sonst, gab seine Zärtlichkeit ihr Kraft, weckte in ihr einen Hoffnungsfunken:
„Murad, schreibe mir, dann bemühe ich mich um meine Entlassung und fahre zu dir. Ich gebäre dir einen Sohn. Wenn du willst, kannst du mich verlassen, ich werde dir nie zur Last fallen, werde dich um nichts bitten, nichts fordern, du wirst mein Einziger sein, mein Geliebter. Wenn du mich zur Frau nimmst, werde ich glücklich sein, wenn du mich nicht nimmst, dann werde ich unseren Sohn lehren, dich zu lieben und auf dich stolz zu sein."
Diese Worte ließen sein Herz erzittern, seinen Körper erzittern, und er hatte wieder Mitleid mit ihr, fühlte wieder, daß sie ihn um seinetwillen und nicht um ihretwillen liebte.
Er wachte spät auf, die Mittagsonne schlug ihm ins Gesicht. Kalerija war im Lazarett. Auf dem Stuhl hingen seine Hosen, frisch gebügelt, und eine neue Offiziersjacke (woher hatte sie Kalerija?) mit dem Stern „Held der Sowjetunion" und dem Leninorden, mit den Offiziersschulterstücken. Zwischen den Stühlen standen die Stiefel, frisch geputzt, in denen sich die Sonnenstrahlen spiegelten. Auf einem Stuhl lagen Fußlappen aus Barchent.
Erst im Platzkartenwaggon, beim Morgenlicht von einem plötzlichen Stoß aufgeweckt, erinnerte sich Murad daran, wie fröhlich und wohlwollend ihn die Schwestern und Ärzte verabschiedet hatten, auch jene Verwundeten, mit denen er im Lazarett vor langer Zeit zusammengelegen hatte. Von ihnen waren nur noch wenige da, denn er hatte hier den ganzen Winter und das Frühjahr verbracht, neue waren eingetroffen, die nicht gesehen hatten, wie ihm die Auszeichnungen angeheftet wurden und wie eigens deshalb ein Mitglied des Kriegsrats gekommen war. Man hatte viel getrunken, er mehr als alle anderen, der medizinische Alkohol hatte den Schmerz der Trennung von Kalerija betäubt, auch die unklare Angst vor diesem unklaren Frunse. Er hatte mit überschwenglicher orientalischer Herzlichkeit den Ärzten und Schwestern seinen Dank ausgesprochen, hatte alle zu sich zu Besuch eingela-

den, nach dem Sieg natürlich, nach Kurusch, da würden sie seine Kunaken, seine Freunde sein.
Unter seinem Kopf war der Mantel verrutscht, der an einen großen Koffer gepreßt war. Er erinnerte sich, das war Kalerijas Koffer, ja, Kalerija hatte ihn, den Betrunkenen, zum Bahnhof gebracht, hatte den Koffer geschleppt, hatte zu Murad „mein Goldstück" gesagt.
Der Waggon war voller Soldaten, viele von ihnen waren Krüppel. Die Glückspilze unter ihnen hatten alle die oberste oder dritte Etage mit Beschlag belegt, die ursprünglich für das Gepäck vorgesehen war. Die unteren Etagen galten als Sitzplätze, dort drängten sich je vier Reisende zusammen. Sicher war das Kalerija gewesen, die ihn oben untergebracht hatte. Murad zog sein lahmes Bein an, holte den Koffer unter dem Kopf hervor und öffnete ihn mit dem am Schloß hängenden Schlüssel. Alles war fein säuberlich gepackt: die Unterwäsche, Kragen, die zweite Uniformjacke, und dann war da noch etwas Großes in einen Lazarettkissenbezug eingewickelt. Murad löste die Verschnürung, blickte hinein und sah zwei Flaschen reinen Alkohols, zwei Kastenbrote, vier Dosen Fleisch. Alles Kalerija, Kalerija. Ob sie den Marschbefehl auch nicht vergessen hatte? Er tastete die Tasche der Uniformjacke ab, fühlte etwas Hartes. Es stellte sich heraus, daß es ein Umschlag war, und in dem Umschlag eine Fotografie von Kalerija. Sie war jung, in offener Bluse, die Zöpfe zur Krone aufgesteckt. Auf die Rückseite der Fotografie hatte Kalerija Wassiljewna ihre Moskauer Vorkriegsadresse geschrieben. Der Marschbefehl befand sich in der anderen Tasche, da war auch die Urkunde über die Ernennung zum „Helden der Sowjetunion".
Murad streckte das gesunde Bein auf der Bank aus und ließ das krumme, lahme herabbaumeln, irgend jemand versuchte, es über seinem Kopf zur Seite zu schieben, da stieß er mit dem verkrüppelten Bein gegen diesen Kopf und hielt einem Rotarmisten, der sich auf der unteren Bank gegenüber in die Fensterecke gekauert hatte, eine Flasche mit Alkohol hin, dieser aber nahm sie nicht, sondern blickte mit leblosen Augen vor sich hin. „Gib sie mir, der ist doch blind", rief der neben ihm sitzende Leutnant und jubelte sogar vor Freude auf. Murad trat mit dem gesunden Bein auf den Platz zwischen den beiden unten Sitzenden und stieg hinab.
An das Weitere erinnerte er sich nur nebelhaft. Er erinnerte sich, mit was für einer Hochachtung vor seinem Stern als „Held der Sowjetunion" und vor den zwei Flaschen Alkohol sich die mitreisenden Frontsoldaten ihm gegenüber verhielten, er erinnerte sich an die Trümmer der Bahnhöfe vor dem Waggonfenster, erinnerte sich, wie eine schwammige Krankenschwester, die den blinden Rotarmisten begleitete, ihr dickes warmes Bein an sein eigenes lahmes Bein preßte, erinnerte sich, wie ihm

in diesem Augenblick übel wurde, erinnerte sich, wie er da Kalerija und ihre stillen heißen Zärtlichkeiten vor sich gesehen hatte...
In Rostow mußte er umsteigen. Hier wurde sich Murad der Macht seines hohen Heldentitels bewußt. Er erhielt eine Platzkarte außerhalb der Reihe, bekam einen Platz in einem Polsterwagen. Dort war es leer, er streckte sich auf der unteren Bank aus, seit langem hatte er nicht so weich gelegen. Doch dann stiegen drei Männer ein, zwei Russen in Uniform, aber ohne Rangabzeichen, im dritten erkannte Murad einen Aserbeidschaner. Einer der Russen befahl ihm aufzustehen, hier sei nicht sein Platz. Murad beschimpfte ihn in seiner Muttersprache, da stoppte der Aserbeidschaner, ein kleiner hagerer Mann mit Mädchenlippen und Mädchenaugen, mit seinem langen Zeigefinger in der Art der Mohammedaner die Unzufriedenheit des Russen. Dieser verstummte sofort. Der Aserbeidschaner setzte sich hin und fragte Murad:
„Genosse ‚Held der Sowjetunion', aus welcher Ecke kommst du? Bist du Naurusow, Kutschijew oder Missostow?"
„Ich bin Kutschijew", wunderte sich Murad.
„Murad Kutschijew? Aus Kurusch?"
„Murad Kutschijew aus Kurusch. Und wer bist du?"
„Ich bin Wesirow, der Volkskommissar für Inneres in Guschanistan."
„He, Volkskommissar, warum erwähnst du nicht auch Tawlarien?"
„Du wirst gleich wissen, warum", redete Wesirow beruhigend in der süßlichsten der Turksprachen auf ihn ein. Einer der Russen stellte eine Flasche Cognac auf das Tischchen, breitete eine Zeitung aus, schnitt mit einem Taschenmesser, das viele Klingen hatte, eine Zitrone auf, packte zwei weiße Brötchen aus und selbstgemachten, in ein Tuch gewickelten Käse. Eine zweite Flasche Cognac mit allem Dazugehörigen streckte er auch seinem Genossen nach oben hin. Die Russen machten es sich auf den oberen Bänken bequem, aßen und tranken schweigend und warfen ab und an schweigend einen Blick auf Murad. Wesirow und Murad setzten sich an den Abteiltisch, Wesirow ließ seinen schmierigen Blick über Murad gleiten und sagte mit dem geschliffenen Eisenbahnglas in der Hand:
„Auf dein Wohl, Murad, auf den ‚Helden der Sowjetunion' Murad Kutschijew, den ruhmreichen Sohn Guschanistans."
„Danke, Genosse Volkskommissar. Wieder vergißt du, Tawlarien zu erwähnen. Du beleidigst mich."
Der Mann von der Tscheka erwies sich als ein freundlicher, vertrauensvoller Reisegenosse:
„Wir haben Unannehmlichkeiten, Murad. Uns wurde eine große Ehre zuteil, in unserer kleinen Republik haben wir sieben ‚Helden der Sowjetunion', das ist in prozentualer Hinsicht sehr viel. Wir hätten

eigentlich alles Recht, darauf stolz zu sein, aber wie sieht das aus, wenn man es näher betrachtet?"
Wesirow fragte so, als ob er Mitgefühl für diese schwierige Lage heischte, in die die Führung der Republik geraten sei, als sei ihm klar, daß Murad nicht umhin könne, Mitgefühl zu empfinden:
„Aber wie sieht das aus, wenn man es näher betrachtet? Einer der Helden ist ein Russe, Warlygin, das ist gut: Das ist der große Bruder, aber der guschanische Komsomol hat ihn erzogen, zwei sind Guschanen, das ist hervorragend, einer ist ein Jude aus den Bergen, Awschalumow, ein Angehöriger des Tat-Stammes, na ja, ein Vertreter einer kleinen Volksgruppe, das macht sich sogar hübsch, und dann sind da ganze drei Tawlaren. Verstehst du?"
Murad brauste auf:
„Das ist ja übel, wie du da redest, Volkskommissar. Du sprichst nicht wie ein Bruder. Du beleidigst mein Volk."
„Dein Volk gibt es nicht mehr", verkündigte Wesirow säuselnd. „Wohin fährst du? Zeig mir mal deinen Marschbefehl."
Murad wurde unsicher:
„Ich soll da angeblich nach Frunse fahren. Aber ich bin nicht auf dem Wege dorthin, ich fahre nach Hause. Ich habe mein Volk, und du bist wie alle Aserbeidschaner ein Angeber und Lügner."
„Ich beleidige dein Volk nicht, beleidige du auch meines nicht", antwortete Wesirow ohne Bosheit, aber drohend. „Dein Volk wurde als ein Volk von Verrätern, die mit der deutschen Besatzung kollaboriert haben, nach Kasachstan verbannt. Es wurde sozusagen als sozialistische Nation liquidiert. Nur ein knappes Dutzend Familien, Personen, die sich in der Vergangenheit verdient gemacht haben, wurden nach Kirgisien zur Ansiedlung geschickt, wo die Lebensbedingungen besser sind als in Kasachstan. Deine militärischen Vorgesetzten haben offenbar beschlossen, auch dir als ‚Held der Sowjetunion' die Möglichkeit zu geben, dich in Frunse niederzulassen, vielleicht kannst du dich mit der dortigen Obrigkeit einigen, daß sie dir gestatten, auch deine Eltern dorthin zu holen. Eine Guschanisch-tawlarische ASSR gibt es nicht mehr, es gibt die Autonome Republik Guschanistan. Aber es soll dich freuen, du hast richtig gehandelt, daß du dich nicht nach Frunse, sondern nach Gugird auf den Weg gemacht hast. Als wir die Nachricht bekamen, daß du ‚Held der Sowjetunion' geworden bist, haben wir uns näher mit deiner Biographie befaßt. Deine Großmutter war eine Guschanin. Wir stellen deine Personalunterlagen so um, daß du ein Guschane bist, dann bleibst du bei uns."
„Ich spreche doch kein Wort guschanisch."
„Wozu braucht man Guschanisch? Weiter als bis Teplowskaja kommt

man damit nicht. Russisch, mein Lieber, wirst du sprechen. Die russische Sprache ist unser aller Muttersprache, die Sprache Lenins und Puschkins. Du bekommst einen hohen Posten, wir nehmen dich in die Partei auf, verheiraten dich mit einem schönen Mädchen, dann bist du wer."
„Ich bin ein Tawlare, und meine Wurzeln sind tawlarisch. Aber du, alte Krämerseele, redest übles Zeug, unsaubere Worte redest du, keine sowjetischen Worte."
Wesirow fuhr aus der Haut. Seine mädchenhaften Augen verloren Farbe und Licht. Plötzlich ließen die beiden Russen drohend ihre Füße in den wollenen Gebirgssocken von der oberen Bank herunterbaumeln. Wesirow hob die Hand und streckte seinen langen Zeigefinger aus. Da legten sich die beiden oben wieder hin. Zarte Gifttropfen troffen über die süßliche Zunge Wesirows:
„Wir haben schon bei anderen Leuten als dir die Ordenssterne zusammen mit dem Fleisch vom Uniformrock gerissen. Noch rede ich mit dir – du bist ein Mensch, bist sogar ein ‚Held der Sowjetunion', wenn aber die Kameraden, die da oben auf der Bank sitzen, erst anfangen, mit dir zu reden, dann bleibt von dir nicht einmal Pferdefleisch übrig, dann kommst du als Pferdekaldaunen zum Abdecker."
In Teplowskaja stiegen sie aus. Der Volkskommissar für Inneres bat Murad in ein altersschwaches Auto, das auf dem Platz vor einer noch heilen Mauer des Bahnhofs stand. „Einem Helden", sagte Wesirow, „steht ein besseres Auto zu, aber ich habe kein besseres. So mußt du schon entschuldigen. Ich war gerade in dieser Sache in Rostow, unsere Leute dort sind reicher, ich habe mich mit ihnen geeinigt, daß sie uns zwei, drei Autos zur Verfügung stellen. Wir erweitern uns, bekommen mehr Personal."
„Ich fahre mit dem Arbeiterzug", reagierte Murad brummig. Wesirow lachte freundlich:
„Betrachte dich als verhaftet. Wir lassen dich nicht weg. Ein Held muß in die Hauptstadt seiner Republik im Auto anreisen."
Sie nahmen in folgender Weise Platz: vorne Wesirow, dahinter zwischen den beiden Soldaten Murad. Er fühlte sich von den beiden Wölfen eingezwängt, durch ihre Menschengesichter hindurch sah er die Wolfsschnauzen. Der Weg war eben, von den Bergen war noch lange nichts zu sehen. Wesirow wandte seinen Kopf zu Murad:
„Hast du nicht Temir gekannt, meinen früheren Chauffeur? Er ist auch ein Tawlare."
„Nein. Aus welcher Ecke kommt er?"
„Er lebt jetzt in Kant, einer Stadt nicht weit von Frunse. Hat einen guten Posten bekommen. Er schreibt mir."

„Soll ich ihn vielleicht von dir grüßen?"
„Ich habe dir doch gesagt: Deine Großmutter mütterlicherseits war eine Guschanin. Du fährst überhaupt nicht weg, du bleibst in der Heimat."
„Meine Heimat ist Tawlarien."
„Scheißkerl", sagte einer der Soldaten. Wesirow schüttelte den Kopf und senkte seine mädchenhaften Wimpern:
„Ach, Murad, wie kann man denn so böse sein. Das Wichtigste im Menschen ist die Menschlichkeit."
Sie fuhren in die Stadt hinein. Gugird war zur Hälfte zerstört, die Lehmhütten notdürftig repariert, aber die Mehrzahl der neugebauten Häuser brandgeschwärzt und leer. Dafür waren Pappeln und Kastanien üppig aufgeschossen. Man sah viele Frauen und Kinder. Die Leute schienen die kahlen Mauern nicht zu bemerken. Bemerkten sie, daß es keine Tawlaren gab, daß ein ganzes Volk fehlte?
Sie machten am Ethnographischen Museum halt. Wesirow befahl dem Chauffeur:
„Hol mich in einer Stunde ab. Murad, du fährst mit mir ins Gebietsparteikomitee, Koffer und Mantel läßt du bei der Wache. Leute, ihr seid entlassen."
„Auf Wiedersehen, Genosse Volkskommissar."
Wesirow führte Murad in das zweite Stockwerk. „Warte hier auf mich", sagte er nicht im Befehlston, sondern freundschaftlich, und begab sich in das Zimmer Parwisows, des Ersten Sekretärs des Gebietsparteikomitees.
Murad war vorher noch nie im Gebietsparteikomitee gewesen, auch nie im Ethnographischen Museum, er wunderte sich über die ausgestopften Hirsche und Steinböcke. Ob sich das so gehörte? Die rothaarige Alewtina an dem Tisch mit den drei Telefonen fragte den hübschen jungen ‚Helden der Sowjetunion' wie er heiße, wo er herstamme, ob er hier ein Mädchen zurückgelassen oder ob er sich an der Front jemanden zugelegt habe, und sie lachte ihr weibliches Lachen. Als sie erfuhr, daß er aus Kurusch sei, verstummte sie. Ihre Ferkelaugen zeigten Anteilnahme. Wesirow kam ins Vorzimmer zurück, drückte Murad überraschend kräftig die Hand und verabschiedete sich:
„Vergiß meinen Rat nicht, Murad. Wir werden uns noch wiedersehen. Jetzt erwartet dich Danijal Saurowitsch."
Der lockige Parwisow mit seinen weißen Zähnen umarmte Murad nach der Sitte der Leute aus den Bergen, ließ ihn auf dem Sofa Platz nehmen und setzte sich selbst daneben. Er stellte die üblichen Fragen, wie die Fahrt gewesen sei, wie es dem Bein gehe, und lächelte verführerisch:
„Wie schön, daß du zu uns gekommen bist. Wir freuen uns über dich. Man hat in ganz Rußland von dir gehört. Wir sind stolz auf dich. Ich

verstehe, es ist schwer für dich, dein Volk ist vertrieben, das ist eine große Tragödie, aber laß uns daran glauben, daß man die Tawlaren zurückkommen läßt. Bleib hier und warte. Wie lange bist du zur Schule gegangen?"
„Bis zur siebten Klasse. Ich habe bei der Armee den Führerschein gemacht."
„Kraftfahrer zu sein, das ist für dich zu wenig. Du mußt in den Dienst des Volkes treten. Schau, Awschalumow, das ist auch ein ‚Held der Sowjetunion', er kam ohne Bein zurück, den haben wir zum Bahnhofsvorsteher von Gugird gemacht. Auch dich machen wir zu einem Chef. Auf den ersten Blick ist die Lage von Awschalumow schlechter als deine, immerhin hast du dein Bein behalten, wenn es auch lahm ist, aber andererseits ist Awschalumow zu seinen Leuten heimgekehrt, du aber... Weißt du, wie wir die Juden in den Bergen gerettet haben? Als die Deutschen sich Gugird näherten, da haben wir allen Juden in den Bergen die Personalausweise ausgetauscht. Sie wurden Guschanen. Die Deutschen haben ihnen nichts getan. Immerhin, keiner hat das verraten, dabei brauchen wir uns ja nichts vorzumachen, unter den Guschanen und den Russen gibt es verschiedene Leute. Auch dich werden wir als Guschanen registrieren."
„Damit die Sowjets mir nichts tun?"
„Murad, ich habe menschliches Mitleid mit dir. Du hast ehrenhaft gekämpft, hast den Titel des ‚Helden' erworben, bist nach Hause gekommen, aber dieses Zuhause gibt es im Grunde nicht. Ja, es ist schwer, ohne sein Heimatvolk zu leben. Aber sind wir dir denn fremd? Ich rede nicht davon, daß deine Großmutter eine Guschanin war. Wir Tawlaren und Guschanen haben doch nur verschiedene Sprachen, aber unsere Sitten sind gleich, unsere Gesichter sind gleich. Bis zum Kriege wußte ich nicht, wer in Gugird ein Guschane und wer ein Tawlare ist, ich merkte es nur, wenn ich mich mit jemandem unterhalten wollte. Wir alle sind Menschen aus den Bergen, sind eine Familie. Verlaß unsere Familie nicht, Murad. Wir werden dich gut unterbringen, das Schicksal eines Sonderumsiedlers ist nichts für dich."
„Erlaubt ihr mir, meine Familie zu besuchen?"
„Laß das, sei ein Mann, Murad. Man soll weder sich noch seinen Nächsten Schmerz zufügen."
Parwisow holte aus dem oberen Schrankfach eine angebrochene Cognacflasche heraus, zwei Gläser, einen Teller mit einem Rest steifen Breis. Sie tranken und wiederholten, was sie gesagt hatten. Murad hatte Gefallen an Parwisow: ein großes Tier, aber einfach, er hatte eine Seele in seinem Körper. Nach dem dritten Glas sagte er:
„Ich werde mir das überlegen, Danijal. Hilf mir, nach Kurusch zu

kommen. Ich möchte einen Blick auf das Haus werfen, wo mich meine Mutter in der Wiege wiegte."
Parwisow legte ihm die Hand auf die Schulter.
„Geht in Ordnung, Murad. Ich gebe dir meinen Wagen, da fährst du nach Kagar, und dann machst du dich mit deinen anderthalb Beinen auf nach Kurusch. Wohnen kannst du im Touristenzentrum, im Hotel ist jetzt ein Militärlazarett. Auch im Touristenzentrum hausen Soldaten, Oberstleutnants und höhere Dienstgrade. Wir selbst haben uns, wie du siehst, das Ethnographische Museum genommen, das frühere Gebäude des Gebietsparteikomitees ist zerstört. Aber laß ein wenig Zeit vergehen, dann bauen wir ein neues Haus. Auch die Deinen werden zurückkehren, laß Zeit vergehen. Wenn du von den Bergen zurückkommst, wirst du einiges zu tun bekommen, nimm das nicht krumm, ein ‚Held der Sowjetunion' muß mit den Werktätigen zusammentreffen. Wir bürden das Awschalumow auch auf."
Parwisow hielt Wort. Er brachte Murad im Touristenzentrum unter. Dort erhielt er täglich dreimal Verpflegung und ein Einzelzimmer, in dem vier Betten standen, er hätte jede Nacht in einem anderen schlafen können. Er stellte ihm auch seinen Wagen als Parteisekretär zur Verfügung. Der Chauffeur war ein älterer, kleiner, sehniger Mann. Er sprach russisch, keine einheimische Sprache. Er hieß Michail Michajlowitsch.
Sie kamen an den Schwefelgruben vorbei. Dort, wo das Wasser in einem dicken breiten Schwall vom Felsen stürzte, standen Kriegsversehrte. Daneben auf dem vom Salz und der Feuchtigkeit gelbgrauen Boden lagen ihre Krücken herum. Murad überlegte, wenn er bliebe, dann würde auch er hier sein krankes Bein kurieren. Schon in seiner Kindheit hatte er die alten Leute von diesen Heilwassern reden hören.
Dann kamen Maisfelder und reckten ihre spitzen Köpfe in die Höhe. Zwischen ihnen schlängelte sich der kleine Fluß Lapse, der in den Kagar mündete. Ein guschanisches Dorf nach dem anderen zog vorüber, weiße eingeschossige Häuschen, geflochtene Zäune, verriegelte Dorfläden. Langsam wand sich der Weg nach oben, manchmal senkte er sich noch einmal bergab, aber insgesamt ging es beständig weiter bergauf. Hinter einem Felsen ertönte ein warnendes Hupen, dann tauchte ein Auto auf. Michail Michajlowitsch wich geschickt an einen steilen Felsen aus und ließ den Lastwagen vorüber. „Strafgefangene", erklärte er, „oben wird Wolfram abgebaut. Geheim."
Zwischen dem Grün der Buchen und verschiedenen Platanenarten leuchteten wie rosa Flammen die Zweige der Kornelkirschen. Da war auch die Schlucht von Kagar, gleich hinter der übernächsten Kurve mußte der Blaue See auftauchen. Hier begann für Murad seine Welt,

und diese Welt blickte auf ihn mit einem klaren, aber irgendwie mißtrauisch abwartenden Blick. Es war still. Die Rispen der blühenden Gräser flimmerten nicht. Er und Michail Michajlowitsch stiegen aus dem Auto aus, sie gingen zum Ufer hinab. Der See war so wie vor tausend Jahren, wie vor zehntausend Jahren. Er hatte, wie die Guschanen erzählen, Metej gesehen, als er mit dem brennenden Baumwipfel herabgaloppierte, er hat vieles gesehen, vieles in den Augenblicken erfahren, die die Menschen Jahrtausende nennen. Wie viele Jahre aber haben hier die Tawlaren gelebt? Jetzt war er, Murad, der einzige Tawlare, der vor dem blauen Auge der Welt stand, und kein anderer Tawlare konnte sehen, wie die Welt ihn mit ihrem blauen abwartenden Auge betrachtete.

„Wollen wir etwas essen, Murad?" fragte Michail Michajlowitsch. „Nadeshda Grigorjewna hat uns ein Huhn gebraten. Die Juden können gut Hühner braten. Von ihr kann man auch nicht recht sagen, daß sie eine Jüdin ist, der Arbeiterklasse gegenüber verhält sie sich aufmerksam, lebt mit der Schwiegermutter wie ein Herz und eine Seele zusammen. Nicht jede Guschanin würde mit so einer Schwiegermutter auskommen, die Alte ist launenhaft, hat immer etwas zu meckern. Gottseidank ist der Sohn nicht nach ihr geraten. Ich kenne Danijal Saurowitsch von der Front her, er war dort als Instrukteur bei der politischen Abteilung, und ich war Chauffeur, ich habe ihn, als er verwundet war, ins Lazarett gefahren, er hat mich nicht vergessen. Als er hier Erster Sekretär wurde, da hat er sich mit meinem Vorgesetzten abgesprochen, hat mich zu sich geholt, mir eine Wohnung gegeben. Meine Familie ist aus der Gegend von Tscherepowez hierhergekommen, die waren ganz verhungert, aber hier bei euch stehen die Dinge ja gut. Für Danijal Saurowitsch ist das erste, wenn wir unterwegs sind, daß sein Fahrer etwas zu essen bekommt. Alle Leute vom Gebietsparteikomitee fahren jetzt an den freien Tagen ins Gebirge, ihre Frauen und Kinder haben sich in euren tawlarischen Häusern eingerichtet, als Datschen sozusagen. – Warum sollen die Häuser leerstehen. Danijal Saurowitsch aber macht da nicht mit. ‚Was ist das für eine Erholung', sagt er, ‚auf dem Grund und Boden der vertriebenen Nachbarn.'"

In seiner Kindheit, als Murad in Kagar zur Schule ging, war er oft die fünf Stockwerke des alten Wachturms hochgeklettert. Zwischen den Schießscharten war, wenn man nach unten blickte, die Schlucht von Kagar weithin zu überschauen, der tosende Fluß, dem die Schlucht ihren Namen verdankte, die Häuser der Tawlaren und weiter unten die Häuser der Guschanen im Vorgebirge. Wenn man aber nach oben blickte, sah man die Gipfel der Berge wie graue Scheiche in ihren Turbanen, die sich zum Rat zusammengesetzt haben, und sie schützten gemeinsam mit dem Wachturm das Volk vor den Angriffen der Fremden. Wen sollten sie jetzt schützen, wo es das Volk nicht mehr gab? Was werdet ihr eurem Sohn, dem Helden, sagen, ihr grauen Steinscheiche? Wo bleibt eure Antwort, wo eure Weisheit? Oder verteidigt ihr vielleicht diese Tagediebinnen, die sich im Sommer zusammen mit ihren Kindern in Häusern breitmachen, die sie selbst nicht gebaut haben, diese Klatschweiber, denen man aus dem Tal fettes städtisches Essen bringt, die ihre Wäsche zum Trocknen auf fremden Terrassen aufhängen, die sich sogar in dem Haus von Mussaib aus Kagar, dem größten Dichter der Berge, herumtreiben und es damit besudeln. Der Saft dieser Erde, die Morgenröte dieser Erde sind im Blute Murads. Durch seine Adern jagte das Ungestüm der Bergstürme, er rang nach Luft, wollte diese stinkende Wäsche herabreißen.

Um seinen Schmerz zu verbergen, mied er es zu sprechen und bedeutete Michail Michajlowitsch mit einem Blick, mitten auf der steinigen Weide anzuhalten, auf der vielerlei Gräser, Veilchen, Kamille und Pfefferminze wuchsen. Hier begann der Pfad, der nach Kurusch hinaufführte.

Michail Michajlowitsch verstand seinen Blick und sagte:

„Ich gehe mit dir. Jetzt haben wir Sommer, da kommt man hinauf, obwohl ich daran nicht gewöhnt bin. Als man deine Leute im Winter den Pfad hinuntergetrieben hat, sollen viele in den Abgrund gestürzt sein."

„Ich steige allein hinauf."

Ohne die Abgründe an beiden Seiten des Pfades zu bemerken, kletterte Murad hinkend zum Lande seiner Väter hinauf. Kurusch war leer. Warum wirkt ein Dorf für einen Menschen leer, wenn keine Menschen da sind? Kommt eine Lerche angeflogen und hört die anderen Vögel, dann sind für sie Wesen von ihresgleichen da, stürzt das tauende Eis herab, dann hört es das Wasser der Quellen und des Flusses, ein Blatt, das der Wind treibt, hört die vertraute Sprache des Grases. So gibt es für die Lerche etwas Verwandtes, für den tauenden Schnee, für das Blatt, aber für den Menschen gibt es in Kurusch nichts Verwandtes, nicht in dem vertrauten entmenschten Kurusch. Doch sind denn Vogel, Gras, Berge und Wasser für Murad nichts Verwandtes? Er und sie, das ist ein einziges Volk. Die Seele dieser Erde, das ist seine Seele, und überall, wohin ihn das Schicksal auch verschlägt, wird in ihm die Seele seiner Erde sein.

Er wanderte am Rand des Abgrunds entlang: hier hatte er in der Kindheit Heu gemacht. Glockenblumen hingen an den Felsen. Durch hohes Gras ging er um die frühere Moschee, den Kolchosklub. Wie in seinen Kindertagen ragte das Minarett ganz hoch hinauf. Eine stachelige grüne Pflanze kroch aus dem Ornament an der Wand, aus jenem

Ornament, in dem der für Murad nicht lesbare Koranvers stand: „Fürchtet euch vor dem Feuer, das den Ungläubigen bereitet ist, vor dem Feuer, das Menschen und Steine verschlingt."
Murad näherte sich seinem Vaterhaus. Der Nußbaum vor der Saklja war verdorrt, entlaubt, nur ein trockenes Blatt hing an einem Zweig. Die Türen waren herausgebrochen, im Herd war noch kalte Asche. Unter dem Bett der Eltern, auf dem eine angeknabberte Bastmatte lag, hörte man das Rascheln von Mäusen oder Ratten. Der Türöffnung gegenüber stand eine Stange, Aischa und Ismail hatten darauf ihre Feiertagskleidung gehängt.
Murad hatte in Schützengräben gefroren, war aus verschütteten Erdlöchern gekrochen, war hungrig und verlaust einem Kessel entkommen, war durch Wälder geirrt, in eiskaltem Wasser geschwommen, um einen Brückenkopf am linken Ufer zu erreichen, der Tod hatte ihm mit Maschinengewehrgarben ins Gesicht geblasen, mit Granaten, Feuer und Metall – alles hatte der Soldat geduldig ertragen, doch schrecklicher als das eiskalte Wasser, als Bomben, Kugeln und gezieltes Feuer war diese kalte Herdasche im Vaterhaus, diese Stange für die Kleidung. Murad fiel auf den Erdboden und brach in ein tonloses Weinen aus. Das war ein großes Weinen: ein Mensch weinte für sein ganzes Volk.
Murad spürte irgendeinen Atem. Wer brauchte ihn, das letzte trockene Blatt eines entlaubten Baumes? Michail Michajlowitsch hatte sich über ihn gebeugt:
„Was soll das, Murad. Was soll das. Wir sind doch keine Frauen. Komm schon, was soll das."
Er weinte auch. Sie gingen zusammen hinaus. Michail Michajlowitsch hielt sich beim Abstieg an Murad fest. Ihn schwindelte.
Im Wagen schwiegen sie. Das war das Schweigen seines menschenleeren Kurusch. An einer Wende tauchte der Lastwagen von vorhin auf. Diesmal drückte er sich an den Felsen und ließ den Personenwagen vorbei. Neben dem Fahrer saß ein Wachsoldat. Ein anderer saß auf der hinteren Klappe des Laderaums. Seltsam waren diese grauen, toten Gesichter der Gefangenen, bedeckt mit roten Flecken. „Hast du was zu rauchen?" rief einer der Gefangenen ohne Hoffnung, doch Murad hatte keine Zeit zu antworten, daß er nicht rauche, der Lastwagen fuhr nach oben weiter.
„Was haben sie für rote Flecken?" fragte Murad.
„Sie arbeiten in großer Höhe, da steigt der Blutdruck. Sind an das Klima nicht gewöhnt."
Sie fuhren bis zum Touristenzentrum.
„Warte hier auf mich", bat Murad und kehrte gleich darauf mit seinem Mantel und dem Koffer zurück.

„Fahren wir zum Bahnhof."
„Was soll denn das, Murad. Was soll das. Bleib doch hier. Oder verabschiede dich wenigstens von Danijal Saurowitsch. Das gehört sich so. Aber bleib besser hier."
Murad schwieg, und das war das Schweigen seines menschenleeren Kurusch. Als die einzige heilgebliebene Mauer des Bahnhofs auftauchte, sagte Murad:
„Du bist ein rechter Kerl, Michail Michajlowitsch. Hast eine Seele in deinem Körper."
Sie verließen den Wagen des Ersten Sekretärs des Gebietsparteikomitees und küßten sich dreimal nach russischer Art.
Da der Bahnhof fast vollständig zerstört war, hatte sich der Bahnhofsvorsteher für den Sommer im ehemaligen Getränkepavillon eingerichtet. Bei Awschalumow saßen zwei Untergebene, sie trugen wie er Eisenbahneruniformen. Diese beiden schauten mit ehrerbietiger Neugier auf den Stern des Eintretenden, das Abzeichen des ‚Helden der Sowjetunion'. Auf dem Tisch lag neben dem Fahrplan Awschalumows Krücke.
„Guten Tag, Chef", sagte Murad. „Ich habe ein Anliegen. Ich bin Murad Kutschijew. Ich bin Tawlare."
Die beiden bewegten sich, gingen hinaus. Awschalumow bot Murad einen Stuhl an. Das semitische Gesicht des Bahnhofsvorstehers umrahmten graugesprenkelte Bartstoppeln. Trauer, wie vom Flusse Euphrat, lag in seinen Augen. Er schob die dicke Unterlippe vor und schüttelte den Kopf in der Uniformmütze. Seine russischen Wörter sprach er so aus wie die Guschanen und Tawlaren:
„Das Gerücht von deiner Ankunft ist zu mir gedrungen. Es tut mir leid um dich, Murad. Mein Volk haben die Guschanen gerettet, aber deins nicht."
„Uns brauchte man nicht zu retten. Wir stehen für uns selbst ein. Wir tragen keine Schuld. Wir haben so viele Jahrhunderte hier gelebt, wie die Berge stehen." Murad sprach mit einer Erbitterung, die er selbst nicht verstand. „Wir haben in keinen Krämerläden gesessen, haben uns nicht auf Basaren herumgetrieben. Ich rede nicht von dir, du bist ein ehrlicher Soldat. Wir haben in Adlerhorsten gesessen, wir waren das ‚Volk der Adler'. Aber wo ist jetzt mein Volk? Die Berge stehen, das Volk ist nicht mehr da."
„Wir sind älter als diese Berge", antwortete Awschalumow ruhig. „Dein Volk hatte noch keinen Namen, als mein Volk Weinberge und Gärten besaß, wir hatten einen Tempel, wir hatten Paläste, und keine Zaren kamen den unseren gleich – Schaul, Daud und Suleiman. Hier sind wir nur ein kleines Häuflein auf der weiten Erde, aber obwohl wir

nur ein kleines Häuflein sind, wußten wir immer, daß wir ein großes Volk sind. Unsere Vorfahren wurden hierher vom Heer des Zaren Kurusch getrieben, wir reden jetzt die Sprache des Volkes Tat, aber unsere alten Leute beten in der Sprache, in der Moses mit Gott gesprochen hat. Wir sind zerstreut, aber wir sind ein großes Volk geblieben. Jetzt prüft das Schicksal: wird dein Volk ein großes bleiben, wo es in die Fremde vertrieben worden ist? Was ist wertvoller: eine Menge Sand oder eine Handvoll Perlen? Rede kein dummes Zeug, Murad, sondern sage, was du von mir willst."
Murad war verunsichert. Er hatte nicht geglaubt, daß der Bahnhofsvorsteher so reden konnte. Seine Worte waren ihm nicht ganz verständlich, wohl ein bißchen beleidigend, aber es waren tiefe Worte.
„Ich hatte einen Fahrschein nach Frunse, habe ihn aber in Rostow umschreiben lassen nach Gugird. Wie komme ich jetzt nach Frunse? Da gibt es eine Handvoll Leute von meinem Volk. Geld habe ich nicht."
„Geld habe ich auch nicht. Die Fahrkarte können wir dir nach Frunse korrigieren, und Marschverpflegung geben wir dir so, daß du auch deinen Leuten was mitbringen kannst. Einen Mann von der Front lassen wir nicht im Stich. Aber rede kein dummes Zeug, wer könnte dich besser verstehen als ich, ein Jude aus den Bergen?"

Achtes Kapitel

In der Nähe von Frunse, der Hauptstadt Kirgisiens, inmitten von Zuckerrübenfeldern, liegt die kleine Stadt Kant, was in den Turksprachen soviel wie „Zucker" heißt. Die vertriebenen Tawlaren nannten das Städtchen „Tus", also „Salz". Aber man kann nicht sagen, daß sie in Kant ein besonders gesalzenes Leben führten, sie waren nicht wie ihre Mitbürger in Kasachstan einer Kommandantur unterstellt, sie durften, allerdings ohne das Recht zu übernachten, nach Frunse fahren, dennoch sang die Jugend unter böser Veränderung des bekannten Sowjetliedes: „Schön ist das Land Tawlarien, doch Rußland ganz entse-etzlich". Es war eine Sünde, daß sie sich beklagten. Nicht in der Wüste hatte man sie angesiedelt, wie die meisten ihrer Mitbürger, sondern auf fruchtbarem Boden. Sie waren in ein Milieu gekommen, das ihnen in Sprache und Glauben nahestand: die Kirgisen sind Mohammedaner, wenn auch nicht so leidenschaftliche wie die Tawlaren. Den Kirgisen war klar, daß auch sie, was Allah verhüten möge, das gleiche Schicksal ereilen konnte, und sie hatten Mitleid mit den Unglücklichen. Natürlich gab es auch Reibereien zwischen der angestammten Bevölkerung und den Sonderumsiedlern, aber ohne das geht es nun einmal nicht.
Nach Kant waren Auserwählte gekommen, die tawlarische sowjetische Elite. Die ehemalige Elite. Der Vorsitzende des Rates der Volkskommissare, Akbaschew, wurde Vorsitzender des Kreisverbandes der Konsumgenossenschaften. Er wohnte mit seiner Familie in der einen Hälfte einer Lehmhütte mit einem kleinen Grundstück, in der anderen Hälfte wohnte Amirchanow, der sich nicht schlecht in der Kreisorganisation für Lebensmittelhandel eingerichtet hatte. Das war einträglich, denn er stand an der Quelle der Lebensmittelverteilung, Lebensmittel aber gab es im Krieg – und auch sonst – nicht für alle, in diesen Gebieten wurde entsetzlich wenig auf die Lebensmittelkarten abgegeben.
Woran dachten Akbaschew und Amirchanow? Dachten sie daran, daß die Hälfte ihres Volkes während des Transportes ums Leben gekommen war? Keiner kannte ihre Gedanken, selbst ihre Frauen und Kinder, selbst Temir nicht, der ehemalige Chauffeur des Volkskommissars Wesirow, der als Leutnant seinen Dienst bei den Sicherheitsorganen fortsetzte und auch in Kant lebte, in einem Haus mit acht Wohnungen für Mitarbeiter des NKWD.

In der Stadt konnte man nicht nur Kirgisen in ihren weißen kegelförmigen Mützen sehen, sondern auch Usbeken in ihren Tjubetejken, den buntbestickten Kappen, und Dunganen, diese Chinesen, die sich zum Islam bekannten. Sie gewöhnten sich an die paar Dutzend hinzugekommener tawlarischer Familien. Alles erinnerte irgendwie an die Heimat – auch der Schneegipfel des Alatau, den man in Gedanken mit dem Elbawend verband, auch die Felder, die Weiden, die Sitten der Nachbarn. Doch die Tawlaren wußten: die Berge waren nicht dieselben, auch die Felder nicht und auch nicht die Weiden.

Mussaib aus Kagar war stark gealtert. In der Verbannung hatte er aufgehört, morgens seinen Frühsport zu treiben. Der alte Mann saß lange in der asiatischen Sonne vor dem Haus, dessen eine Hälfte die Hausfrau, die Witwe des an der Front gefallenen Lehrers Dshumabajew, die selbst Lehrerin war, der Familie unseres Homer des zwanzigsten Jahrhunderts und Abgeordneten des Obersten Sowjets der UdSSR zur Verfügung gestellt hatte. Mussaib bekam das Geld, das ihm als Abgeordnetem zustand, und, was noch wichtiger war, die entsprechende Lebensmittelzuteilung, das war eine große und gute Lebensmittelzuteilung. Sie lebten wie eine Familie mit Gulaim Dshumabajewa, die sich mit den beiden Töchtern Mussaibs, die auch Kriegerwitwen waren, befreundet hatte, ihre Kinder spielten zusammen, und Mussaibs Enkel redeten bereits mit kirgisischem Akzent, gebrauchten dort ein dsh, wo im Tawlarischen ein j gesprochen wurde.

Mussaibs Frau, die immer schwarz gekleidete, immer auf irgend jemanden ärgerliche Rasijat, war unzufrieden, daß die kirgisische Frau einen Teil der Lebensmittelzuteilung des Abgeordneten bekam, brabbelte, wenn sie durchs Haus ging, Schimpfworte vor sich hin, wagte aber nicht, ihrem Mann zu widersprechen. Sie war erheblich jünger als Mussaib, sah aber ganz wie eine alte Frau aus, zahnlos, hager, mit wackelndem Kopf. Ihr hatten schon in der Jugend viele Zähne gefehlt, was unter den Gebirgsfrauen eine Seltenheit war und als Folge einer Verwünschung angesehen wurde, deshalb hatte man sie an einen armen Mann verheiratet, ohne von ihm den Kalym, das Kaufgeld, zu fordern. Mussaib war Rasijat nicht von Herzen zugetan, sie hatte ihm auch keine Söhne geboren, die Töchter gingen nach der Mutter, waren geizig und häßlich. Aber er hatte immerhin mit Hilfe von Rasijat etwas Eigenes aufbauen können, hatte ein winziges Stückchen Land bekommen und ein Haus gebaut. Was für ein langes Leben war durchlebt! Von Kind an hatte er fremde Herden gehütet, war über fremde Erde hinter fremden Pflügen hergegangen, hatte Erdöl in der großen Stadt Baku gewonnen, wo er gelernt hatte, Persisch zu sprechen, Haschisch zu rauchen und mit schlechten Frauen zu schlafen. Dann war er in den heimatlichen Aul

zurückgekehrt, hatte geheiratet und angefangen Lieder zu dichten. Allah Akbar, richtige Lieder, die Strophen als Vierzeiler, wie die vier Stäbchen beim Schaschlik, aber das dritte ohne Fleisch, die ersten zwei und den vierten verband er mit einem Reim, wie mit einem kräftigen aber geschmeidigen Riemen, und mit diesem Reim verknüpfte er so viele Vierergruppen, so viele Stäbchen, wie er brauchte. Die Worte waren das Fleisch, die Saiten seines Sas das Feuer. Das gab heiße Lieder, die armen Leute probierten, ob sie ihnen schmeckten, und sagten: „Gut." Der Mulla des Aul verachtete ihn: „Der kann ja weder lesen noch schreiben!" Das war äußerlich richtig, aber kein Blick in die Tiefe. Es stimmt schon, daran war nichts zu rütteln, seine Hand konnte nicht schreiben, die blieb im Dunkeln, dafür waren seine Augen hell, ihnen eröffnete sich der Wahnsinn der Welt. Als der Bürgerkrieg entflammte, dichtete Mussaib ein Lied, daß sein Heimatland wie ein Krug mit der berauschenden Busa im Kreise weitergereicht wird – von den Denikin-Leuten zu den Engländern, von den Engländern zu den Türken, von den Türken zu den Bolschewiken: wo ist die Wahrheit der Zeit? Die Gebirgsjuden bauten unten, im Vorgebirge, unter großer Mühe und viel Schweiß den widerspenstigen Wein an, sie kelterten den Wein, der den Mohammedanern verboten ist, und die Mohammedaner beraubten, sobald sie ihr bißchen Geld vertrunken hatten, die Winzer, vergewaltigten ihre Frauen und Töchter: ist das etwa der wahre Ausdruck der Zeit? Dann festigte sich die Sowjetmacht, die Zeit schien gekommen, sich zu erholen, aber nein, statt der früheren reichen Herren, der Kadis und Fürsten, bestimmten über alles Leute mit Aktentaschen, grausam wie die Henker und gierig wie Freigelassene: ist das etwa der wahre Ausdruck der Zeit?
So fragte er in seinen Vierzeilern, die auf einen einzigen eingängigen Reim unter Wiederholung des Reimwortes gebaut waren, und sein Volk griff sie auf und sang sie, als wären es seine eigenen Lieder.
Da kam die Kollektivierung. Die Bauern schlachteten ihre Schafe, um sie nicht im Kolchos abliefern zu müssen, sie aßen tags und nachts und begossen diese üppige Speise mit Tränen. Ist das etwa der wahre Ausdruck der Zeit? Er dichtete bittere Verse über diese wahnwitzigen Leute, zornige Verse. Da kam zu ihm einer von den neuen Herren und sagte:
„Das sind wohlklingende Verse, wohlklingend in den Ohren der heimatlichen Sowjetmacht. Das sind notwendige Verse, du bist ein großer Dichter, Mussaib. Du nennst jene, die nicht in den Kolchos gehen wollen, die ihr Vieh abschlachten, zu Recht Wahnwitzige. Du bist selbst ein armer Mann, und daher verstehst du das Herz des armen Mannes. Unter Tränen wurde dein Gerstenbrot gebacken. Unser Vater,

der Genosse Jussuf Stalin, der im Nachbarland, in Gurdshistan, geboren wurde, kennt gut das Los des rechtlosen Mannes aus dem Gebirge. Er möchte uns aus der Klamm der Armut in das Tal des üppigen Lebens führen, aber dieser Weg führt über die Kolchosen. Es gibt für uns keinen anderen Weg. Die, die ihr Vieh abschlachten, um es nicht den Kolchosen zu übergeben, sind Blinde, sie gehen auf einem Pfad, auf dem sie der tückische Feind, der sich die ganze Welt aneignen will, in den Abgrund stößt. Sei du unser Blindenführer, Mussaib, möge dein Lied ihnen die Gabe des Sehens wiedergeben. In der nächsten Woche wird in Gugird der erste Kongreß der Kolchosbauern unserer Republik eröffnet. Nimm deinen Sas in die Hand, dichte für die Teilnehmer des Kongresses ein Lied, so fest und so scharf wie ein Gebirgsdolch, so weich und so duftend wie Gebirgsbrot. Wir brauchen das Brot deines Liedes, Mussaib. Wir bringen dich nach Gugird mit dem Auto..."
Ob ihr eine Papacha auf dem Kopfe tragt oder einen städtischen Hut, ob euer Herz unter einem Tscherkessenrock schlägt oder unter einem modernen Samtjackett, ob eure Finger die Tastatur einer Schreibmaschine anschlagen oder die Saiten eines Sas oder einer Lyra greifen, sobald ihr Verse dichtet, saugt euer Verstand und euer Herz Schmeicheleien ein wie den Duft eines morgendlichen Gartens. So schmeichelte es Mussaib, die Worte der Kreisobrigkeit zu hören, eines Mannes mit einer Aktentasche, es schmeichelte ihm, zum ersten Mal nach Gugird nicht in der zweirädrigen Bauernkarre, sondern in einem Auto zu fahren. Manch einer hatte früher einmal darüber gelacht, daß er Lieder dichtete, das sei schließlich, so hieß es, keine Männerarbeit. Doch nun stellte sich heraus, daß sein Lied Brot für die Sowjetmacht bedeutete. Da stand nun Mussaib in einer neuen Papacha, einem neuen Beschmet, ein Volksdichter, ein Aschug der Mächtigen, ließ sich auf der Bühne vor dem überfüllten Saal nieder, ergriff seinen Sas und sang das Lied vom glücklichen reichen Leben, zu dem uns der hinführt, der selbst ganz lauteres Streben in die Zukunft ist, die paradiesische Quelle der Weisheit und der Morgenstern des Glücks. Er sang aus voller Seele – jedenfalls schien es ihm damals so zu sein. Dann wurde Mussaibs Gesicht, das blauäugige, kluge Gesicht des Mannes, der den Boden pflügt, in den Zeitungen vervielfältigt, die in drei Sprachen gedruckt wurden, ja, sogar in der russischen Zeitung. Er hatte sich durch die schmale Klamm seiner Tage zum Gipfel gesamtvölkischen Ruhms erhoben. Doch hat man erst einen Gipfel erreicht, dann eröffnet sich danach ein neuer. So gelangte er nach dem Zusammentreffen mit Maxim Gorki auf einen neuen, schier unerreichbaren Gipfel, seine Hand, die im unwissenden Dunkel verblieben war, schüttelten der Prophet der heutigen Welt, Jussuf Stalin,

und die getreuen Stalinschen Kalifen Molotow und Kaganowitsch und weit hergereiste, angesehene russische Aschugen. Indessen, nicht immer fiel es ihm leicht, er mußte manches besingen, was zu seinem Sas aus den Bergen nicht paßte, mußte manches besingen, was er nicht kannte, mußte mit geschlossenen Augen singen, um die Not seines Volkes nicht zu sehen, und er sagte mit kindlicher List zu seinem Übersetzer Stanislaw:

„Auf dem Boden meines Churdshin gibt es gute, reiche Wörter, aber es fällt mir schwer, mich zu bücken. Ich bin steif auf meine alten Tage, bück du dich für mich und hole die nötigen Wörter heraus."

Als er zum letzten Mal so gesprochen hatte, war es Frühjahr gewesen. Sie hatten zusammen im Gras vor seiner Saklja in Kagar gesessen, hatten den hausgemachten Wein getrunken, unten hatten die violetten Pfirsichgärten geblüht, direkt über ihren Köpfen waren rosa Wolken im Abendlicht geschwommen, und Mussaib hatte sich aus dem Gefühl der Dankbarkeit an Stanislaw gewandt, an den jungen russischen Aschugen, der ihn übersetzte und dabei vom Boden des Churdshin die nötigen Wörter heraufholte, und zu ihm gesagt:

„Genosse Stalin ist rein, wie dieses Glas. Nimm diesen Vergleich für deine Gedichte. Das ist mein Geschenk."

Wo waren nun diese violetten Gärten, diese rosa Wolken von Kagar? Irgendein Scheïtan hatte unseren Vater betrogen, hatte seine teuflischen Verleumdungen über das tawlarische Volk ausgesprochen, und man hatte das ganze Volk vertrieben, wie man eine Herde von den Bergen auf die Winterweiden treibt, und plötzlich war Schnee gefallen, Hagel heruntergeprasselt, und die Hälfte der Herde war auf dem Wege an Kälte und Futtermangel gestorben. Wo war die Wahrheit der Zeit? Welcher mutige Mann eröffnete sie dem großen Stalin, der so mächtig war, aber vertrauensselig wie alle großmütigen Recken?

Die Lehrerin Gulaim Dshumabajewa sah es als eine große Ehre für sich an, daß in ihrem verwitweten Haus der berühmte Mussaib aus Kagar wohnte. Schon vor dem Krieg hatte sie seine Gedichte auf russisch mit ihren Schülern durchgenommen. Mussaib paßte sorgfältig auf, daß Rasijat die Hausfrau und ihre Waisen nicht mit den Lebensmitteln aus der Sonderzuteilung, die er als Abgeordneter erhielt, überging, er sah, daß Gulaim eine achtbare und anständige Frau war, obwohl sie, wenn sie zu ihm ins Zimmer kam, ihr Gesicht nicht bedeckte. Einmal teilte sie ihm unter Tränen mit, daß die Kreisverwaltung ihr verboten habe, den Kindern die Gedichte Mussaibs beizubringen. Und sie fügte zornig hinzu:

„Was denken denn eure Leute? Über die Kaukasier haben sie gesagt, daß sie wie Wölfe sind, aber ihr seid doch liebe Schäfchen. Man muß einen

Brief an den Genossen Stalin schreiben. Er ist weise, er weiß, daß schuldig nur ein Mensch sein kann, niemals aber ein ganzes Volk."
Gulaim hatte Mussaib aus dem Krug der Bitternis zu trinken gegeben, da reichte das Schicksal ihm einen zweiten Krug, der war noch bitterer. Feierlich, mit Billigung der Obrigkeit von Kant, besuchte ihn Soronbai, der Sänger des alten Volksepos „Manas", das fast eine halbe Million Verse umfaßt, die Soronbai alle auswendig kannte. Sein Ruhm hatte in Kirgisien laut getönt, war aber an den Grenzen dieser Republik verhallt, während es für den Ruhm Mussaibs früher keine Grenzen gegeben hatte. Nun war Mussaib ein Verbannter, ein Sonderumsiedler, ein Abgeordneter des Obersten Sowjets der UdSSR, der außerhalb des kleinen Ortes Kant nirgendwo zu übernachten wagt. Große Leute hatten vor dem Krieg und während des Krieges immer wieder versucht, Soronbai dazu zu bewegen, Lieder über aktuelle Themen zu dichten – über die Partei, über die Heimat, über Stalin, über das Heldentum des sowjetischen Volkes: Soronbai sei schließlich nicht schlechter, sondern sogar besser als der Kaukasier Mussaib. Soronbai hatte dies auch versucht, hatte sich darum bemüht, aber ohne Ergebnis, er hatte schöne Wörter ausgewählt wie einen Tschirah-Leuchter, aber in dem Leuchter war kein Feuer. Soronbai hatte seit langem davon geträumt, den berühmten Mussaib kennenzulernen. Nun erfüllte sich sein Traum. Der Epensänger kam nach Kant auf einem kurzschwänzigen Pferd geritten, sein schwarzer Anzug mit Weste war verstaubt, seine weiße Filzmütze paßte nicht zur städtischen Kleidung. Soronbai war noch kein alter Mann, etwa fünfzig, klein und untersetzt, schlitzäugig, mit Bäckchen wie zwei rote Äpfelchen. Die Zeremonie der Begegnung der beiden Sänger war von großartiger Schlichtheit. Sie umarmten sich, berührten einander mit den Wangen und strichen sich über die Schultern, gaben dabei dieser Umarmung in den Augen der Anwesenden eine wichtige Bedeutung. Sie hatten etwa ein Dutzend Nachbarn mit hereingebeten – Tawlaren, Kirgisen und Usbeken. Unter den Gästen befand sich auch ein Vertreter des Kreiskomitees der Partei – eine solche Begegnung durfte man schließlich nicht sich selbst überlassen. Auf seinen Befehl hatte man aus der Kolchosherde einen Hammel gebracht. Die Gäste setzten sich mit untergeschlagenen Beinen hin, bildeten einen nicht ganz geschlossenen Kreis auf Gulaims Hof, die über den Besuch des Sängers glücklich war, über die Möglichkeit, die ihr die Regierung gab, die Gäste zu bewirten.
Irgendwo in einem abgelegenen, verdeckten Winkel des Hofes hatte man ein Feuer entfacht. Der Hammel wurde am Strick im Kreise herumgeführt, an den Augen und Beinen der Gäste vorbei, und die Gäste betrachteten ihn der Sitte gemäß nicht, dies tat allein Mussaib.

Der Hammel war nicht besonders gut genährt, hatte ein krauses Fell, seine großen dunklen Augen wurden nachdenklich, weiblich, wie bei einem Schakirden, der fromme Bücher studiert. War ihm klar, daß er gleich sterben würde, daß er zu einer Mahlzeit würde, die Beschbarmak heißt, also „fünf Finger", denn man nimmt dabei dieses mit Nudeln vermischte Fleischgericht mit seinen fünf Fingern aus der Schüssel, eine Speise der Halbnomaden, der Halbseßhaften. Mussaib hatte den Eindruck, auch er und sein Volk seien zu einer solchen Speise bestimmt. Aber gibt es etwa keinen Unterschied zwischen einem Menschen und einem Hammel, zwischen einem Volk und einer Herde? Hatte denn Allah nicht den Menschen aufgerichtet, ihn vom Tier abgehoben, indem er ihm das Wunder und das Glück der Sprache gab? Hatte Allah denn nicht gesagt: „Oh Ihr, die Ihr glaubt! Genießt die Wohltaten, die wir euch zugeteilt haben!"

In dieser Gegend nannte man den Wodka „Weißen Mulla", die hiesigen Mohammedaner tranken ihn ganz offen. Die Apfelbäckchen Soronbais wurden vom Wodka noch röter, er fühlte in seinem Körper das Wunder der Rede, und die Gäste merkten, daß er dieses Wunder fühlte, brachten ihm den Komus, das Saiteninstrument der Kirgisen, er nahm ihn in die Hand und stimmte an. Zunächst ließ er ein Lied zum Lobe Mussaibs erklingen, dann zum Lobe aller Tawlaren, die aus der Ferne gekommen waren, dann der Usbeken, der uralten Nachbarn, dann der Kirgisen, seiner Stammesgenossen. Für ein oder zwei Augenblicke hielt er inne, ließ seinen weitschweifenden Blick über alle gleiten, und allen erstarb das Herz. Soronbais Gesicht verwandelte sich, wurde gebieterisch, königlich. Er begann mit dem Vortrag einer Episode aus dem alten Epos. Gepackt von seinem Inhalt spürte er, wie durch seine Adern ein Feuer lief, das nicht von hier und heute war, und er dichtete – unter Bewahrung des alten Gerüsts – oft neue Verse. Die ersten Verse trug er eng zusammenhängend in schnellem Rezitativ vor, dann ging er mit plötzlichem kraftvollen Einsatz zu einem gemessenen Stil über und begann jede Verszeile mit dem gleichen betonten alliterierenden Laut. Er besang die Größe und Kraft Chinas, dessen Heer so unübersehbar war wie ein Ameisenhaufen, wo es Krieger mit Schwertern, Lanzen, Streitäxten und Dolchen gab, Männer mit eisernen Köpfen und langen Zöpfen, auch Wesen, die halb Menschen, halb Tiger waren, und Drachen, Zauberer und Werwölfe, auch Riesen mit so gewaltigen Hintern, daß sie zugleich auf zwei Pferden saßen, die mit kostbaren Sätteln und edlem Zaumzeug verbunden waren. Hinter diesem Heer stand das riesige China mit seinen vielen Stämmen, seinen vielen Türmen, seinen tausend Chanaten, China, dessen Staatsschatz unermeßlich war, dessen Paläste wie die Planeten strahlten, das ganze

China, das sich vor den goldenen Buddhas mit den Saphiraugen verneigt. Dieses heidnische China hatte die kirgisischen Nomaden zerstreut, hatte ihnen ihr viererlei Vieh weggenommen, hatte sie in grasloser Salzwüste angesiedelt, hatte sie, ihre Kinder und Kindeskinder zu Sklaven gemacht. Aber Manas und sein Kirk-tschoro, seine tausend Reiter, waren mit Allahs Namen auf den Lippen mutig gegen das unübersehbare Heer der tausend chinesischen Chanate angetreten. Wenn Wörter so zusammengestellt werden, daß man zwischen sie kein Härchen mehr schieben kann, dann werden die Wörter zum Vers. Wenn Verse so zusammengestellt werden, daß sie keine Klinge eines Messers trennen kann, dann werden die Verse zum Lied. Wenn die Menschen sich so zusammenfinden, daß sie zu einem einzigen Leib werden, im Leib aber Gott lebt, – dann werden die Menschen zu einem Volk. Wenn Menschen zu einem Volk werden, dann gewinnen sie Unsterblichkeit. Darum haben Manas und seine tausend Reiter das unübersehbare feindliche Heer besiegt: er, Manas, hatte Menschen aus verschiedenen Familien, die verstreut und einander entfremdet waren, in einen einzigen Leib verwandelt, in den Leib war Gott eingedrungen, und er war zum Volk geworden.
Da tritt Manas an zum Kampf mit dem chinesischen Heerführer Ma-Dy, dessen dicke Beine in den bunten Pluderhosen wie zwei Elefantenbeine aussehen. Der Sänger steht auf und legt den Komus auf den Tisch. Die Liedzeilen, die bisher in ein annähernd vierhebiges Versmaß eingebunden waren, strecken sich jetzt wie eine Lanze. Schon singt nicht mehr allein die Kehle von Soronbai, jetzt singen auch seine messerschmalen Augen, jetzt singen seine Hände, sie umklammern den Feind, stürzen ihn zu Boden. Mit Soronbai erheben sich seine Zuhörer. Im Banne des Liedes nehmen auch sie am Zweikampf teil.
Die kirgisische und die tawlarische Sprache sind einander so verwandt, daß Mussaib fast jedes Wort verstand. Da also lag der wahre Ausdruck der Zeit! Eine Handvoll kann die Feinde besiegen, die so zahlreich sind wie der Sand, wenn diese Handvoll ein Volk ist. Was macht es schon, wenn es in einem Volk Reiche und Arme gibt, weiße Knochen und schwarze Knochen? Ein Volk ist ein einziger Leib, das versteht auch die Sowjetmacht, wenn sie das ganze tawlarische Volk vertrieben hat, die Führer und die einfachen Kolchosarbeiter, die Männer mit den Aktentaschen, die fließend Russisch sprechen, und die Hirten. Da zeigte sich, Mussaib hatte hohle Worte zusammengefügt, hatte Mitleid mit den Armen gehabt und auf die Reichen eingeschlagen. Darin aber liegt das Wesen des Lebens nicht. Es gibt nicht Arme, gibt nicht Reiche, es gibt nur das Volk: der Sohn der Unendlichen Zeit, das Volk, ist älter, ist immer älter als die jeweilige Zeit.

Die Tawlaren wollten in ihrer Begeisterung über Soronbais Kunst, daß auch Mussaib allen Kirgisen und Usbeken seine Wortkunst darböte: „Nimm den Sas in die Hand", baten sie, „sing das ‚Lied vom Führer', nein, besser das ‚Lied von der Schenke'!"
Ihnen das ‚Lied von der Schenke' singen? Was gehen diese fremden Leute solche unbedeutenden, lange vergessenen Sachen an. Ihnen vom Führer singen? Ist Stalin überhaupt ein Führer? Hat er vielleicht wie Manas Leute verschiedener Völker vereint und sie in einen einzigen Leib verwandelt? Im Gegenteil, gnadenlos hackt er Teile des einen Leibes ab. Nicht er ist ein wahrer Führer, sondern dieser kirgisische Reiter, dessen Name Manas lautet, dessen Stamm Manas ist.
„Jede Nachtigall hat ihr Lied", sagte Mussaib zu seinen enttäuschten Verehrern, „jeder Sänger hat seinen Tag für das Lied. Heute ist der Tag unseres Soronbai."
Am nächsten Morgen verabschiedete man unter hohen Ehren den kirgisischen Sänger. Er war in bester Stimmung, umarmte Gulaim, zwinkerte stolz wie ein Junge den Versammelten zu, als wolle er mit seinem oberflächlichen Benehmen die Zauberwirkung, die seine Worte ausgeübt hatten, zerstreuen, aber die bedrückenden Gedanken, die in dem alten Mussaib nach Soronbais Abschied aufstiegen, konnten sie nicht zerstreuen. Als junger Mann war er hinter fremden Holzpflügen gegangen, als alter Mann hatte er fremde hölzerne Wörter zusammengefügt, er hatte ein fremdes Leben durchlebt, fremde Ehre hatte ihn umgeben. Er hatte in die Saiten seines Sas gegriffen, ohne sein Volk zu sehen, hatte die Augen geschlossen. Sinnlos also hatte er sein langes Leben durchlebt!
Wie immer trat Gulaim, ohne ihr rundes Gesicht mit dem Tuchzipfel zu bedecken, in sein winziges, niedriges Zimmerchen und sagte:
„Da ist noch ein Gast zu Ihnen gekommen, Onkel Mussaib, ein angesehener Gast!"
So war in dem kirgisischen Städtchen Murad Kutschijew aufgetaucht. Er ging erst einmal zu Mussaib. Der Militärkommandant von Frunse hatte angeordnet, er habe in Kant zu wohnen, hatte ihm versprochen, ihm bei der Beschaffung von Unterkunft und Arbeit behilflich zu sein. Die Jugend des Städtchens, junge Männer und Mädchen, umdrängte Murad, alle wollten den tawlarischen „Helden der Sowjetunion" sehen. Am Abend kamen auch die älteren Leute: der lange, immer irgendwie geschäftige Akbaschew – ein Jagdhund, der seinen Herrn verloren hat –, der kleine Amirchanow mit seinem seligen Lächeln, der den Mut nicht sinken ließ, Temir, der Wortkarge, in seine Tschekistenuniform geschnürt, ihre Frauen und weitere Tawlarenfamilien. Amirchanow, der Wodka, Fleisch und auch sonst etwas zu essen beschafft hatte, wurde

damit zum Tamada des Festmahls. Er triumphierte: in ganz Kant gab es nur einen Abgeordneten des Obersten Sowjets der UdSSR und nur einen „Helden der Sowjetunion", und beide waren Tawlaren, Verbannte, aber Tawlaren, und nicht nur irgendwelche, sondern aus dem Kreis von Kagar, wo er Parteisekretär gewesen war und die Menschen erzogen hatte!

Dieser Triumph gab Amirchanow die Kraft, auch die schweren Nachrichten auszusprechen: der Schmied Ismail, Murads Vater, war tot, war in den Abgrund gestürzt, als man die Menschen aus Kurusch fortgetrieben hatte, unterwegs war Aischa, Murads Mutter, gestorben. Amirchanow ließ sich nicht auf Einzelheiten ein: er konnte doch nicht sagen, daß Aischa im Viehwaggon gewesen war, daß der Zug nach Kasachstan über drei Monate gefahren war, daß man den Leuten nichts zu essen gegeben hatte, daß Epidemien ausgebrochen waren, daß man ihm selbst und Temir und ihren Familien für den Weg in die Verbannung einen Personenwagen mit Abteilen zur Verfügung gestellt hatte, für Mussaib und Akbaschew sogar einen Polsterklassewaggon, und daß sie von Hunger nichts gespürt hatten. An der Front hatte auch Murads Onkel, Fatimas Mann, den Tod der Tapferen erlitten. Das gab Amirchanow die Möglichkeit, zu den weniger betrüblichen Nachrichten überzugehen: Murads Tante und ihre Kinder seien am Leben, man habe sie in Kasachstan angesiedelt, Fatima arbeite, Gerüchten zufolge, als Unterbrigadier in einem Kolchos. Auch Temir machte ihm Hoffnung: man müßte sich mit den entsprechenden Behörden einigen, dann würde Murad die Genehmigung bekommen, ins benachbarte Kasachstan zu fahren, um seine Verwandten wiederzusehen.

Amirchanow wurde es warm ums Herz, er war ganz gerührt, wieder war er Tamada in seiner tawlarischen Gesellschaft, als ob sich nichts geändert hätte, als ob sie alle bei sich zu Hause in ihrer Heimat seien. Glücklich nannte er die Namen der tawlarischen Mädchen, die in der Verbannung ins Heiratsalter gekommen waren, eine verglich er mit einer wilden Rose am Hang, die bisher niemand außer Wind und Sonne berührt habe, für eine andere fand er einen nicht weniger blumigen Vergleich, die Eltern dieser Mädchen, die anwesend waren, senkten ihre Augen, der „Held der Sowjetunion" war ein begehrter Bräutigam, Amirchanow hatte auch schon für ihn einen günstigen Posten gefunden, den leckeren Posten des stellvertretenden Direktors der Zuckerfabrik, „da mach dir keine Sorgen, Murad, wir werden uns im Kreiskomitee schon einigen, die Tawlaren gehen nirgendwo zugrunde."

Toasts wurden ausgebracht, viele Toasts, der Wodka floß in Strömen. Murad schwieg, die Nachricht vom Tode seiner Eltern trieb ihm die Tränen in die Augen, aber ein Mann darf nicht weinen, er mühte sich,

die Tränen zu unterdrücken, doch vor seinen Augen stürzte sein lahmer Vater in den Abgrund, starb Aischa mit vor Durst eingetrockneten Lippen im Güterwagen. Einer erhob unentschlossen sein Glas und stammelte etwas zu Ehren des Genossen Stalin, doch die Anwesenden reagierten nicht, nur Murad trank sein Glas aus, ohne mit jemandem anzustoßen, und sagte:
„Was haben wir Tawlaren uns eigentlich zuschulden kommen lassen? Sind wir denn schlechter als andere Völker? Man hat uns verleumdet. Schreiben wir einen Brief an den Genossen Stalin, er soll die Wahrheit über unser Volk erfahren. Hier sind angesehene Leute zusammengekommen – der Vorsitzende des Rates der Volkskommissare der Republik, der Sekretär des Kreisparteikomitees von Kagar, Temir, den die Sicherheitsorgane auch in Kirgisien brauchen konnten, schließlich habe ich selbst einen Titel, den man nicht alle Tage auf der Straße findet. Die anderen werden den Brief mit unterschreiben, alle werden unterschreiben. Wir sind Kinder Stalins, wie könnte er seine Kinder im Unglück lassen."
„Wir alle werden unterschreiben", stimmte Akbaschew in seinem Rausch zu, wunderte sich sogar im Rausch über seinen Mut, Temir aber, der viel getrunken hatte, ohne betrunken zu sein, gab einen überraschenden Rat.
„Lassen wir Mussaib einen Brief in Versen machen. Das wird der Führer mögen."
Dieser Gedanke gefiel allen.
„Gut so, in Versen", rief Gulaim. „Alle Völker schreiben Stalin Briefe in Versen. Tut ihr das auch. Ich bin überzeugt, Onkel Mussaib wird die Verse so hübsch machen, daß sich das Herz des Vaters euch zuwendet."
„Stalin kann nicht tawlarisch", brachte Akbaschew ernüchtert vor. „Die Verse müssen russisch geschrieben werden."
Amirchanow war sich ganz sicher – die Sache war doch gerecht.
„Wir wollen Mussaibs Worte aufschreiben und eine Übersetzung machen, dann schicken wir das Stanislaw Bodorski zur Bearbeitung, vielleicht ist er in Moskau. Wenn nicht, dann schicken wir die Verse auf tawlarisch und legen die Übersetzung dazu."
„Erst muß man dem alten Mann einen Text machen. Das ist ein verantwortungsvolles Dokument. Dann durchdenken wir sein Werk, ergänzen es und unterschreiben es alle ohne Ausnahme", schlug der vorsichtige und erfahrene Akbaschew vor. Laut verkündete er:
„Ich als ehemaliges Oberhaupt der Regierung unserer Republik werde als erster unterschreiben, hier habt ihr mein Ehrenwort. Ehre und Würde geht mir über alles."
Amirchanow entgegnete:

„Ich fasse deine Worte in Gold. Ein Text ist nicht sinnvoll. In solchen Sachen ist der alte Mann klüger als wir. Soll mal Mussaib zunächst das Lied schreiben, wir nehmen es als Grundlage, dann sagen wir ihm, was man heraustun und was man hineintun muß."
So beschlossen sie es. Am nächsten Morgen nahm Mussaib zum ersten Mal in der Verbannung seinen Sas in die Hand. Er wandte sich an Stalin, den er nicht mehr liebte, aber der Orient ist seit langem daran gewöhnt, sich selbst zu betrügen und seine Herrscher in üppigen Oden zu besingen. Hier aber ging es nicht um das Wohl des Verseschmiedes, hier ging es um das Schicksal des Volkes. „Ein Volk, das ist ein Leib", so begann Mussaib die erste Zeile - oder war sie von dem Sänger des alten Epos inspiriert? Dann erzählte er, wie dieser eine Leib in der Vergangenheit von fremden Völkern zerrissen wurde, wie man ihn in Stücke gefetzt hat, wie der weiße Zar die Tawlaren quälte und wie der Mann der Berge im Sterben lag, wie er gleich einem weidwunden Steinbock den Felsen, der ihm als Lagerstatt diente, mit seinem Blut netzte, aber dann sei Stalin gekommen und habe den weidwunden Steinbock geheilt, und die Männer der Berge seien zu einem Leib geworden. Warum haben jetzt böse Menschen mit übler Nachrede und Verleumdung nicht nur den Leib, sondern auch die Seele des tawlarischen Volkes Qualen ausgesetzt? Diese Seele ist rein, sie ist der Partei und der Heimat treu ergeben, sie hat nie geschwankt, nicht nach rechts und nicht nach links. Dann folgten Bilder von der Vertreibung, vom Untergang der Hälfte des Volkes beim Transport, die Verdienste der Tawlaren wurden aufgezählt, die Vorkriegsnamen der Helden der Kolchosfelder, die Namen der drei „Helden der Sowjetunion". Der gereimte Brief endete mit einem Appell, der aus dem Herzen hervorbrach: „Oh, Stalin, gib uns unser Heimatland wieder, gib uns unsere Berge und Flüsse, gib uns unsere Herdstätten und die Gräber der Vorfahren, gib uns wieder deine Liebe zu uns und unsere Liebe zu dir, o Stalin!"
Die Tawlaren weinten, ohne sich zu schämen. Auch Gulaim weinte. Murad weinte mit allen. Selbst Temir war erregt:
„Da braucht nichts dazu, da braucht nichts weg."
Amirchanow schüttelte den Kopf:
„Der Ausdruck ,gib uns wieder unsere Liebe zu dir', der paßt nicht. Wir haben nicht aufgehört, Stalin zu lieben. Das soll Mussaib in Ordnung bringen. Aber sonst, da braucht nichts dazu, da braucht nichts weg, wie Temir gesagt hat. Bedeutende Verse hat Mussaib verfaßt. Man muß sie aufschreiben. Wir alle werden unterschreiben. Stalin liebt Mussaib. Ein gutes Werk hat der alte Mann für unser Volk vollbracht."
„Ich unterschreibe nicht", sagte Akbaschew deutlich. Der kleine Amirchanow ging hoch, fast bis zum Kopf des langen Akbaschew:

„Wovor hast du denn Angst, was soll diese Vorsicht? Das sind marxistisch-leninistische Verse. Du hast doch dein Wort gegeben, daß du als erster unterschreibst, wie es dich Ehre und Würde heißen."
Akbaschew senkte den schmalen Kopf und blieb bei der Weigerung: „Der Mensch hat das Recht, einmal im Leben sein Wort zu brechen."
Temir erschreckte Akbaschews Feigheit. Wirklich, wer mochte wissen, wie man auf den tawlarischen Brief oben reagierte. Hatte doch kein anderer als er selbst, Temir, den Vorschlag gemacht, Mussaib sollte einen Brief an Stalin in Versen schreiben. Aber den Gedanken mit dem Brief hatte nicht er vorgebracht, sondern Murad Kutschijew, das mußten alle bestätigen. Schnell entschlossen sagte Temir:
„Übersetzen wir den Brief, schreiben wir ihn russisch auf, ich werde ihn den Genossen zeigen und mich mit ihnen beraten."
„Tu das selbst", sagte Amirchanow ärgerlich. „Es war deine Idee."
Der hatte es also behalten! Nein, er würde ihn nicht aufschreiben, er würde Samaganow den Fall vortragen.
Sein Chef Samaganow war immer halb betrunken, redete immer zusammenhanglos, aber behielt auch immer alles. Er redete hauptsächlich von sich selbst, von seinen Verdiensten, von den Kränkungen, die ihm widerfuhren, von seinen Feinden, er erlaubte, die über ihm Stehenden zu kritisieren, aber die dabei Anwesenden zitterten bei dem Gedanken, Samaganow könne später sagen, er, der Zuhörer, habe verleumdet und kritisiert. Und tatsächlich konnte Samaganow in einer unerklärlichen Weise von der ersten Person zur zweiten Person, vom Ich zum Du übergehen, aufbrausend seinen Gesprächspartner widerlegen, ihn entlarven und überführen.
Die Leute, die beim Sicherheitsdienst in Kant tätig waren, wußten, daß Samaganows Frau, eine kräftige, rundliche, rotbäckige Person, sich, wie sie das spitz nannten, mit einschlägigen Fragen befaßte. Einmal erwischte Samaganow sie am hellichten Tage auf dem Teppich mit einem aus Moskau geschickten Mann, neben ihnen lag auf dem Boden seine Uniformjacke mit einer Raute im Knopfloch. Seine Frau im Unterrock mit zerzaustem Haar schrie: „Rühr den Gast nicht an, Kasymkul, rühr den Gast nicht an!" Was für ein dummes Stück, wer würde wohl einen solchen Gast mit einer Raute anrühren. Samaganow wurde befördert. Seitdem schlief er mit seiner Frau nicht mehr, schlug sie nachts und drohte: „Wenn du dich beklagst, richte ich deine ganze Sippe im Lager zugrunde!"
Auch ein anderer Mann, der dienstlich einmal bei ihm auftauchte, war Samaganow von Nutzen: er übernahm von dem Gast aus der Hauptstadt die Angewohnheit, dunkle Brillen zu tragen. Und so stand er nun vor Temir mit der geheimnisvollen dunklen Brille, mit seinen borstigen

Haaren, die auf seinem Kopf wie schwarze Ahornkeile in die Höhe starrten, er, der langarmige, krummbeinige Nachfahre der Reiternomaden. Obwohl der Arbeitstag erst anfing, hatte Kasymkul schon ein oder zwei Wassergläser Schnaps getrunken. Als er Temirs Bericht gehört hatte, lief er auf seinen krummen Beinen vom Jagdfieber gepackt durch das Zimmer, zerriß wütend irgendein Blatt Papier und warf die Fetzen in den Papierkorb, steckte sich eine Papyrosse „Boomski-Schlucht" an und begann mit schwerfälliger Zunge irgend etwas von seinem Chef in Frunse zu faseln, von den Ränken und der Dummheit dieses Emporkömmlings, der sich dort nur dadurch halten konnte, daß er einen Verwandten als Mitglied des Büros des ZK der Republik habe, und was er doch, Samaganow, für einen wachsamen und unbestechlichen Kopf habe. Plötzlich unterbrach er sich zu seiner eigenen Überraschung mit der Anweisung:
„Laß Mussaib aus Kagar abholen. Wir schreiben den Haftbefehl aus."
Temir war betroffen, er erinnerte:
„Der Alte untersteht nicht unserer Verfügungsgewalt. Er ist Abgeordneter des Obersten Sowjets der UdSSR, wir müssen uns mit dem Volkskommissar in Verbindung setzen."
„Dann soll der Teufel mit eurem stinkenden Dichter fertigwerden. Du holst Murad Kutschijew."
„Den ‚Helden der Sowjetunion'?"
„Hör mal, Temir, ich habe dich immer für einen ehrlichen Mitarbeiter der Tscheka gehalten, aber nun kommt heraus, daß du die lokalen tawlarischen Interessen höher stellst als die Interessen der Heimat. Das gefällt mir nicht. Ein Tscheka-Mann weiß: bei uns kann jeder zum Helden werden, und wir können jeden abholen."
„Vielleicht überträgst du das einem anderen? Ich bin immerhin Tawlare. In uns stecken wie auch in euch noch Überbleibsel der Vergangenheit."
„Na gut, dann bleib hier."
Nach einer halben Stunde wurde Murad gebracht. Er war ohne Gürtel. In seinen blauen Augen zitterten Schrecken und Zorn. Als er Temir sah, beruhigte er sich ein bißchen, sprach erregt mit ihm tawlarisch.
Samaganow befahl auf russisch:
„Halt die Schnauze. Wir haben zu tun. Erzähle, wer hat dir beigebracht, dich mit antisowjetischer Agitation zu befassen, staatsfeindliche Briefe zu schreiben."
„Ein Brief an Stalin soll antisowjetische Agitation sein? Du Hundesohn, während du hier im Hinterland Beschbarmak gefressen und Wodka gesoffen hast, habe ich für dich, du Enkel einer Hure und eines Bastards, gekämpft, habe dich verteidigt, wegen dir, du Strolch, hat man mir das Bein versaut."

Murad schlug mit seiner ganzen beleidigten, enthemmten Kraft seine schwere Faust auf das Glas des Schreibtischs. Das Glas zersprang, seine Hand blutete. Samaganow trat ihm in den Unterleib. Murad stürzte hin, als er zu sich kam, sagte er nach Atem ringend auf tawlarisch: „Temir, wir haben dasselbe Blut, sage ihm, wie es wirklich gewesen ist. Wir haben etwas Gutes geplant, du und ich, wir beschlossen, Stalin die Wahrheit über unser armes Volk zu schreiben."
„Wage nicht den Namen unseres Führers auszusprechen, du Verräter!" schrie Samaganow. „Temir, will er dich in die Sache hineinziehen?" Temir wurde wütend, zunächst auf sich selbst, dann auf Murad. Er half Murad auf, und dieser blickte ihn mit solchem Schmerz ins Gesicht, mit solchem alten, uralten Vorwurf, daß Temir noch wütender wurde und Murad den Stern des ‚Helden der Sowjetunion' und den Leninorden von der Uniformjacke riß.
Zu zweit schlugen sie lange auf Murad ein und brachen ihm sein versehrtes Bein. Murad wurde im Gefängnislazarett von Frunse untergebracht. Nach einem Monat, als sein Bein einigermaßen wieder in Ordnung war, fand die Gerichtsverhandlung statt. Murad wurde wegen eines schweren Vergehens verurteilt: konterrevolutionäre Gruppentätigkeit. Unter Berücksichtigung der militärischen Verdienste des Verbrechers erhielt er nur acht Jahre. Er wurde in ein Konzentrationslager geschickt, zum Nickelabbau nach Norilsk.

Neuntes Kapitel

Die Kirgisen hießen früher Kara-Kirgisen, also schwarze Kirgisen oder Steinkirgisen, da sie in den Bergen lebten, während die Steppenkasachen Kirgis-Kaisaken hießen, also freie Kirgisen. Die eng verwandten Sprachen der Kasachen und Kirgisen gehen auf verschiedene turksprachige Wurzeln zurück. Die Kirgisen kamen nach Turkestan, in das Siebenstromland, von den Ufern des Jenissei, wo bis heute die ihnen namensverwandten Chakassen leben, die Kasachen aber entstanden, als der Stamm der Kyptschaken nach dem Zerfall der Goldenen Horde in ferne Steppen zog und sich mit der turksprachigen Bevölkerung des Siebenstromlandes vermischte. So bildete sich ein großer Stammesverband, der seine Jurten von Sibirien bis zum Kaspischen Meer aufschlug. Die von Dershawin besungene Feliza, die gottgleiche Zarin der Horde der Kirgis-Kaisaken, dürfte kaum gewußt haben, wie dort der Boden dieser Kirgis-Kaisaken beschaffen war. Aber das, was Katharina II. nicht wußte, das sollten die Tawlaren recht gut kennenlernen. Sie trafen in ihren Viehwaggons Ende März ein. Die Hälfte des Volkes war unterwegs gestorben. Die andere Hälfte bestand mit geringen Ausnahmen aus Kranken, vom Hunger ausgezehrten alten Männern, Kindern, Frauen, Halbwüchsigen und Kriegsinvaliden. Danach trafen die vollwertigen Männer ein, ehemalige Soldaten und Offiziere, die man aus der kämpfenden Armee heraus dorthin geschickt hatte.
Das war die beste Zeit der Wüste. Viele Jahre später hielt Alim Safarow seine Erinnerungen schriftlich fest, oder hatte er es aus einem Buch abgeschrieben?
„Im Vorgebirge taute der Schnee, und zu dem erstarrten rotgelben Meer des Flugsandes strömte trübes, braungrünes Wasser, es füllte die Takyrs – die Senken – mit der lehmigen Oberschicht. Die Salzbecken strahlten in einem zarten Grün. Einst hatten die nomadisierenden Kasachen zu eben dieser Zeit ihre Herden hierher getrieben, um sie auf dem satten, frischen Gras zu weiden. Sie mußten sich dabei sputen – im Mai verbrennt das Gras, die grünen Salzböden färben sich, je näher der Herbst rückt, allmählich rosa, später blutig rot. Aber die Wüste stirbt nicht. Sie lebt nur ihr eigenes, von den Menschen getrenntes Leben. Die fleischigen, starren und stachligen Büsche mit ihren weißgrauen, schuppengleich schmalen Blättern spenden keinen Schatten. Wenn die

langzehige Zieselmaus am Boden einer tiefen Senke einen Menschen bemerkt, huscht sie eilig in ihren Bau. Nur die Samen des Chasar-Aspan, des Stechapfels, sind mit den anderen Lebewesen verbunden: Wanderer sammeln diese Samen, um damit die Neugeborenen – Kinder und Jungvieh – gegen den bösen Blick zu beräuchern, und die mohammedanischen gottesnahen Narren genießen den Rauch dieser Samen als Narkotikum.
Selten, ganz selten fällt Regen. So sehr ist die Erde des Regens entwöhnt, daß sie ihn träge, ohne Gier trinkt. Tags kann man am unendlichen wolkenlosen Himmel den Stand der Sonne nicht erkennen, und sogar ein ganz heller Tag wirkt wie eine dunkelgraue Mondnacht. Die Kämme der Flugsandhügel scheinen zu rauchen, da wirbelt der Wüstenwind den Sand in Strömen auf. Kamele, Pferde und Menschen der Karawanen versinken im Sand, der Sand verstopft Ohren und Augen, er dringt zwischen die Zähne, dem ganzen Körper bereiten die von Winde getriebenen Sandkörner einen brennenden Schmerz. Die Konturen der nahen Sandhügel sind so verschwommen im dichten Nebel, daß sie wie Trugbilder wirken. Abends verstummt der Wind. Der Mond beleuchtet die Pflanzen – Tamarisken, Saksaul-Bäume, Wermut. Die Salzböden heben sich ab. Irgendwo in der Ferne schimmern Berge, und auf deren Gipfeln Granit und Saphir. Noch weiter weg fließt ein Strom, man kann ihn hören, aber riesige Schilfwälder verwischen die Grenze, die Land und Wasser trennt. In der Nähe ist kein Wasser. Seit Jahrhunderten haben weder eine richtige Pflugschar noch ein Hakenpflug noch eine Hacke den Boden berührt."
Indessen, die Tawlaren waren nicht die ersten, denen das Los zufiel, diese Erde zu bewirtschaften. Als man sie aus den Viehwagen hinauswarf, gab es hier schon Häuser, auch Felder und Kanäle, durch die Wasser aus dem fernen, trüben Strom lief. Der große orientalische Weise Zarduscht hatte es für die wichtigste Pflicht des gottesfürchtigen Menschen gehalten, die Wüste in Ackerland zu verwandeln. Doch nicht die Kinder des Orients erfüllten hier Zarathustras Vermächtnis, sondern Bauern aus Saratow, Pensa und Samara, die man als Kulaken hierher verbannt hatte. Man hatte sie in genau solchen Viehwagen herbeigeschafft und auf der graslosen, wasserlosen und menschenleeren Erde ausgesetzt. Wer zählt jetzt, ein wie großer Teil dieser Menschen überlebte? Die, die überlebten, haben bei glühender Hitze und grimmiger Kälte gearbeitet. Die von Unterernährung geschwächten, aber geschickten Hände der erfahrenen Bauern hatten die Erde gepflügt, hatten Lehmhäuser errichtet – die angeborene Findigkeit hatte den Verbannten, die an Holz gewöhnt waren, geholfen, sich dem Lehm anzupassen – sie hatten gegraben, Kanäle und Gräber, Gräber und noch

einmal Gräber. Die ersten russischen Bauern hatte man in der kasachischen Wüste zu einem Kolchos mit dem Namen „Schwert der Revolution" zusammengeschlossen. Einen Dorfsowjet gab es nicht, stattdessen figurierte eine Kommandantur, und nur mit Genehmigung des Kommandanten erhielt so ein Erbauer des Kolchoslebens die Erlaubnis, wenn die Arbeit es erforderte, sein „Schwert der Revolution" für vierundzwanzig oder sogar für achtundvierzig Stunden zu verlassen. Wer dies ohne Genehmigung tat, den prügelten der Kommandant und seine Lakaien halbtot und schickten ihn ins Konzentrationslager.

Während des Krieges, als die Idee des Kommunismus sich als ohnmächtig erwies, die Menschen für den Heldentod, für die Heimat, für Stalin zu begeistern, und als dafür Stalin die nationale Idee des Russentums brauchte, wurde das Los dieser Sonderumsiedler etwas erleichtert. Die zum Kriegsdienst Tauglichen wurden eingezogen, man redete schon davon, daß ihnen nach dem Krieg genehmigt werden sollte, nach Hause, nach Rußland zurückzukehren. Die Allmacht des Kommandanten ließ spürbar nach, es war jetzt leichter, in das Zentrum zu fahren, irgendwie vergaß man allmählich, daß sie ehemalige Kulaken waren, sie galten jetzt als Russen auf kasachischem Boden, ihre Töchter erhielten je nach Fähigkeit die Zulassung zur Ausbildung als Krankenschwester, als Lehrer, sie durften studieren. Am Ende des Krieges reisten die Familien der ehemaligen Frontsoldaten nach Rußland, obwohl man sie warnte, daß dort das Leben entbehrungsreicher sein würde. In einigen der frei gewordenen Häuser wurden die Tawlaren untergebracht.

Kommandant des Kolchos „Schwert der Revolution" war Wadim Terentjewitsch Kobenkow. Sein dunkelroter Haarschopf ließ ihn besonders groß wirken, auf seinem quadratischen Kopf trennte der schmale rechtwinklige Streifen der Stirn diesen Schopf von den genauso dunkelroten Augenbrauen. In seinen kleinen Augen wechselte schnell der Ausdruck – von Frechheit zu Verschrecktheit –, im Zentrum des Quadrats lag eine kleine Nase, und die untere, fast immer unrasierte Gesichtspartie schob sich weit nach vorn. Seine Laufbahn hatte Kobenkow als Kulturleiter des Parks für Kultur und Erholung in der Stadt Akmolinsk begonnen. In Ausübung seiner beschwerlichen Arbeit hatte er sich die Stimme verdorben, er sprach seitdem mit einem heiseren, pfeifenden Flüstern, was hingegen ausreichte, damit ihn sowohl die Besucher des Parks gut verstanden als auch die, denen er über das Benehmen und die Gespräche der Besucher berichtete. Offenbar hatte er erfolgreich berichtet, denn man machte ihn zum Direktor des Sanatoriums für Mitarbeiter im Bildungswesen. Nur die Hälfte der gelieferten Lebensmittel gelangte bis zu den Erholungssuchenden, die

die Lebensmittel „Stehlensmittel" nannten, die andere Hälfte teilte sich Kobenkow mit der Buchhalterin und dem Leiter des Fuhrparks, der die Lebensmittel auf komplizierte Weise über die Verkäufer in den Geschäften umsetzte. Es war unter dem Personal bekannt, daß Kobenkow ein Verhältnis mit der Buchhalterin hatte. Als letzte erfuhr es, wie üblich, seine Frau. Sie ging an die Decke und zeigte ihn an, ohne sich die Folgen zu überlegen. Kobenkow wurde wegen seiner Diebesgeschäfte in die Einsamkeit der Wüste geschickt und als Kommandant für Sonderumsiedler eingesetzt, seine Frau und die Kinder mußten mit ihm zusammen das Leben in der Stadt aufgeben.

Man kann nicht sagen, daß Kobenkow sich zu den Bauern besonders schlecht verhielt. Er zwang sie natürlich zur Arbeit für ihn selbst, sie mußten seine privaten Schweine mästen und versorgen, mußten seine zwei Kühe melken, er rührte Frauen und Mädchen nicht an, nicht einmal die, die er ständig vor Augen hatte, die seine Kinder versorgten und die Wäsche wuschen. Aber wen er aus tiefster Seele haßte, das waren die Leute aus Leningrad, die nach der Ermordung Kirows hierher verbannt worden waren, vor allem die Petersburger Deutschen, aber es gab auch Russen unter ihnen und Juden. Übrigens machte er einen von ihnen, Nikolaj Leopoldowitsch Henselt, zum Sekretär der Kommandantur. Seine Frau hatte ihm verboten, eine Sekretärin zu haben. Wenn sie geahnt hätte, wo die Gefahr lag!

Kobenkow träumte davon, aus diesem verdammten Nest in der Wüste herauszukommen und wieder das kulturelle Leben in der Stadt zu genießen. Mit allen Mitteln bemühte er sich, daß sein Kolchos den Plan erfüllte und übererfüllte, war aber in seiner Unfähigkeit für den Kolchosvorsitzenden nur ein Hindernis, der als ehemaliger Kulak zu seiner Funktion dank seinem angestammten Verstand und seiner Erfahrung als Bauer gekommen war, auch dank dem Krieg, der die Lage der russischen Sonderumsiedler in der unrussischen Republik verändert hatte, schließlich dank seinem kürzlich erfolgten Eintritt in die Partei. Wie der Kolchosvorsitzende, so stand auch Kobenkow beim ersten Tageslicht auf, scheuchte persönlich die Leningrader Brillenträger zur Arbeit, befahl mit seinem pfeifenden heiseren Flüstern: „Los, los, wird's bald! Wir veranstalten hier kein Quiz-Spiel. Los, Wagon, Wsoprei, Warenik, alle her zu mir!" In dieser Weise hatte er die Nachnamen des Ingenieurs Wagenau, des Medizinhistorikers Doktor Sorgenfrei und des Klavierstimmers Warneke verändert. Er verhunzte sie nicht, um sie lächerlich zu machen, sondern weil es sich für ihn und seine kranken Stimmbänder so leichter aussprechen ließ.

Als die Tawlaren auf die einzelnen Orte aufgeteilt werden sollten, hatte der Chef des NKWD in diesem Kreis die Kommandanten folgender vier benachbarter Kolchosen zu sich befohlen (die Kolchosen lagen fünfzig bis siebzig Kilometer auseinander): „Schwert der Revolution", „Fünfzehnter Jahrestag der Arbeiter- und Bauern-Miliz", „Dsershinski" und „Pawlik Morosow". Die Anweisungen des NKWD-Chefs waren widersprüchlich. Einerseits sei strengste Disziplin ohne Nachlässigkeit und ohne Übertriebenheit geboten, bolschewistische Wachsamkeit, durchgängige Trennung der Kasachen von den Tawlaren, die einander in Sprache, Herkunft und Religion verwandt seien, andererseits solle man sich ständig dessen bewußt sein, daß die Tawlaren keine gesetzestreuen russischen Bauern waren, sondern Banditen, denen es nichts ausmachen würde, einen von uns kaltzumachen. Der Bandit würde natürlich umgelegt, aber unsereins würde davon nicht wieder lebendig. Am besten solle man sich an die Frauen halten. Kurz und gut, er jagte den Kommandanten Angst ein.

Man brachte die Tawlaren in den Kolchosen so unter, daß sie überall nicht mehr als fünf bis sechs Prozent der Bevölkerung ausmachten. In marxistischer Voraussicht erkannte man, daß die Tawlaren bei den Wahlen den einzigen Kandidaten in der Liste streichen würden. Je nun, das war auch weiter kein Unglück: wenn man ihren Kinderreichtum berücksichtigte, die Zahl der Halbwüchsigen, dann ergab sich, daß nicht mehr als ein Prozent der Wahlberechtigten eine Gegenstimme abgeben würden. Das entsprach der Gesamtunionszahl. Nur eine Kleinigkeit hatte man übersehen: es kam vor, daß ein Kommandant kein Parteimitglied war und somit an wichtigen Versammlungen der ihm Unterstellten nicht teilnehmen konnte. Aber auch mit dieser Schwierigkeit wurde die Obrigkeit irgendwie fertig, dafür ist sie schließlich die Obrigkeit.

Kobenkow ernannte zu Brigadieren und Unterbrigadieren nur Frauen. Er berücksichtigte die Funktion, die sie in der Heimat vor der Aussiedlung ausgeübt hatten, und so wurde Fatima Safarowa, die zu Hause als Kolchosvorsitzende gearbeitet hatte, hier Unterbrigadier. Amirchanow hatte Murad Kutschijew die Lage der Familie seiner Tante nicht ganz korrekt dargestellt. Fatima hatte ihren Mann an der Front verloren, ferner drei kleine Kinder während des langen Transports. Am Leben geblieben war allein Alim.

Mit den Tawlarenkindern ergab sich auch eine „Quizfrage", wie der ehemalige Kulturleiter sich auszudrücken pflegte. Sie waren Unterricht auf tawlarisch gewohnt, aber es gab einen Befehl, sämtliche Lehrbücher in tawlarischer Sprache zu beschlagnahmen. Sollte jemand irgendein tawlarisches Buch, und sei es ein Alphabet, behalten, stand darauf für Erwachsene ein Jahr Gefängnis. Um das Banditenvolk nicht allzusehr zu reizen, ernannte Kobenkow als Schullehrer für fast alle Fächer den verbannten Tawlaren Berd Otarow, der in einem philologischen Fach das Kandidatenexamen abgeschlossen hatte. Berd Ismailowitsch war ein stiller, ein wenig einfältiger Mann, der aus beliebigem Anlaß errötete. Seine wissenschaftliche Karriere hatte er seiner Frau zu verdanken, einer Schwägerin des ehemaligen Sekretärs des guschanisch-tawlarischen Gebietskomitees, Dewjatkin. Die Intelligenz der Republik war der Auffassung, der schlaue Berd Otarow habe aus kalter Berechnung, um seiner Karriere willen, die häßliche, flachbrüstige, breitknochige, bösartige Schwägerin des Ersten Parteisekretärs des Gebietskomitees geheiratet, aber so stand die Sache nicht. Galina Petrowna, die seinerzeit in derselben Schule wie Berd Otarow unterrichtete, hatte selbst den schüchternen, willenlosen Tawlaren geheiratet. Immer wieder war es vorgekommen, daß jemand unter seinen zahllosen Verwandten gestorben war und in den verschiedenen Aulen langdauernde Leichenfeiern stattfanden. Bei diesen Gelegenheiten hatte Berd Ismailowitsch plötzlich Familie und Schule verlassen, und wenn er voller Reue von einem Leichenschmaus nach Hause zurückkehrte, hatte seine Frau ihn angeschrien, daß die Wände wackelten, er sei ein Säufer, kenne nicht einmal die Satzzeichen, sie sei es gewesen, die ihm geholfen habe, seine Kandidatendissertation zu schreiben. Eine derartige Behauptung gab die Tatsachen kaum völlig falsch wieder. Galina Petrowna war tatsächlich in der Zeichensetzung nicht schlecht beschlagen, hatte die Pädagogische Hochschule von Pjatigorsk abgeschlossen. Dewjatkins Schwägerin genoß in der Republik durchaus einiges Ansehen. Eines aber bleibt festzuhalten: diese wenig gebildete, sinnlos böse Frau hätte als Russin in Gugird bleiben können und war dennoch ihrem Mann und ihren Mischlingskindern in die Verbannung gefolgt.

Kobenkow gab, als er Galina Petrownas Akte studiert hatte, der Schuldirektorin Abdilda Hassenchanowitsch die Weisung, Galina Petrowna als Klassenlehrerin einzusetzen. Einmal betrat sie die Klasse, als ihr Gatte, Berd Ismailowitsch, eine Geometriestunde hielt. Der Philologe war gezwungen, sich auch damit zu befassen. Ein Junge, der an der Tafel stand, zeichnete auf Verlangen des Lehrers mit Kreide einen Kreis, und zwar einen so gleichmäßigen Kreis, als hätte er es mit dem Zirkel getan. Berd Ismailowitsch war begeistert: „Du bist ein tüchtiger Kerl, Alim, da sieht man doch, was so ein Künstler kann!"
Da fing Galina Petrowna, dieselbe Galina Petrowna, die freiwillig, aus Edelmut ihrem Mann in die Verbannung gefolgt war, plötzlich an loszuschreien: „Ihr tawlarischen Maulesel, ihr lobt euch bloß gegenseitig! Typische Edelmut, Angewohnheit kleiner Völker!" Sie putzte die Klasse wegen Unordnung und wegen zerrissener schmutziger Kleidung herunter, warf den Schülern vor, sie würden sich selten waschen und

einen üblen Geruch verbreiten, als ob sie nicht wußte, woher das alles kam. Wutschnaubend verließ sie die Klasse.
Der Auftritt Galina Petrownas hatte seinen Grund. Im Kolchos „Schwert der Revolution" ging, wie überall im Lande, das Leben weiter; ein hungriges, kümmerliches, hoffnungsloses Leben, aber es ging weiter. Es gab nicht nur Hunger, Zwangsarbeit, Armut, den Jammer der Vertreibung, es gab auch Klatsch. Er rankte sich um Sarema Otarowa, die Witwe eines an der Front gefallenen Verwandten von Berd Ismailowitsch. Sarema war eine Schauspielerin, die kurz vor dem Krieg in Moskau die Theaterhochschule abgeschlossen hatte. Bei der Abschlußaufführung spielte sie die ehrbare Marthe so, daß der unvergleichliche Leonidow ausgerufen hatte: „Mit was für einer Eleganz sich diese kaukasische Wilde in die Rolle einer spanischen Edelfrau versetzt hat!" Sie war auch im Leben elegant, graziös, zart war der Teint von Gesicht und Hals. Schnell gewann sie die Herzen der guschanischtawlarischen Zuschauer. Sie spielte auch russisch. Während des Transports verbreitete sich das Gerücht, sie würde für ein Stück Brot mit den Wachsoldaten schlafen (man sprach ausdrücklich von der Mehrzahl). Im Kolchos verdrehte sie den Jungen die Köpfe, die in der Verbannung zu jungen Männern geworden waren. Dshemaldin Atalykow, ein großer schlanker Bursche mit glutvollen Räuberaugen, ein Traktorist und hervorragender Tänzer, galt als ihr Bräutigam. Weder er noch sie hatten vorläufig eine ständige Wohnstatt, und nur das hinderte sie zusammenzuleben. Aber Kobenkow hatte versprochen, er würde ihnen ein Zimmer geben. Berd Ismailowitsch billigte diese Ehe nicht, allzu jung war der künftige Gatte der ehemaligen Schauspielerin. In seiner Eigenschaft als älterer Verwandter versuchte er, Sarema in mehreren längeren Gesprächen auf den rechten Weg zu bringen. Diese Gespräche weckten Galina Petrownas Eifersucht. „Will Berd, dieser Waschlappen, sich diese Frau am Ende selbst holen? Von einem Tawlaren kann man jede Niedertracht erwarten."
Sarema Otarowa arbeitete nicht im Kolchos, aber ihr wurden Arbeitseinheiten gutgeschrieben. Sie wurde als irgendwer im Kulturhaus geführt, das es seit langem nicht mehr gab, das geschlossen war. Den Schlüssel hatte Kobenkow. Der Kommandant, der vor Tagesanbruch aufzustehen pflegte, schloß das Kulturhaus auf und ließ Sarema hinein. Für die Liebe genehmigte sich Kobenkow nicht mehr als eine halbe Stunde. Die Kolchosarbeit rief. Niemals wurden sie von irgendjemandem überrascht, aber Saremas privilegierte Stellung konnte nur eine Erklärung haben: Kobenkow protegierte sie, und dies nicht um ihrer schönen Augen willen, obwohl ihre Augen tatsächlich schön waren, mit leichtem Silberblick. Als Galina Petrowna einmal Dshemaldin Ataly-

kow traf, der noch im Jahr davor ihr Schüler gewesen war, erzählte sie ihm genüßlich, was sie über Sarema gehört hatte. Mit der gleichen bösen Genüßlichkeit sagte sie zu ihrem Mann:
„Deine Verwandte, diese Nutte, schläft mit Kobenkow."
Berd Ismailowitsch wurde wie immer, wenn er sich aufregte, rot und machte seiner Frau leise den Vorwurf:
„Wozu wiederholst du Gerüchte. Sie ist keine Nutte, sie ist ein wenig liederlich. Man muß eine Arbeit für sie finden."
Galina Petrowna kreischte los:
„Bist du eifersüchtig? Du schläfst selbst mir ihr. Die Hälfte der tawlarischen Maulesel schläft mit ihr!"
Am Abend ging Berd Ismailowitsch los, um Sarema zu suchen. Er wollte mit ihr sprechen. Es stellte sich heraus, daß Dshemaldin sie in seiner Wut verprügelt hatte. Am nächsten Morgen erschien Sarema nicht zum Stelldichein mit Kobenkow. Ein altes Parteimitglied, ein Tawlare, der Kobenkow als Spitzel diente, berichtete ihm, was geschehen war – so wie er über alle nichtigen und wichtigen Dinge in „Schwert der Revolution" zu berichten pflegte. Der Spitzel fügte hinzu, daß Dshemaldin Atalykow nicht zu denen gehöre, die das alte Berggesetz der Blutrache vergessen hätten. Kobenkow bekam einen Schreck und überlegte.
Wieder wurde es Abend, Berd Ismailowitsch kehrte spät aus der Schule zurück, es hatte noch eine Parteiversammlung gegeben. Galina Petrowna hatte es eilig gehabt, die Versammlung möglichst rasch noch vor ihrem Mann zu verlassen, und die Nachbarn hörten, wie Galina Petrowna ihren Mann nicht ins Haus ließ. Bis zum Morgengrauen klopfte er an die schmale Tür der Lehmhütte: „Galja, Galja!" flehte er, aber die Tür ging nicht auf. Gegen Morgen erbarmten sich die Nachbarn des Lehrers, holten ihn zu sich, damit er sich aufwärmen und Tee trinken könne.
All das war nach dem Gespräch von Galina Petrowna mit dem Kommandanten geschehen. Kobenkow hatte sie zu sich gerufen, als sein Sekretär, Nikolaj Leopoldowitsch, nicht im Vorzimmer war. Er hatte der Lehrerin den Stuhl angeboten, der dem seinen gegenüberstand, hatte seinen Stuhl herangezogen, sich gesetzt und über ihr knochiges Knie gestrichelt. Galina Petrowna war beleidigt aufgesprungen.
„Setz dich hin, setz dich hin", hatte Kobenkow heiser und ohne Bosheit gesagt. „Ich brauche dich. Ich habe Mitleid mit dir, sehe doch, du hast keine äußeren Reize. Darum hast du doch auch einen Tawlaren geheiratet, weil du keine äußeren Reize hast."
„Wer hat ihnen gestattet, sich einzumischen..."

„Das hat die Stelle gestattet, die es braucht. Spiel weiter mit. Ich möchte dich zum Schuldirektor ernennen. Wirst du damit fertig? Schau mir in die Augen."
„Und was wird mit Abdilda Hassenchanowitsch?"
„Ich brauche keine Abdilda. Die befördern wir und entlassen sie zugleich, dann übersiedelt sie ins Kreiszentrum. Abdilda ist ungeeignet: eine Kasachin als Direktor, wo die Schüler Tawlaren sind – das paßt nicht zusammen. Da ist die Wahl auf dich gefallen. Unter einer Bedingung: schick deinen Kaukasusindianer zum Teufel. Du hast ihn vor der ganzen Klasse tüchtig heruntergeputzt. Überlege doch selbst einmal: du bist eine russische Frau, Schuldirektorin, Erzieherin der jungen Generation, dein Mann aber ein Sonderumsiedler, ein lausiger Tawlare. Das paßt nicht zusammen. Das ist nicht das richtige Paar."
„Er ist der Vater meiner Kinder."
„Du wirst andere gebären. Vielleicht gefällst du einem russischen Mann. Oder einem hiesigen Deutschen? Möchtest du meinen Sekretär Henselt? Ein verwitweter alter Mann. Überlege es dir. Wir übergeben dir Abdildas Haus, das haben die Kulaken gebaut, stabil gebaut. Dein Gehalt wird verdoppelt, vor allem aber bekommst du verbesserte Sachbezüge. Sei nicht blöde, sage ja. Um so mehr" – und da leuchtete in Kobenkows Augen etwas auf –, „als dein Berd mit Sarema Otarowa schläft. So hat man mir berichtet. Wenn dein Leben nur ein Schauspiel ist, wer spielt darin denn die Hauptrolle?"
Ein raffinierter Kobenkow. Im Grund der übliche Kobenkow. Jeder beliebige Sowjetmensch, der vom Schicksal dazu bestimmt wäre, einen solchen Kommandantenposten wie den von Kobenkow einzunehmen, hätte wahrscheinlich nicht weniger schmutzig und grausam gehandelt, vielleicht sogar noch schmutziger und noch grausamer. Es gibt so einen Ausdruck: „Nicht das Übelste vom Abschaum der Menschheit." Dazu gehörte auch Kobenkow. Oh, wie schrecklich ist der Abschaum der Menschheit! Nicht wilde Tiere, nicht Henker, sondern Abschaum: davon gibt es mehr, sie sind das Übliche, es gibt sie immer.
Da saß also Kobenkow in der Kommandantur mit einer Frau, und diese packte der Schrecken. Also stimmte es? Berd und Sarema? Alle wissen es! So stimmte sie zu. Sie würde sich von ihrem Mann scheiden lassen. „Um meiner Kinder willen", würde sie den anderen erklären. „Sie sollen ohne den üblen bürgerlich-nationalistischen Einfluß des Vaters aufwachsen. Sie sollen meinen Namen und russische Personalausweise bekommen."
„Warum bist du denn nicht in deinem Gugird geblieben?" werden die anderen fragen, und Galina Petrowna wird ganz aufrichtig antworten: „Ich wollte meine Kinder nicht verlassen."

Nachdem sie Schuldirektorin geworden war, übersiedelte sie bald darauf mit den Kindern in das freigewordene geräumige Haus von Abdilda Hassenchanowitsch. Ihrem ehemaligen Mann überließ sie gnädig mit Kobenkows Genehmigung die kümmerliche Lehmhütte. Berd Ismailowitsch fing an zu trinken. Den selbstgebrannten Schnaps verschaffte ihm sein regelmäßiger Trinkkumpan – Nikolaj Leopoldowitsch Henselt, der Sekretär des Kommandanten. Berd Ismailowitsch verehrte Nikolaj Leopoldowitsch, der in der Vergangenheit ein bekannter Turkologe gewesen war, Professor an der Leningrader Universität, Autor hervorragender wissenschaftlicher Untersuchungen, die Berd Ismailowitsch für seine Kandidatendissertation ziemlich schamlos ausgenutzt hatte.

Im Laufe seines Lebens hatte Nikolaj Leopoldowitsch in drei Häusern gewohnt. Das erste war die Apotheke seines Vaters auf der Petrograder Seite, das zweite Haus eine große Wohnung an der Seleninstraße gewesen, wo er mit seiner Frau, auch einer Deutschen, und ihren drei Katzen sowie seiner riesigen Bibliothek gelebt hatte, und das dritte Haus war die Lehmhütte in der kasachischen Steppe, wo kaum etwas von seinen geliebten Büchern erhalten geblieben war und wo es weder die drei Katzen noch seine Frau gab, die auf dem Transport gestorben war. Er wunderte sich, daß Kobenkow ihn zu seinem Sekretär gemacht hatte, er begriff nicht, was dem Kommandanten an ihm gefallen hatte, es sei denn seine etwas ungestalte Figur. Vielleicht war es tatsächlich so. Die Neigungen des Kommandanten waren unerklärlich. Berd Ismailowitsch war für Henselt nicht nur ein Gesprächspartner, sondern auch ein Forschungsobjekt: der Turkologe hatte sich früher mit den Tawlaren nicht befaßt.

Fatima Safarowa hatte Mitleid mit dem Lehrer, auch sein Freund konnte ihr nützlich sein, so schickte sie durch Alim beiden mal etwas Gebäck, mal ein Stück gedörrtes Hammelfleisch, das sie durch ein Wunder (und nicht ganz legal) bekommen hatte. Alim blieb lange in der kümmerlichen Lehmhütte bei den beiden Trinkern. Galina Petrowna hatte ihrem Mann keinen einzigen Teller hinterlassen, nur eine Petroleumlampe, eine Teekanne, ein Messer, zwei zweizinkige Gabeln, zwei Tassen mit abgeschlagenen Henkeln, zwei Hocker und einen Nachttisch, der als Tisch diente. Sobald Berd Ismailowitsch aus seiner Tasse einen Schluck Selbstgebrannten getrunken hatte, fing er an zu jammern: „Warum hat Galja mich bloß verlassen, ich habe sie doch so geliebt, und sie hat mich geliebt, ist mit mir in die Verbannung gefahren und hätte doch in Gugird bleiben können. Meine Kinder sehe ich nur in der Schule, und sie sehen mich wie einen Fremden an."

Nikolaj Leopoldowitsch, der gleichsam nur aus Ecken bestand – er

hatte auf der rechten Seite einen kleinen Buckel –, versuchte nicht, Berd Ismailowitsch zu trösten, er trank und redete, redete. In Kobenkows Büro zum sklavischen Schweigen verurteilt, ließ er sich hier gehen, hatte er doch einen Gesprächspartner gewonnen, der ihm zwar nicht entsprach, aber wenigstens so beschaffen war, daß er ihn verstehen konnte, daß er zu den langen Reden Nikolaj Leopoldowitschs, die von Begeisterung zum Gegenstand seiner Gelehrtheit, den Turkvölkern, überflossen, ab und an eine mehr oder weniger passende Bemerkung machen konnte. Alim hörte ihm mit Begeisterung zu. Er begriff, daß Berd Ismailowitsch, sein Lehrer, wenig wußte, Nikolaj Leopoldowitsch aber viel. Alims Beobachtung war richtig. Nikolaj Leopoldowitsch gehörte zu den Orientalisten alten Typs, das heißt, er war sowohl Linguist als auch Historiker, Geograph, Soziologe und Literaturwissenschaftler sowie darüberhinaus ein Kenner des mohammedanischen Glaubens. Wenn er redete, hielt er in seiner hageren eckigen Hand die Tasse mit Selbstgebranntem, aber er berauschte sich nicht am Getränk, sondern an seinen eigenen Worten:
„Die Wissenschaftler haben festgestellt... Richtiger gesagt, ich habe festgestellt: dort wo eine Turksprache mit anderen Sprachen zusammentrifft, siegt immer die Turksprache. Fast immer. Mein Lehrer Alexander Alexandrowitsch Semjonow, der im vorigen Jahrhundert das Lasarew-Institut abgeschlossen hat, wurde als beamteter Dolmetscher beim Gouverneur nach Taschkent geschickt. Das war bald nach den Eroberungen durch Kaufmann, Tschernjajew und Skobeljew. Und was geschah? Semjonows turksprachige Kenntnisse erwiesen sich in Taschkent als ungeeignet: die Einwohner sprachen farsisch. Aber zwei, drei Jahrzehnte später hatten die Tadschiken in der Stadt das Usbekische übernommen. Es gibt eine Ausnahme: das Turkvolk der Bulgaren ist auf den Balkan vorgerückt, hat die dortigen Slaven besiegt, ihnen seinen Namen gegeben, aber die Sprache der Unterworfenen angenommen. Mein lieber Berd Ismailowitsch, wissen Sie, was Kemal Pascha über Eduard Karlowitsch Pekarskis Lexikon gesagt hat?"
„Warum müssen Sie vor dem Jungen über Kemal Pascha reden? Das gibt doch Pan-Türkismus."
„Wieso denn Pan-Türkismus? Mit Kemal hat Lenin selbst freundschaftliche Beziehungen unterhalten. Erinnern Sie sich übrigens an das Telegramm Lenins an den Revolutionären Kriegsrat der Kaukasusfront von 1920? Es lautet, wenn ich mich richtig erinnere, folgendermaßen: ‚Nochmals bitte ich, behutsam vorzugehen und unbedingt ein Maximum an Wohlwollen gegenüber den Mohammedanern zu zeigen. In jeder erdenklichen Weise und außerdem äußerst feierlich ist Sympathie für die Mohammedaner, ihre Autonomie, ihre Unabhängigkeit usw. zu

demonstrieren.' Na ja, so haben sie es demonstriert. Die Autonomie, die Sympathie usw. Und das noch äußerst feierlich. Aber kehren wir zu Pekarski zurück. Im vorigen Jahrhundert ist er verbannt worden, wegen revolutionärer Tätigkeit, nicht so furchtbar weit weg. In der zaristischen Verbannung hatte er keinen Kobenkow zum Vorgesetzten, und er konnte in aller Ruhe sein Lexikon der Turksprachen ausarbeiten – vom Jakutischen und Chakassischen bis zu den Sprachen der Krimtataren und der osmanischen Türken. Kemal Pascha pflegte zu seiner Umgebung mit einem Hinweis auf dieses unikale Lexikon zu sagen: ‚Hier ist unsere allerstärkste Waffe!'"
„Lassen Sie das, Nikolaj Leopoldowitsch", flehte Berd Ismailowitsch, „Sie sind doch ein erwachsener Mann, der Junge kann das vielleicht falsch verstehen."
Aber der Junge verstand es richtig. Er fragte mit der Hartnäckigkeit des Heranwachsenden und der Leidenschaft des Menschen aus dem Gebirge:
„Wenn wir so viele sind, warum treten dann unsere Brüder nicht für uns ein?"
„Sehen Sie", sagte der vom Alkohol dunkelrot angelaufene Berd Ismailowitsch vorwurfsvoll. Nikolaj Leopoldowitsch streckte die Hand nach der Tasse aus. Eine schmutzige Sechzehn-Watt-Lampe beleuchtete von oben das unrasierte, doch noch immer kindliche Gesicht des Petersburger Deutschen, vergrößerte den Schatten seines Buckels an der rissigen Wand. Er nahm einen Schluck aus der Tasse, ohne etwas dazu zu essen, und antwortete etwas unpassend, von Berd Ismailowitschs Angst angesteckt:
„Alim, du solltest malen lernen. In Akmolinsk gibt es eine Kunsthochschule. Ich werde Kobenkow bitten, daß er dich nach Akmolinsk übersiedeln läßt."
„Er wird es nicht genehmigen", sagte Berd Ismailowitsch.
„Er wird es nicht genehmigen", stimmte Nikolaj Leopoldowitsch zu. „Da braucht man einen stärkeren Fürsprecher als mich. Sagen wir den Künstlerverband von Kasachstan. Oder das Gebietskomitee der Partei von Akmolinsk. Zumindest das Kreis-Parteikomitee. Aber das kommt alles nicht in Frage. Vielleicht kann man den Umstand ausnutzen, daß noch keine Wahlen angekündigt sind, vorläufig ist Mussaib aus Kagar noch Abgeordneter des Obersten Sowjets, er müßte doch, wie es sich gehört, einen entsprechenden Kopfbogen haben. Lassen wir ihn doch einen Brief an Kobenkow unterschreiben. Den Brief kann man ihm schon aufsetzen."
„Er wird es nicht genehmigen", wiederholte Berd Ismailowitsch betrunken.

Alim wollte gerne Malerei studieren! Ihn packte die Begeisterung, als er sich erinnerte:
„In Kagar stand unser Haus in der Nähe von Mussaibs Haus. Ich habe unseren großen Dichter oft besucht, er hatte es gern, wenn ich ihm seine Gedichte vorlas, er hielt dann das Buch nur in der Hand, lesen konnte er ja nicht. Ich half seiner Frau, fegte die Terrasse. Bei Mussaib lebte sein Übersetzer, der Moskauer Schriftsteller Stanislaw Bodorski. Der unterhielt sich mit mir und erkundigte sich nach verschiedenen tawlarischen Wörtern."
Nikolaj Leopoldowitsch überlegte und gab folgenden Rat:
„Schreibe einen Brief an Bodorski. Man hat mir gesagt, daß er ein anständiger Mann ist und Gedichte schreibt, die nicht gedruckt werden sollen. Die Fachleute für das Guschanische schätzen ihn wegen seiner Übersetzung der epischen Lieder."
„Wie finde ich seine Adresse?"
„Schreib an den Schriftstellerverband, man wird es an ihn weiterleiten."
Am nächsten Tag, als Alim von der Schule zurückkehrte, wo sie nichts gelernt, sondern für das Frühjahr einen Kuhstall repariert hatten, schrieb Alim den Brief:
„Lieber Stanislaw Jurjewitsch! Erinnern Sie sich an mich? Ich bin Alim Safarow, der Nachbar von Mussaib, und kam zu Ihnen mit meinen Porträts. Sie hatten mir gesagt, ich solle keine Kopien von schlechten Originalen machen, sondern das malen, was ich ringsum sehe. Ferner sagten Sie, daß die Linie die Fortsetzung der Hand des Künstlers sein müsse und daß der Pinsel mit der Farbe so auf der Leinwand schlagen müsse, wie das Herz schlägt. Ich schreibe Ihnen das, damit Sie sich an mich erinnern. Wir sind jetzt Sonderumsiedler, sehen unsere Berge nicht, leben in Kasachstan im Kolchos „Schwert der Revolution". Ich möchte sehr gerne Malerei studieren, da gibt es im Gebietszentrum, in der Stadt Akmolinsk, eine Kunsthochschule, aber ich habe nicht die Genehmigung, den Kolchosbereich zu verlassen. Helfen Sie mir, lieber Stanislaw Jurjewitsch. Wenn Sie selbst nicht schreiben, dann gibt es sicher bei Ihnen in Moskau Bekannte, große Leute. Vielleicht finden Sie jemanden, der sich für mich einsetzt. Den Antrag muß man an den Kommandanten Wadim Terentjewitsch Kobenkow richten. Bitte entschuldigen Sie, daß ich Ihnen schreibe, aber wen sollte ich außer Ihnen bitten? Sie haben unser unglückliches Volk so sehr geliebt, haben die Werke von Mussaib aus Kagar ins Russische übersetzt. In unserem Volk werden Sie von allen geachtet. Helfen Sie mir und seien Sie mir nicht allzu böse. ‚Wer bittet, hat es schwerer als der, den man bittet', heißt es bei uns Tawlaren.

             Alim Safarow

Schüler der sechsten Klasse der Mittelschule des Kolchos ‚Schwert der Revolution'.

„Der wird nicht antworten", sagte Berd Ismailowitsch, während er Alims Brief las. Doch es kam eine Antwort, allerdings erst nach drei Monaten, im Frühsommer, als das Feuer des Krieges im Westen verloschen war und das Gras in der kasachischen Steppe verbrannte: „Lieber Alim, das hast Du gut gemacht, daß du mir geschrieben hast. Natürlich erinnere ich mich an Dich, vergesse keinen von Euch. Du solltest wirklich eine Ausbildung bekommen. Ich habe den Eindruck, daß Du Talent hast, aber ich kann Dich mit nichts trösten. Der einzige große Mann, den ich in Moskau kenne, ist Fadejew, der Leiter des Schriftstellerverbandes. Ich habe mich bei ihm angemeldet, habe ihm Deinen Brief gezeigt. Er sagte, daß er nicht helfen kann. Ich versuche, einen anderen zu finden, der sich für Dich einsetzt, aber ehrlich gesagt, ich habe wenig Hoffnung. Ich schicke Dir Farben und Reproduktionen von Bildern Cézannes. Schreibe mir, bestätige, daß das Päckchen Dich erreicht hat. Grüße Deine Mutter und küsse Deine Brüder und Schwestern,

Dein Freund Stanislaw Bodorski."

Alim hatte zwei Brüder und eine Schwester gehabt. Der Moskauer Dichter hatte das vergessen, er wußte auch nicht, daß die Schwester und die Brüder auf dem Transport gestorben waren, aber nicht darin lag das Entscheidende dieses Briefes. Das Entscheidende lag in etwas anderem. Alle Tawlaren im Kolchos lasen Bodorskis Brief und lasen ihn immer wieder. Es war ihnen nicht wichtig, daß Alim keine Hilfe bekam, überhaupt waren die Worte nicht wichtig, sondern der Atem der Worte. Ein russischer Mensch hatte einem vertriebenen Tawlaren geantwortet, hatte von ganzem Herzen geantwortet, so wie Allah angeordnet hatte, denen zu antworten, die sich in der Hand des Zornes befinden. Schlechte Menschen trennen das, was Allah zu verbinden hieß, aber es wird die Zeit vergehen, und die Schlechten werden das Nachsehen haben, und den Reinen wird es besser gehen.

Zehntes Kapitel

Alim bekam das Päckchen nicht. Marina Sorgenfrei, die Frau des Medizinhistorikers, die in der Unterbrigade Fatimas eingesetzt war, an den freien Tagen aber als Dienstmädchen bei Kobenkow arbeiten mußte, hatte die Reproduktionen der Cézanne-Bilder im Kinderzimmer am Boden herumliegen sehen, hatte gesehen, wie Kobenkows Kinder sich Hände und Gesicht mit Farben anmalten. In jener Zeit wehte ein besonders kalter Wind, und Alim kühlte gegenüber der Malerei allmählich ab. Er legte sich ein Heft zu, in das er Vorfälle aus dem Kolchosleben schrieb, Ereignisse aus dem Leben der Natur und seine eigenen Gedanken. Das waren keine einfachen Gedanken. Er war also Sonderumsiedler, weil er von einer tawlarischen Mutter und einem tawlarischen Vater abstammte. Der Umstand, daß sein Vater an der Front gefallen war, war kein Zufall, darin lag ein Sinn, aber sein Vater konnte doch, sagen wir einmal, ein Georgier sein und seine Mutter, sagen wir einmal, eine Guschanin, und bei einem solchen zufälligen Zusammentreffen wäre Alim in der Heimat geblieben. Also liegt die Schuld in seinem Volk. Und die Schuld der Deutschen, die aus Leningrad noch vor dem Krieg gegen die Deutschen verbannt worden waren, liegt auch in ihrem Volk. Mit ihnen zusammen waren auch Russen und Juden verbannt worden, aber diese hatten eine andere Schuld, sie waren Feinde des Proletariats. Ihnen ging es besser, sie konnten sich schuldig bekennen, bei ihnen konnte nach langem Warten wie bei den Leuten aus Saratow, Pensa, Samara der glückliche Tag eintreten, an dem sie aufhörten, schuldig zu sein. Er aber war für immer schuldig, denn er war ein Tawlare. Sarijat Babrakowa hatte im Viehwagen einen Jungen geboren. Er war als Schuldiger geboren worden. Noch ehe man ihm die Nabelschnur durchgetrennt hatte, war er schon schuldig vor seiner Heimat, vor der Partei, vor Stalin und vor dem ganzen sowjetischen Volk, weil an seinem winzigen Körperchen ein unsichtbares Mal war: Tawlare. Manche Völker – und unter ihnen Nachbarn der Tawlaren – sind schuldig, andere sind nicht schuldig. Aber kann es nicht sein, daß die heute Unschuldigen morgen schuldig sind? Wie soll man der Schuld entgehen, wenn deine Schuld die Zugehörigkeit zu einem Volk ist? Hier im „Schwert der Revolution" gibt es schwangere Tawlarinnen. Ihre Kinder haben das Licht der Welt noch nicht erblickt, aber ihre Embryos sind schon schuldig, denn das Volk ist schuldig. Was ist ein Volk? Wie wird ein Teil der Menschen, der von einem anderen Teil getrennt ist, zu einem Volk? Wie wurden die Tawlaren zu einem Volk?

Vielleicht vermochte es Alim nicht, seine Fragen ganz richtig zu stellen, aber auch Nikolaj Leopoldowitsch antwortete nicht immer so, wie es Alims Seele wollte. Trotz allem erfuhr Alim manches von ihm und schrieb es in sein Heft. Die ungewöhnlichen und die allgemein bekannten Informationen waren für ihn in gleicher Weise neu.

Aus dem Heft von Alim Safarow, Schüler der sechsten Klasse der Mittelschule

Einst lebte in dieser Steppe der skythische Nomadenstamm der Saken. Die Saken züchteten Pferde und Schafe. Auf ihren Wanderzügen hielten sie es so: die Männer ritten auf den Pferden, Frauen und Kinder fuhren in den Wagen. Diese Wagen wurden von Stieren und Pferden gezogen. Die Saken trugen steife spitze Mützen aus dichtem Filz. Die Frauen der Saken und ihrer Nachbarn, der Massageten, kämpften genauso wie ihre Männer. Die wichtigste Gottheit der Saken und ihrer Nachbarn, der Massageten, war die Mutter Erde, sie stellten ihre Göttin mit einem Kranz aus hundert Sternen und in einem Gewand aus dreißig Otterfellen dar. Der persische Zar Kurusch, derselbe, zu dessen Ehre unser Aul hoch in den Bergen benannt ist, hatte die Absicht, sie zu unterwerfen, aber die Saken und Massageten schlugen sein Heer, und der Zar Kurusch kam im Kampf mit den Nomaden um. Tamaris, die Zarin der Massageten, füllte Blut in einen Ledersack, steckte Kuruschs Kopf hinein und sagte: „Dich dürstet nach Blut, dann trink es doch."

Ein Teil der Saken zog in den Kaukasus. Diese Saken gehören mit zu den Vorfahren unserer nächsten Nachbarn, der Guschanen. Ein anderer Teil blieb in den heutigen kasachischen Steppen. Wellen neuer Stämme, die in die Steppe drängten, verschlangen die Saken. Diese Stämme sprachen eine Turksprache. Die ältesten von ihnen sind die Wu-Sun und die Kanglen. Der Chan des Stammes der Kanglen hatte einen geschriebenen Kodex und bewahrte ihn in seinem Zelt auf. Dann strömten neue Turkstämme vom Altai heran. In kurzer Frist unterwarfen sie sich den ganzen Raum vom Stillen Ozean bis zum Schwarzen Meer und vermischten sich mit den Menschen, die diese Gebiete bevölkerten. Ihre

Edelleute bildeten die sogenannte Tengrikaste. Tengri bedeutet „Himmel" und „Gott". An der Spitze der Turkstämme stand ein Kagan. Von diesem Wort entstammt das Wort „Chan". Die Höflinge des Kagans flochten ihre Haare zu Zöpfen, der Kagan selbst aber trug die Haare offen, sein Kopf war mit Seidenstreifen umwunden. Nikolaj Leopoldowitsch berichtete: „Der feinsinnige Kenner der Mahajana, der Gott als Schöpfer ablehnte und die Welt als eine allumfassende Leere auffaßte, der Mönch, Arzt und pilgernde Dichter Hsüan-Tsang hat die große Jurte des Herrschers der Turkstämme besucht und das Hauptquartier des Kagan ausführlich beschrieben:
,In der Jurte gab es viele Würdenträger. Sie saßen in Seide gekleidet in zwei Reihen auf Filzmatten. Hinter ihnen standen die Leibwächter des Kagans. Einen gesonderten Platz hatten die Boten aus China und Ujguristan. Bei dem Kagan waren Dolmetscher. Musik ertönte, man hatte Saiteninstrumente und Blasinstrumente aus Schilfrohr mit vier Öffnungen. Ein Festessen begann. Die Gäste des Kagans aßen Fleisch und tranken Wein. Mir reichte man Milch und Brot. Obwohl der Kagan ein barbarischer Herrscher war, der in einem Filzzelt lebte, konnte man ihn nicht ohne Erstaunen und Ehrfurcht betrachten.'
Man muß sich nur einmal vorstellen, daß das alles zu einer Zeit geschah, als es den russischen Staat noch gar nicht gab!
Der wichtigste Ort des Kaganats war Taras. Im Orient galt er als die Stadt der schönen Frauen. Durch Taras verliefen die Wege von Westasien nach China. An seiner Stelle baute man später die Stadt Aulije-Ata. Kürzlich wurde Aulije-Ata zu Ehren des verstorbenen Lyrikers Dshambul Dshabajew umbenannt. Hier leben nicht wenige aus Rußland Verbannte, sie sind wegen unterschiedlicher Vergehen verurteilt. Die Größe des Kaganats brach allmählich zusammen. Den Staat überfiel ein Turkstamm anderer Herkunft, die Türgäschen. Doch auch die Türgäschen wurden von den Chinesen geschlagen. In die Steppe aber drangen immer wieder neue Turkvölker – Ogusen, Karluken und Kyptschaken.

Die Kyptschaken waren zahlreich. Die Russen nannten sie Polowzer. Ihr neues Reich bekam den Namen Deschti-Kyptschak – ,Kyptschakische Steppe'. Sie lebten auch am Dnjepr, auf der Krim und an den Ufern der unteren Wolga, wo sie einen schönen Ort aus hölzernen Bauten besaßen, Bulgar. Kyptschakisches Blut fließt auch in den Adern der Tataren, Baschkiren, Usbeken, Kasachen, Turkmenen, Tschuwaschen, Tawlaren, Kumücken, Balkaren, Karatschajen und Krimtataren. Die Kyptschaken hatten Wurfmaschinen, die Geschosse warfen. Davon ist auch im russischen ,Igorlied' die Rede. Nikolaj Leopoldowitsch freute

sich, als Berd Ismailowitsch ihm sagte, daß in guschanischen Märchen das Wurfrad mit einem Wort bezeichnet wurde, das dem im ‚Igorlied' in der Wurzel verwandt war.
Die Wurfmaschinen wurden von geschickten Meistern bedient. Das waren Männer aus dem fernen Choresm, aus dem Kaukasus, die, wie es der russische Chronist nennt, ‚mit lebendem Feuer schossen'. Der berühmte Reisende Rubruk wunderte sich: ‚Was für ein Teufel hat in die Stadt Bulgar Mohammeds Gesetz gebracht!'
Hier hielt Nikolaj Leopoldowitsch inne.
„Rubruk wußte nicht, daß dies das Werk von Kaufleuten und Handwerkern war, die aus Ländern kamen, welche von den mohammedanischen Arabern erobert waren. Hast du dir einmal, mein Junge, überlegt, warum du Alim heißt? Was dieser Name in deiner Sprache heißt? Nun, macht nichts. Aber jeder Name hat doch irgendeine Bedeutung. Alim heißt im Arabischen ‚Der Gelehrte'. Warum trägst du als Tawlare einen arabischen Namen? Weil dein Volk den Islam angenommen hat, den Glauben, der von den Arabern stammt. Als ihr diesen Glauben angenommen hattet, wurdet ihr zu einem Volk. Und nicht nur dies: die Araber selbst wurden erst dann zum Volk, als sie ihren Glauben schufen. Was waren sie vorher? Bewohner eines Gebietes, den Juden verwandt. ‚Araber' und das russische Wort für Jude ‚jewrej', das sind Worte der gleichen Herkunft. ‚Araber', das heißt ‚der auf der anderen Seite des Flusses Lebende', ‚jewrej' heißt ‚der auf dieser Seite des Flusses Lebende'. Mohammed, der in seiner Inspiration die Prophetien des alten Testaments weiterentwickelte, machte die Araber zum Volk. Wenn die Menschen Gott erkennen, werden sie zum Volk. Vielleicht haben sie, als sie Gott erkannten, sich nicht gleich als Volk empfunden, die Europäer haben dafür neunzehn Jahrhunderte gebraucht, aber man kann sich niemals als Volk empfinden, ehe man Gott erkannt hat. Vor dem Islam waren die Araber Beduinen, was soviel wie ‚Siedler der Wüste' heißt, und erst nachdem sie Allah erkannt hatten, wandelten sie sich zum Volk, die Krieger und Nomaden wurden Philosophen, Mathematiker, Dichter, die Hirten hatten Teil am göttlichen Gedanken. Deine turkstämmigen Vorfahren besaßen, wie ich dir schon gesagt habe, das Land vom Stillen Ozean bis zum Schwarzen Meer, aber sie waren kein Volk, denn sie hatten nicht Teil am göttlichen Gedanken. Ihr Tawlaren aber, ihr paar Körnchen auf der Handfläche der Erde, wurdet zum Volk, als ihr Mohammedaner wurdet. Ihr hört nicht deshalb auf, ein Volk zu sein, weil man euch hierher verbannt hat, sondern deshalb, weil ihr Gott vergeßt. Die Juden sind deshalb ein großes Volk, weil sie als erste auf der Erde den göttlichen Gedanken begriffen haben, das Volk des Buches der Bücher wurden. Aus ihrem Glauben sind zwei

Weltreligionen hervorgegangen, zwei Weltzivilisationen. Der Glaube bewegt nicht nur Berge, er bringt auch das Sein der Menschen an die Oberfläche und macht sie zu Völkern. Wie einst die Araber, so brachen später, im 13. Jahrhundert, unter der Führung von Dschingis Temudschin entfernte Verwandte der Turkstämme – die Mongolen aus den Tiefen Asiens – auf. Die Historiker stellen, wenn sie über die unmenschliche Grausamkeit dieses Dschingis sprechen, einen guten Zug bei ihm heraus: seine Glaubenstoleranz. An seinem Nomadenhof konnte man Buddhisten, Christen, Mohammedaner und Juden finden. Aber das war nicht die Glaubenstoleranz des Gläubigen, sondern die Gleichgültigkeit des Gottverlassenen. Die Bevölkerung von Dschingis Temudschins Imperium wurde deshalb keine Nation, weil sie Gott nicht erkannt hatte.

Die Mongolen gründeten nach der Eroberung der kyptschakischen Steppe an dieser Stelle ein starkes Reich – die Blaue Horde. Die Russen nannten dieses Reich die Goldene Horde. Dschingis gab die Goldene Horde seinem Sohn Dschutschi zu Besitz (man nimmt an, daß von ihm das Adelsgeschlecht des Dichters Tjuttschew abstammt). Zur Goldenen Horde gehörten das reiche Bulgar, die Krim, der Nordkaukasus, Choresm – die Kornkammer Mittelasiens – und das untere Wolgagebiet; die Machthaber der Goldenen Horde unterwarfen sich einen großen Teil Rußlands.

Der eigentliche Name des mächtigen Eroberers ist nicht bekannt. Temudschin bedeutet ‚Anführer eines Tümen' (als solcher begann der Eroberer), Tümen aber bedeutet eine Einheit von zehntausend Kriegern. Wie hat das Schicksal es so eingerichtet, daß die Mongolen, ein keineswegs zahlreiches Volk, plötzlich gleichsam aus dem Nichts heraustraten, das Land von China bis Transsilvanien eroberten und dabei die unterjochten Stämme entweder vernichteten oder in sich aufsogen? ‚Wozu braucht man Städte?' fragte Dschingis. Dieser Name bedeutet ‚der Große'. Wie mag nur tatsächlich dieser Mann geheißen haben, der die Ansicht vertrat: ‚Das grüne Land ist die Weide für das Vieh, und vier Arten Vieh braucht der Mensch. Städte aber braucht er nicht.'

So zerstörte Dschingis die Städte. In seinem Stamm lebte die Überlieferung, daß es den großen Fluß Itil gibt und daß an seinen Ufern wunderbare Weiden grünen. So führte er sein Heer zum Itil, wie einst – und aus demselben Grunde – dorthin jener Heerführer sein Heer geführt hatte, der seinen Namen – Attila – vom Namen des Flusses erhielt, und wie nach einigen Jahrhunderten zu eben diesen Stätten die Kalmücken zogen, die sich von den Mongolen getrennt hatten, aber da hieß der Itil bereits Wolga, und sein Besitzer war das mächtige Rußland.

Doch kehren wir zu der Zeit des Dschingis zurück. Damals lebte ein arabischer Historiker Ibn-al-Ansar, der berichtete unter Tränen: ‚Von den Ereignissen, die die Chronisten beschreiben, ist das Entsetzlichste jenes, welches Nebukadnezar den Israeliten bereitet hat, als er sie erschlug und Jerusalem zerstörte. Doch was ist Jerusalem im Vergleich zu diesen Ländern, wo jede Stadt doppelt so groß wie Jerusalem war? Und was sind die Israeliter im Vergleich zu den Menschen, die diese Ungeheuer umbrachten? Jedes dieser Völker zählte doch mehr Menschen als die Israeliter. Die Mongolen verschonten niemanden, sie erschlugen Frauen, Männer, Säuglinge, sie schlitzten den Schwangeren die Bäuche auf und zerdrückten die Ungeborenen!'
Der kyptschakische Zar Kotjan teilte seinem Schwiegervater, dem galizischen Fürsten Mstislaw dem Kühnen, mit, daß in das kyptschakische Land, in das untere Wolgagebiet, die Mongolen eingebrochen seien, und bat um Hilfe. Da begannen die Schlachten. Auf der einen Seite standen die Russen und die Kyptschaken oder Polowzer, auf der anderen Seite die Mongolen und die Brodniken, Slaven, die an den Ufern des Asowschen Meeres und des Don lebten, vielleicht die Vorväter der Kosaken. Die Brodniken standen seit langem im Kampf mit den Fürsten von Tschernigow und von Kiew. Da tobten die Schlachten von Stämmen, nicht Kämpfe von Völkern. Die Russen errangen manchen Sieg, aber als sich Batu, der Enkel des Dschingis und Sohn Dschutschis, an die Spitze der Mongolen stellte (die Russen nannten ihn Baty), da erlitten die Russen eine große Niederlage. Der Kyptschake Kotjan floh mit den Resten des geschlagenen Heeres nach Ungarn. Batu eroberte Kiew. Die Borodniken hausten dort genauso übel wie die Mongolen. ‚Das Kreischen von Batys Wagen, das gewaltige Brüllen seiner Kamele und das Wiehern seiner Pferdeherden' erstickte jede menschliche Stimme.
Die Mongolen heirateten die Töchter der unterjochten Kyptschaken, und ihre Sprache wurde das Kyptschakische, eine Turksprache. Der Kriegsruf der Mongolen war das Wort ‚Tatar!' So erhielt das neue Mischvolk den Namen Tataren. Der russische Chronist übermittelt folgende Geschichte von den Tataren:
‚Um unserer Sünden willen kamen über uns unbekannte Volksstämme, von denen niemand genau weiß, wer sie sind und woher sie kamen, was sie für eine Sprache sprechen und zu welchem Stamm sie gehören, was sie für einen Glauben haben. Aber sie heißen Tataren.' "
Wie lebten die Russen dreihundert Jahre unter der Goldenen Horde? Wie pflügten sie die Erde, wie heirateten sie, wie gebaren sie ihre Kinder, wie sangen und tanzten sie? Die Teilfürsten liebedienerten vor den Khanen, verleumdeten einander um des eigenen Vorteils willen,

krochen vor Batus Nachfahren, aber zuweilen kämpften sie auch mit ihnen. Als ich Nikolaj Leopoldowitsch fragte, warum die Russen das fremde Joch dreihundert Jahre erduldet haben, sagte er mir: „Schwerste materielle Not, die Menschen erfahren, selbst die größte kränkende Erniedrigung, ist noch nicht in der Lage, wahre Wut gegen die Unterdrücker auszulösen. Wut wird durch den Drang nach Freiheit, durch opferbereite Liebe zur Freiheit ausgelöst. Liebe zur Freiheit aber entsteht dann, wenn die Freiheit einen Führer hat: den Gedanken. Nur der ist frei, der an Gott glaubt. Denn welcher Gedanke wäre höher als der Gedanke an Gott? Als im russischen Herzen der Gedanke an Gott reifte, wurden die Russen zum Volk, und das Volk richtete sich auf. Dmitri Donskoj führte es auf das Kulikowo-Feld, als der Heilige Sergej von Radonesch das Volk für diese Schlacht gesegnet hatte, als die Tataren für die Russen nicht mehr gewöhnliche Gegner waren, sondern zu Ausgeburten des Teufels wurden. Dmitri war die Keule, der wahre Krieger war Sergej. Dmitri löckte wider den Stachel. Er wollte, wie Tjuttschew es ausdrückte, genau so wie später die Dekabristen ‚den ewigen Pol zum Schmelzen bringen‘, aber nicht er vernichtete die Goldene Horde, das besorgte Tamerlan, und dennoch hat er gesiegt. Das war ein Sieg Gottes. Im russischen Heer gab es keine Männer aus Rjasan, Litauer kämpften an seiner Seite. Es siegten nicht einfach die Russen: den Sieg hat die russische Orthodoxie errungen. Und jetzt haben in der kasachischen Steppe Bauern aus Samara, aus Pensa, aus Saratow überlebt, deren Zahl so gelichtet war wie die Truppen Dmitri Donskojs, sie haben überlebt, weil in ihren Herzen der Glaube an Christus nicht erloschen war, weil er, obwohl sie das selbst wahrscheinlich nicht wußten, noch lebte..."
Wir aber? Werden wir in der Verbannung überleben? Werden wir immer Sklaven des Kommandanten bleiben? Gelten die Worte des Bischofs Serapion von Wladimir nicht uns: ‚Was für Strafen haben wir von Gott erfahren! Ist unser Land nicht gefesselt? Sind unsere Städte nicht erobert? Hat man unser Land nicht mit den Leichen unserer Väter und Brüder übersät? Hat man unsere Frauen und Kinder nicht in die Gefangenschaft geführt? Und sind die Überlebenden nicht zu bitterer Arbeit von den Fremden versklavt? Gott hat auf uns ein grimmiges Volk gelenkt, ein Volk, das nicht die Schönheit der Jünglinge, die Ohnmacht der Alten, die Zartheit der Kinder schont. Wir haben Gottes Zorn auf uns gelenkt.‘
So war es mit den Russen. Aber die Russen sind doch nicht gegen uns. Wer ist denn gegen uns? Gibt es etwa grausame und nichtgrausame Völker? Sind die Deutschen ein grausames Volk? Sind die friedlichen Wolgatataren ein grausames Volk? Karamsin schrieb: ‚Batys Angriff

warf Rußland zu Boden. Es hätte auch der letzte Lebensfunke erlöschen können. Glücklicherweise ist er nicht erloschen. Der Name, das Sein blieb bewahrt.'

In derselben Zeit, als der Druck unerträglich wurde, beließen die Tataren den Russen ihre Gesetze, ihre Sitten und ihre Sprache. Derselbe Bischof Serapion, der die Tataren „Heiden" nennt, spricht: ‚Obwohl sie Gottes Gesetze nicht kennen, bringen sie diejenigen, die ihres Glaubens sind, nicht um, berauben sie nicht. Keiner der Heiden verkauft seinen Bruder, wenn aber einer von ihnen in Not gerät, dann kaufen sie ihn frei.'

Der Zerfall der Goldenen Horde begann unter dem Khan Tochtamysch. In seiner Jugend war Tochtamysch mit dem berühmten Eisernen Lahmen, mit Tamerlan, befreundet. Als Tamerlan sein großes Imperium mit Samarkand als Hauptstadt geschaffen hatte, beschloß er, auch die Goldene Horde zu erobern: Er konnte nicht leben, ohne neue Länder zu erobern. Wie unter Dschingis mußten die unterjochten Bauern seine Krieger werden und ein jeder einen Bogen und dreißig Holzpfeile nehmen, einen Köcher, einen Schild, ein gutes Pferd für zwei Reiter, ein Zelt für zehn Mann, zwei Spaten, eine Spitzhacke, eine Sichel, eine Säge, ein Beil, eine Streitaxt, hundert Nadeln, ein Seil und einen Kochtopf. Mit einem solchen selbstgeschusterten Heer zog Tamerlan gegen Tochtamysch. Die Jugendfreunde wurden zu Feinden. Tamerlan zerschlug das Heer der Goldenen Horde. Er vernichtete die Städte an der unteren Wolga: das blühende Sarai Berke und Ashdarchan (Astrachan).

Dann zog Tamerlan gegen Rußland. Er gelangte bis Jelez und kehrte plötzlich um. Der Überlieferung zufolge war ihm der islamische Heilige Chidr erschienen, der Herr über das Wasser des Lebens, das Tote erwecken kann, und hatte ihm befohlen:

‚Dir ist nicht gestattet, gegen dieses Volk Krieg zu führen. Dir ist nur gestattet, deine Kraft zu zeigen.'

Da ergriff der Lahme ein zweijähriges Füllen und warf es in Richtung auf die russische Stadt. Allah ließ es zu, daß dieses Füllen im Niederfallen den steinernen Turm zerschmetterte und eine Werst weiter zu Boden ging. Dort, wo es niedergefallen war, ergoß sich Wasser in üppigem Strahl. Der Lahme aber kehrte mit seinem Heer um, und allein Allah weiß, wie groß die Zahl seiner Krieger war...

Die Niederlage der Goldenen Horde nutzte klug und kühn das junge Moskau. Es warf das schwere Joch ab. Deschti-Kyptschak brach zusammen. In ihrer Freude über den Zusammenbruch der Goldenen Horde zogen die Kyptschaken im Vollgefühl ihrer Freiheit durch verschiedene Länder, mischten sich mit den ansässigen Turkstämmen.

So entstand im mittelasiatischen Siebenstromland das kasachische Volk, und aus der Verbindung mit den schwarzen Bulgaren, die zwischen der Wolga und dem Don und im Kaukasus lebten, wurden die Kyptschaken zu Vorfahren der Tawlaren. Und heute werden die kaukasischen Nachfahren der Kyptschaken in das Land von deren kasachischen Nachfahren verbannt. Haben unsere Väter und Brüder das Land nicht mit Leichen übersät? Liegt unser Land nicht gefesselt da? Wer sind wir? Saken, Wu-Sun, Kanglen, Türgäschen, Ogusen, Karluken, Kyptschaken, schwarze Bulgaren oder Mongolen? Was für ein Durcheinander, die Zunge bringt es nicht über die Lippen, der Scheïtan fängt an zu hinken! Wessen Blut fließt in unseren Adern? Für wessen Blut werden wir von Stalin haftbar gemacht? Sind wir etwa deshalb Sonderumsiedler geworden, weil unsere Vorfahren bald hier, bald dort siedelten, weil sie Nomaden waren? Dschingis hat die Bäuche der Schwangeren aufschlitzen lassen, Tamerlan beraubte und vernichtete unsere Siedlungen, die Pest hat uns hingemäht, gewaltiges Ungemach haben wir kennengelernt, aber immer blieben wir in der Liste der Völker.

Stalin hingegen hat uns aus der Liste der Völker gestrichen. Bleibt nun unser Name, unser Sein in der Verbannung erhalten?...

Während Alim Nikolaj Leopoldowitschs historische Berichte aufzeichnete, so wie er sie verstanden und behalten hatte, ging die lebendige Geschichte weiter. Dshemaldin Atalykow zermalmte mitten auf dem Feld mit seinem Traktor den Kommandanten Kobenkow.

Elftes Kapitel

Stanislaw Bodorski hatte man nach Gugird eingeladen. Obwohl nach dem Kriege fast vier Jahre vergangen waren, hatte er zum ersten Mal ein Telegramm aus Gugird erhalten, und zwar kein gewöhnliches, sondern ein Regierungstelegramm. Zum ersten Mal hatte man sich dort seiner erinnert, wo man ihn doch nicht hätte vergessen sollen. Alle diese Jahre über hatte die Republik geschwiegen. Das war um so seltsamer, als oberster Herr der Republik sein Freund aus Studententagen, Parwisow, geworden war. Worin war der Grund der Entfremdung verborgen? In der Vertreibung der Tawlaren und unter ihnen Mussaibs aus Kagar? Eine solche Vermutung stand auf tönernen Füßen. Oder darin, daß er versucht hatte, sich für einen tawlarischen Jungen einzusetzen? Fadejew hatte unerwartet ärgerlich reagiert; früher war er ihm gegenüber eher wohlwollend gewesen, hatte mehrfach in der Presse seine Übersetzung der guschanischen epischen Lieder gelobt. Aber an jenem Tag war ihm Fadejew kein bißchen freundlich entgegengekommen: der Leiter des Schriftstellerverbandes hatte ihn lange nicht vorgelassen. Als er dann bei ihm war, hatte er ihm nicht die Hand gegeben, und als Bodorski ihm seine Bitte vorgetragen hatte, war Fadejew das Blut ins Gesicht geschossen, die Wimpern seiner Wolfsaugen hatten heftig und furchterregend gezittert, und er hatte, sich selbst in Rage bringend, losgeschrien: „Vergessen Sie die Leute, vergessen Sie sie!"
Es konnte doch diese kurze, wenn auch unangenehme Begegnung keinen Makel auf der Stellung Bodorskis in der Literatur hinterlassen haben? Seine Stellung aber war nicht gerade schlecht, doch irgendwie unklar. Seine Gedichte wurden nach wie vor nicht gedruckt. Ein paar Versuche endeten, nachdem er dem ersehnten Ziel schon sehr nahegekommen war, mit einem völligen Zusammenbruch. Arbeit hatte er, darüber konnte er nicht klagen, aber eine wenig interessante Arbeit, Übersetzungen rein kommerzieller Texte. Sein Name wurde in den Aufzählungen führender Übersetzer nicht immer genannt, man lobte ihn selten und flüchtig, gewissermaßen nebenbei, durch die Zähne, häufig verschluckte man seinen Namen. Als es noch Lebensmittelkarten gab, erhielt er die Klasse „B" (von der Klasse „A" hat er nicht einmal zu träumen gewagt) nicht jeden Monat, sondern nur jeden dritten, obwohl zu seinen literarischen Verdiensten noch seine Verdienste an der

Front hinzukamen. Vier Jahre war er Soldat gewesen. Mit seiner Frau Maschenka und seinem Sohn Kolka, die er beide vergötterte, lebte er in zwei winzigen, feuchten, halbdunklen Zimmerchen in einer Gemeinschaftswohnung im Erdgeschoß eines wackligen Holzhauses hinter dem Deutschen Friedhof, im Frühjahr und im Herbst floß durch den Hintereingang das Wasser (den Haupteingang hatte sich schon vor langer Zeit ein Milizionär zum Zimmer umgebaut), das Wasser drang in seine Zimmer, eine Wasserleitung gab es nicht, man holte sich das Wasser an einer Pumpe auf der Straße. Den Schriftstellerverband ließen seine Klagen ungerührt.

War er wirklich ein Pechvogel? Er hatte den Eindruck gehabt, daß der Kriegsdienst sein Schicksal ändern müsse. Den Krieg hatte er als Major beendet, war mit Orden und Medaillen ausgezeichnet worden, man hätte meinen können, er wäre der Macht nahegekommen, aber so war es nicht, die Macht hielt sich von ihm fern. Der Redakteur der Armeezeitung, Emmanuil Abramowitsch Priluzki, hatte sich mit ihm anfreunden wollen, aber Stanislaw Jurjewitsch hatte keine gemeinsamen Gesprächsthemen mit diesem beschränkten, wenn auch unglücklichen Menschen (er hatte seinen Sohn an der Front verloren), der in Friedenszeiten Theaterkritiker gewesen war. Als Hysteriker gegenüber seinen Untergebenen und Kriecher vor der Obrigkeit hatte Priluzki ihn gequält, hatte ihn erst ins Feuer geschickt, dann aber angeschrien, er habe den letzten Bericht schlecht, ohne innere Anteilnahme geschrieben. Die Macht hielt sich von Stanislaw Bodorski fern, druckte seine Gedichte nicht, jetzt hatte sie anscheinend auch seine Übersetzungen nicht mehr nötig.

Bodorski spürte plötzlich, wenn auch schwammig, daß es nicht an ihm lag, sondern an der Staatsmaschinerie. Die Luft war von ihren stinkenden Abgasen gesättigt. Ohne den Russen irgendetwas Wesentliches anzubieten, duldete der Staat die Nichtrussen, überhaupt die Nicht-Slaven, insbesondere die kleinen schwachen Gruppen nur verächtlich und feindselig. Die uralten Literaturen der orientalischen Völker wurden jeglicher Sünden verdächtigt, des Pantürkismus, des Panislamismus, des orientalischen Feudalismus. Den Tataren wurde, da sie dreihundert Jahre lang Rußland beherrscht hatten, einfach befohlen, ihre Geschichte erst mit dem Oktober 1917 zu beginnen, als hätten sie vorher gleichsam nicht existiert. Die mündlich tradierten Epen, die unter den einzelnen Völkern lebten und deren Jubiläumsdaten – ob sie nun echt oder erfunden waren – bis zum Krieg mit wohlwollender Billigung Stalins höchst feierlich begangen wurden, galten jetzt im besten Falle als überflüssig, im schlimmsten Falle aber hieß es nun, sie seien dem internationalen Geist des russischen Volkes abträglich. Die guschanischen epischen Lieder hingen sozusagen an einem seidenen Faden, jeden Tag erwartete man in der Republik ihre politische Hinrichtung, und damit erklärte sich die Distanzierung Parwisows von ihrem Übersetzer. Bodorski verwarf diesen Gedanken, denn es ging ja um sein geliebtes Kind, er wollte glauben, daß Parwisow ihn nicht nach Gugird einludt, weil es ihm peinlich wäre, wenn sein Studienfreund in der Republik auftauchte und plötzlich nicht die geziemende Distanz beachtete, die jetzt zwischen ihnen angebracht war. Parwisow hatte tatsächlich Furcht, Furcht, daß man ihn zwingen könne, gegen die epischen Lieder seines Volkes einzuschreiten, so daß das Volk ihn insgeheim verachten würde. Nicht dagegen einzuschreiten, wenn es befohlen oder entsprechend angedeutet würde, war unmöglich. Bodorskis Erklärung entbehrte nicht einer gewissen Grundlage, aber das Entscheidende lag in etwas anderem, lag darin, daß sich die Luft des Staates verändert hatte, lag in dem Neuen, was zur Luft des Staates geworden war. Schließlich wurde vieles klar: Die „Prawda" veröffentlichte einen Artikel über eine antipatriotische Gruppierung von Theaterkritikern. Auf den ersten Blick schien das eine rein literarische Frage zu sein, aber so war es nicht, es ging um eine wichtige, vorausgeplante Wende der gesamten Staatsmaschinerie. Um sich erfolgreich und glanzvoll vorwärtszubewegen, mußte diese Maschinerie auf ihrem Wege angebliche Hindernisse auftürmen und überwinden. Diese Hindernisse hatten Klassennatur. Klassen gab es nicht mehr, aber Hindernisse waren notwendig. Da blieb nur die eine Möglichkeit, Rassenhindernisse zu schaffen. Nach den ersten skizzenhaften Versuchen – Vertreibung kleiner Völkerschaften – hatte man nun die beste, schon immer bewährte Variante ausgewählt: die Juden. Das roch nach etwas Wesentlichem, allgemein Verständlichem. Der Krieg hatte wie nie zuvor Partei und Volk einander nähergebracht. Jetzt wurde diese Annäherung noch enger.

Der Verlagsmitarbeiter Anatoli Kusmitschow, ein Kriegskamerad Bodorskis, Ästhet und Kommunist adliger Abkunft, sagte, während er sich wohlig auf seinem Redakteurssessel räkelte: „Stassik, was für ein Glück ist es doch, ein Russe zu sein!" Tatsächlich fühlte jetzt ein großer Teil der leibeigenen Hof-Intelligenz, daß sie dem Staats-Herrn nahe war, andere aber, daß sie ihm fernstanden. Ohne es selbst zu bemerken, wandelte sich auch Stanislaw Jurjewitsch. Einmal mußte er sich im Bekanntenkreis erinnern, wie er mit seiner Mutter an einem armenischen Gottesdienst teilgenommen habe, ein andermal erzählte er, wie gern er mit seinem Vater die Kirche des Heiligen Stephan besucht habe. Es schien nur noch einen Augenblick zu dauern, und dann würde es nicht nur möglich, sondern sogar günstig sein, die Offiziersvergangen-

heit des Vaters zu erwähnen, vielleicht sogar dessen Tätigkeit bei der Gendarmerie – was war schon weiter dabei. Dabei empörte sich Stanislaw Jurjewitsch im Kreis anderer Bekannter ganz aufrichtig über den schmutzigen Antisemitismus der Regierung, der umso schmutziger war, als der sowjetische Antisemitismus im Unterschied zum deutschen feige war, daß er Angst hatte, sich zu formulieren. Aber was war das für ein Antisemitismus, der Angst hatte?
Man begann, Stanislaw Jurjewitsch in Übersichtsartikeln der Zeitungen häufiger zu erwähnen, man wählte ihn auf einen kleinen Posten im Schriftstellerverband, dann wurde er befördert, man machte ihn zum Mitglied des Redaktionsrats eines Verlages, teilte ihm, als bezahltem Konsultanten, den vielversprechenden Studenten des Literaturinstituts Mansur Asadajew, den Sohn Hakim Asadajews, zu, und dieser kam einmal in der Woche zu ihm. Das war ein Fädchen, das Stanislaw Jurjewitsch mit der Republik verband. Und nun dieses: ein Regierungstelegramm aus Guschanistan, eine Einladung nach Gugird.
Parwisow empfing den alten Freund herzlich. Die Staatssorgen und die gute Ernährung waren ihm schlecht bekommen, er war fett geworden, der Lockenkopf war inzwischen meliert, doch aus den Augen strahlte noch immer ein lebhafter Verstand, das Lächeln hatte seinen Zauber nicht verloren. Er begriff, von wo die ideologische Gefahr nahte, die die Karriere eines Parteifunktionärs zugrunde richten konnte. Einige der mündlich tradierten Epen der mohammedanischen Völker, wie das aserbeidschanische „Buch meines Großvaters Korkut", der kirgisische „Manas", der usbekische „Alpamysch" und der tatarisch-baschkirische „Edigä" waren ungeachtet ihres hohen Alters als Waffe der bourgeoisen Nationalisten bezeichnet worden, die in verschiedenen Behörden von Verwaltung, Partei und Wissenschaft, bisweilen auch in hohen und sogar sehr hohen Posten ihre Wühlarbeit leisteten. Über die guschanischen epischen Lieder hatte man bisher noch kein Wort verloren, doch Parwisow erwartete, daß auch sie Opfer dieser Angriffe würden. Als Erster Sekretär des Gebietsparteikomitees hatte er verboten, auf die patriotischen Passagen dieser epischen Lieder in den Zeitungen und Zeitschriften der Republik zu verweisen. Es mißfiel ihm, daß der Schriftsteller Hakim Asadajew es geschickt verstanden hatte, Untersuchungen über die guschanischen epischen Lieder zu veröffentlichen – nicht in der Republik, sondern in Moskauer wissenschaftlichen Publikationen. Er war ein bockiger alter Mann, dieser frühere Mulla, der bei einer Gegenüberstellung mit den griechischen Epen das höhere Alter der guschanischen zu beweisen suchte. Asadajews jüngster Sohn (die beiden älteren waren im Krieg gefallen), der Herumtreiber Mansur, hatte, als er während der Semesterferien aus Moskau gekommen war,

unter den jungen Säufern und Tagedieben laut behauptet, er, Parwisow, liebe sein Volk nicht, er sei ein Handlanger Moskaus und liebe nur sich selbst. Wie aus heiterem Himmel hatte Parwisow der Vorschlag des Zentralkomitees getroffen, er möge sich für eine „Dekade der guschanischen Literatur" in Moskau vorbereiten, und zwar etwa Ende Herbst 1950, also im kommenden Jahr.

Wie war diese unerwartete, wirklich äußerst unerwartete Entscheidung zu erklären? Im allgemeinen beantragten solche „Dekaden", zehntägige kulturelle Veranstaltungen der einzelnen Nationen in der Hauptstadt der Sowjetunion, zögernd und ängstlich die betreffenden Republiken selbst, hier aber hatte Moskau von sich aus... Es hatte keinen Sinn, telefonisch rückzufragen. Er würde, wenn er nach Moskau käme, schon eine Möglichkeit finden, mit jemandem von den verantwortlichen Leuten des Parteiapparats zu sprechen. Parwisow hatte sich über die Asadajews geärgert, aber jetzt mußte er sich mit ihnen versöhnen, die ganze guschanische Literatur bestand aus den dicken Büchern des Vaters und den Gedichten des geschickten und gewitzten Mansur.

Parwisow war sich noch nicht klar darüber geworden, ob er diese Dekade brauchen konnte. Einerseits der Rummel in der Presse, die Reise nach Moskau, die Begegnung mit den Führern der Partei – sogar ein Treffen mit Stalin persönlich war nicht ausgeschlossen – Auszeichnungen, man konnte einen guten Eindruck machen, konnte etwas für die wirtschaftlichen Bedürfnisse der Republik herausholen und dabei auch für sich selbst: Er war Mitglied der zentralen Revisionskommission, hoffte, auf dem nächsten Kongreß Vollmitglied des Zentralkomitees zu werden, wenigstens Kandidat für das ZK, wie es einst Suleiman Nashmuddinow war. Andererseits war mit einer solchen Dekade sehr viel Mühsal verbunden, sie machte wirklich schrecklich viel Arbeit. Es wurden Romane und Erzählungen zusätzlich zu denen von Asadajew gebraucht, die aber gab es nicht, das heißt, selbst wenn man sie auftreiben könnte, dann wären sie auf so geringem Niveau, daß kein Übersetzer es übernehmen würde, aus diesem stinkenden Dreckszeug Konfekt herzustellen, so daß man daran zwar nicht riechen, aber es doch wenigstens wohlgefällig betrachten konnte. Auch die verfügbaren Gedichte waren nur endlos lang und ebenso langweilig, immer ein und dasselbe, ohne die geringste Phantasie. Man mußte sich um ihre Publikation in Moskau kümmern, und auch das mußte er selbst erledigen. Shamatow würde damit nicht fertig. Shamatow war jener Guschane, der einst auf dem Bahnhof Teplowskaja Stanislaw Bodorski abgeholt hatte, als dieser zum ersten Mal nach Gugird gekommen war. Shamatow hatte als Sekretär des Gebietsparteikomitees für Propaganda zweifellos seine Vorteile: Er war nicht klug, entwickelte keine Initiative, verstand überhaupt von nichts etwas, weder von der Landwirtschaft noch von der Industrie, ein typischer gehorsamer Befehlsempfänger, wie Lenin Molotow genannt hatte, und Parwisow hatte mit ihm Ruhe, erwartete keinen Hinterhalt. Aber wenn wirklich etwas getan werden mußte, dann taugte Shamatow überhaupt nichts. Das Geld für die Dekade mußte er ebenfalls selbst in Moskau herausschlagen. Man würde etwas geben, aber zu wenig, dort hatte man keine Vorstellung, wie arm die Republik in den letzten Jahren geworden war. Damit das Moskauer Publikum sich nicht langweilte, wenn es die Gedichte hörte, deren Inhalt vorgegeben war, mußten, wie in solchen Fällen üblich, Schauspieler und Musiker die Dichter begleiten, für diese brauchte man prunkvolle Nationalkostüme. Die Instrumente und die Theaterrequisiten mußten überholt werden, gutes Papier für die Geschenkbücher wurde gebraucht – und um all das mußte man bitten, und um das mit Erfolg zu tun, war Shamatow zu schwach. Aber das waren noch kleine Schwierigkeiten. Die Hauptschwierigkeit lag darin zu erraten, welche Linie bei der Dekade eingehalten werden sollte. Waren sie ein uraltes Volk, oder hatten sie wie die Tataren erst seit Oktober 1917 zu existieren begonnen? Sollte man sich Schamils rühmen, oder sollte man sich lossagen von ihm? Dürfte man sich auf die epischen Überlieferungen als den Stolz der Nation stützen oder sollte man sie verschweigen? Sollte man die Romane Hakim Asadajews, die das Volk schätzte, weil sie historisch waren, ins Russische übersetzen, oder sollte man sich von ihnen abkehren, weil sie historisch waren? Was aber bliebe dann zum Vorzeigen in Moskau vor den strengen Richtern der Hauptstadt? Stanislaw mußte her.

Parwisow empfing den Übersetzer nicht im Parteikomitee, sondern bei sich zu Hause im Kreise der Familie. Auf diese Weise ließ sich die langjährige Freundschaft unterstreichen, auch war so Stanislaw gleichsam die Möglichkeit genommen, ihm sein vier Jahre lang abgekühltes Verhältnis vorzuwerfen. Auf dem Tisch prangte unter den mannigfaltigen russischen Delikatessen Bodorskis Lieblingsgericht, Hammelleber in Fett, und dann brachte die kein bißchen älter gewordene Nadeshda Grigorjewna, die sich festlich, nach Moskauer Art, angezogen hatte, noch ein anderes guschanisches Gericht herein, das sie vor ihrem hohen Busen trug: hausgemachte Wurst, Hammeldarm mit Leber, Nieren und weiteren Innereien gefüllt. Das schmeckte umwerfend gut!

Parwisow erzählte ohne einen Hinweis auf die ihn belastenden Sorgen fröhlich, worum es ging:

„Das bringt viel Arbeit, allein wirst du damit nicht fertig. Du brauchst dafür einen Helfer, Stanislaw."

Bodorski überlegte.

„Da gibt es einen begabten Lyrikübersetzer. Kaplanow, ein Schüler von mir. Er war den ganzen Krieg über einfacher Rotarmist. Er ist ein junges Mitglied des Schriftstellerverbandes. Ich verbürge mich für ihn."
„Kaplanow? Ist das nicht der Motja, der Sohn meines Vetters Sjama? Der hat schon als kleiner Junge geschrieben", mischte sich Nadeshda Grigorjewna ein. „Ich bin doch auch eine Kaplanowa. Wie alt ist denn dieser Dichter?"
„Knapp dreißig. Er ist zehn Jahre jünger als ich. Vielleicht ist er wirklich Ihr Verwandter. Er heißt Matwej Sinowjewitsch."
„Natürlich ist er das", freute sich Nadeshda Grigorjewna. „Wenn ich mir vorstelle, der kleine pausbäckige Motja – ein Dichter! Seit ich verheiratet bin, habe ich niemanden mehr aus dieser Familie gesehen."
Parwisow freute sich nicht:
„Das ist nicht sehr günstig, das paßt nicht so ganz – ein Verwandter. Und außerdem..."
Bodorski begriff.
„Da können Sie ganz beruhigt sein, Danijal Saurowitsch. Im Schriftstellerverband steht man zu Kaplanow nicht schlecht, man wirft ihm keinen Kosmopolitismus vor. Seine Übersetzungen werden in der ‚Prawda' gedruckt. Und was das Wichtigste ist, auf ihn kann man sich verlassen, der hintergeht einen nicht. Er versteht sein Handwerk, er wird Ihnen gefallen."
Parwisow beruhigte sich ein wenig – vor allem, weil Stanislaw ihn siezte und mit Vor- und Vatersnamen ansprach. Er wußte, was sich gehört. Mit um so größerem Vergnügen fuhr er nun fort, Bodorski zu duzen.
„Du wirst dich umqualifizieren müssen. Darum bitte ich dich als meinen Freund. Du mußt dich an die Prosa machen, den Roman von Hakim Asadajew übersetzen, du verstehst selbst, einem anderen kann ich das nicht anvertrauen. Dazu muß man in unserer Geschichte gut Bescheid wissen, wo es nötig ist, den alten Mann verbessern. Ich weiß, das ist keine Arbeit für dich, aber ich bohre dir damit ein kleines Loch in das Jackett, und da stecken wir dann einen Orden hinein."
Zum Abendbrot erhielt Stanislaw Jurjewitsch eine Einladung von Hakim Asadajew. Mansur, der zum Abschluß seiner Diplomarbeit – einer Verserzählung – nach Hause gekommen war, sollte ihn im Hotel abholen. Das Hotel war neu, war sogar nicht einmal ganz fertig, eine Seite war noch eingerüstet. Stanislaw Jurjewitsch wohnte in einem sogenannten „Halblux", er hatte ein großes Arbeits- und Wohnzimmer und ein kleines Schlafzimmer mit einem Frisierspiegel, ferner ein Bad mit Toilette. Stanislaw Jurjewitsch hatte seine Schuhe ausgezogen und es sich auf dem Sofa in dem Wohnzimmer bequem gemacht. Er erinnerte sich, wie vor einigen Jahren Mansur zum ersten Mal in

Moskau bei ihm aufgetaucht war. Er war zu ihm in sein armseliges Loch gekommen und hatte in der Hand eine Tüte mit angefaulten Äpfeln gehalten. „Für dich", hatte er Mascha gesagt. „Aus dem sonnigen Guschanistan". Die Äpfel waren offensichtlich im Laden gegenüber gekauft.
Mansurs Nase war nicht einfach gewaltig groß, sie war eine gewaltige Herausforderung an die Symmetrie, teilte sein Gesicht in zwei ungleiche längliche Hälften. Jede dieser Hälften drückte andere Charakterzüge ihres Besitzers aus. Die Augen waren nicht groß, eines gaunerhaft, das andere grausam. Ungeachtet des kalten Moskauer Winters hatte Mansur ein kümmerliches Mäntelchen an, das für die Jahreszeit zu dünn war. Seine Schuhe hatte er an der Tür ausgezogen und war in Strümpfen geblieben. Als er sich vorstellte, erinnerte sich Stanislaw Jurjewitsch an ihn. Bei seinem ersten Besuch in der Guschanisch-tawlarischen ASSR hatte er den angesehenen Hakim Asadajew besucht. Der alte Mann (er war damals noch keine fünfzig) hatte lange und in belehrendem Tonfall von seinem Leben erzählt, unter anderem berichtet, daß er drei Söhne habe, der älteste sei Agronom und arbeite oben in den Bergen, der mittlere unterrichte hier in der Stadt Mathematik, der jüngste sei noch Schüler und wohne bei ihm, er werde sicher in die Fußstapfen des Vaters treten und schreiben. Bald danach war ein häßlicher untersetzter Junge von zwölf Jahren ins Zimmer gekommen und der Sitte gemäß an der Tür stehengeblieben. Aus seiner übermäßig großen Nase rannen zwei Bächlein auf die Unterlippe.
„Was schreibst du denn, mein Junge?" hatte Stanislaw Jurjewitsch gefragt.
„Gedichte. Und du?"
...In jenem ersten Moskauer Nachkriegswinter hatte Mansur Bodorski besucht, um ihm einen Gruß vom Vater auszurichten. Dann kam er jeden Monat, später, als man Bodorski im Literatur-Institut zu Mansurs Mentor bestellt hatte, jede Woche. Er ging in dem winzigen Zimmerchen erregt hin und her und erläuterte seinem wissenschaftlichen Betreuer den Inhalt einer Verserzählung über Stalin. Er sprach schlecht Russisch, hatte überhaupt einen Kloß im Hals.
Die Verserzählung war offensichtlich nicht vollkommen schablonenhaft angelegt, ein bißchen anders als die orientalischen und russischen Lobreden, aber es war sehr schwierig, hinter das Ganze zu kommen. Stanislaw Bodorski hörte nichts anderes als „es sagte", „es ging", „es machte". Ihm schwirrte der Kopf, dann hatte er es nicht mehr ausgehalten und gefragt:
„Wer ist denn dieser ‚es'?"
„Es, das sind wir", hatte Mansur ruhig erklärt...

Der junge Lyriker kam zur verabredeten Zeit, um Bodorski abzuholen. Er war besorgt, sehr freundlich. Er erkundigte sich, ob auch das warme Wasser funktioniere, ob er mit dem Essen zufrieden sei. Als er erfuhr, daß Bodorski bei Parwisow zu Mittag gegessen hatte, sagte er, wobei er das grausame Auge zumachte und mit dem Gaunerauge zwinkerte: „Das ist gut. Jetzt wird ganz Gugird wissen, wie Sie der Erste Sekretär empfangen hat. Jetzt wird man Sie der Kantine des Gebietsparteikomitees zuweisen. Da ist es besser als in den städtischen Küchen, aber es schmeckt dennoch nicht. Sie werden bei uns mittagessen."
Sie gingen beide hinaus. Vor Bodorskis Augen lag die Stadt, mit der seine Seele verwachsen war. Viele zerstörte Häuser, vieles war eingerüstet, es gab auch nicht wenig neue Häuser, die man im Einheitsstil der Stalinschen Architektur errichtet hatte. Ein dreistöckiges Haus fiel ihm mitten auf der bunten lauten Straße, die zum Markt führte, durch die stumme Härte der Linien und die seelenlose Gediegenheit des schwarzen glatten Steins auf.
„Dies Haus ist wichtiger als das von Parwisow", sagte Mansur. „Unsere Republik ist das Lebensmittelmagazin Moskaus, dieses schwarze Haus ist der Bewacher des Lebensmittelmagazins."
„Haben Sie keine Sorge, daß ihre Worte bis zum Bewacher dringen?"
„Ich weiß, mit wem ich spreche."
Mansur glich seinem Vater, jedenfalls konnte man in seinen Zügen leicht und schnell die Züge des Vaters erkennen. Dennoch war das großnasige Gesicht Hakim Asadajews anders, hob sich vom Gesicht des Sohnes ab, war weich und gut. Oder lag das an der Brille? An dem mohammedanischen halbrunden Bart, dessen Weiße malerisch zur Bräune der Haut paßte, zu den tiefgefurchten Falten im Gesicht?
Hakim gehörte zu denjenigen Menschen, denen der gesunde Menschenverstand gleich zu Beginn einen Schrecken eingejagt hatte. Solche Leute gibt es in jedem Bereich, in jedem sowjetischen Volk. Und es gab einen Grund für einen solchen Schrecken. Hakim hielt sich für einen tiefgläubigen Sunniten. Das hinderte ihn nicht daran, sich für die heidnischen epischen Lieder seines Volkes zu begeistern. Im Grunde genommen war sein Glaube sein Volk, und alles in diesem Volke schien ihm bedeutsam und schön zu sein: die heidnischen und christlichen Sitten und Überlieferungen, die sich unter dem Islam erhalten hatten, die Sprache, die mit ihren Kehllauten ihre Verwandtschaft mit dem Altpersischen und Altgriechischen, mit dem Alanischen und Sarmatischen zeigte, der vergangene Ruhm und die gegenwärtigen Lieder, die blutigen Schlachten, die Fürsten und die Sklaven. Er war (wenn auch unter den Bolschewiken voller Angst) stolz auf seinen eigentlichen Namen, Scharmatow, der auf seine adlige Abkunft hinwies. Als die

Russen den weißen Zaren stürzten, da keimte in Hakims Herz die Hoffnung, die Guschanen würden ein freies islamisches Volk werden. Während des Bürgerkrieges brachten die Türken, die für kurze Zeit das guschanische Gebiet besetzt hatten, einen Nachkommen Schamils als rechtmäßigen Regenten der im rechten Glauben stehenden Bergbewohner mit. Hakim hatte nach einem Gespräch mit ihm öffentlich erklärt, daß dieser Mann tatsächlich vom Imam abstamme. Sein Wort hatte Gewicht: Unter den Guschanen gab es damals nur wenige, die lesen und schreiben konnten, Hakim aber war nicht nur ein Schreibkundiger, er war nicht bloß ein Mulla, er hatte damals bereits in der Muttersprache und auf arabisch Untersuchungen veröffentlicht, die den guschanischen epischen Liedern gewidmet waren. Russische Gelehrte hatten sich darüber anerkennend geäußert, auch wenn sie sie für ziemlich anfechtbar hielten. Er hatte den ersten guschanischen Roman „Der Vogel des Verstandes – Der Vogel der Güte" veröffentlicht, den die Leser in ihrer Liebe zur eigenen Nation begeistert aufnahmen; sie erfreuten sich an der gemächlichen Erzählweise, die metaphysische Anspielungen mit unterhaltsamen Einzelheiten des Alltags verband.
Als die Türken abgezogen waren, hatte sich ein Teil der Guschanen Denikins Kämpfern gegen den Bolschewismus angeschlossen, ein anderer, größerer Teil führte unter Suleiman Nashmuddinow einen Partisanenkrieg in den Bergen auf Seiten der Roten Armee. Die Bolschewiken siegten. Damals war Hakim aus gesundem Menschenverstand der Schreck in die Glieder gefahren, damals hatte er sich das Pseudonym gewählt: der Freie, Asada. Vielleicht hatte er auch geglaubt, sich glauben machen wollen, daß sein Volk wirklich frei würde, daß die Bolschewiken den Guschanen jetzt den Weg zur Bildung öffneten? Vielleicht hatte er wirklich der feierlichen Erklärung Stalins geglaubt, die Bolschewiken würden die Scheriat-Gesetze des Schiriat achten?
Der Mulla wurde Schullehrer. Zusammen mit Saur Parwisow, einem anderen Lehrer, dem Vater des jetzigen Ersten Parteisekretärs, paßte er das lateinische Alphabet, das an die Stelle des arabischen gesetzt worden war, der Muttersprache an. Seine Sünden der Vergangenheit, insbesondere die Bestätigung der Echtheit der Abkunft von Schamils Nachkommen, waren gleichsam vergessen. Dies unterstützte aktiv und eifrig Suleiman Nashmuddinow, der Oberhaupt der Republik geworden war: Er achtete nicht nur, er liebte aus ganzer Seele den nationalen Schriftsteller und erläuterte den Höherstehenden, wie bedeutsam es sei, daß Hakim Asadajew auf die Seite der Bolschewiken übergegangen war.
Kein einziges Mal rührte die Tscheka Hakim Asadajew an, er aber lebte die ganze Zeit in ständiger Angst vor der Macht. Diese Angst verband

sich in seltsamer Weise mit einem Gefühl der Dankbarkeit gegenüber dieser Macht, die ihm verziehen hatte und ihm gut zu essen gab. Er besang diese richtige Macht in seinen Versen, die in die Lehrbücher übernommen wurden, von der Fibel bis zum Lesebuch, besang sie in Erzählungen und Romanen, deren Titel teils aus Sprichwörtern, teils aus Zeitungslosungen gewählt wurden. Nur wenn er die alten epischen Lieder untersuchte und dabei ausführlich auf jedes seltene Wort, jede einzelne seltene Wortverbindung einging und sich mit den Literaturwissenschaftlern auseinandersetzte, die die Originalität dieser epischen Lieder bestritten, war er er selbst, gab er seine Seele hin. Man verlieh ihm den Titel eines Volksschriftstellers, das stärkte nicht nur sein Gefühl der Dankbarkeit gegenüber der Macht, sondern auch seine Angst.

Es zeigte sich, daß die Angst nicht unbegründet war. Als man seinen Protektor Nashmuddinow absetzte und umbrachte, hieß es im Orte, Asadajews Schicksal sei besiegelt. Der Zeitungsschreiber Hadshi Murtasalijew, der vorher ein Jahr im Gefängnis gesessen und unbegreiflich schnell wieder entlassen worden war, veröffentlichte in der „Guschanisch-tawlarischen Prawda" einen Artikel, in dem er Hakim Asadajew einen Panislamisten und Denikinsöldner nannte. Zu Hause wartete man jede Nacht auf die Verhaftung, aber alles ging vorüber. Warum es vorüberging, blieb unbekannt.

Ein Jahr vor dem Krieg wurde ihm und Saur Parwisow der Auftrag erteilt, ein neues Alphabet auf russisch-kyrillischer Grundlage auszuarbeiten. Beide widersetzten sich: Erstens waren sie der Ansicht, daß das russische Alphabet weniger zur guschanischen Sprache passe als das lateinische, außerdem würde sich eine solche Reform negativ auf das gesamte Bildungssystem auswirken. Es gab ohnehin schon ein heilloses Durcheinander: Die alte Generation las und schrieb die arabische Schrift, die junge die lateinische, eine erneute Veränderung würde den Kindern schaden, würde in die schwere Aufgabe der schulischen Ausbildung Verwirrung tragen. Beide begriffen nicht, auf was für schwankenden Boden sie sich mit diesen gesunden Überlegungen begaben, begriffen nicht, daß die Partei daran interessiert war, die orientalischen Völker von ihrer Vergangenheit zu lösen, vom Osten und vom Westen, und sie in den breiten russischen Strom einzubeziehen. Wie lange hatte allein schon das Wort „Rußland" als Zeichen der politischen Unzuverlässigkeit dessen, der es aussprach, gegolten, als charakteristisch für versteckte, noch nicht ausgemerzte negative Elemente, und nun hatte man plötzlich alles auf den Kopf gestellt. Parwisow und Asadajew wurden belehrt, man hatte sie dorthin vorgeladen, worüber man nicht berichtet, wenn man dagewesen war, und hatte sie an dieser Stelle so gründlich belehrt, daß Saur Parwisow auf der Straße am Herzschlag starb. Hakim Asadajew schuf das neue Alphabet. Damit begann der Haß Danijal Parwisows, Saurs Sohn, der damals stellvertretender Volkskommissar für das Bildungswesen geworden war, auf Asadajew. Natürlich war es ein Haß, nicht weil Asadajew das guschanische Alphabet auf russischer Grundlage geschaffen hatte, sondern weil sein Vater gestorben und Hakim Asadajew am Leben geblieben war, und weil der Ruhm, Schöpfer des Alphabets zu sein, von ihm allein eingeheimst wurde. Als Parwisow Erster Sekretär geworden war, unterließ er es nicht nur, ihn zum Vorsitzenden seines Schriftstellerverbandes zu machen, was Allah selbst befohlen zu haben schien, sondern ernannte, gleichsam um dem alten Mann kräftig eins auszuwischen, auf diesen Posten den ungebildeten Hadshi Murtasalijew, der überhaupt kein Schriftsteller war, sondern alles in allem nur ein paar von den Sicherheitsorganen angeregte Zeitschriftenartikelchen veröffentlicht hatte und erst in den Schriftstellerverband aufgenommen wurde.

Gerade von ihm war die Rede, als man schon ausgiebig gegessen und getrunken hatte. Von Zeit zu Zeit war in der Tür die große junge Figur einer Frau in einem weiten schwarzen Umschlagetuch aufgetaucht, sie hatte Mansur schweigend eine Schüssel gereicht und war wieder verschwunden, während Mansur mit der Schüssel zum Tisch getreten war. Außer dem Hausherrn, Bodorski und Mansur saß Ibrai Rachmetow am Tisch, offenbar ein Freund der Familie. Es stellte sich heraus, daß Bodorski und er in benachbarten Armeen desselben Frontabschnitts gedient hatten, Rachmetow als Kompanieführer. Jetzt hatte er nichts mehr von einem Kompanieführer an sich, er plauderte mit einem bekannten Übersetzer und wurde dabei verlegen wie ein junges Mädchen, was zu seinem mehr als behäbigen Körperbau und zu seinem breiten runden Gesicht wenig paßte. Hakim Asadajew schätzte ihn als einen hervorragenden Kenner der Muttersprache (ein schmeichelhaftes Lob aus diesem Munde) und als begabten Lyriker. Man ließ ihn sich nicht entfalten, erklärte der Hausherr, weil Ibrais Mutter eine Tawlarin war. Rachmetow habe im Schriftstellerverband die Stelle als Berater für die Jungendarbeit, und Murtasalijew, dieser halbgebildete Vorsitzende des Verbandes, mache ihn überall vor anderen Leuten schlecht. Bodorski war instinktiv vorsichtig, nachdem er erfahren hatte, daß Murtasalijew nur ein Jahr in Haft gewesen war, ein seltener Fall. Mansur kniff das Gaunerauge zu und öffnete das grausame, während er mit einem Blick auf Rachmetow sagte:

„Der hat auch nicht lange im Gefängnis gesessen, weniger als ein Jahr."
„Erzählen Sie, Ibrai", schlug Bodorski vor. Das Gespräch wurde bald

auf russisch, bald auf guschanisch geführt. Mansur ließ Ibrai nicht zu Worte kommen.

„Ich werde das besser erzählen, das ist meine Geschichte."

Alle wußten, daß Mansur ein paar Geschichten hatte, die er oft wiederholte. Da kehrten dann auch Redewendungen wieder wie „ich armer unterdrückter Mann aus dem Gebirge" oder (wenn er sich an eine Frau wandte): „Du bist für mich wie das vierte Kapitel der Kleinen Geschichte der KPdSU" (es hieß, dieses Kapitel habe Stalin selbst geschrieben). Die Geschichte von Ibrai Rachmetows Haft erzählte Mansur auf russisch, seine fehlerhafte Sprache untermalte die Erzählung und verstärkte den Eindruck:

„Ibrai hatte auf dem Basar eine große Melone gekauft. Sein Haus ist weit weg, beim Judenviertel, es war heiß, Ibrai schwitzte, wie er da vom Basar kam. Als er zu Hause ankommt, steht auf dem Hof die Grüne Minna, seine schöne Frau weint. Man packt Ibrai, er reißt sich los und sagt: ‚Ich habe bei dieser Hitze die Melone geschleppt, habt ein Einsehen, laßt mich ein Stückchen essen, ehe ich ins Gefängnis komme.' Man hatte Verständnis für den Mann, erlaubte es ihm, und er setzte sich, Allah Akbar, auf die Stufen, seine schöne Frau brachte ihm ein Messer, und er allein aß die ganze Melone auf, gab kein Stückchen ab. Aß sie, erhob sich und ging nach rechts über den Hof. Man packte ihn ‚Du Gefängnis, du verstehn? Du Gefängnis fahren!' Er aber fragt die Leute: ‚Muß ich nach der Melone auf Klo, du verstehn?' Nun, er ließ da sein Wasser, kriegte den Schlitz nicht mehr zu, da hatte man ihn schon ins Auto gestoßen. Und da schlief er ein. Oh, Allah Akbar, man sagt, das war zum ersten Mal in der Geschichte der Völker der UdSSR, daß ein Mensch, sobald man ihn verhaftet hatte, eingeschlafen ist."

Ibrai lachte schallend los, als wäre nicht er der Held der Geschichte. Übrigens hörte er sie nicht zum ersten Mal aus Mansurs Mund, er kannte im voraus jedes Wort, jede Intonation. Mansur fuhr fort:

„Das Gefängnis bei uns ist alt, wurde noch unter dem Zaren gebaut, die Zellen sind für einen Gefangenen, für zwei oder vier bestimmt, den Ibrai aber sperrte man in eine Zelle, wo man nicht mehr atmen konnte, da hatten sie schon vierzig Mann hineingestopft. Es heißt immer, jemand hat ‚gesessen', aber da hat niemand gesessen, da haben alle gestanden, da war kein Platz, wo man hätte sitzen können. Stand also der Ibrai mit allen anderen und schnappte nach Luft. Am nächsten Tag holt ihn der Untersuchungsrichter, ein Guschane, wir kennen ihn, der arbeitet auch jetzt noch dort, und sagt:

‚Du bist ein bourgeoiser Nationalist. Der gut informierte Kommunist Murtasalijew hat über dich geschrieben, daß du ein ideologischer Diversant bist. Ich habe da einen Artikel aus der Zeitung vor mir, ich

153

kann ihn dir zu lesen geben: – Ibrai Rachmetow verbreitet Panarabismus, indem er seine ‚literarischen' (in Anführungszeichen) Werke mit arabischen Wörtern, die dem Volke fremd sind, besudelt. Die Verszeile des großen Majakowski: ‚Ich bin ein Bürger der Sowjetunion' hat diese Ausgeburt hinterlistig folgendermaßen übersetzt: ‚Ich bin ein Bürger des sowjetischen Mamlakat.' –
Ibrai entgegnete:
‚Das ist ein und dasselbe. Mamlakat heißt Staat. Für den Reim war das nötig.'
Der Untersuchungsrichter holte aus und schlug Ibrai, aber Ibrai antwortete ganz ruhig:
‚Du Sohn eines Aussätzigen und einer Sau, wage nicht, du dummes Stück, zu prügeln. Ich bin kein bourgeoiser Nationalist für dich. Ich bin Nachrichtenoffizier eines ausländischen Geheimdienstes.'
Maschallah! Der Untersuchungsrichter traute seinen Ohren nicht. Das war ein Griff!
‚Du bist ein Nachrichtenoffizier? In wessen Diensten?'
Ibrai zählt mit den Fingern:
‚Türkei, Persien. Deine bourgeoisen Nationalisten arbeiten für mich.'"
Mansur klatschte sich vor Begeisterung in die Hände und wechselte nach kaukasischer Art dabei die Handhaltung: rechts auf links, links auf rechts, rechts auf links, links auf rechts.
„Der Untersuchungsrichter hatte im Traum nicht daran gedacht, daß die Geschichte eine solche Wende nehmen würde, er hatte damit gerechnet, daß Ibrai anfangen würde, sich zu rechtfertigen wie alle, hatte sich vorgenommen, ihm Angst einzujagen. Er hatte zunächst sogar angenommen, daß das eine lange und langweilige Geschichte mit Ibrai würde, man hatte bereits vor, Ibrai fünf oder acht Jahre zu geben. Da war ihm ein derartig prächtiger kaukasischer Steinbock ins Netz geraten, ein derartig seltenes Stück von einem Steinbock – ein Nachrichtenoffizier! Dem Untersuchungsrichter wurde klar, daß er eine reiche Beute in Händen hielt: einen echten großen Fall, nichts Erfundenes. Er fragte Ibrai voller Hochachtung:
‚Wie haben Sie denn die Arbeit Ihrer Agenten bezahlt?'
Ibrai aber wußte nicht, wie gerade das Geld in Persien und der Türkei genannt wurde. So erklärte er es, wie er es aus alten Büchern wußte:
‚Ich habe Dirhemen und Dinare. Auch Edelmetall.'
‚Und wo verwahren Sie Ihr Vermögen?'
‚Das sage ich dir nicht. In dieser stinkigen Republik seid ihr alle Diebe, ihr nehmt euch das selbst. In Moskau werde ich es sagen. In Moskau werde ich es abliefern. Das ist für mich vorteilhafter. Da bekommt es der Staat, aber hier klaust du es.'

Allah Akbar, man brachte Ibrai Rachmetow in einer Einzelzelle unter, verständigte seine schöne Frau, damit sie ihm einen Pyjama brachte, gab ihm dasselbe Essen wie den Wachmannschaften. Jeden zweiten Tag kam der Friseur, wobei Ibrai das übliche Eau de Cologne ablehnte und „Rotes Moskau" forderte. Man übergab den Fall Ibrai Rachmetow dem Oberuntersuchungsrichter. Dieser ließ Ibrai jeden Tag vorführen und fragte ihn, wo er das ausländische Geld und das Edelmetall habe, Ibrai aber war störrisch wie ein Stier:
‚In Moskau werde ich es aufdecken. Euch Dieben aber traue ich nicht.'
‚Na gut, ich bin einverstanden, wir schicken Sie nach Moskau. Wir werden Ihnen entgegenkommen, da müssen Sie aber auch uns entgegenkommen. Nennen Sie wenigstens ein paar Ihrer Agenten, damit Moskau sieht, daß wir aus Ihnen irgendetwas herausbekommen haben. Sie müssen auch für uns Verständnis haben, Herr Kollege.'
Maschallah! Wieder hob Ibrai Finger um Finger, als er mitteilte: ‚Der Journalist Hadshi Murtasalijew, der Kritiker Gurganow, der Komponist Mirsajew (alle waren bekannte Denunzianten) und der Kolchosbrigadier Dustow.' Man befahl Ibrais schöner Frau, ins Gefängnis einen guten Anzug zu bringen, ferner einen Übergangsmantel und schickte den ‚Herrn Nachrichtenoffizier' nach Moskau. In der Lubjanka saß er drei Monate, man holte ihn nicht zum Verhör, dort hatte man gerade Berija an die Stelle von Jeshow gesetzt, und die neuen Mitarbeiter studierten die Akten. Schließlich kam ein Moskauer Untersuchungsrichter zu Ibrai in die Zelle, schlug ihm auch ins Gesicht und sagte: ‚Sie haben die Sicherheitsorgane getäuscht. Darauf, verdammtes Schwein, stehen sechs Monate, aber Sie haben schon mehr abgesessen, Sie können gehen.' "
Mansur bog sich vor Lachen. Schallend fiel der Held der Geschichte in das Gelächter ein. Auch der alte Schriftsteller schmunzelte. Stanislaw Jurjewitsch fragte auf guschanisch:
„Kreidet die Obrigkeit Ibrai an, daß er gesessen hat?"
„Nicht das kreidet sie ihm an", antwortete Hakim Asadajew. „Sie kreidet ihm an, daß seine Mutter eine Tawlarin ist. Dabei hat der Mann den ganzen Krieg über im Feuer gestanden, ist an der Front in die Partei eingetreten. Murtasalijew macht sich lustig über ihn, beleidigt ihn, rächt sich an ihm. Aber was kann Ibrai machen? Die Honorare bei uns sind niedrig, davon kann man nicht leben, im Schriftstellerverband aber bekommt er wenigstens ein Gehalt."
Es war schon Nacht, als Stanislaw Jurjewitsch Hakim Asadajews Haus verließ. Der Hausherr gab ihm zum Lesen und nach Möglichkeit zur Übersetzung seinen neuen Roman „Die Ketten" mit. Es war sehr günstig, daß Stanislaw Jurjewitsch Guschanisch las, so entfiel die

Notwendigkeit einer Interlinear-Übersetzung, der Bezahlung dieser Übersetzung. Stanislaw Jurjewitsch wurde, wie sich das bei den Leuten im Gebirge gehört, von Ibrai Rachmetow bis zum Hotel begleitet. Der Nachthimmel hing mit allen sieben Planeten über der Stadt. Stanislaw Jurjewitsch fragte, ob alles stimme, was Mansur erzählt habe.

„Mansur hat geflunkert, ich hätte vier Namen genannt. Ich nannte nur Murtasalijew und den Kolchosbrigadier Dustow, der meine Mutter geschlagen hatte. Auch ist der Moskauer Untersuchungsrichter nicht zu mir in die Zelle gekommen, das gibt es nicht. Aber im wesentlichen ist alles schon so gewesen."

Zwölftes Kapitel

Aus Moskau traf ein Brief ein, der an den Propagandasekretär des Gebietskomitees der Partei, Shamatow, adressiert war. Die Leitung des Schriftstellerverbandes der UdSSR habe keine Einwände gegen den Vorschlag, Matwej Kaplanow als Übersetzer von Mansur Asadajews Verserzählung einzusetzen, halte aber einen Aufenthalt Kaplanows in der Republik nicht für zweckmäßig, da die Verserzählung in Moskau geschrieben und abgeschlossen werde, und zwar als studentische Diplomarbeit. Kaplanow könne die Übersetzung in Zusammenarbeit mit dem Autor, ohne Moskau zu verlassen, durchführen. In die Republik werde der junge Lyriker Oleg Baschaschkin zur Unterstützung S. Ju. Bodorskis entsandt.

Von diesem Brief setzte Mansur Stanislaw Jurjewitsch im Auto in Kenntnis. Das Auto fuhr zum Blauen See, es war Sonntag, die Gastgeber hatten beschlossen, Bodorski zu Ehren ein Picknick in den Bergen zu veranstalten. Neben dem Chauffeur Sultan saß der Besitzer des Wagens, Shamatow, hinten aber hatten Stanislaw Jurjewitsch, Mansur und Ibrai Rachmetow Platz genommen. Der Austausch Kaplanows gegen den völlig unbekannten Oleg Baschaschkin war für Stanislaw Jurjewitsch eine unangenehme Überraschung, aber er beschloß, darüber später nachzudenken, wenn er in die Stadt zurückgekehrt war, jetzt aber wandte er sich gespannt und nachdenklich den Buchen- und Nußbaumwäldern zu. Wie viele Jahre hatte er sie nicht gesehen! Wie verschiedenartig trennten doch die Zweige der Kornelkirsche die Erde vom Himmel, was für Kathedralen bildeten die Felsenrippen! Indessen, allmählich begann Stanislaw Jurjewitsch Mansur zuzuhören. Baschaschkin war also schon vorgestern in Gugird eingetroffen. Im Auftrag von Murtasalijew hatte ihn Ibrai Rachmetow am Bahnhof abgeholt und ins Hotel gebracht. Zum Frühstück hatten sie sich ins Restaurant begeben. Den Worten Mansurs zufolge, der Ibrai die Rolle des Erzählers nicht überlassen wollte (er überließ überhaupt selten jemandem diese Rolle), hatte Baschaschkin einen halben Liter Schnaps bestellt. Bezahlen mußte ihn Ibrai aus seiner eigenen Tasche. Der abkommandierte Übersetzer war jung, etwa dreißig Jahre alt, hatte zottiges Haar, dichte Brauen, Glotzaugen, eine dicke Nase und dicke Lippen. Ihn hatte interessiert, wieviel der hiesige Verlag für eine

Gedichtübersetzung pro Zeile zahle. Als er erfuhr, dies seien sieben Rubel, hatte er gesagt: „An der Kultur sollte man nicht knausern". Seine Stimme war voll und tief, sie überwand sicher das Hindernis seiner dicken Lippen. Baschaschkin hatte sich getröstet, als ihn sein Gesprächspartner wissen ließ, es gäbe viel Arbeit, außer den Versen verschiedener Dichter würden für die Dekade zwei Verserzählungen geschrieben, eine von Ibrai und eine von Mansur Asadajew. Der Mann aus Moskau hatte erklärt:
„Die beiden Verserzählungen übernehme ich. Man muß mir zwölf Rubel pro Zeile zahlen. Dafür werde ich eine starke, echte Baschaschkin-Übersetzung liefern."
In den Schriftstellerverband waren sie zu zweit gegangen. Der Verband war in der Leninstraße untergebracht, in einem ehemaligen Friseurladen. Von der früheren Einrichtung war nur der Linoleumboden geblieben. Der Verbandsvorsitzende war nicht dagewesen, man habe ihn irgendwohin gerufen. So hieß es häufig. An der Schreibmaschine hatte die Sekretärin Bella getippt, zwei Dichter hatten an dem großen Sitzungstisch Schach gespielt, andere hatten auf einem abgewetzten Sofa gesessen und sich unterhalten, irgendwer hatte in einer Zeitung geblättert. Alle schauten beim Verband ohne einen bestimmten Zweck herein, für alle Fälle – vielleicht gab es etwas.
Ibrai hatte ihnen den Dichter aus Moskau vorstellen wollen, der aber hatte, ohne irgendjemanden zu begrüßen, die Sekretärin gefragt, wo die Sicherheitsabteilung sei. Die junge kokette Bella, die an harmlose Komplimente ihrer Leute aus dem Gebirge gewöhnt war, hatte einen heillosen Schreck bekommen und betroffen mit der Hand auf eine Tür gewiesen, die in ein Hinterzimmer führte. Bis jetzt hatte sich noch keiner, der auf Dienstreise hierher gekommen war, so aufgeführt. Baschaschkin hatte bei der Sicherheitsabteilung zwei Stunden verbracht. Die aufgeregten und beunruhigten Dichter waren nicht fortgegangen, andere waren hinzugekommen und hatten sich auch aufgeregt. Baschaschkin war aus dem Hinterzimmer zufrieden herausgekommen. „Gut gearbeitet", hatte er mit seiner tiefen Posaunenstimme gesagt, ohne irgend jemanden anzuschauen, sich dann aber plötzlich an den alten Schriftsteller Judakow gewandt. „Kriegsfolge?" hatte er gefragt. Judakow war auf einem Auge blind. „Nein, ich hatte als Kind Pocken", war dessen höfliche Antwort gewesen. „Viele von ihnen betrachten ihre Umgebung nur mit einem Auge", hatte Baschaschkin in bedrohlich belehrendem Tonfall bemerkt und den Schriftstellerverband verlassen. Die jahrhundertealte guschanische Höflichkeit war entehrt und beleidigt. „Der große Bruder", hatte Judakow gesagt.
Man war beim Blauen See angekommen. Die Dichter dieser Gegend

verglichen ihn einmütig mit einem großen Auge, das von Gras und Bäumen wie von Wimpern umgeben war. Das Wasser im See war still, versonnen wie am ersten Tag der Schöpfung. In den Bergen, so dachte Stanislaw Jurjewitsch, versteht man leichter und klarer den ersten Tag der Schöpfung. Den Wagen stellten sie etwas oberhalb ab, sie selbst machten es sich unter einer Platane unmittelbar am Ufer bequem. Der Chauffeur Sultan holte aus dem Gepäckraum Cognac-Flaschen, geschliffene Gläser, Zwiebeln und anderes Grünzeug, Fleisch und Schaschlikspieße. Ibrai Rachmetow half ihm, obwohl sich damit, der Sitte entsprechend, der Jüngste hätte befassen müssen – Mansur. Es wurde klar, daß der Sohn einer Tawlarin unbewußt und dankbar zu den ihm wohlgesonnenen Asadajews aufschaute. Sie tranken das erste Glas, während Ibrai Schaschlik briet, und aßen dazu Radieschen und Bärenlauch. Shamatow sagte:

„Dieser Baschaschkin war schon bei uns im Gebietskomitee. Er hat auch über Sie gesprochen, Stanislaw Jurjewitsch."

Bodorski zeigte, wie er es im Orient gelernt hatte, nur geringes Interesse und blickte zu Shamatow hinüber. Dieser fuhr fort:

„Baschaschkin ist mit Murtasalijew bei Danijal Saurowitsch vorstellig geworden. Ich wurde hinzugezogen. Baschaschkin sagte, es sei das Wichtigste, vor der Dekade das Unkraut des bourgeoisen Nationalismus auszurotten. Dieser Dummkopf hat nicht begriffen, daß er damit Danijal Saurowitsch beleidigt – hat denn etwa eine derartig kleine Laus das Recht, darüber mit dem Ersten Sekretär des Gebietsparteikomitees zu sprechen? Murtasalijew war nicht klüger als Baschaschkin und hat ihn unterstützt. Baschaschkin führte Beispiele an, wollte dem Ersten Sekretär zeigen, daß er während der kurzen Zeit seines Aufenthaltes hier bereits jeden guschanischen Schriftsteller durchschaut hatte. Beide, Baschaschkin und Murtasalijew, bemerkten nicht, daß Parwisows Gesicht sich verfinsterte, wir aber, die wir im Gebietskomitee arbeiten, kennen unseren Danijal Saurowitsch gut. Aber Baschaschkin kann man ja nicht stoppen, der ist ja wie ein dummes zweijähriges Füllen und redet und redet, solche Zionisten wie Matwej Kaplanow würden angeblich der Republik nur schaden, er, Baschaschkin, würde für die Dekade die gesamte guschanische Poesie übersetzen, auch Bodorski brauche man nicht, der sei ein verkappter Jude. Da hat Danijal Saurowitsch losgebrüllt, daß die Wände wackelten: ,Ich kenne Bodorski besser als Sie, und solche Leute wie Sie verpesten in meiner Republik die Luft. Sehen Sie zu, daß Sie heute noch nach Moskau zurückkehren und daß von Ihnen morgen in Gugird nichts mehr zu sehen ist!' Da hat Baschaschkin einen riesigen Schreck gekriegt und angefangen zu weinen, er hat tatsächlich geweint, und Danijal Saurowitsch angefleht, er möge ihn in

Gugird lassen, sonst würde er in Moskau Unannehmlichkeiten im Schriftstellerverband haben, und er sei arm und hoffe, in Guschanistan sich etwas Geld zu verdienen, in Moskau habe er dazu keine Gelegenheit, alles hätten sich die Juden unter den Nagel gerissen, und dann hat er zugegeben: ‚Mit Bodorski bin ich zu weit gegangen, er ist kein Jude, er ist ein Pole'. Danijal Saurowitsch hat sich erhoben und Murtasalijew befohlen: ‚Heute noch setzt du ihn in einen Zug, er soll sehen, daß er fortkommt. Und solche Leute lädst du mir aus Moskau nicht mehr ein!' ".

Mansur klatschte im Wechsel überkreuz in die Hände und lachte lautlos, wobei er im Gras hin und her schwankte. Bodorski verfiel in Gedanken, trank und aß aber mit allen weiter, nahm auch am Gespräch teil, das zur Erörterung der männlichen Qualitäten des Chauffeurs Sultan übergegangen war. Er war zweiunddreißig Jahre alt, hatte bereits sechs Kinder, das sechste war gerade gestern geboren worden. Er war, wie Bodorski festgestellt hatte, willig, gut erzogen, offenbar seinem Herrn Shamatow ergeben. Mansur vertrat die Meinung, daß dank der Energie solcher Gebirgsleute wie Sultan die kleinen Völkerschaften nicht nur an Bevölkerungszahl zunähmen, sondern auch alle Schicksalsschläge überstünden. Sultan legte beide Hände aufs Herz und bat die gebildeten anwesenden Männer, seinem sechsten Jungen einen Namen zu geben. Mansur sagte:

„Laß Stanislaw Jurjewitsch ihm den Namen geben. Dann hast du eine schöne Erinnerung."

Bodorski erkannte, was ihm für eine Ehre erwiesen wurde. Er sagte: „Nenne ihn Dshachangir. Das heißt ‚Eroberer der Welt'."

„Oh, wie gut!" Mansur war aufrichtig begeistert. „Stanislaw Jurjewitsch ist ein großer Kenner, eine wandelnde Enzyklopädie. Es lebe Dshachangir!"

Der Vorfall klärte sich auf. Der Übeltäter war Murtasalijew gewesen. Er hatte es so gedreht, daß man in Moskau Kaplanow nicht genehmigt hatte, nach Gugird zu fahren und stattdessen den Blödkopf Baschaschkin geschickt hatte, diesen gehässigen, diesen gefährlichen Kerl. Die gegen Murtasalijew angehenden Kräfte, die Kräfte des Guten, waren in der guschanischen Literatur durch Vater und Sohn Asadajew vertreten. Bodorski fand seine Gedanken noch mehr bestätigt, als er erfuhr, daß die Asadajews, Ibrai Rachmetow, Shamatow und sogar der Chauffeur Sultan alle aus demselben Aul kamen, ja, zur selben Sippe gehörten. Sie mußten Murtasalijew stürzen, und dafür mußten sie Parwisow auf ihre Seite ziehen. Die dummdreiste Art Baschaschkins hatte ihnen einen guten Dienst erwiesen. Auch er, Bodorski, würde auf ihrer Seite gegen den Spitzel Murtasalijew sein. Als Mansur dann zu Ehren von Stanislaw

Jurjewitsch einen blumenreichen herzlichen Toast aussprach, wobei er Stanislaw Jurjewitsch einen großen Dichter und seinen Lehrer nannte, dankte dieser mit einer freundlichen Kopfbewegung und gab nach kurzem Zögern folgenden Rat:
„Mansur, Sie müssen nach Moskau zurückkehren. Glauben Sie mir, Kaplanow wird Sie hervorragend übersetzen. Wenn Sie sich neben ihn setzen, dann werden Sie zusammen flotieren, das heißt den Text anreichern. Die Verserzählung von Ibrai Rachmetow werde ich übersetzen."
Ibrai traten Glückstränen in die Augen.
„Allah Akbar, was für eine Ehre. Bodorski selbst wird mich übersetzen! Stanislaw Jurjewitsch, nicht ich, sondern die Seele des Mannes aus den Bergen in mir sagt Ihnen: Sie sind für uns wie ein Vater. Sie haben sogar, ohne meine Verserzählung gelesen zu haben, beschlossen, sie zu übersetzen. Wir haben immer gewußt, daß Ihnen Menschlichkeit mehr als alles andere gilt. Sie sind ein wahrer Mann, Stanislaw Jurjewitsch, Sie sind ein Mann mit Feingefühl, auf Ihr Wohl!"
Mansur riß das grausame Auge weit auf und blickte Bodorski aufmerksam an. Er war fast schon beleidigt gewesen, daß Bodorski es nicht übernommen hatte, seine Verserzählung zu übersetzen und den kümmerlichen Ibrai Rachmetow ihm gegenüber vorgezogen hatte, begriff aber schnell, daß Bodorski richtig handelte, daß er ihre Sitten begriff, daß er es für unschicklich hielt, Vater und Sohn zu übersetzen; andere würden das nicht mögen. Parwisow würde es nicht mögen, die Asadajews aber hatten es nötig, daß Parwisow auf die objektive Meinung Bodorskis hörte. So billige Mansur in Gedanken die Entscheidung seines Lehrers.
Bodorski hatte zunächst mit dem Wagen nach Kagar fahren wollen. Kagar lag nicht weit vom See entfernt, er hatte dort herrliche Monate im Hause von Mussaib verbracht. Aber dann überlegte er sich, daß er dort einen menschenleeren, verödeten, in schweigendem Schmerz verharrenden Ort vorfinden würde, das würde ihn bedrücken, während er eigentlich bemüht war, solchen Bedrückungen möglichst aus dem Wege zu gehen. Als sie sich in den Wagen setzten, warf Bodorski einen Blick auf den See. Jetzt schien ihm das blaue Auge der Welt nicht still und versonnen zu sein. Es blickte Bodorski mit einem hoffnungslosen Vorwurf an, müde und traurig, und Bodorski begriff plötzlich, daß das blaue Auge der Welt nie still und versonnen gewesen war und daß es auch schon vor tausend und zehntausend Jahren die Menschen vorwurfsvoll und hoffnungslos angesehen hatte.
Abends machte sich Bodorski in seinem Hotelzimmer daran, Hakim Asadajews Roman zu lesen. Da gab es viele unbekannte Wörter, er

mußte oft das Lexikon zu Hilfe nehmen. Die Handlung des Romans „Die Ketten" spielte im 18. Jahrhundert. Da würde es heißen, der Autor weiche dem Leben aus und vergrabe sich in der tiefen Vergangenheit. Vielleicht aber würde es auch nicht so heißen. Die Handlung entwickelte sich gemächlich. Ein eitler Fürst; Jagd, Gelage; eine verwöhnte, unausgeglichene Fürstin; eine schöne Sklavin, die die Fürstin bedient; ein kühner und edler Usden, Jagdgeselle des Fürsten; dieser Adlige war verliebt in die Sklavin; der Fürst stimmt der Ehe unter der Bedingung zu, daß der freie Usden gleichfalls Sklave, ein Jassyr, ein Unfreier wird; der edle Usden lehnt ab; dem Fürsten gefällt die Dienstmagd der Fürstin, er möchte sie zu seiner Geliebten machen; mit Hilfe einiger Kameraden – edler Usdeni und unfreier Jassyri – stiehlt der Usden in finsterer Nacht die Sklavin; der kühne Dshigit findet mit seiner Schönen Zuflucht in einer Hirtenhütte inmitten unzugänglicher Felsen; der Fürst macht sich mit seinen Höflingen auf, die Flüchtlinge zu fangen; der Dshigit kämpft an der Spitze der Usdeni und Sklaven gegen das Gefolge des Fürsten; der Kampf ist ungleich; der tödlich verletzte Dshigit stirbt; es stirbt aber auch der Fürst, er entgeht nicht der Steinschloßflinte eines seiner Sklaven; die Männer des Dshigiten sind eingekreist, die Sklavin stürzt sich von einem steilen Felsvorsprung in den Fluß; diese Felsenklippe trägt bis auf den heutigen Tag ihren Namen.

Es ging nicht um den Inhalt, es ging um die Einzelheiten, vor allem die ethnographischen, die heute nur noch Hakim Asadajew kennt. Diese Einzelheiten waren schwach, lose mit dem banalen Sujet verbunden – das war kein Unglück, in ihnen lag ja der Wert des Romans. Doch gerade von ihnen mußte der Übersetzer sich lösen. Die Tragik der Schriftsteller des sowjetischen Orients liegt darin, daß diejenigen, die sie in ihrer Muttersprache lesen, andere Vorstellungen von der Schönheit der Sprache, vom Künstlerischen überhaupt haben als die Russen, als die Europäer, doch kann sich ein orientalischer Schriftsteller bei uns nur dann durchsetzen, wenn er von Moskau anerkannt wird. So wird also Bodorski den guschanischen Walter Scott mit seiner langsamen Erzählweise und seinem mohammedanischen Denken den Wünschen des modernen russischen Lesers oder besser den Forderungen der Moskauer literarischen Obrigkeit anpassen, sonst dürfte der Roman keinen Erfolg haben, wenigstens nicht bei dieser Obrigkeit. Dabei wäre es so schön, alles zu übersetzen wie es ist, mit den bezaubernden Längen, mit der uralten Art zu schreiben, mit den Schilderungen von Sitten und Gebräuchen über Dutzende von Seiten hin, mit den abstrakten Überlegungen zur Weltanschauung der Sunniten, Schiiten, Charidschiten, Murdschiten, Karmaten und Ismailiten, mit den Informationen über den Bau von Festungstürmen, mit den detaillierten Untersuchungen zur Herkunft des einen oder anderen Wortes in einem kurzen traurigen Liedchen der Sklavin, ob es aus dem Iranischen oder Griechischen stamme. Doch nein, das ging nicht, er mußte kürzen, mußte die Handlung raffen, mußte vielleicht sogar dafür in den Roman eine neue Figur einfügen, vielleicht einen edlen Russen: Betrug, überall Betrug, und was das Dumme war, ein niemandem nötiger Betrug.

In den literarischen Kreisen Moskaus – und nicht nur in denen, die von Proust, Joyce und Hemingway fasziniert waren, sondern auch in den primitiveren – hatte sich eine verächtliche Haltung gegenüber ihren schreibenden Kollegen, den Schriftstellern des sowjetischen Orients breitgemacht. Man verbreitete Witze wie diesen: Ein Übersetzer liest dem Autor seine Übersetzung vor. Als der Übersetzer beim Anzünden einer Zigarette für einen Augenblick das Vorlesen unterbricht, drängt der Autor erregt: „Lies, ich zittere, zittere am ganzen Körper, möchte zu gerne wissen, wie es weitergeht".

Es stimmte: um sich dem staatlichen Geschmack anzupassen (auch dem des russischen Lesers), mußte ein Übersetzer oft Co-Autor sein – den Text mit wirksamen Details spicken, die Charaktere widersprüchlicher machen (natürlich nur zum Schein), manchmal die Handlung verändern, Längen herausnehmen. In der Sprache des Originals aber sind dies durchaus keine Längen, in ihnen liegt vielleicht der ganze Reiz verborgen und nicht in widersprüchlichen Charakteren und kleinen Details. Ein selbstbewußter Übersetzer schaut auf das orientalische Original herab, ohne in seinem falschen Gefühl der Überlegenheit zu begreifen, daß das künstlerische Denken des Orients sich anders entwickelt hat als das russische oder englische, nach anderen Denkgesetzen. Stanislaw Jurjewitsch kam ein großartiger Ausspruch Hakim Asadajews über die russische Klassik in den Sinn. Das Gespräch hatte kurz vor dem Krieg stattgefunden. Stanislaw Jurjewitsch hatte sich über das traurige Zurückbleiben der guschanischen Prosa gegenüber der modernen Literatur und den modernen Begriffen ausgelassen. Hakim hatte zugestimmt, seine Augen hatten gutmütig und fügsam durch seine Brille gelächelt, dann hatte er auf guschanisch bemerkt: „Die russische Klassik ist groß, wir müssen von ihr lernen wie die Schakirden in der Medrese. Ich verstehe das, es tut mir sehr leid, aber ich kann schlecht Russisch. Doch wir im Orient haben auch eine Klassik, auch sie ist groß. Mein Junge, der Mansur, hat mir eine Erzählung von Iwan Turgenjew vorgelesen (Hakim hatte Türgenjew gesagt). Sie heißt ‚Mumu' (Hakim hatte ‚Mümü' gesagt). Das ist natürlich große Klassik, aber wer ist der Held der Erzählung? Ein Hund! Ein Hund!"

Um Bodorski sein Mißfallen deutlicher zu machen, hatte er das Wort „Hund" in nicht ganz richtigem Russisch wiederholt. Die ganze jahrhundertealte Verachtung des unreinen Tieres, des Hundes, die aus der Tiefe mohammedanischen Denkens kommt, schwang in den Worten des alten guschanischen Schriftstellers.
„Ein Hund! Noch dazu ein stummer! Wir haben auch unsere Klassik – die epischen Lieder des Volkes, Firdaussi, Dschelaled-Dim Rumi, Omar Chajjam, Nisami, Fusuli. Was für gewaltige Werke, was für weise, schöne Gedanken und was für Helden – Zaren, mächtige Krieger, Philosophen, wortgewaltige Verliebte. Da aber – Mümü! Ein Hund! Noch dazu ein stummer! Natürlich, wir sind rückständig, wir müssen bei der russischen Klassik lernen, wer würde das bestreiten, aber wir brauchen auch das Eigene nicht zu vergessen. Ein Hund! Ein stummer Hund! Oh wie schwierig ist es, das zu begreifen."
Hakim Asadajew war kein einfacher Mann. Durchaus nicht. Aber der selbstbewußte Übersetzer war überzeugt: Nachdem die Völker des sowjetischen Orients vom Feudalismus zum Sozialismus übergegangen waren und dabei die Stufe des Kapitalismus übersprungen hatten, mußten auch ihre Literaturen von der Folklore und den Oden mit ihrer gewaltigen Schönheit ohne Zwischenstufen zum Realismus und zu dessen Gipfel, dem sozialistischen Realismus, übergehen. In seinem Dünkel begreift er nicht, daß es im Orient vielleicht einen anderen Realismus gibt, der auf andere Weise als der russische entstanden ist, der dem russischen fremd ist, aber zum Orient gehört, wobei er vielleicht auch im Nahen, Mittleren und Fernen Osten unterschiedlich ist. Unser barbarischer Übersetzer aber, dieser Knochenbrecher, zerstört die Seele des Originals und paßt sie der gesamtsowjetischen Linie an, da sind dann die Damen in den Redaktionen voller Begeisterung, meist ist auch der Autor zufrieden: Es gefällt den Russen, er kann sogar einen Stalinpreis bekommen. Zufrieden ist auch der Übersetzer, er hat nicht schlecht verdient und hört von allen Seiten: „Das hast du ja alles gemacht, glaubst du, wir wissen das nicht?" Was wissen sie denn, diese Unwissenden!
Da war zum Beispiel die Verserzählung von Ibrai Rachmetow. Ein Moskauer Verseschmied, halbgebildet oder, schlimmer noch, strohdumm, ohne jeden Durchblick, würde beim Lesen der nicht sehr sinnvollen Interlinear-Übersetzung aufschreien: „Das ist vielleicht ein Stückchen Arbeit!" Indessen, wollte man seine eigenen Werke ins Guschanische übersetzen, dann würde den Guschanen schlecht vor all den Ungereimtheiten seines groben Stils und primitiven Denkens. Aber dieser Verseschmied weiß es nicht, er ahnt es nicht einmal, er ist ja halbgebildet und daher von sich selbst überzeugt. Außerdem gibt ihm

zugegebenermaßen die recht unbeholfene Interlinear-Übersetzung aus dem Guschanischen eine gewisse Grundlage zum Hochmut.
Ibrai Rachmetows Verserzählung befaßte sich mit abgedroschenem Stroh. Ein Soldat kommt ein Jahr nach dem Sieg aus Deutschland zurück: Er war in einem Baubataillon geblieben, hatte gelernt, als Maurer und als Zimmermann zu arbeiten; das Elternhaus war von den Deutschen zerstört worden, die Eltern hatten bei den Nachbarn Unterschlupf gefunden; ein Mädchen aus seiner Schulklasse, in das er sich einmal verliebt hatte und das ihm Briefe an die Front geschickt hatte, war ihm untreu geworden und hatte einen anderen geheiratet; der Soldat verfällt dem Trunk; der Parteifunktionär, der wie er den ganzen Krieg durchgestanden hat, ermahnt den Soldaten in einem Gespräch unter Männern und bringt ihn auf den richtigen Weg, weckt in ihm die besten Gefühle; der ehemalige Frontsoldat baut mit Hilfe des Kolchos das elterliche Haus wieder auf und zieht dort zusammen mit seinen Eltern ein; bald findet er ein hübsches Mädchen; die Heirat bildet den verklärenden Schluß.
Wie herablassend würde sich irgendein beschränkter Baschaschkin gegenüber solch abgedroschenem Sujet verhalten, ohne zu erkennen, daß das Sujet für den Autor gar keine Bedeutung hat, denn alle Sujets sind ohnehin lange bekannt, daß der Autor in die Sitten seines Volkes verliebt ist und in ihnen eine Selbstbestätigung seines Volkes sieht, daß er verliebt ist in dessen Lieder, die er auf seine Weise neu gestaltet hat. Ein Baschaschkin, der kein Guschanisch kann, bemerkt nicht, daß der Stil von erstaunlicher Schönheit ist, voller Wohlklang, er erkennt auch nicht die Schönheit und Weisheit von Sprichwörtern wie: „Ist ein Jahr reich an Tau, mach dir keine Sorgen" oder „Halt deine Bosheit von uns fern, auf deine Güte können wir verzichten". Nein, Ibrai Rachmetow war durchaus nicht schwach, wie Mansur in seiner Gescheitheit annahm, der einmal gesagt hatte: „Die Guschanen haben keinen Reim, wie sie auch keine Knöpfe an ihrer Burka haben. Aber guschanische Verse ohne Reim zu übersetzen, das ist dasselbe, als ob man einen Mantel ohne Knöpfe näht". Der Satz klang gut, aber er war unsinnig. Übrigens näht man manche Mäntel ohne Knöpfe – mit Haken. Und außerdem übersetzen wir auch die Ilias oder die Odyssee, Horaz oder Vergil ohne Reim, warum sollten wir mit den Literaturen des Orients anders verfahren? Weil Mansur so recht hat wie ein Sklave: Die alten Griechen und Römer bedurften der Billigung Moskaus nicht, jetzt aber sind die guschanischen Schriftsteller darauf angewiesen, daß Moskau sie versteht und billigt. Erst dann billigt sie auch die eigene Regierung, die Regierung ihrer Republik und erst dann geht es ihnen, den guschanischen Schriftstellern, gut.

Am nächsten Tag, als Stanislaw Jurjewitsch in Gedanken den Plan für die Bearbeitung von Asadajews „Die Ketten" entwarf, um sich im voraus mit dem Autor über alle in Frage kommenden Änderungen und Kürzungen zu einigen, bestellte ihn Parwisow telefonisch zu sich. Stanislaw Jurjewitsch ging durch den Park, einen schattigen, langen Park, der sich bis zum Vorgebirge erstreckt. Rings um einen Kreis, in den drei Alleen mündeten und wo auf Bänken hakennasige alte Männer saßen und Kinder im Sand spielten, standen grobgefertigte Büsten der großen Männer der jüngsten Vergangenheit. Einige Sockel waren leer. Stanislaw Jurjewitsch begriff, daß man die bedeutenden Tawlaren entfernt und bis jetzt noch keinen Ersatz gefunden hatte. Mit den Schulterstücken eines Oberstleutnants der zaristischen Armee leuchtete strahlend weiß vor dem Hintergrund der astreichen Bäume ein berühmter Guschane, Fürst Ismail-Bei, der Begründer dieses Parks. Dieser Aufklärer hatte einmal die für die Gegend passenden Worte ausgesprochen: „Die Klugheit unserer teuren Vorfahren hat uns geraten, unter dem Schutz des großen Rußland zu leben". Ob es nicht solche Worte gewesen waren, für die ihn plötzlich die Kugel eines Rechtgläubigen hinter einem Felsen hervor umgebracht hatte?
Als Stanislaw Jurjewitsch kurz vor dem Gebäude des Theaters nach rechts abbog, um nach dem Verlassen des Parks den riesigen Platz vor dem Halbrund des Regierungsgebäudes zu überqueren, trat plötzlich hinter einem Tabakkiosk eine hochgewachsene junge Frau in einem schwarzen Kleid auf ihn zu. Sie sagte:
„Guten Tag. Wohin des Wegs am Morgen?"
„Man hat mich ins Gebietskomitee vorgeladen", antwortete Stanislaw Jurjewitsch lächelnd.
„Da kommst du immer noch zurecht. Bleib zu Hause und übersetze meine Gedichte."
Es handelte sich um dieselbe Frau, die die Gerichte aus der Küche ins Eßzimmer getragen hatte, als Stanislaw Jurjewitsch bei den Asadajews zum Abendbrot gewesen war. Sie war neunzehn Jahre alt und hieß Muhabbat Chisrijewa. Mansur hatte ihre Lebensgeschichte erzählt. Sie stammte aus seinem Aul, galt also nach guschanischen Begriffen als Verwandte der Familie. Mit siebzehn Jahren hatte sie den Lehrer der Aulschule geheiratet und, da sie selbst eine Zehnjahresschule abgeschlossen hatte, in den unteren Klassen unterrichtet. Erst vor kurzem hatte sie ihr erstes Kind von der Brust entwöhnt. Sie war, wie Stanislaw Jurjewitsch feststellen konnte, nicht gut gebaut – sehr dünn, mit krummen dicken Beinen, aber der rötliche Anflug auf dem braungebrannten Gesicht, die großen ausdrucksvollen Augen und ihre hinreißenden weißen Zähne machten sie attraktiv. Sie schrieb Verse, von

denen einige in der guschanischen Komsomolzeitung veröffentlicht worden waren, und man hatte sie nach Gugird zum Treffen der jungen Schriftsteller eingeladen. Vielleicht war sie für ein solches Treffen noch nicht reif genug, aber die Guschanen hatten nur eine einzige Lyrikerin, die Mitglied des Schriftstellerverbandes war, und es mußten neue weibliche Kader in den Künstlerverbänden herangezogen werden, so lautete Moskaus Forderung. Muhabbats Mann hatte sie nicht in die Stadt gelassen. Sie aber hatte auf ihrem Wunsch beharrt. Da hatte ihr Mann sie auf russisch übel beschimpft und kräftig verprügelt. Nachts war sie aus dem Aul fortgelaufen und auf Lastwagen bis Gugird getrampt. Asadajews Familie hatte sie aufgenommen. Mansur hatte Stanislaw Jurjewitsch gebeten, dem jungen Mädchen aus dem Gebirge zu helfen und ihre Gedichte zu übersetzen. Stanislaw Jurjewitsch hatte aus Mitleid zugestimmt, hatte sich aber durchaus nicht aufraffen können, mit der Übersetzung zu beginnen. Was er da übersetzen sollte, bestand aus platten Zeitungsphrasen, keine einzige lebendige Zeile war darin.
Über das Treffen der jungen Schriftsteller, das kurz vor Stanislaw Jurjewitschs Ankunft in Gugird stattgefunden hatte, berichtete Mansur mit tonlosem Lachen, wobei er sich schüttelte und mit seinem Gaunerauge blinzelte. Dem Treffen hatte man große Bedeutung beigemessen, man wollte vor der Dekade frische, unverdorbene Talente entdecken. Parwisow selbst hatte sich im Präsidium niedergelassen. Murtasalijew, in dessen Zügen sich der orientalische Basar-Narr und der Provinzspitzel vermengten, hatte referiert:
„Insgesamt sind 26 Personen eingeladen worden. 18 davon arbeiten auf dem Dorf, 8 in der Stadt. Alle sind Mitglieder des Leninschen Komsomol. Frauen haben wir bisher eine, Arbeiter bisher ebenfalls einen, Prosaiker bisher ebenfalls einen. Soundsoviele sind Kolchosarbeiter, soundsoviele sind Angestellte, soundsoviele sind Lehrer. Einer ist Schauspieler. Drei sind nicht erschienen, davon zwei aus wichtigem Grund: einer ist krank, ein ärztliches Attest liegt vor, dem anderen ist der Vater gestorben, hier liegt die Todesurkunde vor. Dann ist noch ein Dritter ebenfalls nicht gekommen."
„Warum?" fragte Parwisow aufgebracht.
„Er sitzt."
„Wo sitzt er? Wie sitzt er?"
„Im Gefängnis sitzt er. Im Gefängnis. Da sitzt er sicher."
„Warum sitzt er?"
„Blutrache..."
Die Wache vor dem Gebietsparteikomitee empfing Stanislaw Jurjewitsch wie einen guten Bekannten, die unsterbliche Alewtina lächelte

ihm huldvoll zu, durch das weit offene Fenster des Vorzimmers strömte warme Sommerluft und ergoß sich über einige wichtige Personen der Führungsschicht der Republik. Alewtina ließ, der Zustimmung ihres Chefs im voraus sicher, ohne diesen zu fragen Stanislaw Jurjewitsch vor. Parwisow ging auf ihn zu, gab sich liebenswürdig. Bodorski hatte gerade begonnen: „Ich habe mich mit Asadajews ‚Die Ketten' gründlich vertraut gemacht, auch mit Ibrai Rachmetows Verserzählung, da können Sie, Danijal Saurowitsch, ganz beruhigt sein...", als Parwisow ihn fröhlich unterbrach.

„Das machst du richtig, daß du mich vor anderen Leuten siezt, sonst versteht man das hier in der Republik nicht richtig, aber wenn wir unter vier Augen und bei mir zu Hause sind, dann duze mich wie früher, wie zu unserer Studentenzeit. Weißt du, daß ich den Baschaschkin, den man uns aus Moskau geschickt hat, aus Gugird fortgejagt habe?"
„Nein. Was für einen Baschaschkin?"
Die orientalische Etikette (auch die sowjetische, die von der orientalischen stammt) erforderte es, daß Bodorski eine solche Neuigkeit zuerst von den Lippen des Ersten Sekretärs vernahm. Nachdem das Oberhaupt der Republik erzählt hatte, was Bodorski schon von Shamatow und Mansur wußte, ergänzte er:
„Ich habe Fadejew angerufen. Er sagte mir, Baschaschkin sei ein Erzreaktionär, und ich hätte richtig gehandelt, ihn aus Gugird hinauszuschmeißen. Er hat laut losgelacht, aber ich begreife nicht: Wenn er so zu Baschaschkin steht, warum hat er ihn uns dann geschickt? Die Dienstreiseorder Baschaschkins trug die Unterschrift Fadejews. Offenbar hat Murtasalijew die Sache eingefädelt, der ist unbegabt, hat Angst um seinen Posten, er braucht Leute wie Baschaschkin. Der aber hat sicher seine Fürsprecher, und die haben das gedeichselt. Murtasalijew mag dich übrigens nicht. Fadejew hat mir telefonisch bestätigt, daß Kaplanow nicht nach Gugird kommt. Die Situation ist so, daß dieser Übersetzer besser arbeitet, wenn er in Moskau bleibt. Ich habe Fadejew zugestimmt. Jetzt muß ich dir gratulieren. Fadejew hat mir gesagt: ‚Du kannst dich in allem auf Stassik Bodorski verlassen, er ist ein kluger und begabter Mann, ein ehrlicher Mensch'."
Was war das draußen für ein schöner Sommertag, wie hatte sich doch alles so gut gefügt. Bodorski begann sich mit Parwisow zu beraten, obwohl er dessen Rat nicht brauchte. Eigentlich hatte er alles schon selbst beschlossen.
„Hakim Asadajews Roman ist stark. Obwohl es ein historischer Roman ist, wird ihn Moskau, da bin ich sicher, gut aufnehmen. Aber ich habe da eine ganze Menge zu tun. Was glaubst du, ist es nicht ratsam, Ismail-Bei in den Roman einzubeziehen? Ich frage dich als Historiker. Ismail-

Bei hat gegen die Türkei gekämpft, das hört man zur Zeit gern, er hat an den Friedensverhandlungen von Jassy teilgenommen und als russischer Patriot bedauert, daß sich die Bergbauern in völliger Abhängigkeit von den Adligen und Fürsten befinden. Wirkungsvoll?"
„Sehr wirkungsvoll. Ich wußte, wen man mit der Übersetzung von Hakim Asadajews Roman betrauen muß."
„Jetzt paß mal auf, wie das dann aussieht. An Prosa haben wir: einen umfangreichen historischen Roman von Hakim Asadajew. An Lyrik: Mansur Asadajews Verserzählung über Stalin und Ibrai Rachmetows Verserzählung über das guschanische Nachkriegsdorf. Zusammen mit einigen passablen Erzählungen und einem Dutzend ordentlicher Gedichte anderer Autoren läßt sich die Dekade durchführen. In Moskau werden wir uns nicht blamieren. Dann kommt dazu noch ein Konzert, da werden eure Tänzer alles übertrumpfen."
„Natürlich werden wir sie übertrumpfen. Hör mal, du bist doch nicht etwa ein Sprachrohr der Vetternwirtschaft geworden? Du stützt dich da auf die Asadajews und Rachmetow, sie stammen aber aus ein und demselben Aul."
„Du wirst mir noch mehr Vetternwirtschaft vorwerfen, wenn ich dir sage, daß man den Murtasalijew absetzen muß. Mit einem solchen Vorsitzenden des Schriftstellerverbandes kann man nicht nach Moskau zur Dekade fahren. Er diskreditiert die Republik durch seine mangelnde Begabung und Unbildung. Was der tut, hast du auszubaden. Hast du dir einmal diesen gehässigen Komiker vorgestellt, wenn er im Kolonnensaal einen Vortrag hält?"
„Den Vortrag hält ohnehin Shamatow. Übrigens, schreiben wirst du ihn müssen. Aber wen soll ich denn an Murtasalijews Stelle setzen? Etwa Hakim Asadajew?"
Parwisows Gesicht verfiel, wurde böse und alt. Der kalmückische Schnitt seiner braunen Augen trat deutlicher zutage. Doch Bodorski wußte, was er sagte:
„Hakim paßt vom Alter her nicht. Da braucht es einen jüngeren Mann, Parteimitglied natürlich, aber keinen Dummkopf, eine literarische Autorität."
„Also Mansur?"
„Mansur ist zu jung, er schließt doch erst die Hochschule ab."
Parwisow dachte nach. Tatsächlich, von diesem idiotischen Spitzel Murtasalijew mußte man sich befreien. Stanislaw war ehrlich, er unterstützte offenbar die Familie der Asadajews nicht. Wen dann?
„Was hältst du von Ibrai Rachmetow?"
Gerade dieser war es, an den Bodorski dachte. Aber es war notwendig, daß Ibrais Name zuerst von Parwisow ausgesprochen wurde.

„Meiner Ansicht nach wäre das ein hervorragender Ausweg. Frontsoldat, Parteimitglied, begabter Lyriker, bescheiden, belesen, kein Karrierist. Er wird sich in Moskau würdig aufführen, wird Anklang finden."
„Seine Mutter ist eine Tawlarin."
„Ist das ein Hinderungsgrund?"
„Wir wollen es uns überlegen..."
Stanislaw Jurjewitsch begab sich von dem Gebietsparteikomitee aus zu den Asadajews. Er war von einem starken Glücksgefühl im Bewußtsein der eigenen Kraft erfüllt. Er hatte als Parteiloser den Vorsitzenden des Schriftstellerverbandes gestürzt und schon fast einen anderen auf diesen Posten gehoben. Muhabbat öffnete ihm die Tür. Sie fragte ihn, ohne ihn zu begrüßen:
„Hast du die Übersetzungen gebracht?"
„Muhabbat, wir haben uns erst vor zwei Stunden gesehen, wann hätte ich das schaffen sollen?"
„Du konntest es schaffen. Vergiß nicht, solche Gedichte liegen nicht auf der Straße herum."
Sie brachte Chinkal und Tschatscha. Wie Feuer lief der Weinbrand Stanislaw Jurjewitsch hinunter, gab ihm Klarheit, er fand die richtigen guschanischen Worte, um Hakim Asadajew von der Notwendigkeit wesentlicher Veränderungen in seinem Roman zu überzeugen, auch daß es wünschenswert wäre, wenn er diese Änderungen später in das Original übertrüge, bei einer Neuauflage, so sei der Rat des Freundes, ein Freund aber, das ist der Bruder von einer anderen Mutter.
Der alte Mann hörte zu, nickte mit seinem Silberkopf, strich sich über seinen Silberbart und schien zuzustimmen, aber es war nicht zu erkennen, ob er wirklich von Bodorskis Ratschlägen überzeugt war oder ob er sich nur dem unvermeidbaren Bösen unterordnete. Als er von dem Gespräch mit Parwisow erfuhr, drang in sein müdes runzliges Gesicht plötzlich ein zartes Rot, und er rief heiser:
„Mansur!"
Mansur trat ein. Die Geschichte mußte wiederholt werden. Mansur riß beide Augen weit auf – das gaunerhafte und das grausame, die asymmetrischen Züge des Gesichts stimmten plötzlich zueinander:
„Stanislaw Jurjewitsch, Sie haben wahrhaft eine große Tat vollbracht, Sie sind der zweite Schamil, aber den Schamil hat der Zar besiegt, und Sie haben Murtasalijew besiegt. Sie haben uns vom Dreck befreit. Für meinen Vater ist es zu spät, Vorsitzender des Schriftstellerverbandes zu werden, für mich armen ungehobelten Mann aus dem Gebirge ist es noch zu früh. Lassen Sie mich Ibrai mitteilen, daß ich es war, der Parwisow den Rat gegeben hat, Ibrai zum Vorsitzenden zu machen. Dann wird er uns Asadajews immer dankbar sein."

Stanislaw Jurjewitsch antwortete mit einem Sprichwort. Nicht so sehr, weil es zum Gespräch paßte, als weil es ihm plötzlich auf guschanisch einfiel:
„Wer lange Hörner hat, scheuert sie dort, wo es ihm gefällt."
Der alte Hakim freute sich, es war ein selten gebrauchtes Sprichwort, und Stanislaw Jurjewitsch hatte es gut ausgesprochen. Mansur rutschte auf seinem Stuhl herum und lachte lautlos. Das Sprichwort hatte ihm nicht gefallen.

Nach einer Woche fand eine Vollversammlung der guschanischen Schriftsteller in dem ehemaligen Friseurladen statt. Murtasalijew bat, man möge ihn als Vorsitzenden entpflichten, und zwar weil er eine neue Aufgabe als Leiter der Kulturabteilung in der Redaktion der örtlichen Zeitung erhalten habe. Als Vorsitzender des Schriftstellerverbandes wurde auf Empfehlung des Gebietskomitees der Partei einstimmig Ibrai Rachmetow gewählt. Zum neuen Vorstand des Verbandes gehörten Vater und Sohn Asadajew, auch Murtasalijew wurde dort belassen.

Der ehemalige Vorsitzende war irgendwie kleiner geworden. Das Gesicht dieses Basar-Narren war restlos zusammengeschrumpft. Es kam der Tag, an dem er Ibrai Rachmetow das Inventar des Verbandes übergab – Tische, Stühle, Sofa, die Akten, den Stahlschrank, die kleine Bibliothek, die Schreibmaschine und die Sekretärin Bella. Plötzlich packte er wie ein schwarzes Kätzchen ein Telefon ohne Zifferblatt auf der Wählerscheibe. Tränen traten aus seinen blechernen Augen:
„Das ist ein direktes Telefon, direkt zum Gebietsparteikomitee. Wieviel Mühe habe ich darauf verwandt, es zu bekommen! Nimm es, Ibrai."

Dreizehntes Kapitel

Der Schreiber dieser Seiten hat lange genug gelebt, um sich in der Nachfolge des großen Philosophen zu fragen: „Habe ich mich selbst erkannt?" Und zu antworten: „Ich weiß, daß ich nicht alles weiß." Aber eines weiß der Schreiber dieser Zeilen inzwischen, und zwar: er hat begriffen, daß es ihm der Gabe der Phantasie völlig ermangelt. Alles, wovon hier erzählt wird, ist tatsächlich so gewesen, nichts ist dazuerfunden, mögen die Bezeichnungen der beiden Völker ausgedacht sein, ihre Schicksale sind es nicht, mögen die Personen andere Namen bekommen haben, die Personen haben existiert und sie existieren. So gibt auch der Schreiber dieser Zeilen in dem Wunsch, eine neue Figur einzuführen, ihr einen erfundenen Namen: Kirjuschtschenkow.

Er war ein Mann von kräftiger bäuerlicher Statur, der früh eine totale Glatze bekommen hatte, ein ergebener und dreister Soldat, der sich als überzeugter und unerschütterlicher Antisemit hervorgetan hatte. Es heißt, bei den Parteiversammlungen der Schriftsteller sei allen das Herz vor Schrecken und einer verhängnisvollen Begeisterung stehengeblieben, wenn Kirjuschtschenkow das Wort ergriff: Er sprach anders als die offizielle Presse, offen, direkt, ohne etwas zu verbergen, und man gewann den Eindruck, er täte dies nicht nur, weil es Mode war, sondern weil er es aufrichtig meinte. Wenn der „Völkische Beobachter" sein Erscheinen nicht eingestellt hätte, würde er mit Befriedigung und Vergnügen dessen Reden auf seinen Henkerseiten unterbringen. Da gab es folgende Geschichte. Der Theaterkritiker Emmanuil Abramowitsch Priluzki war auf einer Parteiversammlung (Nach der Versammlung in derselben Nacht verhaftete man ihn und er verschwand für immer.) beschuldigt worden, er habe während des Krieges als Redakteur der Armeezeitung „Söhne des Vaterlandes" seine Frau als freiwillig Dienstverpflichtete auf dem Posten des Korrektors untergebracht. Priluzki berichtete der Versammlung in seiner Angst und Verwirrung wie eine von Jägern in die Enge getriebene Gazelle zitternd, sein Sohn, ein Junge von sechzehn Jahren, sei in einer patriotischen Aufwallung von zu Hause fort und an die Front gelaufen, habe dort den Tod gefunden und seine Frau hätte unter einem schweren Nervenschock gestanden. In Moskau hätte sie weder Verwandte noch Freunde gehabt, so habe er sie zu sich in die Redaktion geholt. Während er sich dann in der vordersten

Linie befunden habe, sei auf die Hütte, wo sich die Redaktion befunden hatte, eine Bombe zufällig gefallen und seine Frau sei zusammen mit den anderen Mitarbeitern ums Leben gekommen. Da habe Kirjuschtschenkow in das betroffene Schweigen des Saals gerufen:
„Und selber hast du dich an die vorderste Linie verdrückt?"
Ein anderer Kritiker, kein Theaterkritiker, aber auch ein Kommunist, ein Spezialist für die Erforschung des Werkes des besten Lyrikers der Sowjetepoche, der sein Leben mit Selbstmord beendete, war von Kirjuschtschenkow öffentlich mit dem Lermontow-Zitat vernichtet worden: „Mit Ihrem ganzen schwarzen Blut werden Sie das wahre Blut dieses Dichters nicht abwaschen können." Dabei verhehlte er nicht, daß er unter schwarzem Blut jüdisches Blut verstand. Kirjuschtschenkow wurde einer der Führer des Schriftstellerverbands, nachdem er den Stalinpreis für die Verserzählung „Der Kolchos ‚Grüner Reichtum'" erhalten hatte. Der Schreiber dieser Zeilen kann über diese Verserzählung nichts aussagen, er hat sie nicht gelesen. Offenbar hat auch keiner seiner Bekannten sie gelesen. Gelesen hat sie Stalin, heute aber ist die Verserzählung für alle Zeiten sogar von der offiziösen staatlichen Kritik vergessen. Kirjuschtschenkows Kraft lag nicht in der Verserzählung, sondern in etwas Wesentlicherem – wenn ich mir einen Kalauer erlauben darf –, in etwas Sicher-Organischem. In jedem Fall handelte er stets so und äußerte sich stets so, wie es die Sicherheitsorgane brauchten. Was versetzte es da dem wohlgemästeten Spätzchen Madwej Kaplanow für einen Schreck, als das Gerücht zu ihm drang, die Leitung der guschanischen Dekade in Moskau habe der Schriftstellerverband Kirjuschtschenkow übertragen!
An der Front hatte der Rotarmist Madwej Kaplanow einen Bauchschuß bekommen, hatte ihn überstanden und wollte nach seiner Genesung schön leben: hübsch essen, sich modern kleiden und mit Frauen schlafen. Seine eigenen Gedichte welkten kraftlos dahin, er war klug genug, mit dem Schreiben Schluß zu machen. Aber seine Natur hatte etwas Künstlerisches, genauer und enger besehen etwas Schauspielerisches. Er beherrschte die Kunst der Verwandlung, die ein Übersetzer braucht. Dabei half ihm auch der Umstand, daß er wie seine ganze Generation weder das goldene noch das silberne Zeitalter der russischen Lyrik kannte, sondern nur die lyrische Produktion seiner Gegenwart, und daß er diese für eine real existierende Erscheinung hielt. Das bewahrte ihn vor Zweifeln, und seine heilige Einfalt wurde zur Quelle und zum Unterpfand seiner Aufrichtigkeit. Aufrichtigkeit aber hat bei der Übersetzung ihren Wert. Mansur Asadajews Verserzählung war für ihn ein gefundenes Fressen. Der Autor hatte sie nicht für die Menschen seines Volkes geschrieben sondern hatte versucht, sich dem Geschmack

der Moskauer Literaturfunktionäre anzupassen und eben dadurch die Aufgabe des Übersetzers erheblich erleichtert. Bei den Guschanen hatten die Gattungen ihr Eigenleben bewahrt, und wie im Mittelalter wurden Ode, Fabel, Satire, Gedankenlyrik und Moralpredigt nicht vermischt. Mansur Asadajew hatte ein angeborenes Gespür, und die in Moskau im Literaturinstitut verbrachten Jahre hatten dieses Gespür geschärft. Er hatte begriffen, was die russischen sowjetischen Leser brauchten. Die Verherrlichung Stalins zu seinem siebzigsten Geburtstag hatte er einem alten Mann aus dem Gebirge in den Mund gelegt, einem weisen und einfachen Mann, der viel durchgemacht hatte, der Stalin ohne überflüssige Umschweife liebte, der über Stalins Feinde mit unverfälschtem, zutiefst volksnahem Zorn sprach, der über das glückliche Kolchosleben mit unverfälschter, zutiefst volksnaher Fröhlichkeit redete, wobei ihm klar war, daß das Maß des Scherzes eng begrenzt sein mußte. Im Unterschied zur nationalen guschanischen Tradition war die Verserzählung als eine Legierung aus der Feierlichkeit der Ode und der Komik der Fabel angelegt. Kaplanow mußte ein paar Unstimmigkeiten und Wiederholungen herausnehmen und die Couleur ein wenig auffrischen, was ihm immer gelang. Die Verserzählung kam „oben" offensichtlich an, sogar die zentrale Parteipresse war des Lobes voll, leider wurde der Name des Übersetzers nicht erwähnt. Kaplanow und seine Freunde verbanden dies mit einem unangenehmen Ereignis. In der „Komsomolskaja Prawda" war Michail Scholochow in einem Artikel über die jüdischen Literaten hergefallen, die unter russischen Pseudonymen publizierten. Unter dieser Art verächtlicher Leute war auch Kaplanow namentlich aufgeführt worden, obwohl sein Name kein Pseudonym war: Die Leute, die Scholochows Artikel schrieben, hatten sich geirrt.

Kaplanow lächelte nervös: Wie würde das weitergehen? Dabei lag die Diskussion über die Werke der guschanischen Schriftsteller noch vor ihm. Zunächst aber stand die feierliche Eröffnung der Dekade im Tschaikowski-Saal bevor, dann die Reden der Teilnehmer in Fabriken der Hauptstadt und in zwei Sowchosen in der Nähe Moskaus, wohin man stets fröhlich und mit Gesang in Autobussen fuhr, und dann die unvermeidlichen Banketts nach den Reden.

So kam ein Morgen heran, es war der neunte Tag der Dekade: die Diskussion. Im allgemeinen war der Apparat bemüht, zu einer solchen Maßnahme berühmte Leute heranzuziehen, um den Vertretern einer kleinen Literatur Aufmerksamkeit zu erweisen. Aber die berühmten Leute ließen ihn im Stich, sie fanden stets vorteilhaftere Verpflichtungen, und der Bestand an Diskussionsteilnehmern wurde ständig dünner und farbloser, so daß sich am Tage der Diskussion im Konferenzsaal, wenn überhaupt Koryphäen, dann nur noch der dritten und vierten Garnitur zusammenfanden, und auch das waren meist verblaßte oder verblassende Leuchten. Da ließen sie sich nun wie ein summender Bienenschwarm am langen Tisch und auf den Stühlen längs der Wände nieder, da kamen die gleichgültigen Stenographinnen und breiteten ihr Papier und ihre scharf gespitzten Bleistifte aus, und dann wartete man auf den Vorsitzenden. Sein Platz am Kopfende des Tisches war freigeblieben – und wer tauchte auf? Natürlich, zu Kaplanows Schrecken, Kirjuschtschenkow. Der stalinpreisgeschmückte Lyriker lächelte huldvoll den zitternden guschanischen Schriftstellern zu, reichte dem Propagandasekretär des Gebietsparteikomitees, Shamatow, die Hand. Die guschanischen Schriftsteller wollten sich schon erheben, doch Kirjuschtschenkow ließ es durch einen bescheidenen und lässigen Wink nicht dazu kommen.

Alles lief, wie es sich gehört. In seiner Einführungsrede charakterisierte Kirjuschtschenkow die guschanische Dekade als ein großes Ereignis im literarischen Leben unserer multisprachlichen Heimat, als eine neue Dokumentation des Sieges der Leninschen und Stalinschen Nationalitätenpolitik, als einen neuen mächtigen Schlag gegen den Kosmopolitismus. Dann rief er die Redner nach einer vorher zusammengestellten Liste auf, die in großen Buchstaben getippt war, damit er es leichter habe, sich in den nichtrussischen Namen zurechtzufinden. Die Redner waren – der eine unter wissenschaftlichem Aspekt, der andere aus der Sicht des Schriftstellers – ungezwungen und bildreich des Lobes voll über den umfangreichen, mehrschichtigen und vorbildlichen Roman Hakim Asadajews und priesen insbesondere die Figur Ismail-Beis, ferner – in genügendem Respekt – den Übersetzer Bodorski. Sie sprachen sich mit den unvermeidlichen Vorbehalten positiv über die anderen Autoren aus, lobten die notwendige zeitgemäße Verserzählung Ibrai Rachmetows und ihren Übersetzer Bodorski und äußerten sich begeistert zu der Verserzählung über Stalin, deren Autor Mansur Asadajew alle durch seine Jugend, seine Unmittelbarkeit, seinen Scharfsinn und sein asymmetrisches Gesicht bestach. Mit einigen Diskussionsrednern war er während seines Studiums in Moskau schon vorher bekannt geworden, und sie hatten oft genug Gelegenheit gehabt, seine Freigebigkeit bei Trinkgelagen schätzen zu lernen. Kaplanow erwähnten sie als Übersetzer nicht, als ob Mansur russisch geschrieben hätte. Lew Boldyrew, der in der Liste der Redner nicht aufgeführt war, bat um das Wort, ein mürrischer, vom Mißerfolg gezeichneter Mann, der sogar nach sowjetischen Begriffen als unbegabt angesehen werden mußte. Er hielt in seiner vom steten Alkoholmißbrauch zitternden Hand die Moskauer Ausgabe der Verserzählung Mansurs und zitierte mit theatra-

lischem Zittern angeblich unbeholfene und sogar sprachlich nicht einwandfreie Zeilen der Übersetzung. Man lauschte ihm in vorsichtiger und höchst gespannter Lautlosigkeit. Als er seine Rede beendet hatte und mit dem Stolz des beleidigten, doch treuen Dieners zu seinem Platz zurückging, widersprach ihm unerwartet und zu einem für den Vorsitzenden unüblichen Augenblick Kirjuschtschenkow:
„Der Redner hat sich für seinen Angriff auf Kaplanow schlecht vorbereitet. Er hat sich eine Waffe ausgesucht, die nicht schießt. Kaplanow kann man eher den Vorwurf übermäßiger Ausgesuchtheit machen, die dem Volksempfinden widerspricht, und nicht den der Nachlässigkeit. Von einer Übersetzung sollte man mehr Nähe zur Sprache des Bergbauern erwarten, mehr erhabene Einfachheit. Doch auch in dieser Hinsicht verdient die Übersetzung als Ganzes eine positive Beurteilung."
Was war geschehen? Der bösartige Auftritt Boldyrews klärte sich während der Pause leicht auf. Der Kritiker Kaplan hatte vor kurzem Boldyrews eigene Verse heruntergeputzt, und in dem beschränkten Hirn Boldyrews waren Kaplan und Kaplanow zu einer Person verschmolzen. Er hatte Rache geschworen. Das war eine harmlose Geschichte, wichtiger war etwas anderes: Warum hatte Kirjuschtschenkow den Juden Kaplanow verteidigt, und dies noch nach dem vielbeachteten Aufsatz Scholochows über die Pseudonyme? Der Schreiber dieser Zeilen ist nicht in der Lage, diese Frage zu beantworten, die die Anwesenden erregte. Den Leser dieses Kapitels werden noch größere Überraschungen verblüffen, die ohne Antwort bleiben müssen. Der Schreiber dieser Zeilen will zugestehen, daß auch einem Kirjuschtschenkow allgemeinmenschliche Gefühle nicht fremd sind, daß ihm, dem eifrigen Epigonen, vielleicht die gekonnte Übersetzung Kaplanows gefallen hat, eines immerhin so unbedeutenden Menschen, daß man sich ohne Gefahr für ihn einsetzen konnte, sogar wahrscheinlich einsetzen mußte, um den eigenen Internationalismus unter Beweis zu stellen, und dies um so mehr, als die Verserzählung in der Übersetzung Kaplanows ganz oben Anklang gefunden hatte. Mansur Asadajew hatte in der Verserzählung mit angemessener Zurückhaltung erwähnt, daß Berija während des Krieges die Republik besucht hatte, um den Bau des Verteidigungsgürtels zu leiten. Boldyrew war ein dummer Kerl, so einen Text sollte man wie ein rohes Ei behandeln.
Der Schlußabend der Dekade fand im Kolonnensaal statt. Im Künstlerzimmer war ein Tisch aufgebaut mit großen Platten belegter Brote – Räucherwurst, Schinken, Käse – mit süßen Törtchen, sogar mit Mineralwasser und Limonade. Hier war das schriftstellernde Hofgesinde versammelt, aber es war nicht homogen, stand in verschiedenen

Gruppen zusammen entsprechend dem Rang, den es bei seinem Herrn, dem Staat, einnahm. Die bedeutendste Gruppe bestand aus Fadejew, Parwisow, Nadeshda Grigorjewna und dem Kulturminister der UdSSR. Dieser Gruppe wagte sich keiner zu nähern. Um eine andere, auch ziemlich bedeutende Gruppe, um Kirjuschtschenkow, Shamatow und einige leitende Mitarbeiter des Zentralkomitees und des Kulturministeriums drängten sich die einflußreichsten Moskauer Schriftsteller. Die Zeitungsleute fotografierten Hakim Asadajew. Die Übersetzer unterhielten sich mit ihren guschanischen Autoren. Kaplanow aß Törtchen. Er überlegte, ob er nicht einfach zu der Führungsgruppe herantreten und sich mit der Nonchalance eines Mannes aus Moskau an Nadeshda Grigorjewna wenden sollte: „Guten Tag, liebe Tante, ich bin Ihr Neffe Motja", aber er konnte sich noch rechtzeitig beherrschen. Im rechten Augenblick gab irgendwer ein Zeichen, und das Hofgesinde zog, geschickt die Rangordnung wahrend, in zwei Strömen von links und rechts in den Saal zum Präsidium.

Das ehemalige Adelspalais strahlte in vollem Glanz. Dieselben Säulen wie in früheren Tagen, derselbe großartige Kronleuchter des Russischen Reiches, nur die Lampen waren neu und das leibeigene Gesinde im Saal war neu, konnte sich hier im Unterschied zu den früheren hochgestellten Besuchern nicht gelöst geben, nicht einfach fröhlich sein, sondern mußte seinen Alltagsdienst fortsetzen. Die Beamten, die Spitzenarbeiter, die Studenten aus den Republiken, die in Moskau studierten, die Besucher aller möglichen Parteischulen und Akademien, die Mitarbeiter der Verlage und der Leitung des Schriftstellerverbandes – sie alle waren hier nicht erschienen, um sich zu unterhalten, sondern so, wie Menschen, die mit der Religion eigentlich nichts zu tun haben, eine Kirche besuchen: Man erledigt etwas Nötiges, etwas, was sich gehört. Lediglich die Soldaten, Männer, die sich auf den politischen oder sonstigen Kampffeldern ausgezeichnet hatten und die man nach ihrer anstrengenden Arbeit hierher geschickt hatte, langweilten sich ganz offen und setzten ihre ganze Hoffnung auf das im Programm angekündigte Konzert. Einige von ihnen schliefen auch.

Kirjuschtschenkow leitete den literarischen Teil des Abends ungeschickt, ohne Schwung, und machte an den Haaren herbeigezogene, kaum verständliche Witze. Fadejew, der graue schöne Wolf, der mit seinen vom letzten Trinkgelage noch krankhaft gedunsenen Augen neben ihm saß, unterdrückte seine Wut. Er wußte, daß er sich am Rande eines Abgrunds befand, daß er jeden Augenblick in eine Grube der Reaktion stürzen konnte, und dies nicht ohne eigene Schuld. Er fand kümmerlichen Trost im Bewußtsein seiner geistigen Überlegenheit über jene schrecklichen Kräfte, die mächtiger waren als er. Aber das war die

Überlegenheit dessen, dem die Niederlage bevorstand. Beim Aufruf der Schriftsteller für ihre Ansprachen verunstaltete Kirjuschtschenkow die schwer aussprechbaren Namen. Einmal unterlief ihm ein ganz übler Schnitzer: statt „Judakow" (eigentlich ein recht einfacher Name) sagte er „Judenfob". Freudsche Fehlleistung? Fadejew lachte lauthals los, aus tiefster Seele, wie ein Kind. Auch der Kulturminister der UdSSR konnte sich nicht beherrschen und schmunzelte. Den Versprecher des Vorsitzenden hatte man nur in den ersten Reihen hören können, es entstand ein Geraune, aber die Mehrzahl der Zuhörer im Saal, die den Grund von Fadejews Lachen nicht begriffen hatte, erwartete mit Spannung, daß nun ein Satiriker zu Worte käme. Diese Erwartungen schienen sich zu bewahrheiten. Allzu gewollt wirkte die Unsicherheit des einäugigen, gleichsam mit Tinte begossenen Gesichts dieses Judakow, eines guschanisch schreibenden Juden aus dem Gebirge, allzu komisch wirkte seine langatmige Entschuldigung, daß er keine Gedichte habe und den Moskauern nichts anderes anbieten könne, als die Nacherzählung seiner Geschichte für Kinder über zwölf. Diese Nacherzählung zog sich in die Länge. Plötzlich begriff er, daß er sein Publikum langweilte und brachte einen pompösen Glückwunsch zu Ehren Stalins und des älteren Bruders, des großen russischen Volkes aus, wofür er einen langen Beifall erntete. Mansur hingegen applaudierte man von Herzen.

„Dieser Saal", so begann er und nutzte dabei geschickt sein fehlerhaftes Russisch, „dieser Saal hat Maxim Gorki und Majakowski gehört, er hört Alexander Fadejew, warum gibt man mir, dem ungehobelten Mann aus den Bergen, hierher Zutritt? Ich dachte, das läge an meinem großen Talent, dann aber begriff ich, daß andere Gründe dafür vorliegen. Erstens unsere Nationalitätenpolitik (Bewegung im Präsidium und im Saal, Beifall). Zweitens, weil die Leitung unserer Republik beschlossen hat, den Moskauern einen besonders hübschen Guschanen zu zeigen (Lachen, fröhlicher Beifall). Drittens, weil ich besonders gut Russisch spreche. (Das Lachen und der Beifall gehen in Begeisterungsstürme über.) Trotz alledem werde ich meine Gedichte, nur ein paar Zeilen, in meiner Muttersprache vortragen, und dann wird mein Freund, der gute Übersetzer Matwej Kaplanow, einen Abschnitt aus meiner Verserzählung auf russisch vorlesen."

Der kleine, füllige Kaplanow machte sich das Publikum sogleich dadurch gewogen, daß er auswendig, deutlich und sicher vortrug. Da besprechen die Menschen im Kolchos, was sie denn Stalin zu seinem siebzigsten Geburtstag schenken sollten. Ein geschickter Handwerker des Dorfes macht den Vorschlag, eine Pfeife aus Bernstein zu verfertigen: Wenn Stalin seine Pfeife anstecke, dann werde das kleine Feuerchen seines Streichholzes die ganze Welt erleuchten (Beifall unterbricht den

Übersetzer). Eine Helden-Mutter gibt zu bedenken: „Eine Pfeife kann jedes Volk schenken, wir aber müssen ein solches Geschenk machen, daß jeder erkennt, dieses Geschenk stammt aus dem Gebirge. Unser Volk kannte viele kühne Menschen des Gebirges, aber es hat noch nie einen so kühnen und weisen, einen so großmütigen gegeben wie Stalin. Darum wollen wir ihm, dem ewig Jungen, eine hohe Pelzmütze und eine weiße Burka des Gebirgsdshigiten schicken." (Beifall) Da aber macht der Schullehrer behutsam seine Anmerkung. Er hat abgetragene Stiefel, ausgeblichene Hosen in Tarnfarbe und eine abgewetzte schwarze Jacke, auf deren Revers ein einziger, schon etwas angelaufener Orden glitzert (das waren Details, die der Lektor im Verlag nur mit Mühe durchgelassen hatte: allzu ärmlich war der Lehrer gekleidet, allzu bescheiden die Auszeichnung; die anderen Schriftsteller jedoch waren von Mansurs Mut begeistert). Mit einem Buch in der Hand sagt der Lehrer: „Schaut, ihr Leute unseres Dorfes, auf dieses Buch. Eine deutsche Kugel hat es durchbohrt, als ich das Buch auf meiner Brust trug, und es hat mich geschützt. Es hat nicht nur mich gerettet, es hat die ganze Welt vor den faschistischen Dämonen bewahrt, dieses Buch, das der Genosse Stalin geschrieben hat. Keine Kugel vermag es zu töten, es ist unsterblich. Dieses von der Kugel durchschlagene, doch unsterbliche Buch werden wir Stalin zum Geschenk machen."
Kaplanows Stimme zitterte. Der Kolonnensaal klatschte Beifall, hingerissen von dem Talent und dem Feingefühl des zwar nicht schönen, doch so klugen Guschanen, des Jüngsten unter den Rednern. Fadejew wandte sich um (Mansur saß bescheiden in der vierten Reihe des Präsidiums) und hieß den Lyriker sich erheben und verneigen. Was für ein Erfolg!
Dann rief der Vorsitzende Ibrai Rachmetow zum Rednerpult und nach ihm seinen Übersetzer Bodorski. Der intellektuelle, nicht dem Bühnenvortrag angepaßte Lesestil entsprach nicht dem Inhalt der Gedichte. Bodorski erhielt höflichen Beifall, aber nicht mehr. Bodorski war daran gewöhnt, ihn interessierte der Beifall nicht, außerdem wußte er, daß man ihm das Ehrenzeichen verliehen hatte, was morgen in den Zeitungen stehen würde, und daß er ebenfalls morgen am feierlichen Empfang der Teilnehmer der Dekade im Kreml teilnehmen dürfte. Seine Einladung trug auch eine Tischnummer: Einunddreißig. „Vielleicht bekomme ich auch eine Wohnung", überlegte Stanislaw Jurjewitsch. „Ob ich Parwisow bitten sollte, darüber mit Fadejew zu sprechen? Andererseits, besser wohl nicht."
Das Konzert endete spät. Als Bodorski aus der Metro kam, war die Herbstnacht so warm, daß er beschloß, nicht in die Straßenbahn umzusteigen, sondern zu Fuß zu gehen. Bei der Patriarchenkirche bog

er in eine dunkle krumme Gasse ab. Er war aufgeregt, flüsterte Gedichte, die er gestern verfaßt hatte, die den guschanischen Tänzen so fern waren, auch der bevorstehenden Auszeichnung und dem Regierungsempfang. Seine Wohnung war leer. Er schaltete das Licht an und las auf seinem alten kleinen Schreibtisch eine Notiz seiner Frau: „Kolja hat eine Blinddarmentzündung, wir fahren ins Krankenhaus." Du mein Gott, was führte er für ein kümmerliches Leben – mit diesem Orden, mit diesem Empfang im Kreml morgen und mit dieser feuchten Armenwohnung, mit diesen ewig feuchten Tapeten – Glanz und Elend einer Literaturkurtisane. Was mag mit seinem lieben Jungen sein? Mascha, das Dummerle, hatte nicht aufgeschrieben, in welches Krankenhaus man ihn brachte. Er konnte nicht einschlafen.
Seine Frau kehrte gegen Morgen zurück. Die Operation war Gott sei Dank gut verlaufen. Das Krankenhaus lag in Lefortowo, da war täglich von vier bis sechs Besuchszeit, aber man mußte früher da sein und mit dem Chefarzt sprechen, damit Kolja in ein normales Krankenzimmer kam, vorläufig lag er im Operationssaal, in den Krankenzimmern war kein Platz, und er würde sonst auf einen Flur kommen.
Da war er nun nach einer schlaflosen Nacht im Bezirkskrankenhaus. Betten mit Kranken auf den Fluren, Gestank aus den Toiletten, kein Zutritt zum Operationssaal, ein schwer zugänglicher Chefarzt, sein halbes Versprechen: „Ich lasse ihn noch einen Tag im Operationssaal, dann wird sich schon irgend etwas ergeben." Damit verließ er das Krankenhaus, ohne seinen armen Jungen gesehen zu haben.
Damals war es nicht so einfach, in den Kreml zu gelangen. Stanislaw Jurjewitsch hatte, als er die Einladung zum Empfang bekam, beschlossen, er würde zwei Stunden früher hingehen und sich alles ansehen. Jetzt aber schaffte er es mit der Metro, müde von der schlaflosen Nacht und mit Kopfschmerzen, bis zum Borowizki-Tor erst knapp vor Beginn des Empfangs. Da kamen selbstsichere, zufriedene, bei Hofe bekannte Leute (er wußte nicht genau, wer es war, aber er begriff, daß es bekannte Leute sein mußten; einige kannte er wirklich). Auch er legte seinen Personalausweis und die Einladungskarte auf Kunstdruckpapier dem Posten von der Tscheka vor. Dieser beschäftigte sich lange und feindselig mit beiden Dokumenten und sagte: „Warten Sie." Er begab sich in sein Wachhaus und rief irgendwo an. Stanislaw Jurjewitsch hörte:
„Da stimmt etwas nicht. Im Personalausweis steht Bodorski und in der Einladung Badorski, mit ‚a'."
Der Posten wartete auf die Antwort, kam aus dem Wachhaus heraus und sagte: „Sie können weitergehen". Bodorski begab sich über die Asphaltstraße bis zum Iwanowplatz. Hier wurde er wie alle anderen

von zwei Posten angehalten. Auch diese befaßten sich quälend lange, einer nach dem anderen, mit Personalausweis und Einladung, blätterten den Personalausweis durch und verglichen mißtrauisch das Foto mit Bodorskis Gesicht. Die anderen Geladenen schwiegen gespannt, bis sie an der Reihe waren.
„Warum steht im Personalausweis Bodorski und in der Einladung Badorski?"
Bodorski fuhr auf:
„Fragen Sie den, der die Einladung geschrieben hat."
Einer der Posten, offenbar der Ranghöhere, befahl dem anderen, sich mit beiden Dokumenten ins Kreml-Palais zu begeben. Stanislaw Jurjewitschs Lage war komisch und verzweifelt. Schließlich konnte er auch nicht einfach darauf pfeifen und zurückgehen. Andere Gäste händigten ihre Dokumente aus und gingen nach wenigen Minuten ungehindert weiter, wobei sie betont nicht zu Bodorski hinsahen. Schließlich kehrte der Posten zurück und teilte mit:
„Wir sollen ihn durchlassen."
Bodorski trat in scheußlicher Stimmung, beleidigt und, wie es ihm schien, erniedrigt hinter den anderen durch die breite Tür des Kreml-Palais. Hier befaßten sich wieder zwei Posten, einer nach dem anderen, mit pflichtbewußter Gemächlichkeit mit beiden Dokumenten, ließen ihn aber ohne weitere Worte nach oben gehen. Als die Zarentreppe hinter ihm lag und Bodorski einem neuen und offenbar dem letzten und wichtigsten Posten den aufgeschlagenen Personalausweis und die Einladung vorwies, sagte dieser Oberposten, ohne beides anzuschauen, mit liebenswürdigem Lächeln:
„Gehen Sie weiter, Genosse Bodorski."
Sein Kopf war wie benommen, aber der Schmerz schien vergangen zu sein. Zur Rechten tauchte ein Riesengemälde auf. Bodorski erinnerte sich unscharf: irgend etwas von Repin, Sitzung des Staatsrats oder Empfang irgendwelcher Würdenträger. Er betrat den Georgssaal. Ein junger Mann in einem dunkelblauen Anzug geleitete ihn mit amtlicher Miene an seinen Tisch, der nah beim Eingang stand, hieß Bodorski auf dem für ihn vorgesehenen Stuhl Platz nehmen und setzte sich daneben. Wie nach einer Schablone aus ein und demselben dunkelblauen Papier geschnitten, saßen zu beiden Seiten jedes Geladenen die gleichen jungen Leute in dunkelblauen Anzügen. Bodorski blickte sich um. Die Tische führten in drei unendlichen Reihen in eine glitzernde Ferne, sie bildeten, wie er später erkannte, ein Hufeisen mit einer zusätzlichen Tischfolge in der Mitte. Die Querverbindung befand sich am entgegengesetzten Ende des Saals. Bei der Tür aber standen, parallel zu der oberen Querverbindung, zwei einsame Tische: der seinige, Nummer

einunddreißig, und der auf der anderen Seite der Tür, offenbar Nummer zweiunddreißig. Diese Tür führte in den Facettenpalast. Der Tisch war üppig gedeckt. Reichlich Wodka. Am Tisch saßen im Wechsel vier Blaue und vier Geladene. Jeder Blaue kümmerte sich um seinen Nachbarn, schenkte ihm ein, bot ihm an. Die Gäste wurden einander nicht vorgestellt. Sie schwiegen. Bodorski saß mit dem Gesicht zu der weißgestrichenen Wand, mit dem Rücken zu den drei Tischreihen. „Wie ist Koljas Operation verlaufen?" erkundigte sich der nächste Blaue und bot Bodorski die Kristallschale mit feinkörnigem Kaviar an. Stanislaw Jurjewitsch wunderte sich ein wenig und wollte antworten, doch der andere Blaue unterbrach ihn: „Der Empfang beginnt, die Führer von Partei und Regierung sind erschienen." Es war unbegreiflich, wie er erfahren hatte, daß sie gekommen waren, aber da erscholl tatsächlich Beifall, und alle standen auf. Nach weiteren zehn Minuten sagte einer der Blauen: „Gleich stehen wir wieder auf – ein Trinkspruch auf den Genossen Stalin." Erneut war unbegreiflich, auf welche Weise er erfahren hatte, daß ein Trinkspruch ausgebracht würde, doch erneut erhoben sich alle, und ein Donner erschütterte die Wände des Georgssaales. Die Beifallswogen wiederholten sich von Zeit zu Zeit, wenn auch nicht mit solchem gewaltigen Donner. Man hatte also an der Quertafel weitere Trinksprüche ausgebracht, aber von den Worten war nichts zu hören. Selbstverständlich war keiner von den Führern zu sehen. Auch keiner der Kulturträger war zu sehen, weder die Moskauer noch die guschanischen. Bodorski quälte sich, langweilte sich. Zum Trinken hatte er keine Lust. Am nächsten Tisch, Nummer zweiunddreißig, unterhielt man sich laut und fröhlich, dort kannten offenbar alle einander, einen von ihnen kannte auch Bodorski, es war ein populärer Liederdichter, er machte Bodorski mit der Hand ein Zeichen, lud ihn mit den Augen ein, an ihrem Tisch sei ein Platz frei. Bodorski erhob sich, doch der Blaue hielt ihn zurück:
„Das ist unzulässig."
„Ich muß zur Toilette", reagierte Bodorski ärgerlich. Der Blaue hatte keine Einwände:
„Gehen wir."
Die Toilette war weiträumig, sehr hell, sauber, erheblich sauberer als das Bezirkskrankenhaus. Bodorski spielte mit dem Gedanken, wie er sie sich als Wohnung umbauen würde. Als sie sich die Hände wuschen, sagte der Blaue.
„Im Facettenpalast ist es fröhlicher, lockerer, da sitzen die Musiker und Tänzer und warten auf ihren Auftritt, aber man gibt ihnen keinen Wodka, sie bekommen nur trockenen Wein und den in Maßen, damit es keine Schwierigkeiten mit der Aufführung gibt. Im Georgssaal aber

haben wir das Bewußtsein, daß wir in einem Saal mit den Führern sitzen."
Als sie die Treppe hinaufgegangen waren, blieb Bodorski vor dem Repinbild stehen, aber der Blaue drängte ihn weiter:
„Gleich kommen die warmen Speisen."
Sie ließen sich wieder nieder. Wodurch unterschieden sich eigentlich diese Maler, Schriftsteller, Musiker und Tänzer von den Blauen? Auch sie waren mit einer Schablone aus einheitlichem Papier geschnitten, ebenfalls zweidimensional und zum Verwechseln ähnlich.
Bodorski gegenüber, mit dem Rücken zur Wand, überragte die anderen ein hagerer, glatzköpfiger alter Mann in einem hervorragend geschneiderten Anzug aus rotbraunem Stoff mit einer Fliege. Er war stark angeheitert und umarmte mit seinen langen Armen die beiden Blauen, nannte sie „Petja" und „Wanja". Auf Petja und Wanja gestützt, sprang er ab und an auf und stieß unverständliche trunkene Beleidigungen aus. Petja und Wanja drängten ihn behutsam wieder auf seinen Platz. Er stieß mit ihnen an, kippte das Glas herunter, eine Träne rollte ihm aus dem Auge, dann sprang er wieder auf und schrie:
„Ich bin der erste Maler Rußlands! Aber man hat mich weiß der Teufel wohin gesetzt, weiß der Teufel zu wem! Petja, Wanja, ich liebe Euch, kommt zu mir ins Atelier, laßt uns trinken, laßt uns unsere Herzen ausschütten."
Er mußte sich übergeben. Petja und Wanja führten ihn behutsam und ehrerbietig aus dem Georgssaal. Sein Rücken war von der Kreidefarbe weiß. Bodorski fragte seinen Blauen:
„Wer ist das?"
„Das wissen Sie nicht? Der Maler Johannson. Er ist beleidigt. Er wird immer nahe zur Tür gesetzt."
„Was erwartet ihn für ein solches Benehmen im Kreml?"
Der Blaue wunderte sich aufrichtig:
„Gar nichts erwartet ihn, wo denken Sie hin, er ist doch Gast. Er hat sich ein bißchen danebenbenommen, bei wem kommt das nicht einmal vor, ist doch ein Russe, eine offene Seele. Morgen früh wird er anrufen, ganz aufgeregt sein, wird um Entschuldigung bitten, er habe sich nicht richtig benommen, und wir werden sagen: ‚Aber was wollen Sie denn, das war doch gar nicht so, vielen Dank, daß Sie sich die Zeit genommen haben, uns anzurufen, lassen Sie sich wieder einmal sehen'. Man darf doch einen Menschen nicht verletzen."
Ein Kellner trug das erste warme Gericht auf: Zander à la Orly. Der Kellner steckte in einem schwarzen Smoking, aber sein Gesicht und sein Verhalten waren genauso wie bei allen Blauen. Hinter ihm tauchte plötzlich Shamatow auf:

„Stanislaw Jurjewitsch, wir bitten Sie, sich an einen anderen Tisch zu setzen."

Die beiden Blauen, zwischen denen Bodorski saß, wandten sich mit einem Ruck zu Shamatow, doch neben diesem stand ein neuer Blauer. Er nickte. Shamatow geleitete Bodorski nach vorn, dann bog er ab zu der Wand, die dem Eingang gegenüberlag, und flüsterte:

„Unser Alter hat Langeweile, an seinem Tisch ist niemand, den er kennt. Hakim versteht, wie Sie wissen, schlecht Russisch. Danijal Saurowitsch hat mir ein Zeichen gegeben, ich solle zu Hakim gehen. Da hat der Alte gebeten: ‚Setz dich zu mir, hier ist ein Platz frei'. ‚Ich kann das nicht', habe ich geantwortet, ‚ich bin so gesetzt worden, daß Danijal Saurowitsch mich sehen kann, er könnte mich ja plötzlich brauchen'. Daraufhin der Alte: ‚Dann sorg dafür, daß sich der Bodorski zu mir setzt, ich kann ihn etwas fragen, und er wird mir antworten.' Da habe ich mir überlegt, der alte Mann verdient, daß man etwas für ihn tut, habe wegen der Sache verhandelt, und man hat es genehmigt. Jetzt gehören Sie zu Tisch 13, von da aus werden Sie den Genossen Stalin und alle Führer sehen."

Tisch dreizehn (wie seltsam, nur die Ziffern waren umgestellt, aus der 31 war eine 13 geworden) stand an der Wand, neben der oberen Querverbindung der Tafel, aber nicht weit weg davon. Hakim Asadajew saß da mit seiner Papacha (er nahm sie selten ab) und in einem neuen Beschmet, freute sich und sagte auf guschanisch:

„Wie gut, daß du gekommen bist, jetzt wird es fröhlicher. Bei diesem Essen geht es überhaupt nicht so zu wie bei uns im Gebirge. Sie stoßen an, aber schweigen, trinken ohne Anstand, und wer sie sind, das weiß ich nicht, und sie kennen mich auch nicht."

An Tisch dreizehn saß auch zwischen jedem Gast ein Blauer, auch hier kannte Bodorski niemanden außer Hakim Asadajew, obwohl er in den Nachbarn berühmte Leute von Film oder Wissenschaft zu erkennen glaubte. Da war auch eine schöne Dame mittleren Alters mit üppigen Schultern in lichtem Schokoladenbraun, sie schien Bodorski zuzulächeln, aber ihm war nicht danach. Er betrachtete unverwandt die Herrscher der halben Welt, die an der Quertafel saßen. In der Mitte Stalin, rechts und links von ihm Molotow und Malenkow, Kaganowitsch und Shdanow, Mikojan und Woroschilow. An dem einen Ende der Quertafel Andrejew und der bescheidene Berija mit seinem Kneifer, am anderen Ende strahlend Parwisow. Aufmerksam musterte Bodorski die lebendigen Gesichter jener Männer, die er seit seiner Kindheit von Fotografien her kannte. Aber waren ihre Gesichter überhaupt lebendig? Waren diese Menschen nicht vielmehr darum bemüht, daß ihre Gesichter leblos wurden? Nur Mikojan und Kaganowitsch gelang es nicht, ihre

Individualität abzulegen, ihre überlieferte Andersartigkeit, und in einigen Zügen Mikojans glaubte Bodorski aus der Ferne Züge seiner armenischen Mutter zu erkennen.
Entweder waren sie alle klein geraten, oder sie bemühten sich, so zu sitzen, daß Stalin nicht kleiner als die anderen wirkte. Von diesem ging der Glanz der Größe und der Macht aus, das Strahlen des von Gott eingesetzten Autokraten, ein leuchtender Heiligenschein krönte sein kaukasisches Haupt. Bodorski verwunderte es, daß sich das Gefolge des Führers so ungezwungen benahm, miteinander flüsterte, manchmal lächelte. Stalin war gleichsam fernab von ihnen, fernab der irdischen Welt: erkennbar, doch verborgen, sichtbar, doch nicht zu sehen. Er sprach mit niemandem, niemand wagte, ihn anzusprechen. Vor dem Führer stand eine Art Feldflasche, deren Verschluß zugleich als Becher diente. Stalin schraubte diese Flasche dann und wann auf und goß sich etwas in den kleinen Becher. Bodorski konnte den Blick nicht von ihm lösen. Auch die vielen hundert anderen Augen waren auf ihn, auf die Sonne des Weltalls gerichtet.
Woran spürte man, daß der Führer das Wort ergreifen wollte? Die plötzliche Stille, die den Saal befiel, der bis dahin von halblautem, gleichmäßigem Stimmengewirr erfüllt gewesen war, glich jener Stille, die am Abend vor dem ersten Tag der Schöpfung geherrscht hatte. Stalins Stimme wirkte ungewöhnlich: dumpf, aber gelegentlich überraschend hoch:
„Ich erhebe das Glas", begann der Führer in nicht ganz richtigem Russisch, „auf die guschanische Intelligenz. Für keinen sind die Verdienste der guschanischen Intelligenz in der Vergangenheit ein Geheimnis. Diese Vergangenheit hat Karl Marx bekanntlich die goldene Kindheit der Menschen genannt. In jener fernen Epoche war es, daß die in der ganzen Welt bekannten epischen Lieder der Guschanen entstanden..."
Da plötzlich, als Bodorski ganz leise Hakim Asadajew die Worte Stalins übersetzte, geschah etwas Unglaubliches: Hakim Asadajew unterbrach die Rede des Führers. Er stand auf und rief:
„Hurra! Das Literaturwissenschaft ist tot!"
Alles, wovon er seit seinen frühen unschuldigen Jahren geträumt hatte, alles, was ihm den höchsten Sinn seines Lebens bedeutete, alles, was die anerkannten, studierten, aber kurzsichtigen Literaturwissenschaftler nicht zugeben wollten, diese selbstzufriedenen gelehrten Dummköpfe, alles, was Herz, Seele und Verstand seines Volkes bildete, erfuhr in diesem Augenblick seinen langerwarteten, schwer errungenen, aber um so größeren Sieg. Stalin selbst, der die sieben Planeten der Welt bewegte, der Fluß Kausar – die Quelle der Weisheit und des Wissens im Paradies,

hatte bestätigt, hatte mit seinem unerschütterlichen, der Kaaba gleichen Wort die Bedeutung der guschanischen epischen Heldenlieder bestätigt, hatte ihr Recht geheiligt, die ersten gewesen zu sein.
Den Blauen, zwischen denen der alte Schriftsteller gesessen hatte, war der Schreck nicht umsonst in die Glieder gefahren: sie würden wegen dieses schwatzhaften Kaukasusheiligen etwas zu hören bekommen. Sie begriffen seinen Ausruf nicht, aber der Ausruf selbst, der lästerlich die Worte des Führers unterbrochen hatte, und auch das negative Adjektiv „tot" trieb sie zur Raserei, löste eine verzweifelte Panik aus. Sie packten den alten Mann an seinen Armen und versuchten, ihn auf seinen Platz zu zerren. Die blauen Papiertiger verfügten offensichtlich über keine geringe Kraft: Bodorski sah später an Asadajews Armen die blauen Flecken. Doch was bedeuteten ihre Raubtierkräfte im Vergleich zu der höchsten geistig gelenkten Kraft des schwachen alten Mannes? Er riß sich aus ihrer Raubtierumklammerung los, stieß die beiden Blauen zur Seite und rief erneut:
„Biraw, biraw! (Bravo, bravo!) Das Literaturwissenschaft tot! Es lebe unserlich Vater Genosse Stalin! Lampe von Decke wir nicht brauchen, wir haben Stalin, er unser Lampe!"
Die blauen Raubtierpranken preßten die Handgelenke des Schriftstellers mit verzehnfachter Wut, drückten ihn mit einem schnellen Ruck an den Tisch, aber da geschah etwas, was die Blauen nicht hatten ahnen können. Stalin stand auf. Der ganze Georgssaal von einem Ende bis zum anderen erhob sich. Stalin begab sich mit seinem Metallbecherchen in der linken Hand gemessenen Schrittes majestätisch am Präsidium des Festmahls entlang zu Tisch dreizehn. Als er in ihre Reihe einbog, erkannte Bodorski seine saffianledernen Stiefel. Die Blauen überkam eine Gänsehaut und diese übertrug sich magisch auf alle Gäste. Als der Führer bei Tisch dreizehn angekommen war, hielt er inne. Da Bodorski erheblich länger war, erkannte er auf dem Scheitel seines dichtbehaarten Kopfes eine kleine Glatze, die an eine katholische Tonsur erinnerte. In den Bernsteinaugen brannten wie in verglimmenden gelben Kohlen dämonisch rote Punkte. Über den steifen Kragen der Uniformjacke fielen welke Hautlappen wie bei einem Truthahn. Die rechte Hand hing willenlos und nutzlos herab. Die niedrige Stirn und die Pockennarben auf dem Kinn nahmen dem Gesicht durchaus nicht seine Größe, in dem sich Züge des Trägers einer Krone mit denen des Korsaren und des asiatisch orthodoxen Priesters mischten. Die Augenlider waren leicht gesenkt, insgesamt schien sein Blick von oben zu kommen und konzentriert dem rechtwinkligen Dreieck der Nase zu entstammen, wodurch das Gesicht etwas Hochmütiges bekam. In diesem Menschen hatte sich das unheilvolle Schicksal verkörpert, das der Vorsehung

feindlich gegenüberstand, und so stand er nahe und schrecklich vor Bodorski: das Schicksal der Weltordnung, das Schicksal der Völker und das Schicksal eines jeden Menschen – vom unschuldigen Kleinkind bis zum sündigen Greis. Ohne irgend jemanden eines Blickes zu würdigen, stellte Stalin sein Metallbecherchen auf den Tisch und fragte Asadajew: „Wie heißen Sie?"
„Asadajew sind wir, Asadajew."
„Ich weiß, daß Sie Asadajew sind. Alle Werktätigen des Kaukasus wissen, daß Sie Asadajew sind. Aber das ist doch ein Pseudonym. Wie heißen Sie wirklich?"
„Scharmatow sind wir, Scharmatow."
„Dschugaschwili, auf Ihr Wohl!" Stalin nahm sein Becherchen in die linke Hand und stieß mit Asadajew an. Dann entfernte er sich, ohne wie bisher irgend jemanden anzuschauen, seine verhängnisvoll schicksalhafte Macht ausstrahlend.
Worin lag der Sinn dieses sekundenhaften Ereignisses? Wollte Stalin den dienststeifrigen Tschekisten zeigen, daß der alte Mann ein guter Mann war und daß man auf ihn nicht böse sein solle? War da eine andere, weitere und wichtigere Idee verborgen, irgendeine Anspielung? Oder spielte Stalin und wollte alle nur mit seinem rätselhaften Schritt verblüffen, der um so rätselhafter war, als sich in ihm keinerlei Anspielung verbarg? Oder wollte Stalin sich einfach diesen berühmten Schriftsteller aus dem Gebirge, diesen ehemaligen Mulla, einmal näher ansehen, von dem ihm seine Mitstreiter aus dem Kaukasus erzählt hatten? Oder hatte er sich an Scholochows Artikel über die Pseudonyme erinnert und war ihm, als er den Ausruf Asadajew-Scharmatows hörte, eingefallen, daß nicht nur die Juden Sinowjew und Kamenjew, sondern auch Lenin und er, Stalin selbst, unter Pseudonymen bekannt sind? Dabei hatte er seinen Namen einfach ins Russische übersetzt, seine Wurzel „Dshuga" bedeutet „Stahl".
Der Schreiber dieser Zeilen ist nicht in der Lage, in das Wesen des Geschehenen einzudringen, er konnte es vor sich sehen, aber er kann nicht hellsehen. Er hat es gesehen, hat es erzählt, aber er hat nicht die Absicht, darüber nachzudenken. Nachdenken kann der Leser. Außerdem ergab sich bei diesem Festmahl noch ein weiterer Grund zur Überlegung, ein ernsterer. Warum hatte sich der Führer angesichts der allgemeinen Hetze gegen die epischen Lieder der Völker des Orients so huldvoll über die epischen Lieder der Guschanen geäußert? Wußte er etwas von ihrer Verwandtschaft mit den griechischen? Hatte man ihm berichtet, daß Asadajew mit seiner ständigen Behauptung, sie seien die älteren, seit langem im Streit mit den Fachgelehrten lag? Gab es einen Zusammenhang zwischen den Worten des Führers und den Ereignissen

in Griechenland, mit den Truppen von Mpelogiannis? Darüber zerbrachen sich die Ideologie-Funktionäre lange ihre Köpfe, wir aber werden uns den Kopf darüber nicht zerbrechen, wir wollen lieber Bodorski zu dem unerwarteten epischen Erfolg gratulieren und erzählen, was im Georgssaal später geschah, obwohl dies keinen unmittelbaren Zusammenhang mit der guschanischen Dekade hat. Vielleicht aber doch?

Irgendwie merkte man, daß der Empfang beendet war, doch da trat Shamatow an den Tisch heran und umarmte Hakim Asadajew, wie es der Sitte im Gebirge entspricht. Er nannte sein Gespräch mit dem Führer ein historisches, ein für das ganze guschanische Volk wichtiges Gespräch und sagte, jetzt würden nur die nach Hause fahren, die unterhalb von Tisch sechzehn gesessen hätten. Er und Bodorski müßten bleiben, jetzt gäbe es einen Film.

Das zweitklassige Hofgesinde verließ den Saal und blickte neidvoll auf die zurückbleibenden Auserwählten, die unverwandt mit sklavischem Stolz ihre ergebenen Augen auf die Führer richteten, ohne zu wagen, sich ihnen zu nähern. Einige Blaue ließen eine weiße Leinwand herab. Die Kellner schoben den langen Tisch des Präsidiums an die Wand und deckten ihn mit frischen Bestecken, sauberen Tellern und Flaschen von anderen Tischen. Die Teller mit den Speiseresten wurden durch die Tür links neben der Bühne hinausgetragen, durch denselben Durchgang, durch den aus dem Facettenpalast die Musiker und Tänzer gegangen waren. Auch die anderen Tische wurden beiseitegeschoben, man ordnete die Stühle in Reihen.

Die Führer plauderten miteinander, bei einigen standen die am höchsten geschätzten Diener des Volkes. Der wie ein griechischer Krämer wirkende Shdanow spielte Oginskis Polonaise auf einem Klavier. Stalin saß in der Einsamkeit des Herrschers da und nahm seine Mitstreiter und die geschäftigen Kellner um ihn herum nicht wahr. Er rauchte seine Pfeife. In seiner Nähe, aber nicht allzu nahe, stand, wie in den Boden gerammt, Poskrjobyschew, Stalins graue Eminenz, mit seinem tumben Maul. Alle sahen, wie der Dramatiker Kornejtschuk zu Stalin trat. Sie sprachen kurz miteinander, und Kornejtschuk wich völlig niedergeschmettert mit zitternden Knien mehr tot als lebendig zurück. Da löste sich aus dem Haufen der Diener Pawlenko, der, wie man sich erzählte, einzige Schriftsteller, der bei Stalin privat verkehrte. Es gab Wortspiele mit seinem Namen: eine Fassung deutete darauf hin, daß über ihn Weisungen erfolgten, eine andere, bösartigere, was er für einen gemeinen, kriecherischen Charakter hatte. Aber wir wollen ihm nicht hinterherreden: bald nach diesem Empfang verschied er, noch nicht besonders alt, und heute ist er mit allen seinen vier oder fünf Stalinpreisen endgültig vergessen. Er ging an Bodorski und Asadajew vorüber und gab ihnen die Hand:

„Was war da los?" wagte Bodorski zu fragen. Er war einmal mit Pawlenko zu irgendwelchen Feierlichkeiten in eine der mittelasiatischen Republiken gereist, und ihre Beziehungen waren nicht ganz auf das Offizielle beschränkt geblieben. Pawlenko zwinkerte wie gewöhnlich mit seinen Augen und sprudelte wie üblich hastig und lustvoll heraus:
„Kornejtschuk hat Iossif Wissarionowitsch gefragt: ‚Genosse Stalin, wie hat Ihnen mein Stück gefallen?' Eigentlich doch gar kein dummer Kerl, mit Erfahrung, aber da hat er Mist gebaut. Stalin war ärgerlich: ‚Was für ein Stück?' Kornejtschuk begriff sofort, daß er ins Fettnäpfchen getreten hatte, aber nun war es schon zu spät. ‚Sie haben es doch gestern im Kleinen Theater gesehen, ich las es in der Zeitung.' ‚Sie schreiben schlecht, Kornejtschuk', hat Iossif Wissarionowitsch gesagt, ‚Ihre Stücke sind Eintagsfliegen.'"
Pawlenko zwinkerte noch schneller. „Rasch, rasch", rief er in derselben hastigen Sprechweise sich und allen anderen und beeilte sich, in die Tiefe des Saales zu kommen. Alle starrten weiter auf die Führung. Kornejtschuk trat an den langen Tisch heran, auf dem die angebrochenen Flaschen standen, goß sich ein Wasserglas mit Wodka voll, schüttete es hinunter, ohne etwas dazu zu essen und begann, den Kopf in den Arm gestützt und die lasterhaft roten Lippen geöffnet, zu singen:
    Sahajdatschny, unser Hetman
    Reitet tapfer vor uns her...
Der Kulturminister, der offenbar auch als Zeremonienmeister des Kremlhofes fungierte, stellte sich in die Mitte zwischen Stalin und die Gäste und sagte laut:
„Genosse Stalin, was ist das für ein Singen? Singt man so ukrainische Lieder?" Der Minister war ukrainischer Abstammung.
Da trat ein seltsames, deutlich spürbares Schweigen ein.
Poskrjobyschew, der Stalins Wünsche immer erriet, begab sich zu ihm mit einem billigen Aschenbecher in der Hand, wie man sie bei jedem beliebigen unwichtigen Vorgesetzten findet. Stalin schlug seine Pfeife auf und sagte zu dem Minister, ohne ihn anzusehen:
„Er singt, meiner Ansicht nach, die ukrainischen Lieder nicht schlecht, manchmal schreibt er auch nicht schlecht. Du aber singst nicht und schreibst nicht."
„Alles kommt von ihm: die Größe und das Fallen", erinnerte sich Bodorski an eine Verszeile eines antiken orientalischen Dichters. Inzwischen ließen sich, wiederum auf irgend jemandes Fingerzeig hin, Führer und Gäste in den Reihen hintereinander nieder. Die erste Reihe war mit Blauen besetzt. Der Äußerste in der zweiten Reihe, unmittelbar am Durchgang, war Kaganowitsch, neben ihm saß Stalin, dann folgten

Berija, Malenkow, Molotow und die anderen. Das Licht ging aus. Der Film „Wolga-Wolga" begann. Etwa in der Mitte des Films ließ sich Stalins Stimme hören, fröhlich und hoch:
„Gleich fällt er ins Wasser."
Und wirklich, Igor Iljinski fiel über Bord. Stalin fing in irgendeinem Anfall an, Kaganowitsch auf die Schenkel zu schlagen. Als der Film zu Ende war und das Licht im Saal anging, sagte Stalin, ohne sich an irgend jemanden zu wenden:
„Kinder, marsch in die Schule, der Hahn hat schon lange gekräht."
Die Anspielung war deutlich. Man löste sich auf.

Vierzehntes Kapitel

Acht Jahre waren vergangen, seit die tawlarischen Familien aus den Viehwaggons auf den fast wüstengleichen Boden des Kolchos „Schwert der Revolution" hinausgeworfen worden waren. Ihr Leben war ärmlich, aber es unterschied sich kaum vom Leben der anderen Kolchosbauern, der verbannten und der ansässigen. Nach dem Kriege hatte man neue Deutsche in den Kolchos „Schwert der Revolution" getrieben, diesmal nicht Petersburger, sondern Kolonisten aus dem Gebiet Odessa, die im Troß der geschlagenen Hitlertruppen geflohen waren und bereits an der Schwelle zum geschlagenen Reich von sowjetischen Stellen gefaßt worden waren. Diese deutschen Bauern legten sich hier wie in ihrer Heimat, in der Steppe um Odessa, wie man so sagt, hart ins Zeug – ein lebendiger Vorwurf für die Tawlaren, die ungern arbeiteten. Aber auch die fleißigen Bauern lebten nicht besser als die anderen: Alim Safarow erinnerte sich: aus irgendeinem Grunde war er einmal in eine Hütte gekommen, wo eine deutsche Familie lebte, und hatte gesehen, wie die deutsche Hausfrau mit dem Rücken zu ihm den Lehmboden putzte. Ihre häßlichen geraden, dürren, aber stabilen Beine waren nackt gewesen, auf der Holzpritsche hatte ein großer Sack mit Mehl gestanden, das sie sich erarbeitet hatten, und die Frau hatte den Boden mit solcher Sorgfalt geputzt, als handele es sich um das Familiensilber.
Es war Alim trotz allem nicht gelungen, in eine Kunsthochschule zu gelangen. Stattdessen hatte ihn der Kommandant, als er die nicht vollständige Mittelschule abgeschlossen hatte, in die Kreishauptstadt geschickt, damit er einen Kurs als Buchhalter absolviere. Ein Buchhalter ist im Kolchos eine angesehene Persönlichkeit. Bekanntlich lebt bei uns der Mensch um so besser, je weiter weg er sich von wirklicher Arbeit, von wirklichem Tun befindet und je näher er angeblicher oder wenig notwendiger Arbeit steht. Kurz und gut, Alim Safarow und seine Mutter, die Unterbrigadierin Fatima, litten keinen Hunger. Für den Winter hatten sie etwas anzuziehen und etwas zu heizen, nur mangelte es ihnen an den kaukasischen Bergen, am Nußbaum vor dem Haus, an Glockenblumen auf den Felsen und am Quellwasser unter dem Felsen. Es fehlte die Heimat. Es fehlte die Freiheit.
Mit Tulpen, die dort blutrot leuchteten, und mit warmen Winden kam über die kasachische Steppe der einundzwanzigste Frühling Alims. Er

war nicht besonders groß, aber gut gebaut, sein etwas längliches, rassiges Gesicht mit einem Tscherkessenbärtchen zog die Mädchen an, die in der Verbannung großgeworden waren. Doch mit Tawlarinnen sollte man nicht anbändeln, sonst mußte man sie auch heiraten. So suchte sich Alim von Zeit zu Zeit Freundinnen unter anderen Volksgruppen im „Schwert der Revolution". Damit, daß er Frauen kennengelernt hatte, hatte er noch keine Liebe kennengelernt. Sein Hang zur Malerei war wie weggewischt, dafür hatte ihn eine neue Leidenschaft gepackt: nach der Arbeit im Kontor schrieb er Erzählungen und notierte verschiedene Überlegungen aus mancherlei Anlaß, wobei er dieser nutzlosen, doch geliebten Tätigkeit die langen Kolchosabende widmete, und es geschah nicht selten, daß er der Gemeinsamkeit mit einer Frau das Gespräch mit dem Papier vorzog. Er las alle Bücher (außer den ausländischen), die Nikolaj Leopoldowitsch gehörten, sogar die enge Fachliteratur zur Geschichte und Linguistik des Orients. Nach Kobenkows Tod unter dem Traktor Atalykows (Atalykow war von der Zwangsarbeit nicht zurückgekehrt) hatte der neue Kommandant für die Bevölkerung einen Klub eröffnet, hatte die Anschaffung einer Bibliothek angeordnet, und es war geglückt, in der Zentralen Bibliotheksbeschaffungsstelle von Alma-Ata dicke einbändige Auswahlbände mit den Werken Puschkins, Lermontows, Gogols, Turgenjews, Gontscharows, Saltykow-Schtschedrins, Tschechows, mit Theaterstücken Ostrowskis, der Trilogie Gorkis, einigen Erzählungen Tolstois, mit Gedichten Abais auf kasachisch und den „Oliver Twist" in einer Ausgabe für Kinder zu bekommen. Alim las nicht nur, er saugte diese Bücher in sich hinein. Jeder Satz war für ihn wie ein köstlicher Schluck Wasser für einen Wanderer, der in der Wüste eine Quelle gefunden hat. Er lernte, die Freude der sich miteinander verschlingenden russischen Worte zu begreifen. Ihm gefielen die Bilder des „Stillen Don", andere sowjetische Romane schienen ihm flache, ermüdende Beweisführungen gängiger Allgemeinplätze zu sein, wobei er übrigens die besten nicht kannte, es gab sie nicht in der Kolchosbibliothek. Nach Shdanows vernichtender Verdammungsrede wollte er Soschtschenko und Achmatowa lesen. Er hatte vorher von ihnen nichts gehört, aber ihre Werke gelangten nicht zum „Schwert der Revolution".

Die Arbeit im Büro war für Alim eine lästige Verpflichtung, Frauen eine kurze körperliche Notwendigkeit, das Lesen ein hinreißendes Glück. Als Verbannter des Kaukasus kannte er die kaukasischen Erzählungen der russischen großen Schriftsteller in Lyrik und Prosa auswendig, und zwar nicht nur einzelne Gedichte, sondern auch den ganzen Roman Lermontows „Ein Held unserer Zeit", Tolstois „Kosaken", „Hadschi Murat" und den „Kaukasischen Gefangenen". Shilin und Kostylin waren bei einem turksprachigen Bergvolk in Gefangenschaft geraten, Tolstoi hatte daher die Bergleute Tataren genannt. Alim aber erkannte in ihnen die Kumücken, die den Tawlaren in Sprache und Sitten sehr nahe standen. Solche Mädchen wie Dina sah er hier jeden Tag in der asiatischen Verbannung. Dieser Name war eine Kurzform von „Medina", so hieß die arabische Stadt, wohin in der Nacht zum 26. Juli 622 nach dem europäischen Kalender der Prophet aus Mekka geflohen war: mit dieser Nacht beginnt der mohammedanische Kalender. Die Menschen, die Mohammed nach Medina gefolgt waren, nannten sich Muhadschiri, also Umsiedler, sie aber, die Tawlaren, waren Sonderumsiedler, Sondermuhadschiri, doch es war nicht der Prophet gewesen, der sie hierher geführt hatte.

Alim verneigte sich vor der Göttlichkeit des Tolstoischen Lichts, vor jenem Menschen, der in die heiligsten Gefühle der Gebirgsleute eingedrungen war, in ihre Fähigkeit zu denken, zu leiden, Ehre und Amoralität zu verstehen. Puschkin und Lermontow schienen ihm Weltenschöpfer zu sein. Diese Russen hatten über den Kaukasus so geschrieben, wie kein einziger Kaukasier hatte schreiben können. Das Leben, das ihre Worte geschaffen hatten, entstammte nicht nur ihrem Genius, es entstammte auch ihrer Kenntnis des kaukasischen Bodens, der kaukasischen Seele, der Lebensweise, des Charakters eines jeden Stammes, der komplizierten Beziehungen zwischen den Mitgliedern einer Familie und eines Geschlechts. Warum hatten diese russischen Adligen, von denen zwei Offiziere gewesen waren, die den Kaukasus unterjocht hatten, die Menschen des Gebirges so liebgewonnen? Warum mit solcher Leidenschaft, mit solchem Schwung des Erstentdeckers ihre Reise in das Innere des Menschen unternommen und in den Bergleuten den Menschen entdeckt, während die heutigen russischen Kinder der Arbeiter und Bauern den Bergbauern verachten, ihn Kaukasusindianer und Schwarzarsch nennen, und die Kalmücken und Kasachen als Schlitzaugen bezeichnen? Warum haben der Graf, der Kammerjunker bei Hofe und der Fähnrich (und Enkel einer reichen Gutsbesitzerin) die Tragödie von Hadschi Murat und Tasit und den ursprünglichen Reiz von Dina und Bela begriffen, während die Kinder des russischen werktätigen Volkes sie nicht einmal als Menschen ansehen?

Offenbar war das alte Rußland, das Adelsrußland, edler und besser als das gegenwärtige, offenbar lebte in jenem und nicht im heutigen die Liebe zum Menschen, leuchtete die Wärme der Gleichheit und Brüderlichkeit, hatte nicht jenes, sondern das heutige Rußland einige Völker aus der Liste der Menschheit gestrichen. Diejenigen Kaukasier aber, die man zufällig nicht aus diesem Verzeichnis gestrichen hatte, waren von

ihren bösen Herren mit ihrer tierischen Bosheit angesteckt. Da nannte schon das saubere Söhnchen des Guschanen Hakim Asadajew, dieser Mansur, dessen Ruhm im Kommen war, in Gedichten, die in Moskau auf russisch veröffentlicht wurden, den furchtlosen Schamil einen „tawlarischen Wolf, eine tschetschenische Schlange". Warum? Schamil war weder Tawlare noch Tschetschene. Er war Aware, und nicht die Tawlaren hatten unter seiner Führung gegen Rußland gekämpft, sondern die Guschanen. Und was hätte es sonst zu bedeuten – hier stieß Alim unwillkürlich in dasselbe Horn wie der elende Mansur –, selbst wenn die Tawlaren gegen Rußland gekämpft hätten, aber warum sollte dann Schamil ein tawlarischer Wolf sein? Nur, weil man die Tawlaren verbannt hatte? Man hätte doch auch die Guschanen verbannen können. Woran lag das? Es lag daran, daß Mansur ein Sklave war, ein Sklave von Sklaven, mit jeder Faser ein Sklave, ein käuflicher Kaukasier, ein Händler mit Pathos und ein Produzent aufgeplusterter Wörter. Entscheidend war, daß Lermontow kein Sklave war. In ihm lag die gottgegebene Freiheit. Er hat geschrieben:
„Wie liebe ich deine Stürme, du Kaukasus! ... Den einsamen Baum, vom Winde gebeugt, den Weingarten, der in der Schlucht rauscht... Den unerwarteten Schuß und die Angst nach dem Schuß: war es ein heimtückischer Feind oder ein Jäger... Alles, alles ist in diesem Lande schön. Die Luft ist rein wie das Gebet eines Kindes; die Menschen leben sorglos wie die freien Vögel; der Krieg ist ihr Element."
Lermontow hatte sogar die Angst nach einem Schuß im Kaukasus lieben gelernt, weil damit freier Wille verbunden war, im Krieg sah er das Elementare. Mansur aber brauchte keinen freien Willen, das Feuer der Angst verbrannte ihn nicht nur von innen heraus, sondern es leuchtete ihm auch auf dem glitschigen Weg zum Erfolg. Der Prophet aber hat gelehrt, sich nicht zu fürchten: „Wenn man dir rät, ,geh bei großer Hitze nicht hinaus', dann sag ,das Feuer der Dshehenna ist noch heißer'. Mansur glaubte offensichtlich weder an den Propheten noch an das Feuer der Dshehenna. Lermontow aber glaubte: „Vielleicht hat mich der Himmel des Orients der Lehre seines Propheten unwillkürlich nahe gebracht."
Dem Schreiber dieser Zeilen (wir wollen keine Zeit für die Erklärung verlieren, warum es so war) hat Alim Safarow aus dem Kolchos „Schwert der Revolution" eine Erzählung geschickt. Diese Erzählung steht in unmittelbarem Zusammenhang mit unserem Roman. Hier ist sie:

Die Kutschijews

Es war einmal eine Zeit, da pflegten die Witzbolde in unserer Gegend zu sagen, es gäbe in unserer Republik die Guschanen, die Tawlaren und die Kutschijews. Tatsächlich gab es keine Tawlaren-Siedlung, in der nicht zwei oder drei Familien mit dem Namen Kutschijew lebten. Es gibt Lieder über berühmte Kutschijews. Einer war ein Räuber, der das geraubte Gut unter den Armen verteilte, ein anderer ein geschickter Baumeister, der in alten Zeiten Türme baute, ein dritter war ein persisch schreibender Hofdichter bei einem karabachischen Regenten, ein vierter ein von Kirow geschätzter Partisan. Die meisten Kutschijews aber waren einfache Bauern. Meine Mutter ist eine Kutschijew. Mein Vetter, der im Krieg zum ‚Helden der Sowjetunion' ernannt wurde, ist ein Kutschijew. Unser Nachbar, der Zimmermann, ist auch ein Kutschijew. Das sind nicht nur Leute, die den gleichen Namen tragen, das ist ein Bauerngeschlecht, und alle Kutschijews sehen sich als Verwandte an. Da meine Mutter eine Kutschijew ist, gelte auch ich als Angehöriger dieses Geschlechts. Der wahre Name von Mussaib aus Kagar ist Aschagow, aber auch in ihm sehen die Kutschijews voller Stolz einen der Ihren, denn Rasijat, Mussaibs Frau, war eine Kutschijew.

Mussaib aus Kagar ist gestorben, man hat uns aus Kant einen Ausschnitt aus der Kirgisischen Zeitung mit dem Nachruf geschickt. Die Moskauer Presse hat den Tod des Dichters mit dem einst so berühmten Namen nicht erwähnt. Sogar der Oberste Sowjet hat nicht, wie es sich in solchen Fällen gehört, den Tod seines Abgeordneten mitgeteilt. Der Staat hört wie Allah den, der ihn preist. Doch Allah hört ihn immer, der Staat nur, solange es für ihn vorteilhaft ist.

Der Zimmermann Kutschijew kam zu uns ins Haus, um die Salat-aldshanasa zu sprechen, das unmittelbar nach dem Tod gebotene Gebet für den verstorbenen Dichter, den Verwandten der Kutschijews. Mit erhobenen Armen sprach er zunächst die erste Sure des Korans, dann das Gebet für den Propheten, dann das Gebet um Gnade für den Verstorbenen, dann das Gebet um Gnade für alle Anwesenden. Wir alle sind jetzt mit dem Islam nicht gut vertraut, aber der Zimmermann Kutschijew hat in den ersten Jahren nach der Revolution noch in einer Medrese gelernt. Er verdiente nicht schlecht, arbeitete nicht nur im Kolchos als Zimmermann, sondern abends und an den Feiertagen auch

privat. Das war ein kräftiger, fünfzigjähriger Mann, sein großer Körper brauchte ständig etwas zum Essen, und wenn er von der Arbeit kam, dann rief er schon auf der Schwelle mit seiner für einen so mächtigen Körper unerwartet hohen, fast mädchenhaften Stimme: „Frau, ich bin hungrig!" Seine erste Frau war beim Transport im Viehwagen gestorben, er diente damals bei der Armee, und als er zurückkam, heiratete er im „Schwert der Revolution" eine junge Frau, auch eine aus dem Geschlecht der Kutschijews. Sie gebar ihm Zwillinge, zwei Jungen. Den einen nannte der Vater Marx, den anderen Engels. Da konnte es laut über den Hof tönen: „Marx, steh vom Töpfchen auf, laß Engels mal! Engels, wisch dir die Nase ab! Marx, nimm Engels nicht den Löffel weg! Engels, gleich setzt es etwas!"
Die Nachbarn lachten, jemand zeigte ihn beim Kommandanten an, der Kommandant wurde wütend, versetzte dem kräftigen, aber gefügigen Zimmermann ein paar Ohrfeigen und befahl ihm, die Namen seiner Zwillinge zu ändern. Es wurden neue Geburtsurkunden ausgestellt: der eine Junge hieß nun Mirsaid, der andere Enwer. So blieb das Geschlecht der Kutschijews ohne Marx und ohne Engels.
Im Winter 1952 wurde es in unserer Hütte eng: drei Kutschijews zogen gleichzeitig bei uns ein – Murad, seine Frau Kalerija Wassiljewna und ihr Junge Wika, ein richtiger Kaukasusjunge mit Augen wie Pflaumen: stark ist unser Gebirgsblut!
Die Lagerjahre hatten Murad sichtlich vorzeitig altern lassen. Er wirkte, als sei er genauso alt wie seine Frau, die zwölf Jahre älter war. Murad hatte im Lager ihre Moskauer Adresse behalten. Er hatte ihr einen Brief geschrieben. Der Brief war angekommen, und sie war statt einer Antwort selbst angereist, angereist mit ihrer beider Sohn, den sie als einen Kutschijew hatte eintragen lassen. Ohne lange zu überlegen, hatte sie ihre Moskauer Wohnung aufgegeben, auch das Wohnrecht in Moskau, das Krankenhaus in Moskau, und war in das eisige Norilsk zu dem Menschen gefahren, mit dem sie juristisch nicht verheiratet war und der dazu auch noch ein Strafgefangener war. Kalerija Wassiljewna fand Arbeit als freiwillig dienstverpflichtete Ärztin beim Lager. Unter Berücksichtigung der früheren Auszeichnung als „Held der Sowjetunion", die man ihm jetzt abgesprochen hatte, übertrug die Lagerleitung Murad einen günstigen Posten – als Fahrer eines Lastwagens. Er bekam das Recht, sich ohne Begleitposten zu bewegen, was die Möglichkeiten, sich mit Kalerija Wassiljewna zu treffen, erleichterte, manchmal konnte er auch bei ihr übernachten. Sie mußte in Norilsk eine Abtreibung vornehmen lassen, und dies machte man so ungeschickt, daß sie die Möglichkeit verlor, weitere Kinder zu gebären.
„Ich bedaure nichts, auch nicht den Verlust des Titels ‚Held der

Sowjetunion'", sagte Murad zu uns, „denn ich habe Kalerija. Mit einer solchen Frau wird es mir überall gut gehen. Diese russische Frau hat mir einen Sohn geboren und hat ihm den Namen Kutschijew gegeben, obwohl sie wußte, daß die Tawlaren vertrieben sind. Ich habe sie gerufen, und sie ist zu mir gekommen, zu mir aus der Hauptstadt unseres Landes nach Norilsk."
Die Tawlaren wunderten sich über ihn. Sie sagten, er sei zwar ein Held, aber kein Mann des Gebirges. Wie die Klette am Hang, so hänge er am Rock dieser russischen Frau, die außerdem noch erheblich älter sei als er. Er hätte sich ein junges Mädchen aus den Bergen zur Frau nehmen können, deren Brüste sich erst entfalten würden. Mancherlei redete man. Man redete auch, Murad würde sie auf Händen tragen und ins Bett legen, das er selbst mache. Man redete (woher wollte man das wissen?), sie hätte nach Murad andere Männer gehabt, an der Front und in Moskau, er aber habe seine Gebirgsehre vergessen und ihr nicht einmal einen Vorwurf gemacht. Dabei hätte er sie dafür schlagen müssen.
Ich habe mir immer wieder überlegt, was das eigentlich ist: Gebirgsehre? Man singt von ihr in alten Liedern, schwört bei ihr in der Gegenwart, aber ich finde sie nur selten bei unseren Leuten aus dem Gebirge. Da ist noch ein Irrtum: Bei uns hat sich fest das Bild des Mädchens aus dem Gebirge eingepflanzt – mit gutem Charakter, edler Moral, Schönheit und Fleiß, doch ich konnte schon feststellen, daß das Original diesem Bild nicht immer entspricht. Wie viele zänkische, klatschsüchtige und liederliche Tawlarinnen habe ich gesehen und wie viele, die auch ihre Männer betrogen, wenn sich die Gelegenheit bot. Kalerija Wassiljewna, die zur Fülle neigt, aber flink in ihren Bewegungen ist, schien mir dem althergebrachten Ideal näher zu sein als manches Mädchen aus dem Gebirge. Der Ausbildung nach eine Chirurgin, hat sie bei uns im Kolchos als einziger Arzt alle Kranken behandelt, hat nach der Arbeit zu Hause Wäsche gewaschen, gekocht, gespült, war irgendwie leichtfüßig bei all ihrer Fülle. Sie hatte Achtung vor ihrem jungen Mann und vor meiner Mutter, die sie „Tante Fatima" nannte. Wir haben aus Kisten eine Zwischenwand zwischen uns und den Kutschijews gemacht, und wir haben nachts niemals irgendeine Zänkerei bei den Kutschijews gehört.
Murad erzählte uns, daß man dort in Norilsk Kalerija Wassiljewna einmal ins Parteibüro vorgeladen und ihr nahegelegt habe, ihre Beziehung zu dem Häftling abzubrechen. Da habe sie laut gesagt: ‚Er ist mein Mann, er ist der Vater meines Sohnes!' Man habe ihr gedroht: ‚Dann gib Dein Parteibuch heraus', da habe sie ihr Parteibuch auf den Tisch geworfen und sei in Tränen ausgebrochen. Auch dort gab es Menschen, man achtete sie dort, die Sache wurde vertuscht, obwohl die Mitglieder

des Parteibüros dadurch hätten Ärger bekommen können – und all dies noch unter den Bedingungen von Norilsk.
Über die Lagerjahre sprach Murad nicht gern, höchstens wenn er an einem Feiertag getrunken hatte. Auf Fragen pflegte er zu antworten: „Anderen ging es noch schlechter". Er hat bei uns einen LKW gefahren. Im Lager hatte er sich mit einem Kalmücken angefreundet, dessen Volk ebenso wie das unsere verbannt worden war. Dieser Kalmücke – er hieß Iwan Sanshijew – wußte nichts über seine Familie, er saß schon lange, seit 1938. Ehe man ihn verhaftete (die Anklage lautete auf bourgeoisen Nationalismus), hatte Iwan Sanshijew nach Abschluß der Universität Saratow als Abteilungsleiter im kalmückischen Komsomol-Gebietskomitee gearbeitet. Im Lager hatte er keinen schlechten Posten gefunden: als Heizer im Badehaus. Murad hat uns einmal eine Geschichte von Sanshijew erzählt, offenbar hatte es ihm diese Geschichte angetan. Mir geht es nicht anders:
„Nach den atemberaubenden Erfolgen", so hatte Sanshijew erzählt, „war in unserer Republik nur noch ein einziger Churul, also ein Tempel übriggeblieben, und zwar im Kreis Jaschkul. Als Gelong, wie wir das nennen, also als Geistlicher, diente in dem Tempel ein alter Mann – Badma Otschirow. Er hatte in Tibet studiert, in Lha-sa, Theologie und Medizin, und behandelte jetzt die Kolchosbauern mit Steppenkräutern, aß kein Fleisch und ernährte sich hauptsächlich von Kalmückentee. Bei den Leuten in unserem Kreis erfreute er sich hoher Achtung, sie brachten ihm Kumys und Borzyki, das sind süße Fladen. Wenn die Leute kamen, dann blies er in seinen Dung, das ist eine Muschel, und begann zu beten. Sein Gebet aber war schön wie ein Lied. In dem Tempel sah es schön aus, an den Wänden hingen fromme Bilder, die auf Leinwand mit Eifarben gemalt waren, bronzene Buddhafiguren standen auf Wandbrettern, große und kleine. Früher einmal gab es in dem Tempel auch goldene Buddhafiguren, Göttergestalten, wie die Russen sagen, aber der alte Badma Otschirow hatte sie, sobald die entsprechende Anordnung gekommen war, dem Staat abgeliefert.
Eines Tages nun ruft mich der Sekretär des Komsomol-Gebietskomitees zu sich und sagt: ‚Du fährst jetzt in den Jaschkulski-Kreis und überprüfst, was sich da in dem Churul tut. Dieser verfluchte Gelong, Badma Otschirow, vergiftet das Volk. Wenn so ein Feind Autorität erworben hat, dann muß man ihn in den Augen der Werktätigen diskreditieren'. So sagt der Sekretär des Gebietskomitees, unser Komsomolführer, zu mir und gibt mir einen sechsarmigen Buddha mit der Bemerkung: ‚Paß auf, er ist aus reinem Gold, du trägst die Verantwortung'. In meinem damaligen Komsomoldenken begriff ich natürlich, worauf er hinauswollte.

Ich komme zum Tempel. Da begegnet mir der Gelong barfuß und halbnackt. Er legt schnell seine rote Toga um. Er ist hager, klein, hat einen runzligen Hals, aber fröhliche Augen wie ein Kalmücken-Kind. ‚Ich muß den Churul inspizieren' sage ich zu ihm. Daraufhin er: ‚Gehen wir, mein Junge, gehen wir. Alle Leute glauben an Buddha, aber nicht alle wissen es.' Ich folge ihm durch den leeren Tempel, über den blanken Erdboden, die Bastmatten sind eingerollt und in einer Ecke zusammengelegt. Ich stelle unauffällig die sechsarmige Figur auf ein Brett. Dann frage ich: ‚Woher haben Sie das Kultgold? Haben Sie das vor dem Staat verheimlicht?' Er antwortet mir ruhig mit dem heiteren Lächeln eines alten Mannes: ‚Mein Sohn, in diesem Tempel gibt es kein Stäubchen Gold, ich habe alles dem Staat abgeliefert und dafür eine gestempelte Bescheinigung erhalten.' ‚Und was ist das?' frage ich ihn und halte ihm den goldenen Buddha hin. Da sagte der Gelong kein Wort und schaute mich nur an. Ich hatte den Eindruck, daß er drei Augen hatte, wie der strafende Gott Shiwa. Er begann zu beten. Am nächsten Tag wurde er verhaftet, weil er dem Volke Gold vorenthalten habe. Ein paar Jahre später hat man auch mich verhaftet. Norilsk wurde damals erst aufgebaut, ich arbeitete als Holzfäller. Einmal gehe ich über das verschneite Feld zu einer anderen Brigade, ich weiß nicht mehr warum, da kommt mir ein Mann entgegen. Ich ahne mit meinem Kalmücken-Gespür, das muß ein Kalmücke sein. Er ist in Lumpen eingemummt, klein und schwankt im Wintersturm hin und her. Wir kommen aufeinander zu, und ich sehe, das ist wirklich ein Kalmücke. ‚Mende' sage ich, also ‚Guten Tag', er aber sagt zu mir ‚Wer bist denn du? Aus was für einem Fluß hast du denn Wasser getrunken?' Ich antworte. Darauf er: ‚Bist du der Iwan Sanshijew aus dem Gebietskomitee des Komsomol?' ‚Ja, Iwan Sanshijew.' Da machte er den Mund auf, in dem kein einziger Zahn mehr war, und spuckte mir ins Gesicht. Das war eben jener Gelong gewesen, den man auf meine Anzeige hin verhaftet hatte. Nach Buddhas Willen waren wir in ein und dasselbe Lager gekommen. Alle Menschen glauben an Buddha, aber nicht alle wissen es."

Als wir einmal beim Abendbrot waren, kam unser Nachbar, der Zimmermann Kutschijew, zu uns und sagte freudig: „Was für ein Glück, ich bekomme ein zweites Abendbrot." Wenn Tawlaren essen, dann bitten sie den, der das Haus betritt, nicht erst zu Tisch, das versteht sich von selbst. Der Zimmermann aß schweigend, sein Verhältnis zum Essen hatte den notwendigen Ernst. Nach dem Mahl sagte er: „Man schickt mich für zwei Wochen in die Wüste. Wir werden Baracken bauen. Es heißt, man wird nicht weit von uns Juden ansiedeln."

Diese Mitteilung wunderte uns nicht, löste aber unverständlicherweise doch Aufregung aus. Verschiedene Gedanken bemächtigten sich unser. In Murad kam Leben:
„Vielleicht treffe ich Awschalumow hier. Er ist auch ‚Held der Sowjetunion', ein Jude aus dem Gebirge."
Kalerija Wassiljewna zog Wika an sich heran. Ihre Stimme zitterte: „Was für ein unglückliches Land – alle werden verhaftet, alle werden verbannt. Russen, Deutsche, Kaukasier, Kalmücken, und jetzt die Juden. Kann man denn wirklich nicht normal leben, arbeiten und seine Kinder erziehen? 1937 haben sie meinen Vater verhaftet. Er war kein Mitglied der Partei, hatte in einer Werkzeugfabrik eine Abteilung geleitet und sich nie für Politik interessiert. Meine selige Mutter hat mir weinend erklärt: ‚Wir hatten es dir nicht sagen wollen, dein Großvater ist ein Geistlicher gewesen, vor zehn Jahren hat man ihn auf die Solowezki-Inseln geschickt, von dort haben wir nie mehr etwas gehört, er ist sicherlich zugrunde gegangen.' Ich war zutiefst betroffen. Aber eines ist seltsam: die Erklärung meiner Mutter schien mir damals vernünftig und überzeugend. Wo mein Vater Sohn eines Geistlichen war, mußte er verhaftet werden. Was für eine Irrleitung!"
Der Zimmermann Kutschijew stellte seine Tasse mit dem Boden nach oben auf die Untertasse, das war das Zeichen dafür, daß er keinen Tee mehr wollte, spreizte die Finger beider Hände etwa in der Höhe seiner Wangen und rief mit seiner hohen mädchenhaften Stimme:
„Du bist gebildet, Kalerija. Sage mir, warum bin ich an der Front in diese Partei eingetreten? Wenn ich zur Avantgarde gehöre, warum bin ich dann jetzt hier angebunden wie ein Füllen am Pfahl, das man schlachten will?"
„Ich weiß auch nicht, warum ich an der Front in die Partei eingetreten bin. Nein, das stimmt nicht, ich weiß es: ich hatte geglaubt, ich sei jetzt nicht die Tochter eines Repressierten, nicht die Enkelin eines Geistlichen, keine Gebrandmarkte, sondern ich sei jetzt so wie alle anderen, nein, sogar besser als die anderen. Ich war stolz geworden, ich dummes Stück. Und jetzt muß ich leiden, gehe zu den Versammlungen, hebe die Hand zur Abstimmung, höre das dumme Gerede, die Lügen. Lüge selbst."
Da fällt mir noch ein Besuch des Zimmermanns ein. Das war in den ersten Tagen des März 1953. Jeden Tag wehte der Wind aus der Wüste, trieb einem die Sandkörnchen ins Gesicht. Der Zimmermann kam spät abends zu uns. Er hatte ein Werkzeug in der Hand. Wir begriffen, daß ihn etwas sehr aufregte. Er sagte:
„Ich komme zu Euch direkt aus dem Kulturhaus. Reparaturarbeiten. Wir hören den ganzen Tag Radio. Stalin ist krank."

Stalin krank? Wie kann Stalin krank sein? Wie kann die Sonne für immer untergehen? Wie kann die Welt sich wandeln? Wie kann die Erde den Verstand verlieren? Am nächsten Morgen ging ich ins Büro. Der Kommandant war nicht da, alle waren verschreckt. Bald spricht der eine, bald der andere Tawlare bei mir vor und fragt dies und das, aber ich spüre, sie fragen nicht nach dem, was sie meinen.
Da traf die Nachricht ein. Wir hatten den Eindruck, unser Herz höre die Stimme eines Muezzins, der für die ganze Welt zuständig ist und von einem die Welt erreichenden Minarett die ganze Menschheit zum Gebet vor Morgengrauen ruft. Wir kauften Wodka, versammelten uns und setzten uns an einen Tisch. Da kam auch der Zimmermann Kutschijew mit seiner Frau und den Zwillingen, den ehemaligen Marx und Engels. Wir tranken. Plötzlich begann Murad zu singen. Er sang unser altes trauriges Lied:

> Wir haben genug erduldet,
> Die Tränen sind uns versiegt.

„Das ist nicht das richtige Lied!" rief der Zimmermann, „das ist nicht das richtige Lied. Sing ein fröhliches!"
Und er hob an zu tanzen. Da zitterten die Wände der Hütte, da schwankte der Boden. Der Zimmermann tanzte einen Bergtanz im Lande der Verbannung. Am Anfang waren seine Bewegungen langsam und bedeutungsvoll, als stelle er sich vor, er trüge den langärmeligen Tscherkessenrock, so hielt er mit den Händen die Enden seiner Jackenärmel fest. Dann bog er seine Arme so, daß sie die Serpentinen eines Bergwegs bildeten, und drehte sich wie eine Windsäule auf dem schmalen Raum zwischen Tisch und Wänden. Murad konnte mit seinem verkrüppelten Bein nicht tanzen. Er sang nur. Der Zimmermann stieß statt der beim Tanzen üblichen Ausrufe etwas anderes aus: „Verreckt! Verreckt!" Er ergriff Kalerija Wassiljewna, die lachend abwehren wollte: „Ich kann das nicht", aber er zwang sie wenigstens aufzustehen und tanzte im Kreis um sie herum und schrie in glücklichem Wahn:
„Verreckt! Verreckt! Wir Kutschijews leben und werden leben, er aber, der gurdshistanische Hund, ist verreckt! Verreckt!"
Auch ich habe geschrien. Der Rausch des Glücks floß in meine Seele, meine Seele klang, sang und tanzte.

Fünfzehntes Kapitel

Er war so alt, daß er schon niemanden mehr in seiner Nähe brauchte und die Einsamkeit, an die er seit langem gewöhnt war, vorzog. Früher einmal war er sehr stark gewesen. In jener Zeit hatte er zwei Frauen. Es war ihm gelungen, einen Wolf, der ihn angefallen hatte, niederzuwerfen, und der Wolf hatte in dem wahnsinnigen Schmerz durch den unerwarteten Schlag sich in einen seiner Läufe verbissen, doch er hatte sich losgerissen und war dem Wolf entkommen. Seitdem aber hatte sein Lauf nicht mehr aufgehört zu schmerzen, besonders in jenen Tagen, wenn er nach oben, in den Schnee, auf den Harsch zog. Er spürte, wie der Harsch ihm in die Läufe schnitt, und vor allem in den verletzten Lauf, so begab er sich wieder nach unten zu den von ihm besonders geschätzten Früchten, den Nüssen und den Blättern. Am meisten mochte er die morastigen Stellen im Buchenwald. Wenn es sie nicht gab, dann grub er sich am nördlichen Steilhang unter dem Felsen eine Vertiefung mitten in den Steinen, wohin das Regenwasser floß. Dorthin schleppte er dann Moos und Zweige von Laub- und Nadelbäumen. Bei großer Hitze badete er in diesem Schlamm seinen altgewordenen Körper oder scheuerte sich an Bäumen und Steinen. So gefiel es ihm. Im Winter, wenn bei seinen Artgenossen die Zeit der Rauschigkeit begann und die jungen Keiler das Interesse an der Nahrung verloren, weil eine andere Leidenschaft sie packte und sie gereizt und böse die Rotte mit den weiblichen Tieren suchten und sich mit ihren Nebenbuhlern auf Tod und Leben bekämpften, erholte er sich in seinem Kessel im Gebüsch, in einem weichen Haufen von Stengeln und Blättern, und erinnerte sich an seine vergangenen heißblütigen Jahre. Im Sommer begab er sich vor Sonnenaufgang gemächlich zu seinen Futterplätzen. Je schwächer sein Körper wurde, desto besser schmeckte ihm das Fressen. Er wühlte vergnügt am Waldrand und im Feld. Manchmal begab er sich etwas zögernd ins Tal zu den Zweibeinern und holte sich Kartoffeln aus deren Gärten. Er merkte, daß er weniger vorsichtig wurde: das war ein Anzeichen des Alters.
Aber er erinnerte sich, daß es gefährlich war, sich mit den Zweibeinern einzulassen. Jedes Tier hat seine Art. Die Art der Zweibeiner war unbegreiflich. Es waren seltsame, heimtückische Wesen. Man wußte nicht, wann sie satt sind, wann sie ihre Brunst haben. In letzter Zeit

galoppierten über die Bergwege seltsame Ungeheuer. Sie brüllten laut, sogar wenn keine Beute in ihrer Nähe war. Aber schlimm war nicht ihr Gebrüll, sondern etwas anderes: ihre Bäuche waren mit Zweibeinern angefüllt. Auch rochen diese verschiedenfarbigen Ungeheuer schlecht. Wenn sie stehenblieben, dann kamen die Zweibeiner unbeschädigt aus ihrem Inneren heraus. Offenbar waren diese sich schnell bewegenden und übelriechenden Tiere, wenn sie die Zweibeiner verschluckten, nicht in der Lage, sie zu verdauen. Die Zweibeiner hielten in ihren Händen etwas Seltsames und Schreckliches: es tötete, ohne das Opfer zu berühren, aus der Ferne. Gott sei Dank galt der Tod den Wölfen – den uralten Feinden – und manchen kleineren Tieren. Seine Artgenossen töteten die Zweibeiner selten, sie ließen sie in Ruhe. Übrigens hatte er keine klare Vorstellung, was der Tod bedeutete, dachte nie darüber nach, daß er sterben würde.
Eines Tages, es war gegen Ende eines Sommers, als die Erde im Wald besonders angenehm roch und die wilden Äpfel, Pflaumen und Nüsse besonders gut schmeckten, tauchten in den Bergen eine Menge dieser laut brüllenden Tiere auf. Diesmal waren sie alle schwarz gefärbt. Aus dem Inneren sprangen Zweibeiner heraus und umringten die Waldwiese, auf der hinter hohem Gebüsch sein Kessel lag. Er dämmerte vor sich hin, wie es seinem hohen Alter entsprach. Da weckten ihn die Stimmen der Zweibeiner. Dann verlängerten sich die Arme der Zweibeiner, und sie stießen Feuer und Donner aus. Er bekam einen Schreck, verließ sein Lager und lief los. Es schien ihm, als liefe er schnell, aber er lief langsamer als die Zweibeiner. Der alte Schmerz im Lauf nahm zu. Überall waren die Zweibeiner, rechts und links und hinter ihm. Vor ihm aber stand so ein schwarz gefärbtes Tier. Es schwieg und verbreitete einen widerlichen Geruch im Wald. Da tauchten bei ihm ein paar Zweibeiner auf. Einer von ihnen hatte eine Schnauze wie jene seiner Artgenossen, die ständig bei den Zweibeinern leben, dort, wo die eingezäunten, großen, streifigen oder goldglänzenden Früchte wachsen, die es nicht im Wald gibt, die besonders süß sind – er hatte einmal davon probiert. Dieser seinen fernen schwachen Artgenossen ähnelnde Zweibeiner verlängerte seinen Arm. Etwas heißes Hartes bohrte sich in seinen Körper, war durch seine borstige Schwarte hindurchgegangen. Sein Rückenkamm sträubte sich wie in jungen Jahren, er setzte zum Sprung an, um seine kräftigen Hauer in diesen Zweibeiner zu schlagen, doch die harten heißen Eisenstücke drangen in seinen Körper, und sein Körper hörte auf zu atmen, stürzte zu Boden. Er merkte nicht mehr, wie die anderen Zweibeiner zu seinem Mörder sagten:
„Das war ein guter Schuß, Nikita Sergejewitsch! Dieser Keiler ist der gefährlichste und stärkste in der Rotte. Er war eine große Plage für die

Anpflanzungen im Gebirge. Unsere Kolchosbauern werden Ihnen dankbar sein."

Es pulste also noch Jugend in seinen Adern! Chruschtschow war mit der Jagd zufrieden. Er war überhaupt zufrieden. Er war mit Bulganin in diese Republik gefahren, in der man Mais anbaute, um sich noch einmal von der Überlegenheit des Maises gegenüber den übrigen Kulturen zu überzeugen und ihn gegen den Widerstand sturer Funktionäre auch fernab im Norden des Landes durchzusetzen. Vielleicht wäre er auch nicht eigens hierher gekommen, aber er hatte sich mit Bulganin in der Nähe aufgehalten, in Georgien, wo er sich mit dem fortwährenden, zwar nicht mehr staatlichen, aber vom Volk ausgehenden Stalinkult hatte abfinden müssen, hatte auf allen möglichen Versammlungen und Sitzungen seine Treue zu Stalins Gedenken schwören müssen – und Lügen ist immer widerlich. Hier indessen, das wußte er gut, würde er auf tiefes Verständnis stoßen, sogar auf Liebe, denn er hatte die Tawlaren in ihre Heimat zurückkehren lassen, hatte die Guschanisch-Tawlarische Autonome SSR wiederhergestellt. Die Tawlaren aber haßten Stalin und waren ihm, Chruschtschow, für ihre gleichsam zweite Geburt verpflichtet.

Man hatte ihn mit Bulganin in der örtlichen Regierungsdatscha untergebracht, an einem wunderbaren Flecken am Fuße der Berge. Unten toste schäumend der Fluß Lapse, oben schimmerten weiß die Gipfel der Berge. Alle Gebäude waren weitab vom Wege im Grünen versteckt. Für die hohen Gäste war das gemütlichste Haus bestimmt, das sich im grünen Wasser eines Teiches spiegelte. In diesem Haus gab es einen Billardtisch, zwei riesige Badezimmer, zwei Toiletten mit Bidet, zwei Schlafzimmer, zwei Arbeitszimmer, von denen jedes so groß wie ein Saal für Sitzungen mit vielen Leuten war, ein geräumiges Wohnzimmer mit Fernsehgerät, wo man auch Filme vorführen konnte, und schließlich ein noch geräumigeres Eßzimmer mit einem Samowar, aus dem man eine ganze Gaststätte hätte versorgen können. Die Küche befand sich in einem anderen Haus, hier aber gab es neben dem Eßzimmer einen Raum mit einer Herdplatte, wo man das Essen bei Bedarf anwärmte. Im Eßzimmer stand ein Büfett, breit und wuchtig wie eine Köchin, in dem sich alle möglichen Sorten von Wodka und Weinbrand, Weine, Rum, Whisky, Zigaretten und das Tafelsilber befanden. Der Teich wurde beheizt, und jeden Morgen, wenn die Fabriksirenen und die Traktoren auf den Feldern anfingen zu dröhnen, begann auch Chruschtschow seinen Arbeitstag mit einem Bad im Teich. Da lauschte alles Lebende und Tote in dem unermeßlichen Land auf die Wechselwirkung zwischen seinem massigen Körper und dem angewärmten Wasser. In der Nähe gab es noch andere Häuser für den Hofstaat von Partei und

Regierung der Republik. Da stand das blaue Haus des obersten Chefs der Republik, Parwisow, mit seinen nächsten Leuten. Irgendwie redete dieser Parwisow zu viel, war seine russische Aussprache zu korrekt, war er allzu eifrig. Seine Trinksprüche waren lang, da war nichts zu sagen, sie entsprachen der Parteilinie, aber er bildete sich auf seine Stellung in der Partei auch nicht wenig ein.
Die Kader mußten verjüngt werden. Für Stalins Leute war es Zeit, sich zur Ruhe zu setzen, sie hatten die Bindung ans Volk verloren, waren festgefahren. Was gebraucht wurde, waren junge Kräfte, die die Bürokratie noch nicht in ihre Gewalt bekommen hatte, energische Leute, in der Technik beschlagen. Überhaupt war auf die gegenwärtigen Parteisekretäre des Zentralkomitees und der Gebietskomitees der orientalischen Republiken wenig Verlaß. Stalin war ihnen als Georgier näher als die Russen oder Ukrainer. Als er, Chruschtschow, beschlossen hatte, die Rahmen von Industrie und Landwirtschaft in den Republiken und Gebieten weiter zu stecken, Sownarchosen und größere Wirtschaftsbezirke zu schaffen, mit deren Hilfe die überflüssigen, fiktiven Grenzen zwischen den Republiken und Gebieten abgebaut werden sollten, da hatte er vor allem den sowjetischen Orient im Auge gehabt, der ihm fremd, unverständlich und irgendwie gefährlich schien.
Nach der Jagd kam das Gespräch im Auto auf die Sownarchosen. Parwisow begrüßte sie, er tat dies mit sachlichen Argumenten, dagegen war nichts einzuwenden. Hier im Kaukasus gäbe es wegen der Gliederung in Republiken und Gebiete, einer seit langem überholten Gliederung, überflüssige Parallelarbeiten. Die Wirtschaft sei zerfasert. Schließlich sagte er plötzlich: „Einige Genossen sind der Ansicht, es wäre zweckmäßig, alle Republiken und Gebiete des Nordkaukasus zu einer vereinigten Gebirgsrepublik mit einem komplexen Wirtschaftssystem zusammenzuschließen. Das Kaspische Meer in Dagestan könnte man als natürliche Staatsgrenze nehmen."
„Ei der Daus", dachte Chruschtschow, „wohin dieser lockige Kaukasushengst galoppieren will! Ich soll also eine vereinigte kommunistische Partei im Kaukasus organisieren und ihn, Parwisow, zum Parteisekretär ernennen. Nein, dieser Parwisow, das ist nicht der Mann, der hier unter den neuen Bedingungen gebraucht wird. Natürlich, er erfüllt den Plan, aber ein anderer wird ihn übererfüllen. Der läßt sich finden. Das war eine prima Jagd gestern! Immerhin habe ich den stärksten Keiler einer Rotte Sauen erlegt! Habe den Kolchosbauern geholfen, sich von einem starken, bösartigen Tier zu befreien. Solchen Erfolg schätzen die Leute im Gebirge. Im Frieden ist das wie an der Front: Entscheidend ist das persönliche Beispiel! Wer hat denn Stalin von Nahem gesehen, abgesehen von seinem engen Kreis? Während des Krieges, als sich das

Schicksal der Heimat, das Schicksal der Partei entschied, hat er in Bunkern versteckt gehockt. Und im Bürgerkrieg, da hat der bestimmt noch kein Pulver gerochen. Ich aber war und bin immer mitten unter dem Volk, bin unter den ukrainischen Kornbauern und unter den Soldaten, habe Rokossowski, habe Jerjomenko in Marsch gesetzt."
Gleich würde Parwisow sie zum Mittagessen abholen. Eigentlich hatte man sie nicht schlecht verköstigt, aber Mittagessen ist Mittagessen. Man sollte sich danach ein bis zwei Stunden hinlegen. Chruschtschow hatte nicht bemerkt, daß die Führung der Republik sich kaum noch auf den Beinen halten konnte. Hätte er es bemerkt, dann hätte ihn dies nur gefreut. Sie waren alle jünger als er, diese Bergleute, tanzen da auf den Zehenspitzen herum, aber sind schon müde. Der Tag hatte gut angefangen – mit einer nützlichen Tat. Sie waren am Morgen nach dem Frühstück mit Wodka in den berühmten Leninkolchos gefahren. Die Sonne hatte gebrannt wie in Afrika, aber Chruschtschow hatte zum Leidwesen seiner Begleitung ohne Pause ein paar Stunden auf den Maisfeldern verbracht, hatte sich in eine Maiskolbenerntemaschine gesetzt und war damit herumgefahren, hatte sich mit dem Fahrer und anderen Leuten unterhalten, hatte gesprochen, aber nicht zugehört, hatte alles erklärt, hatte sich die Maisstrohsammelmaschine angesehen, hatte einen Blick auf die Maisstrohballen geworfen, hatte anspornende Worte gesprochen und Weisungen für das Verladen der Maiskolben gegeben.
Dann hatte man im Garten Tische gedeckt. In einem solchen Musterkolchos verstand man sich darauf, man war an berühmte Gäste, sogar an Ausländer gewöhnt. Chruschtschow aß viel und unappetitlich, trank viel. Die Parteiführung hatte zwei Maiszüchter, „Helden der sozialistischen Arbeit", für Fachvorträge präpariert, aber Chruschtschow unterbrach die beiden ungeduldig und verkündete seine eigenen Vorstellungen über das Eggen der frisch aufgegangenen Saat, über den Einsatz von Kunstdünger, über die Zwischenfurchenanpflanzungen und die Unkrautbekämpfung, über den Mischanbau von Mais, Kürbis und Bohnen, wobei er sich auf die Erfahrungen des Akademiemitglieds Lyssenko berief. Die Leute hier bauten Mais seit undenklichen Zeiten an, doch Chruschtschow war überzeugt, sich besser als sie darauf zu verstehen. Bulganin hatte Kopfschmerzen. Die Parteiführer der Republik glaubten, jeden Augenblick einen Sonnenstich zu bekommen, Chruschtschow aber aß, trank und belehrte ohne Unterlaß. Plötzlich wurde ihm übel, er erbrach sich auf den neben ihm sitzenden Bulganin. Der Ministerpräsident lachte devot auf. Chruschtschow war für einen Augenblick verunsichert, warf einen Blick auf die Anwesenden, entdeckte nur ehrerbietige Gesichter, faßte sich und witzelte: „Wir

schustern dir einen neuen Anzug in der Kreml-Schneiderei". Bulganin lachte noch devoter, erfreut durch das freundliche Wort. Auf die Parteiführung aus dem Gebirge wirkte das unwichtige Ereignis belastend. Die Sklaven schämten sich für ihre Herren, verbargen ihre Scham aber tief. Sie waren geschult.
Später am Tage, als die Kavalkade zum Aufbruch gerüstet war und die Chauffeure sich schon ans Steuer gesetzt hatten, trat der Kolchosvorsitzende auf Chruschtschow mit einem folkloristisch ausgemalten Tablett zu, auf dem ein großes Glas mit Wodka stand, dazu Fitschin: eine Käsepirogge. Pioniere in festlichen Uniformen marschierten mit Trommelwirbel auf, kleine Porträts von Chruschtschow in den Händen. „Das ist Ihr Steigbügel, Nikita Sergejewitsch, so ist unsere Bergsitte", sagte der Vorsitzende. Chruschtschow trank aus, grunzte und aß ein großes Stück der Pirogge. Dann begab er sich zu seinem Wagen, blieb aber unterwegs stehen und hielt eine kurze Abschiedsrede, in der er dem Kolchos empfahl, Zuckermais zu konservieren und hierfür die ganz jungen Kolben zu wählen. Die Kolchosbauern hätten davon unmittelbaren Gewinn. Es wäre auch nicht schlecht, eine Mischfutterfabrik zu bauen. Der geschickte Vorsitzende hörte so zu, als ob Chruschtschow ihm etwas unerhört Neues, geradezu Märchenhaftes eröffne. Eine Fabrik zur Herstellung von Maiskonserven, die von mehreren Kolchosen beliefert wurde, und eine Mischfutterfabrik existierten hier bereits seit der Vorkriegszeit.
Die Parteiführer der Republik brauchten ein erhebliches Durchstehvermögen, um sich auf den Beinen zu halten. Schließlich waren sie am Ende ihrer Kraft. Die Robusteren brachen in Schweiß aus, den anderen dröhnte der Kopf. Bulganin schlief im Auto ein, schnarchte und wachte ab und an mit einem erschreckten, verunsicherten Lächeln auf. Er war viele Jahre Hofnarr bei Stalin gewesen, hatte in ständiger Angst um seinen Posten gelebt, sogar um sein Leben gebangt, aber der Georgier hatte ihn nie bis zu solcher Erschöpfung gebracht wie dieser dickbäuchige Eber, dieser im Grunde nicht bösartige Ukrainer, der so gesund war, daß er sich in einen Menschen vorgerückten Alters nicht versetzen konnte.
Sie kamen an. Ein malerischer Tisch erwartete sie. Das weiße Tischtuch strahlte wie der Schnee der Berggipfel. An diesem gemütlichen Plätzchen gab es auch Häuser für die mittleren und unteren Funktionäre. Deren Tische kannten keine Tischtücher. Bereits die Existenz des Tischtuchs wies auf die Bedeutung des Besuchers hin. Aber wir wollen uns nicht vom Ort der Handlung entfernen. Chruschtschow und Bulganin begaben sich in ihre Toiletten mit den Bidets. Chruschtschow duschte. Bulganin duschte nicht. Chruschtschow ging heiter und

erfrischt ins Eßzimmer, genoß im voraus das Vergnügen des bevorstehenden Mahls. Bulganin kam mit einem Handtuch um den Kopf. „Hast du Kopfschmerzen?" fragte ihn Chruschtschow fröhlich und stellte befriedigt fest: „Schwächling!"
Parwisow flüsterte Shamatow zu: „Übernimm du die Leitung bei Tisch, mach du den Tamada." Shamatow überlegte: „Nach außen tut er so, als möchte er meine Autorität heben, in Wirklichkeit aber weiß er, daß ich nicht gut reden kann, daß meine Trinksprüche nicht recht gelingen, und Nikita Sergejewitsch wird begreifen, wenn er meine Trinksprüche nach denen von Parwisow hört, was Parwisow für ein großartiger Parteiführer ist, daß man ihn nicht umsonst an die erste Stelle gesetzt hat."
Doch Shamatow schien seine Aufgabe nicht schlecht zu meistern, er wagte sogar, ein wenig von den Zeitungsphrasen abzuweichen, indem er dem treuen Gefolgsmann Lenins das lange Leben eines Kaukasusrekken wünschte. Alle standen auf, tranken aus und nahmen wieder Platz. Chruschtschow lobte den Leninkolchos, den Vorsitzenden des Kolchos, die hervorragenden Maiszüchter. Unvermittelt, wie es seine Art war, unterbrach er sich und wandte sich an Parwisow mit einer Frage, fragte aber so, daß sich die Frage gleichsam an alle Anwesenden, also auch an Bulganin und seine Moskauer Suite richtete:
„Ich möchte da gerne von Ihnen etwas lernen, Ihre Meinung erfahren, denn Sie sind ja gewissermaßen bodenverbundener. Da gibt es doch folgende Dialektik: man muß das Volk belehren, man muß aber auch beim Volke lernen. In der Ukraine hat mir manch einfacher Kolchosbauer nützlicheren Rat gegeben als so ein Schreibtischfuchs. Jetzt aber bekomme ich von allen Seiten Briefe zu Fragen der Kultur, der Industrie und der Landwirtschaft. Alles kann ich nicht lesen, dafür reicht die Zeit nicht, außer den innenpolitischen Fragen gibt es noch internationale, komplizierte, Sie verstehen selbst, was ich meine. Da bekam ich auch einen Brief über die Kolchosen. Unterzeichnet war er von zwei Genossen, den einen kenne ich, ich will seinen Namen nicht nennen, er ist Akademiemitglied, führender Wirtschaftswissenschaftler, Mitglied der Partei seit 1919, den anderen kenne ich nicht, er hat ein Kandidatenexamen abgelegt, ist offensichtlich ein junger Mann. Man schlägt mir nicht mehr und nicht weniger vor, als die Kolchosen zu liquidieren. Man weist mir nach, daß die Landwirtschaft so lange nicht rentabel sein wird, wie Kolchosen existieren. Die Sache ist gut ausgearbeitet: Zahlen, Berechnungen, Tabellen, Diagramme. Eine eindrucksvolle Sache. Was hältst du davon, Danijal Saurowitsch?"
Parwisow vermutete, daß er Chruschtschow nicht gefiel. Allzu leicht und einfach wäre es, alles damit zu erklären, daß er unter Stalin Karriere gemacht hatte. Er war nicht der einzige von dieser Art, und Chrusch-

tschow verhielt sich den anderen gegenüber nachsichtiger. Der Reiz seiner Jugend war vergangen; es sah so aus, als ob der neue Herr im Hause ihn nicht als treuen Diener empfand. Das war vor allem am Benehmen seiner Moskauer Gefolgschaft erkennbar. Ob Parwisow einen Witz machte oder eine kleine Bemerkung, ob er etwas Hübsches über die Natur seiner Heimat erzählte – es war immer dasselbe: man hörte ihm natürlich zu, bisweilen lächelte man, aber es gab keine fröhliche Atmosphäre, keine Gemeinsamkeit, keine Wärme. Die unvermittelte Frage Chruschtschows erschreckte Parwisow. Wie sollte er antworten? Die Autoren des Briefes hatten Recht. Die Kolchosen waren veraltet, man brauchte neue Formen. Gefährlich, gefährlich! Sollte er die Kolchosen verteidigen? Am Ende gab es schon einen Beschluß, und Chruschtschow versuchte nur herauszubekommen, wer Anhänger und wer Gegner dieses unwahrscheinlichen Beschlusses war. Ihm war alles zuzutrauen: Stalin hatte er mit Scheiße vermengt, er konnte auch die Kolchosen liquidieren. Parwisow hatte Stalin nur einmal aus der Nähe gesehen, während der Dekade, aber er glaubte, Stalin verstanden zu haben, war Stalin irgendwie ähnlich. Chruschtschow verstand er nicht. Ein raffinierter Kerl? Ein irrer Tyrann? Ein Hysteriker? Eines war klar: Impulsivität statt bedeutungsvoller Ruhe, Volkstümlichkeit statt Größe, Unbildung statt Gelehrsamkeit, Weitschweifigkeit statt klarer Aussprüche – nein, so jemand war als Führer, als Herr eines Landes ungeeignet. Parwisow straffte seinen Körper aus Berggestein, straffte seinen Willen. Er wollte sich mit einer Geschichte freikaufen:
„Nikita Sergejewitsch, wenn ein Reiter sich auf den Weg macht, dann hält er das Pferd an einem Bergquell an, um zurückzuschauen und um den Weg zu überblicken, der weiter, der voran führt. Unter Ihrer Führung handelt so die Partei..."
„Mal etwas kürzer nach dem System bekizer."
Danijal Saurowitsch fuhr der Schreck in die Glieder. Dieses unrussische „bekizer" hatte er gelegentlich von seiner Frau gehört, es hieß wohl „schneller". Er hatte es nicht von Chruschtschow erwartet. Auch hatte er mit einer so groben Äußerung nicht gerechnet. Indessen, er ließ sich nicht aus der Fassung bringen und fuhr fort:
„Ihre Frage traf genau, berührte, wie die Ärzte das nennen, den Schmerzpunkt. Wir, die wir vor Ort arbeiten, denken ständig darüber nach. Kürzlich ist bei uns folgendes passiert. Wir mußten einen verdienten Mann, einen mehrfachen Ordensträger und Kolchosvorsitzenden, aus der Partei ausschließen. Sein Kolchos war führend in der Maisplanerfüllung, die Übererfüllung betraf nicht nur den Wirtschaftsplan, sondern auch die sozialistischen Selbstverpflichtungen. Aber da

gab es im Kolchos einen Engpaß: Zwiebeln, Rettich und Sonnenblumen. Der Vorsitzende lenkte alle Kräfte und alle Maschinen auf den Mais und erfüllte den Gemüseplan nur mit Ach und Krach, genaugenommen erfüllte er ihn nie: im besten Falle zu 97–98 %. Der Hauptgrund war der Mangel an Leuten, der Mangel an Fahrzeugen, man hatte Mais zu transportieren, inzwischen verfaulte das Gemüse. Da kam eines Tages ein Mann zu ihm, ein Georgier im besten Alter, und machte ihm folgenden Vorschlag:
‚Ich habe eine Brigade. Übertrage uns Gemüse und Sonnenblumen. Wir werden den Plan mindestens mit 110 % erfüllen. Der Rest gehört uns. Wir brauchen keine Lebensmittel, wir brauchen keinen Lohn, wir brauchen nichts außer einem Schuppen, wo wir leben können.'
‚Und Fahrzeuge?' fragte der Vorsitzende.
‚Mach dir keine Sorge um die Fahrzeuge, von dir werden wir sie uns nicht geben lassen, wir werden sie uns schon verschaffen.'
‚Was willst du denn dafür?'
‚Gar nichts. Ich will nur ein Blatt Papier: eine Bescheinigung, daß wir Kolchosbauern sind. Die überschüssige Produktion werden wir als freie Spitzen auf dem Markt und sonstwo verkaufen.'
Der Vorsitzende war einverstanden. Er war es sogar, wie er später zugab, ausgesprochen gerne. Die Brigade traf ein, es waren fünfzehn Mann. Sie lebten in einem Schuppen, arbeiteten vom Morgenstern bis in die tiefe Nacht. Und das Ergebnis? Zum ersten Mal nach vielen Jahren verzeichnete der Kolchos eine Übererfüllung des Plans zur Gemüse- und Sonnenblumenlieferung, er erreichte 112 %. Wo sie die Autos herhatten, wußte kein Mensch, sie waren schwarz organisiert, die Kraftfahrer waren zwei Guschanen. Wieviel diese Wanderbrigade für sich herausgeholt hat, das hat niemand ausgerechnet. Eines aber stand fest: die Wanderbrigade hat für einhundertzwanzigtausend Rubel im alten Geld geliefert – da kam ein Hinweis ins Gebietsparteikomitee. Ich schickte Instrukteure in diesen Kolchos. Von der Wanderbrigade war keine Spur mehr zu finden. ‚Was waren das für Leute', fragten wir. Da antwortete der Vorsitzende: ‚Sie lebten im Schuppen, ernährten sich auf eigene Rechnung, es gab keinerlei Ärger. Außer dem Georgier waren ein Jude und ein paar Armenier dabei, die Restlichen waren Russen. Den Armenier Mischa hatten sie als Koch und Wächter. Den Georgier, ihren Brigadier, nannten sie Giwi. Mehr weiß ich nicht.'
Der Kolchosvorsitzende wurde aus der Partei ausgeschlossen, eine andere Wahl hatten wir nicht. Dabei war er ein verdienter Mann, hatte sich nicht für sich selbst, sondern für den Kolchos eingesetzt."
Chruschtschow schlug mit seiner kurzen dicken Hand auf den Tisch und brüllte los, wobei seine Zahnlücken deutlich zu sehen waren:

„Ihr Funktionärsvolk! Weiter als über Eure bürokratische Nasenspitze könnt ihr nicht sehen! Zwiebeln und Rettich, das sind doch äußerst wichtige Produkte! Und dann noch Sonnenblumen! Seht zu, daß ihr diesen Georgier findet! So einen Mann muß man als Chef über die gesamte Landwirtschaft in eurer Republik einsetzen. Bei ihm muß man in die Lehre gehen! Begreift ihr überhaupt, was ihr da angerichtet habt? ‚Hundescheiße!' nennt euch das Volk, und das Volk hat recht. Statt daß ihr die Initiative des Kolchosvorsitzenden billigt und die Erfahrung von der Wanderbrigade übernehmt, schließt ihr einen tüchtigen Mann aus der Partei aus. Rehabilitieren! Ich befehle, der wird rehabilitiert! Andere muß man ausschließen, aber nicht so einen klugen Kerl, einen derartig ehrlichen Arbeiter!"
Chruschtschow bohrte seine schmutzige Gabel in Parwisows Schlips und konnte sich nicht beruhigen:
„Her mit diesem Kolchosvorsitzenden, noch heute! Er wird rehabilitiert!"
Shamatow nutzte sein Recht als Tamada und faßte Mut:
„Nikita Sergejewitsch, Genosse Parwisow hat Sie unverschuldet nicht korrekt informiert. Er hatte tatsächlich die Anweisung gegeben, jenen Vorsitzenden aus der Partei auszuschließen, aber er gab sie per Telefon, befand sich damals in einem der entfernteren Kreise. Wir haben den Vorsitzenden vorgeladen, haben mit ihm gesprochen und sind zu dem Schluß gekommen, daß er ein ehrlicher Mann ist, daß er von dieser Brigade keinen persönlichen Vorteil hatte, daß er es so gut wie möglich gemeint hatte, daß er viele Jahre gewissenhaft gearbeitet hat, und wir haben beschlossen, es bei einem strengen Verweis zu belassen, haben ihn in der Partei gehalten. Vor Ihrer Ankunft ergab sich keine Gelegenheit mehr, dies dem Genossen Parwisow zu berichten. Aber Sie, lieber Genosse Nikita Sergejewitsch, bitten wir um die Genehmigung, Ihre Weisungen, die Sie im Leninkolchos gegeben haben, in unseren Zeitungen in drei Sprachen veröffentlichen zu dürfen. Das wird dann nicht nur den Maiszüchtern unserer Republik nützlich sein, sondern auch darüberhinaus."
„Aber das muß dann redigiert werden, sagen Sie das den Journalisten."
„Danke, Nikita Sergejewitsch. Es ist eine große Ehre für die Guschanisch-Tawlarische ASSR, daß Sie so weise Worte zuerst auf unserer uralten, aber ewig jungen Erde ausgesprochen haben."
Chruschtschow trank und aß. Dieser Shamatow schien nicht dumm zu sein, nicht so ein Kerl wie dieser gelockte Phrasendrescher Parwisow. Stalin hatte keine Menschenkenntnis, war ein Vampir, unternahm keine Reisen, konnte bescheidene, kenntnisreiche und gebildete Mitarbeiter nicht aufsteigen lassen, protegierte die Kriecher und Höflinge. Ob man

den Parwisow nicht durch Shamatow ersetzt? Der ist nicht von sich eingenommen, faßt keine übereilten Entscheidungen, ein Mann mit Grundsätzen. Recht hatte er, als er sagte, daß die Weisungen im Leninkolchos über die Grenzen der Republik hinaus nützlich sind. Die Hauptsache ist, die Leute vernünftig auszuwählen und sie vernünftig auf die richtigen Posten zu setzen. Dafür aber muß man das Leben kennen, und nicht den Politiker spielen. Dafür muß man zu jeder Zeit Seite an Seite mit den Kolchosbauern unter brennender Sonne und bei strömendem Regen auf dem Felde sein und ebenso mit den Soldaten im Feuer. Was weiß da schon so ein Buchhalter Bulganin? Was versteht schon so ein redegewaltiger Parwisow von der Landwirtschaft? Er läßt es sich auf dem Buckel der arbeitenden Bevölkerung gutgehen, und, wenn man es sich recht überlegt, auch auf seinem, Chruschtschows Buckel. Diese Leute schlagen sich den Wamst voll und sind außer Rand und Band geraten.

Inzwischen überlegte Parwisow, ob er wohl Erster Sekretär bleiben würde. Nachdem Chruschtschow ihn vor der Führungsschicht der Republik so heruntergeputzt hatte, dürfte er es wohl nicht bleiben. Aber Nikita änderte seine Meinungen leicht. Ob man es einrichten konnte, daß er seinen Posten behielt? Nein, das dürfte wohl nicht klappen. Shamatow hatte gelogen, man hatte den Vorsitzenden ausgeschlossen, aber es wäre töricht, ihn zu widerlegen. Er hatte ganz klar gelogen, um die Mitglieder des Parteibüros zu schützen, vor allem aber sich selbst. Hatte es dieser Schwätzer etwa darauf angelegt, Erster Sekretär zu werden? Parwisow ließ seine schmalen braunen Augen über den Tisch gleiten. Keiner schaute zu ihm hin. Weder die Mitglieder des Gebietsparteikomitees noch die Minister, auch nicht die eingeladenen Vertreter aus Wissenschaft und Kunst. Parwisows Augen trafen sich nur mit denen von Alim Safarow. Sie fanden einen mitfühlenden Blick. Safarow war Parwisow sympathisch. Er hatte die Anordnung gegeben, daß man diesen Tawlaren ungeachtet seiner Jugend und der Tatsache, daß er erst kürzlich in den Schriftstellerverband aufgenommen worden war, zu der Begegnung mit Chruschtschow einlud. Safarow schrieb russisch, seine Erzählungen wurden in Moskau gern veröffentlicht, sie gefielen Parwisows Kindern und Nadeshda Grigorjewna, auch die Moskauer Kritiker lobten sie. Dabei drängte sich Safarow nicht vor, bat niemals um etwas, arbeitete in der Zeitungsredaktion in der Abteilung für Leserzuschriften und bezog ein bescheidenes Gehalt. Die Tawlaren verübelten ihm, daß er russisch schrieb, doch gerade dank solcher Männer entstand die neue Gemeinsamkeit – das einheitliche sowjetische Volk, für das in seiner vorläufigen Multinationalität die russische Sprache die Muttersprache ist. Angeblich hat Chruschtschow gegen die

Auffassung der Mitglieder des Politbüros die Absicht, neue Personalausweise einzuführen, in denen der fünfte Punkt, die Angabe der Nationalität, fehlt. Ein Land, ein Volk. Die Untergliederung nach Republiken ist veraltet. Ob er nicht Chruschtschow etwas von diesem Tawlaren als einem russischen Schriftsteller sagen sollte? Parwisow hatte noch gestern angeordnet, zu dem Empfang solle je ein Schriftsteller von jedem Volk eingeladen werden, ein alter – Hakim Asadajew, und ein junger – Alim Safarow. Aber was war das? Da war ja auch das Gesicht mit den verschiedenen Augen, das Gesicht von diesem Emporkömmling, dem Hofnarren Mansur. Wie war der in die Liste geraten? Das hieße ja, die Guschanen hätten zwei Schriftsteller entsandt, zumal auch noch Vater und Sohn, Überbleibsel des Stammesdenkens, und die Tawlaren nur einen. Das war eine Beleidigung des Volkes, das vor kurzem aus der Verbannung in die Heimat zurückgekehrt war. Hatte Parwisow richtig gehört? „Zu uns spricht nun der Lyriker Mansur Asadajew". Schlimm genug, daß man ihn eingeladen hatte, aber nun hält er auch noch eine Rede. Das sollte Shamatow noch zu spüren bekommen.

Mansur war aufgeregt und verbarg dies nicht, er wollte es nicht verbergen. Chruschtschow blickte neugierig zu ihm hin. Er interessierte sich für Schriftsteller. Man mußte sie nur in der richtigen Weise lenken. In Moskau verbreiteten einige von ihnen einen üblen Geruch. Es roch nach Ungarn. Was würde dieser nichtrussische Schriftsteller zu sagen haben? Hauptsache, er kroch nicht oder, was noch schlimmer wäre, er versuchte nicht, eigene Wege zu gehen. Die ersten Worte Mansurs machten ihn mißtrauisch:

„Hören Sie, wie die Vögel im Garten singen?"

Was hatten hier die Vögel zu suchen? Redet der in Bildern? Aber nein, jetzt ging es so weiter, wie es sich gehörte:

„Ich weiß nicht, wie man sie auf russisch nennt, aber ich weiß, daß jeder Vogel sein eigenes Lied hat, daß jeder Vogel nötig ist, weil jeder von der Heimat singt. Wozu sollte man sonst singen?"

„Großartig! Der ist begabt!" lobte Chruschtschow. Mansur wurde rot, er fuhr fort:

„Wieviel verschiedene Vögel gibt es hier? Vielleicht hundert. Aber hundert kleine Vögel können einen Adler nicht ersetzen. Mögen alle Vögel dies gut behalten. Wir lieben sie, wir hören sie voller Vergnügen, aber wir haben nur einen Adler, und das ist Nikita Sergejewitsch Chruschtschow. Wenn auch in unvollkommenem Russisch, doch aus aufrichtigem Gebirglerherzen erhebe ich mein Glas zu Ehren unseres Adlers mit den weiten Schwingen und dem scharfen Blick – Nikita Sergejewitsch Chruschtschow!"

Das hatte er aber gut hinbekommen! Donnerwetter! Chruschtschow traten Tränen in die Augen. Er stand vom Tisch auf und schob seinen Bauch zu Mansur. Er umarmte diesen wunderbaren Jungen und küßte ihn. Kein Russe, aber doch ein naher Mensch. Er fragte:
„Was schreibst du?"
„Gedichte."
Chruschtschow wandte sich an Shamatow:
„Zum Staatspreis vorschlagen."
Die Anwesenden tauschten Blicke aus: die Weisung war nicht an Parwisow, sondern an Shamatow gegangen.
Chruschtschow wurde vergnügt. Wie die Menschen ihn doch liebten! War es überhaupt möglich, daß man ihn nicht liebte? Wieviel Gutes hatte er doch getan, hatte Hunderte, Tausende von Menschen, ja ganze Völker rehabilitiert. Hundert kleine Vögel können einen Adler nicht ersetzen. Das hatte dieser Dichter trefflich gesagt, das kam aus der Seele. Das hätten einmal die Stalinlakaien Molotow, Kaganowitsch und all die anderen hören sollen! Ach was, die hätten es gar nicht aufgenommen, und gut, daß sie es nicht aufnehmen, die haben auf solchen Empfängen nichts mehr zu suchen. Aber zu den hiesigen Leuten sollte er ein paar Worte sprechen.
Er sprach zwei Stunden. Was war in seiner Rede nicht alles enthalten! Mais und Sonnenblumen, Literatur und Kuba, Stalins Verbrechen und Stalins Verdienste. Da schien er sich schon in den Nebensätzen zu verheddern, doch nein, er machte sich, wenn auch nicht sehr sicher, wieder frei. Nach aufrichtigem Beifall fragte er Shamatow:
„Tamada, was unternehmen wir heute abend?"
Allmächtiger Allah! Keiner kann sich mehr auf den Beinen halten, einige hat vielleicht schon am Morgen der Sonnenstich umgeworfen, der aber möchte noch am Abend irgendeine Veranstaltung haben! Wo hat er nur die Kraft her? Wirklich, ein Adler! Oder ein Wildschwein? Ein Wildschwein mit kahlem Schädel und einer Warze auf der Nase?
„Wollen wir uns ein Volkskonzert anhören? Was meinst Du, Danijal Saurowitsch? Sind Deine Musiker und Tänzer bereit?"
Endlich hatte er sich an Parwisow gewandt. Doch Parwisow hielt sich zurück. Er ging auf andere Weise vor.
„Wir haben begabte Musiker und Tänzer, aber sie haben wenig Erfahrung. Im Vergleich zu den Moskauern werden sie Ihnen blaß vorkommen, Nikita Sergejewitsch. Die Tawlaren aber konnten noch keine Ausbildung erhalten, sie kommen aus Laienspielgruppen."
„Tu nicht so arm, laß uns eine Stunde verschnaufen, und dann auf zum Konzert."
„Ich komme nicht", sagte Bulganin flehend. Die ganze Zeit hatte er mit

seinem Handtuch um den Kopf dagesessen. Chruschtschow fuhr auf: „Was heißt das, du kommst nicht? Willst du die Republik beleidigen? In Georgien bist du überall mitgekommen, hier aber willst du den großen Mann spielen, weil es nur eine autonome Republik ist? Sind dir nur die Unionsrepubliken gut genug? Für uns sind alle Nationen gleich, die großen und die kleinen. Wenn du mein Vorsitzender des Ministerrats bist, dann drück dich nicht."
Die örtliche Führerschaft war verzweifelt. Alle hatten davon geträumt, sich nach dem Empfang ausruhen zu können, zu duschen, ihre Fünfkräutermixtur gegen die Kopfschmerzen zu nehmen, jetzt aber galt es, ein Volkskonzert vorzubereiten und anzuhören. Das war nicht einfach, durchaus nicht einfach. Ein Teil der Künstler befand sich zu Gastspielen in anderen Kreisen der Republik, andere mußte man in den verschiedensten Häusern, die über ganz Gugird verteilt waren, auftreiben – lauter Tänzer, Sänger, Musiker, Vortragskünstler, Chorleiter, Ballettmeister und auch ein schönes Mädchen als Conferencier, das rein und wohlklingend russisch sprach, schließlich mußten alle Künstler anständig angezogen werden. Sicher war auch der Saal noch schmutzig. Parwisow sagte genüßlich zu Shamatow:
„Also dann, du Ideologe, sorge für den bunten Abend. Du hast eine Stunde Zeit."
Er wollte die Verantwortung abschieben. Er durfte sich freuen, wenn er, Shamatow, es nicht schaffte. Wahrscheinlich würde er es nicht schaffen. Keiner würde ihm helfen. Vielleicht Mansur? Sie waren aus einem Aul, von einer Sippe. Tatsächlich, da kam Mansur auf ihn zu. Sein Gaunerauge funkelte. Er flüsterte Shamatow zu:
„Heute ist ein großer Tag. Dein Tag. Unser Tag. Für Parwisow ist es ein finsterer Tag. Reg dich nicht auf. Unsere ganze Sippe steht hinter dir. Ist mit dir. Die guschanischen Künstler nehme ich auf mich, die Tawlaren kann Eldarow zusammenholen. Der Mann ist zuverlässig. Laß da eine Bemerkung fallen, versprich ihm etwas."
„Danke, Mansur. Und wie bekommen wir den Saal voll? Schaffen wir es noch, Einladungen zu drucken? Du sagst, es sei ein großer Tag. Für mich aber ist es der Tag der Entscheidung, es geht um Kopf und Kragen."
„Wir brauchen keine Einladungen. Laß deine Leute das Parteiaktiv in der Stadt anrufen. Innerhalb einer Stunde schafft man es auch, aus den naheliegenden Kreisen."
Eldarow, ein vierzigjähriger Tawlare, der seine Muttersprache schlecht beherrschte, war als ehemaliger Kinodirektor und Kompaniepolitruk zum Stellvertretenden Vorsitzenden des Ministerrats ernannt worden und für Kultur zuständig. Er war mit Ibrai Rachmetow verwandt,

dessen Mutter eine Tawlarin war, und da Rachmetow und Shamatow aus demselben Aul stammten, also aus derselben Sippe kamen, hielt Shamatow im Vertrauen auf Rachmetow seine schützende Hand über Eldarow. Alle in der Republik wußten, daß Eldarow ein Mann Shamatows war. Nach der Rückkehr der Tawlaren in die Heimat standen ihnen die Guschanen, insbesondere die privilegierten Schichten, schlechter gegenüber als vor der Vertreibung, und so sahen Eldarow und die anderen Tawlaren in Shamatows Haltung ein Zeichen des Edelmuts.

Eldarow tat, was er konnte, um Künstler zusammenzubekommen. Die Saison hatte noch nicht begonnen, manch einer war betrunken, andere waren in der Sauna oder auch in ihren heimatlichen Aul zur Beerdigung irgendeines Verwandten gefahren. Immerhin wurden etwa zwanzig Künstler ins Theater geschafft. Mansur brachte fast siebzig auf die Beine. Alles was Rang und Posten hatte, wurde als Publikum zusammengetrieben. Alim Safarow bekam als ein zum Empfang eingeladener Gast einen Platz in der fünften Reihe. Eldarow hatte ihn in seinem Wagen, der langsam am Schluß der Kolonne der Regierungsfahrzeuge rollte, mitgenommen. Es war Abend. In das Tal, das in den städtischen Park überging, drang die Dämmerung. Auf der Straße trottete eine riesige Schafherde, die von den Bergen herabgekommen war, mit einem rotbraunen Ziegenbock an der Spitze. Vom Auto her sah man, wie zwei Hirten mit ihren langen Stöcken in der Hand verschreckt hin und her liefen, aber die Schafe blieben ungerührt. Wie Wollwellen wichen sie auseinander und machten dem ersten Auto Platz, ließen ihm gerade so viel Platz wie es brauchte, und trotteten gemächlich neben ihm her, um sich hinter ihm sofort wieder zusammenzuschließen. Dann wichen sie wieder zur Seite und ließen dem nächsten Auto Platz, hinter dem sie sich wieder zusammendrängten. So wiederholte es sich bei jedem Auto. Warum hatten die Schafe keine Angst? Weil sie schon keine Kraft mehr hatten, Angst zu haben? Weil sie sich in ihr Schicksal gefügt hatten und wußten, daß sie ohnehin dazu bestimmt waren, von denen, die in den Autos saßen, gegessen zu werden, und daß sie ihr Schicksal nicht ändern konnten – ob sie nun ein Auto jetzt überfuhr oder ob man sie später schlachtete? Auch der Ziegenbock, der Führer der Herde, dieser bärtige Derwisch, würdigte die Autos keines Blickes, auch ihm war sein Schicksal klar. Diese Ergebenheit der Schafe und ihres Führers, diese Gleichgültigkeit gegenüber dem Tode war erstaunlich und seltsam. Waren nicht auch sie, die Tawlaren, so von Kurusch herabgestiegen? Eine Herde, eine Herde!

...In der zweiten Reihe saßen Chruschtschow, Bulganin und die Führer der Republik. In der ersten und dritten Reihe saßen Tscheka-

Leute – Moskauer und hiesige. Nur ein paar Jahre zuvor war Alim noch Buchhalter und Sonderumsiedler gewesen, und jetzt war er ein Schriftsteller und saß im Theater in der Nähe des mächtigsten Mannes des Staates, doch wie fremd war ihm dieser Staat.

Nachdem ein Chor die Hymne zu Ehren der Partei gesungen hatte, ging der Vorhang herab, als man ihn aber wieder hob, standen an der Stelle der Sänger die Tänzer. Männer reichten Frauen den Arm und schritten paarweise zu einem aus Holz gefertigten Gott der Seele und verneigten sich vor ihm: das war ein althergebrachter Tanz, der sich aus den Zeiten des Heidentums bis zur Gegenwart erhalten hatte. Dann bildeten die Tänzer in stürmischem Wirbel alle möglichen Figuren. Als sie sich entfernten, trat eine Frau mit einer Ziehharmonika in Nationaltracht auf die Bühne. Das war die offensichtlich gealterte, aber in neuer edler Schönheit strahlende Sarema Otarowa. Sie sang auf tawlarisch:

> Brach ein Stein vom hohen Felsen,
> lag in einer tiefen Schlucht...
> Stein, du kehrst nicht mehr nach oben,
> wirst den Felsen nie mehr schaun.
> Herr, ich flehe zu dir heute:
> Laß du lieber Stein mich sein,
> laß mich nicht in fremden Landen,
> laß mich heim zu meinem Herd.

Wie oft hatten sie in der kasachischen Verbannung dieses Lied gesungen. „Laß mich nicht in fremden Landen, laß mich heim zu meinem Herd!" Sie hatten es gesungen und geweint. Sie waren nicht geblieben, sie waren zurückgekehrt. In Akmolinsk hatten sie einige Tage lang auf dem Bahnhofsvorplatz herumgelegen und auf einen Zug gewartet. Als der Zug schließlich einrollte, hatte man sie, die erschöpften Menschen, gründlich durchsucht: die Obrigkeit hatte erfahren, daß sie in Säcken die aus den Gräbern geholten Gebeine ihrer Verstorbenen mit sich führten. Das hatte ja noch gefehlt! Aber wie kann man seine Toten in der Fremde lassen?

Und nun waren die Lebenden zurückgekehrt, aber Glück hatten sie nicht gefunden, denn sie hatten keine Freiheit. Auch früher hatte es keine Freiheit gegeben, nur in der Verbannung, ja, da war wohl etwas davon dagewesen: Als sie zurückgekehrt waren, begriffen sie: auch in der Heimat gab es keine Freiheit. Dennoch, irgendetwas gab es schon: hingerissen, voller Begeisterung klatschten die Tawlaren – zwar nicht der Sängerin, die ihre Stimme verloren hatte, doch ihrem eigenen Lied. Chruschtschow sagte das Lied nichts. Als aber nach Sarema eine

Guschanin sang, zunächst in ihrer eigenen Sprache und dann auf ukrainisch: „Ach, wie ist der Himmel schön", da klatschte Chruschtschow ihr zu und forderte eine Wiederholung. Auch ein junger tawlarischer Geiger, der einen zu großen Frack trug, rührte Chruschtschow. Er rief so laut, daß es in vielen Reihen zu hören war: „Die Geige singt, als sei sie lebendig!"
Er wandte Shamatow (Shamatow, und nicht Parwisow) sein Schweinegesicht zu, und während sich auf der Bühne langsam und gleichmäßig die Tänzer im Kreise bewegten, sagte er zu ihm, wobei er zum ersten Mal den Propagandasekretär mit Vor- und Vatersnamen anredete: „Sie haben Erfolg auf dem Gebiet der Kultur, Aslan Shamatowitsch, das müssen Sie den Moskauern zeigen. Wie lange brauchen Sie zur Vorbereitung einer Dekade der Literatur und Kunst?"
„In einem Jahr läßt sich das schaffen."
„Bolschewiken haben ein anderes Tempo. In einem halben Jahr erwarten wir Sie in Moskau. Jetzt aber wollen wir Abendbrot essen."
Wie, jetzt noch Abendbrot essen?! Sicher bis in den Morgen hinein. Ein Wildschwein, ein wahres Wildschwein!
Doch auch Chruschtschow war müde geworden. Er wartete noch das Ende des Stückes ab, das gerade gespielt wurde, dann stand er auf und begab sich zum Ausgang. Da erhoben sich auch die zusammengerufenen Zuschauer. Schnell war der Saal geleert. Die Künstler, die nicht mehr zu ihrem Auftritt gekommen waren, murrten hinter den Kulissen. Die Führer der Republik sogen gierig die reine nächtliche Luft des fürstlichen Parks ein und ließen sich in ihre Autos fallen. Eldarow hörte von Shamatow den hoffnungsträchtigen Satz:
„Bei Gott, du wirst mein Vorsitzender des Ministerrats."

Sechzehntes Kapitel

So geschah es. Shamatow wurde Erster Parteisekretär, Eldarow sein Vorsitzender des Ministerrats, Parwisow übersiedelte nach Moskau und erhielt den Posten eines Dekans in der Pädagogischen Hochschule, in der er einst mit Stanislaw Jurjewitsch studiert hatte. Die beiden Familien trafen sich nun oft, dazu trug auch der Umstand bei, daß an derselben Hochschule Kolja Bodorski seine Kandidatendissertation schrieb. Er brachte in die geräumige Vierzimmerwohnung der Eltern seine junge Frau, sie war schwanger, und die Bodorskis hatten Sorge, es könne in ihrer Wohnung nach der Geburt des Kindes ein wenig eng werden. Sie hatten vergessen, wie sie mit dem feuchten dunklen Loch hinter dem deutschen Friedhof ausgekommen waren.
Parwisow, der in seinem Rang so außerordentlich stark herabgestuft worden war (er war sozusagen um zehn Stufen hinabgestürzt), blieb bis zum Ablauf der Frist Abgeordneter des Obersten Sowjets, was er gerade noch ein Jahr vor seiner Entbindung von den Aufgaben des Ersten Sekretärs des guschanisch-tawlarischen Gebietskomitees der Partei „im Zusammenhang mit der Übernahme einer anderen Arbeit" geworden war. Parwisow verband seinen Sturz mit den Wahlen für den Obersten Sowjet und ferner mit dem intriganten Mansur, obwohl er natürlich begriff, daß es nicht an den Wahlen gelegen hatte. Die Wahlen, das war eine kleine Einzelheit: er hatte schon auf der Abschußliste gestanden.
Als man aus Moskau den Verteilungsschlüssel für die Kandidaten zum Abgeordneten im Obersten Sowjet geschickt hatte, da waren den Wählern von Teplowskaja, wo die Russen, zumal auch noch Kosaken, die Mehrheit der Bevölkerung bildeten, für den Kandidaten folgende Auflagen (auch in Moskau saßen keine dummen Leute) gemacht worden:
1. Russe
2. Arbeiter eines großen Industriebetriebs
3. Stoßarbeiter der kommunistischen Arbeit
4. Parteiloser
5. Nicht älter als vierzig Jahre
6. Kein Trinker, moralisch fest
7. Mit Autorität bei den Arbeitern

Die örtlichen Behörden von Partei und Verwaltung fanden einen solchen Arbeiter (sie hatten ganz schön suchen müssen), einen Funktionär des Kombinats für Kunstleder und technische Gummiwaren, eines Unternehmens, das kürzlich in Teplowskaja mit Hilfe der DDR nach dem letzten Schrei der Technik ausgestattet worden war. Außerdem waren Vor-, Vaters- und Familienname des Kandidaten eine wahre Lust für Auge und Ohr: Michail Iwanowitsch Kalinin, ein totaler Namensvetter des verstorbenen obersten Mannes der Union. Außerdem hatte Kalinin einen persönlichen Fünfjahresplan erfüllt, nachdem er eine Reihe verschiedener beruflicher Qualifikationen erworben hatte.
Parwisow hatte die nachahmenswerte Gewohnheit, sich mit einem künftigen Kandidaten nicht aufgrund des Fragebogens, sondern persönlich bekannt zu machen, in einem offenen Gespräch. In diesem Fall aber – böses Schicksal, Opfer der Routine – beließ er es beim Studium der Unterlagen und der Fotografie in Postkartenformat. Er hatte sich die Unterlagen abends mit nach Hause genommen, im Parteikomitee hatte er die Durchsicht nicht mehr geschafft.
Alles schien normal zu sein, nur M. I. Kalinins Gesicht gefiel Parwisow nicht. Irgend etwas störte ihn, er wußte aber nicht, was. Der Mann hatte einen ungewöhnlichen Blick, man konnte es nicht frech oder besonders klug nennen, eher auf unsowjetische Weise nachdenklich. Als Nadeshda Grigorjewna Parwisow zum Abendbrot rief, schaute sie über seine Schultern auf die Fotografie und fragte:
„Ist das ein Mönch?"
Wie sehr hatte sie den Fall durchschaut, diese kluge Frau, mit ihrem jüdischen Köpfchen, dem „jiddischen Kopf". Diese beiden Wörter hatte sie ihrem Guschanen beigebracht.
Als bereits in der ganzen Republik die Plakate mit dem Konterfei M. I. Kalinins angeschlagen und geklebt waren, dazu eine kurze Biographie und der Aufruf, alle Stimmen für den Kandidaten des Blocks der Kommunisten und Parteilosen abzugeben, als kein Monat mehr bis zum Tag der Wahl blieb, traf im Gebietskomitee der Partei eine entsetzliche anonyme Anzeige ein: Kalinin M. I. sei Baptist, er besuche regelmäßig das Bethaus in Teplowskaja.
Kalinin wurde vorgeladen, man stellte ihm die Frage ohne Umschweife.
„Ja", antwortete er, „ich bin ein gläubiger Baptist." „Aber warum hast du das nicht gleich gesagt?" „Sie haben danach nicht gefragt."
Eine scheußliche Geschichte. Natürlich, bei uns gibt es keine ausweglose Lage. In aller Eile wurde der Baptist gegen den Vorsitzenden des Stadtexekutiv-Komitees von Teplowskaja ausgetauscht, einen überprüften Funktionär. Nach einem anderen zu suchen, war keine Zeit mehr, obwohl dieser beim besten Willen nicht hatte damit rechnen

können, als Abgeordneter für den Obersten Sowjet aufgestellt zu werden. Er war in der sowjetischen Hierarchie zu niedrig. Die Republik hatte insgesamt siebzehn Plätze im Obersten Sowjet zugeteilt bekommen, und dies für die gesamte Führung, die Arbeiterklasse, die Kolchosbauernschaft, die Intelligenz, das Militär. Dabei mußte noch ein ausgewogener Proporz nach Alter und Geschlecht gewahrt bleiben. Außerdem nahm sich Moskau immer ein oder zwei Plätze weg, was für die Republik sogar vorteilhaft war, so hatte sie als eigenen Abgeordneten einen großen, einflußreichen Menschen. Da hatte der kleine Funktionär aus Teplowskaja wahrlich Glück gehabt!

Schnell wurden in der ganzen Republik die Porträts des Baptisten heruntergerissen und in Teplowskaja (leider nur in Teplowskaja) die Porträts des Vorsitzenden des Stadtexekutiv-Komitees gedruckt und plakatiert. 99,9 % der Wähler gaben ihm ihre Stimme, alles ging noch einmal gut, aber natürlich hatte man oben von Parwisows Panne gehört. Außerdem hatte Mansur diesen Knüller in Moskau oft erzählt – nicht nur seinen Trinkkumpanen unter den Schriftstellern, sondern auch den Mitarbeitern der Kulturabteilung des Zentralkomitees, bei denen er ein- und ausging. Parwisow hatte über seine Leute erfahren, daß die Geschichte Chruschtschow zu Ohren gekommen war.

In der Republik schien jetzt die Sippe der Asadajews Oberwasser zu haben, aber fast jedes Mal, wenn Mansur Stanislaw Jurjewitsch besuchte, sprach er bald mehr, bald weniger gereizt über Shamatow. Mansur war fast jeden Monat in Moskau – das eine Mal kam er dorthin zur Sitzung des Obersten Sowjets (er war Abgeordneter geworden), ein anderes Mal zur Sitzung des Vorstands des Schriftstellerverbandes als Leiter der Schriftstellerorganisation seiner Republik, ein anderes Mal begab er sich auf Reisen ins Ausland oder kehrte von dort zurück. Ein halbes Jahr war vergangen, aber mit den Vorbereitungen zur Dekade hatte man noch nicht einmal begonnen. Shamatow war es gelungen, diese Dekade um ein ganzes Jahr zu verschieben. Nachdem Mansur der Staatspreis der UdSSR verliehen worden war, zeichnete man ihn auch mit dem Titel eines Volksdichters aus. Jetzt aber hatte er von Leuten aus dem Gebietsparteikomitee erfahren, daß Shamatow, offensichtlich um ihn zu ärgern, die Absicht hatte, denselben Titel Muhabbat Chisrijewa zu verleihen. Er meinte wohl, man müsse die Lyrikerinnen aus dem Gebirge fördern. Diese Lyrikerin aber schrieb schlecht. Es gab andere, ältere, die den Titel eines Volksdichters mehr verdienten. Außerdem vertrat Mansur die Ansicht, daß Muhabbat betrüge, sie schriebe für die Übersetzer Interlinear-Versionen, zu denen sie gar kein Original verfaßt hätte. Immer wieder würde Shamatow ihm, Mansur, Unannehmlichkeiten bereiten, habe die frühere Freundschaft vergessen, sei nei-

disch auf seine Autorität in den Moskauer Kreisen. Chalida, Mansurs Frau, die als Direktor des Ethnographischen Museums von Aul zu Aul reisen müsse, um für das Museum antike Goldschmiedearbeiten zu erwerben, habe sich von Shamatow den Vorwurf gefallen lassen müssen, daß sie einen Teil der Goldarbeiten zu dem niedrigen staatlichen Preis für sich selbst kaufe. Den Wandel in Shamatows Verhalten erklärte sich Mansur auch damit, daß er, Mansur, furchtlos Shamatows Leute kritisiere, bisweilen auch diesen selbst. Über all das sprach er bei Stanislaw Jurjewitsch langschweifig, betrunken und nicht immer ganz klar, zwinkerte dazu bald mit dem linken, bald mit dem rechten Auge. Lachend erzählte er auch folgende Geschichte, wobei er immer wieder über Kreuz in die Hände klatschte:
Man hatte ihn wie auch die anderen Abgeordneten des Obersten Sowjets in einen Aul hoch ins Gebirge geschickt. Er sollte dort über die Beschlüsse der letzten Sitzung des Obersten Sowjets der UdSSR berichten. Üblicherweise begleitet einen Abgeordneten in solchen Fällen ein hoher Funktionär der Republik. Mansur wurde vom Handelsminister begleitet. Nach dem Vortrag stellte man dem Abgeordneten verschiedene Fragen: „Warum gibt es kein Fleisch? Keine Graupen? Keinen Stoff? Keine Schuhe? Warum gibt es immer wieder Engpässe bei der Seife?"
Mansur hatte eine erschöpfende Erklärung zur Hand:
„All das gibt es bei uns im Überfluß, aber das Handelsministerium arbeitet schlecht, es schafft es nicht, die Lebensmittel und Industriewaren bis in die Hochgebirgsauls zu liefern."
Der anwesende Handelsminister wäre am liebsten im Boden versunken. Man brüllte ihn an und spendete Mansur Beifall. Nach Gugird zurückgekehrt, erstattete der Minister dem Büro des Gebietsparteikomitees Meldung: Mansur habe ihn vor den Augen der Wähler verleumdet. Sämtliche Waren, über die seine Behörde verfüge, verteile er entsprechend den Weisungen des Gebietsparteikomitees. Mansur wurde vorgeladen. Er blieb ganz ruhig:
„Ich hatte nur eine Wahl: entweder mußte ich gegen die Sowjetmacht auftreten oder gegen den Handelsminister. Ich wählte den Handelsminister."
Die Mitglieder des Büros des Gebietsparteikomitees amüsierten sich köstlich. Der Mansur war ein gescheiter Kerl, da war nichts einzuwenden, ein richtiger Mann aus dem Gebirge. Indessen war Shamatow unzufrieden. Seine Unzufriedenheit wuchs in demselben Maße wie die Unabhängigkeit Mansurs von den örtlichen Behörden. Mansur verstand es, sich einflußreiche Protektoren in Moskau zu verschaffen. Einmal wurde ein junger guschanischer Schriftsteller ins schwarze Haus

vorgeladen. Die Sicherheitsleute schrien ihn an: er habe einen Witz über Chruschtschow verbreitet. Der junge Guschane reagierte erschreckt: „Diesen Witz hat mir Mansur Asadajew erzählt."
„Was Mansur Asadajew darf, darfst du noch lange nicht", wurde er im schwarzen Haus drohend belehrt.
Bei einem seiner Besuche zeigte Mansur Stanislaw Jurjewitsch seine neue Verserzählung über Stalin in der Übersetzung von Matwej Kaplanow. Wenn seine erste Verserzählung, die ihm einen Namen gemacht hatte, eine relativ geschickte Verherrlichung gewesen war, so war die zweite eine reine Verdammung. Den Widerspruch zwischen seinen beiden Verserzählungen über Stalin verbarg Mansur nicht: „Wir waren blind." Den Anstoß, die zweite Verserzählung zu schreiben, hatte die Einweihung eines Denkmals für Suleiman Nashmuddinow am Tor zum Park gegeben. Mansur stellte temperamentvoll mit beißenden Worten den posthum rehabilitierten urwüchsigen Revolutionär und lenintreuen Partisanenführer den seelenlosen beschränkten Funktionären gegenüber, die ihn erfüllungsbereit abgelöst hatten. Shamatow war natürlich beleidigt und aufgebracht. Sowohl in der Heimat als auch in Moskau lehnte man es ab, diese Verserzählung zu veröffentlichen. Aber sie verbreitete sich in Abschriften und brachte Mansur einen gewissen Ruhm in den Kreisen der Jugend – eine wertvolle Zugabe zur staatlichen Anerkennung. Möglicherweise hatte als Anlaß zu dieser Verserzählung außer Nashmuddinows Denkmal auch ein Ereignis gedient, das auf Mansurs glückliche Tage einen dunklen Schatten warf!
Die Tawlaren und Tschetschenen hatten ihn wissen lassen, daß ihm als Verleumder für die gemeine Zeile über Schamil als tawlarischem Wolf und tschetschenischer Schlange Blutrache angedroht sei. Man werde ihn töten. Die Hinrichtung werde in Moskau stattfinden, wenn am Vorabend der Widerherstellung der kaukasischen Republiken aus Kasachstan drei bis vier Schriftsteller von jeder verbannten Nation zur Teilnahme an einer Plenarsitzung des Vorstands des Schriftstellerverbandes entsandt würden. Die Tawlaren hatten Alim Safarow mitgenommen; er war, obwohl damals noch nicht Mitglied des Schriftstellerverbandes, der einzige Tawlare, der schon in Moskau gedruckt worden war. Die Tawlaren und Tschetschenen hatten erkannt, daß Staatsgesetze mit den althergekommenen richtigen Gesetzen der Blutrache nicht in Einklang zu bringen waren, daß man Rächer als gewöhnliche Mörder ansehen würde, daß ihnen eine lange Freiheitsstrafe oder sogar Erschießung drohe, aber sie waren unerschütterlich, bis es Alim gelang, sie zu überreden, Mansur Verzeihung zu gewähren, falls er den Reueritus vollzöge. Im Gebirge war das ein beschwerlicher Ritus, erniedrigend. Er wurde selten vollzogen, zum Beispiel bei einer tödlichen Krankheit

des Schuldigen. Der Reumütige mußte über Steine und Sand kriechen, zunächst etwa einen Werst einen Weg entlang, der zum Aul der Rächer führte, sodann durch diesen ganzen Aul von einem Ende zum anderen, und das waren erneut zwei Werst. Dann erwarteten ihn die Sippenältesten der Rächer. Sie saßen auf Steinen bei der Moschee in hoher Pelzmütze und Beschmet, hatten ihre Dolche mit Horngriffen an der Seite, ferner heilige Schriftstücke. Neben ihren bloßen Füßen lagen ihre Gamaschen und weichen Schuhe, stand ein Trog mit Wasser. Der Reumütige mußte ihnen die Füße waschen und vom schmutzigen Wasser trinken. Danach wurde ihm gemeinhin Verzeihung gewährt.

Die Vermittlung bei Mansur übertrugen die Tawlaren und Tschetschenen Alim. Sie erwarteten eine Absage, aber Mansur willigte unerwartet schnell ein: er hatte mehr Angst vor dem Tod als vor der Schmach. Man beschloß, den Reueritus im Hotel „Moskwa" zu vollziehen, wo Mansur und einige der Rächer wohnten. Die luxuriöse Zimmerflucht des Abgeordneten, in der Mansur untergebracht war, befand sich am Ende eines langen Korridors, und es schien am günstigsten zu sein, wenn die Bluträcher den Reumütigen in dessen Zimmer erwarteten. Der Vollzug des Ritus war für die Zeit nach Mitternacht bestimmt, wenn in der Hoteletage weniger Leute herumliefen. Der Etagenaufsicht gab man zwei Hundertrubelscheine. Drei Rächer schoben ihre Hosenbeine bis zu den Knien hoch und steckten ihre Füße in die Badewanne, warteten. Sie sollten später durch drei andere Rächer abgelöst werden. Einer der drei beobachtete, wie der Abgeordnete des Obersten Sowjets der UdSSR den endlosen Korridor entlangkroch. Aus einigen Zimmern kamen Gäste heraus und begriffen nicht, was geschah. Sie schrien den Nebenherschreitenden und den Kriechenden an, das sei ja unmöglich, was sie da trieben. Sie eilten zur Etagenaufsicht. Aber diese war nicht da. Mansur kroch langsam. Er atmete schwer. Die Hose aus teurem englischen Stoff, die er in Singapur gekauft hatte, ging auf. Auf dem Flur lag kein Läufer, man hatte ihn offenbar für diese Nacht weggeräumt, das Bohnerwachs des Parkettbodens stank widerlich. Aus der Nase troffen Rotz und Blut. Mansur kroch bis zu seiner Zimmerflucht, quälte sich zur Badewanne, erhob sich auf die Knie, ließ Wasser ein, mischte heißes und kaltes und wusch den Bluträchern die Füße. Er trank von dem Wasser. Auf dem Tisch standen – von Mansur vorher bestellt – Wodka- und Sektflaschen, dazu verschiedene kalte Gerichte. Die sechs Bluträcher, drei Tawlaren und drei Tschetschenen, ließen sich schweigend und würdevoll am Tisch nieder. Mansur kniete vor ihnen und weinte. Der jüngste Bluträcher zog nach tschetschenischem Ritus dem Reuesuchenden die Hosen aus. Nach dem ersten Glas lud man ihn

an den Tisch. Ihm war verziehen. Aber die Hosen durfte er nicht sofort anziehen...
Stanislaw Jurjewitsch hatte von dieser ungewöhnlichen Szene durch Alim Safarows Bericht gehört. Der junge Tawlare war Stanislaw Jurjewitsch all die Jahre für seinen Brief dankbar gewesen, den er ihm als verbanntem Jungen geschickt hatte, und für die Cézanne-Reproduktionen, die ihn nicht erreicht hatten. Originalgedichte Bodorskis begannen ab und zu in der Literaturzeitschrift „Nowy mir" zu erscheinen, sie wurden sogar in Überblicksartikeln erwähnt, allerdings nebenbei und mit zurückhaltender Billigung. Alim Safarow erkannte, daß Bodorski nicht nur ein Könner war, sondern auch ein Dichter, zwar kein großer, aber ein aufrichtiger und – daran war schon gar kein Zweifel – ein wirklich gebildeter. So legte er ihm seine Erzählungen zur Beurteilung vor. Bodorski schätzte seinerseits an diesen Erzählungen das Musikalische, ohne daß es seiner Ansicht nach keine Prosa geben könne. Er schätzte auch das frische Gespür für die russische Sprache. Alim verachtete Mansur Asadajew, sah in ihm keinen Künstler, sondern einen käuflichen Wortfechter, einen Narren bei Hofe. Er hatte darüber Stanislaw Jurjewitsch geschrieben und ihm bei ihrer ersten Begegnung gesagt:
„Wenn Mansur im Jahre 1937 erwachsen gewesen wäre, wäre er schrecklich gewesen."
Sie tranken Wermut mit Cointreau vermischt. Mansur hatte diese Flasche Stanislaw Jurjewitsch aus Kanada mitgebracht, und als Alim gegangen war, spürte Stanislaw Jurjewitsch, daß er nicht mehr ganz sicher auf den Beinen stand. Sein Kopf jedoch war glasklar. Er merkte aber, als er sich wieder im Sessel zurechtsetzte, bei aller Klarheit nicht, wie seine Gedanken bei der Erinnerung an die Blutrache, an Mansur, an sein Winseln vor den Bluträchern, sein Kriechen über den Hotelflur plötzlich zu Stalin gelangt waren. Der Gedanke an Stalin verband sich mit dem anderen, daß Shamatow und Mansur Menschen aus einem Aul waren, also von einer Sippe, daß sie früher Freundschaft – und offenbar feste Freundschaft – gehalten hatten und daß Mansurs Familie die von ihrem bösen Mann geflohene Muhabbat Chisrijewa aufgenommen hatte, daß jetzt aber Mansur Shamatow haßte, daß er Chisrijewa haßte, obwohl ihre Sippenbande unlöslich waren. Solche Bande haben ebenso wie die Bande innerhalb von Partei und Staat das Blut als Grundlage und nicht die Liebe. Stalin war sein Lebtag lang mit niemandem durch Liebe verbunden. Selbst nicht mit seiner Mutter, nicht mit seiner Frau, nicht mit seinen Kindern. Viele Jahre lag er nun schon unter der Erde, viele Jahre schon regierte der Maisfanatiker das Land, doch konnte man Stalin nicht vergessen, denn mit Stalin war das ganze bewußte Leben

Stanislaw Jurjewitschs durch das von seinem Volk vergossene Blut verbunden. Immer hatte Stanislaw Jurjewitsch angenommen, daß der sowjetische Staat ohne die planmäßige Vernichtung erfundener Feinde nicht existieren könne, – doch siehe da, er existierte. Natürlich gab es Reserven zur Vernichtung: die abstrakten Künstler, die modernistischen Schriftsteller, „Doktor Schiwago", Intellektuelle, die sich plötzlich rührten, Gruppierungen von Gläubigen, aber all das waren Einzelfälle. Es gab gegenwärtig keine Massenverhaftungen. Hatte Stalin etwa den Staat so genial aufgebaut, daß er von nun an keinen Stalin mehr brauchte?

Es war kein Zufall, daß ein Sohn des Orients zum Herrscher des Imperiums geworden war. Lächerliche Vorstellung, daß es auf seinen Posten ein Jude abgesehen hatte. Selbst eine so starke Persönlichkeit wie Trotzki war dafür ungeeignet. Dieser konnte ein grausamer Armeeführer sein, ein glänzender Führer der Opposition, ein vergöttertes Idol der jungen kommunistischen Garde, doch nicht für ihn waren Thron und Zepter der Staatsgewalt über Russen, Ukrainer, Weißrussen, Balten, Turkvölker, Ugro-Finnen und Kaukasier bestimmt. Stanislaw Jurjewitsch war vor kurzem zum ersten Mal in Pskow und Nowgorod gewesen und hatte plötzlich begriffen, daß es nötig gewesen war, das alte Rußland zu zerstören mit seiner demutsvollen Trauer, seinen alten Kirchen und Klöstern, seinen Läden und Amtsstuben, um es sowjetisch zu machen. Weder in seiner Heimatstadt im Süden des Landes noch in Moskau, weder in Leningrad noch in den Republiken des Orients hatte er mit solcher Deutlichkeit empfunden, wie fremd das Land den Mitkämpfern und Nachfolgern Lenins war. Über Menschen wie Sinowjew und Kamenjew brauchte man kein Wort zu verlieren, das waren kosmopolitische Hohlköpfe. Doch auch so eine russische Schlafmütze wie Bucharin hätte die Macht über das Land, wäre sie ihm zuteil geworden, am nächsten Tage verloren. Obwohl in Lenins Adern das Blut des Juden Blank und einer kalmückischen Großmutter floß, war in seinen Erlassen etwas von dem Geist der Altgläubigen und dem Tonfall eines Abts. Was aber war an Stalin? Es war nicht leicht, eine Antwort auf diese Frage zu finden. Doch man konnte es versuchen. In Stalin war die orientalische Auffassung vom Monarchen ohne Legitimität. Dieses Land brauchte einen Zaren. Mochte er auch kein Gottgesalbter sein (das wäre schon gut, ließ sich aber nicht machen), so mußte er immerhin etwas Transzendentes haben. Unter seinen vielen Charakterzügen, die man noch nicht ganz durchschaute, war ein sehr wichtiger, der ihn mit Mansur und Shamatow verband: Unmenschlichkeit, die allerdings die Existenz des Menschlichen nicht vergaß. Stalin hatte seinen Freund Kirow ermordet, weil er ihn um seinen innerparteilichen Ruhm benei-

dete. Das war eine unmenschliche Tat, aber er gab Straßen, Städten, Fabriken, Schiffen Kirows Namen – und er tat dies nicht nur um seines eigenen Vorteils willen, um sich reinzuwaschen, sondern weil er zur Kategorie Mensch gehörte. Vielleicht hatte er, der Mörder, sich zärtlich an die bisweilen plebejischen Aphorismen Kirows und an seine Lieblingsspeisen erinnert. Wäre aber Kirow wieder ins Leben zurückgekehrt, hätte er ihn auch ein zweites Mal ermordet. Als er Kirow sein Buch „Fragen des Leninismus" mit der Widmung „Dem Freund und Bruder" schenkte (es heißt, er habe es nicht selbst geschrieben), da liebte er Kirow als Freund und Bruder, und er ermordete Kirow als Freund und Bruder. Darin liegt kein Widerspruch, wie auch kein Widerspruch darin liegt, daß Stalin Millionen Menschen um der Macht über die Menschen willen vernichtete. Hitler mordete mit dem Ziel, daß nur Sklaven und deutsche Herrenmenschen übrigblieben. Stalin war weniger demokratisch als Hitler: er mordete mit dem Ziel, daß auf Erden nur Sklaven und er selbst als Zar blieben. Er dachte nicht darüber nach, was nach seinem Tode geschähe: er fürchtete wie alles Lebendige die Gefahr und dachte nicht an den Tod. Man nimmt an, Stalin habe sich verstellt, als er behauptete, er liebe Bucharin, doch möglicherweise liebte er Bucharin sogar, nachdem er ihn ermordet hatte, möglicherweise erinnerte er sich an ihn gelegentlich voller Rührung. Nein, nein, das Wort „lieben" läßt sich mit Stalin nicht verbinden. Sagen wir es so: beim Morden haßte er seine Opfer nicht. Einige von ihnen mochten ihm weiter gefallen. Er haßte nur einen Menschen: Lenin. Er haßte ihn, weil Lenin er selbst, Stalin, war und weil dennoch in Lenin etwas lebte, was nicht in ihm, in Stalin, war: europäisches intelligentes Herrentum. Ein Zar aber ist kein Herr, ein Zar ist volksnah.
Stalin tötete einen Menschen, weil er das Tun, den Charakter, die Bindungen eines Menschen töten mußte, aber nicht den Menschen selbst. Daher hielt sich Stalin niemals für einen Mörder. Sein unvorstellbares Mißtrauen war das gewöhnliche Mißtrauen von Stamm und Art: in einem anderen Stamm, bei anderen Artgenossen ist immer eine Gefahr verborgen! Doch allmählich ergab es sich, daß er selbst zu einem ganzen Stamm geworden war, und alles, was nicht er selbst war, zum fremden Stamm wurde, zum feindlichen, heimtückischen – sogar die Georgier, die er mit noch größerer Besessenheit mordete als andere, weil sie ihn besser verstanden. Er aber wollte rätselhaft bleiben, wollte, daß man vor ihm nach Art der Wilden in Gebet und Zittern verständnislos verharrte, er wollte niemandem gleichen. Er mußte russischer Zar werden, und das war eine grandiose und widersprüchliche Aufgabe, denn um der Zar des urständigen russischen Bauern zu werden, mußte er diese russischen Bauern auslöschen. Dafür aber brauchte Stalin, da

Gott ihn nun einmal nicht zur Zarenwürde gesalbt hatte, unbedingt seine Vergottung, das Transzendente, die Aureole der Zauberkraft, das Überirdische.
Stanislaw Jurjewitsch wurde einmal erzählt: der Staatsverlag für Kinderliteratur hatte anläßlich des siebzigsten Geburtstages Stalins in Georgien einen alten Lehrer, einen ehemaligen Geistlichen, ausfindig gemacht, der mit Stalin zusammen die Schule in Gori und das geistliche Seminar besucht hatte. Ein findiger Journalist notierte die Erinnerungen des alten Mannes und stellte sie geschickt zusammen. So ergab sich ein ganzes Buch über die Kindheit des Führers, über seine außergewöhnlichen Fähigkeiten, seinen Edelmut und sein hohes Kameradschaftsgefühl. Das Buch wurde überarbeitet, wurde hundertmal redigiert, man beriet sich mit einem Instrukteur des Zentralkomitees, und schließlich schien es druckfertig. Doch die Verleger hatten sich zu früh gefreut, zu früh gebrüstet. Stalins Sekretariat verbot den Druck. Später ließ der ehemalige Geistliche die Redakteure an seinem Jammer und Glück teilhaben: Sosso – der kleine Jossif aus der Schulzeit hatte ihn zu sich nach Hause eingeladen, ihm gut zu essen gegeben, war freundlich zu ihm gewesen, hatte sich mit ihm an Lehrer und Streiche erinnert und gegen Ende dem Schulkameraden klar gemacht:
„Nichts für ungut, aber dein Buch kann nicht veröffentlicht werden. Versteh mich recht: ein falsches Wort kann den Verlust des Staates bedeuten."
Er begriff wie kein anderer, daß der Verlust des Staates auf dem Spiel stand, wenn ein Wort nicht richtig gewählt, ein Mensch nicht rechtzeitig beseitigt wurde. Besser als die ihn vergötternden Untergebenen wußte der Herrscher des Staates, daß er diesen Staat zu Unrecht sein eigen nannte. Und dennoch war nur er als einziger unter allen Bolschewiken und geistiger Nachfahr der persischen Schahs, der blutrünstigen Machthaber, der Chane der Goldenen Horde, der türkischen Sultane, der arabischen Kalifen und der kaukasischen Fürsten, war nur er dazu bestimmt, in den Tagen und Jahren der Wirren, Herrscher des russischen Bauernstaates zu werden, in dem die urständigen Bauern vernichtet wurden. Kein anderer Bolschewik hätte es vermocht, sich auf den Thron zu setzen und das Zepter zu behalten. Er hatte sich die Insignien nicht angeeignet, sondern er hatte den sozialistischen Thron und das sozialistische Zepter selbst verfertigt – er und nicht Lenin, der zwar den neuen Staat geschaffen, aber niemals sein Wesen begriffen hatte. War das nicht komisch, daß der russische Lenin ihn, den Halbgeorgier und Halbosseten, des Großmachtchauvinismus beschuldigte? Warum? Weil Lenin, obwohl er den Bolschewismus geschaffen hatte, die Herkunft des Bolschewismus von Stamm und Art nicht begriff, hatte er seinem

Geschöpf diesen internationalen Plunder übergestreift und ihn in seinem Unverstand für das Wesen seiner Schöpfung gehalten. Im Laufe der ganzen Geschichte der Menschheit hatte kein einziges großes Staatssystem dem Christentum so feindlich gegenüber gestanden wie das sowjetische, denn dieses System stellt in seiner kämpferischen Abkapselung gegen das Christentum sein Land als solches der ganzen göttlichen Welt gegenüber. Ein Sechstel der Erde benimmt sich wie ein von einem Häuptling regiertes afrikanisches Dorf vergangener Jahrhunderte. Als Feind der europäischen Sozialdemokratie war und blieb Lenin deren Produkt. Dieses Land aber brauchte einen Führer, der die sich untereinander befehdenden Stämme gespenstisch vereinigte, einen Führer mit den Merkmalen eines Zaren, einer Führernatur. Einen orientalischen Zaren. Dieses Land mußte, damit es ein gottgleicher Zar regieren konnte, aus Sklaven bestehen, die Sklaven dienten und die nur einen Herrn hatten – den Herrn ihrer Zwistigkeiten und ihrer Verschmelzung.

Doch wie, wenn es kein Land von Sklaven war? Wie, wenn er es mit allzu stolzen und verachtenden, also nicht allzu wachen Augen gesehen hatte? Dann mußte man es zu einem Land der Sklaven machen. Töten, töten, töten – alle, die stark im Geiste sind – und nur diejenigen überleben lassen, die schwach im Geiste sind, und diese Schwachen mußte man kollektivieren. Alle mußte man kollektivieren, sogar die Intelligenz, alle mußte man in Reservate zwängen und töten. Oder kaufen? Oder die einen töten und die anderen kaufen?

Wie Stanislaw Jurjewitsch vermutet hatte, wurde er gegen Ende des Sommers nach Gugird eingeladen: schließlich mußte man sich mit der Vorbereitung der neuen Dekade befassen. Auf dem Flughafen holten ihn Mansur Asadajew, Ibrai Rachmetow, Alim Safarow und ein unbekannter Vertreter des Gebietsparteikomitees ab. Mansur teilte ihm im Auto mit, daß ein Telegramm aus Moskau eingetroffen sei: Stanislaw Jurjewitsch müsse sich als Mitglied des Vorstands der Moskauer Schriftstellerorganisation nach Grosny zum Schriftstellerkongreß des wiederhergestellten Tschetscheno-Inguschetien begeben. Mansur fügte hinzu:

„Ich werde auch hinfahren. Übrigens sind wir zu dritt im Auto: Sie, ich und Ibrai. Übermorgen frühstücken wir etwas früher und brechen dann auf. Zwei, drei Tage werden wir es uns in Grosny gutgehen lassen. Ich glaube, meine ehemaligen Bluträcher werden mir ehrerbietig entgegenkommen."

Am vorgesehenen Tag fuhr um sieben Uhr morgens Mansurs Chauffeur beim Hotel vor, um Stanislaw Jurjewitsch abzuholen. Mansur hatte als

Vorsitzender des Schriftstellerverbandes ein zweigeschossiges Haus in einer am Park liegenden Straße. Sie frühstückten in einem riesengroßen Eßzimmer, in dem schwere Möbel aus Riga standen. Ibrai, der jetzige Sekretär des Schriftstellerverbandes, war nicht dabei. Chalida servierte selbst. Sie war nicht schlecht gebaut, hatte jedoch ein ungutes Gesicht, ihre männliche Art, um sich zu blicken, paßte nicht zu den Sommersprossen: schwer und langsam drang der persische Blick des Kaufmanns durch die Lider. Stanislaw Jurjewitsch überlegte, sie müsse sicher mehr dem Vater als der Mutter ähnlich sein. Der Fahrer frühstückte gesondert, in der Küche. In einer Vitrine standen große Vasen, die Mansur aus Indien mitgebracht hatte. Als Chalida aus der Küche Chinkal mit Sauce brachte, streichelte Mansur seine Frau unterhalb des Rückens. Ihr gefiel das, doch sie sagte:
„Mansur, das gehört sich nicht."
Man trank, aß und verließ das Haus. Mansur befahl dem Fahrer:
„Zum Hotel."
„Weshalb ins Hotel?" fragte Stanislaw Jurjewitsch.
„Mit uns fährt eine Journalistin aus der Tschechoslowakei. Sie schreibt für eine dortige Zeitschrift über die kaukasischen Literaturen. Sie heißt Vlasta. Ihren Nachnamen habe ich vergessen."
„Holen wir anschließend Rachmetow ab?"
„Ibrai fährt nicht mit. Warum sollen wir uns so zusammenzwängen?"
Mansur kam zusammen mit Vlasta aus dem Hotel. Er trug eine ausländische Reisetasche in der Hand. Er war kleiner als Vlasta, einer Blondine von etwa vierzig Jahren und typischen Europäerin: lange Beine, offenes schulterlanges Haar, gepflegtes Gesicht, ausländische Kleidung und Kosmetik. Mansur setzte Stanislaw Jurjewitsch nach vorn und blieb mit Vlasta hinten. Sie sprach fließend Russisch mit angenehmem Akzent. Als sie Gugird verlassen hatten und die Asphaltstraße sich an Feldern und Gärten entlangzog, griff ihr Mansur unter die Bluse. Sie schlug ihm lachend auf die Hand und sagte:
„Laß das, du Tiger."
Hinter Stanislaw Jurjewitschs Rücken begann das Liebesspiel. „Ach, wie schade, daß ich keine Flinte dabei habe!" rief der Fahrer. Über die Straße war ein roter Fuchs gehuscht und im Gebüsch verschwunden. Die Berge waren nicht zu sehen, aber man spürte ihre Nähe, spürte, daß der Boden unter dem Auto im Vorfeld der unsichtbaren Berge lag. Zur Rechten fuhr ein Zug am Horizont entlang. Auf den Feldern waren kaum Menschen, ab und an tauchten schwarzgekleidete Frauen auf. Männer arbeiteten auf den Feldern nicht. Stanislaw Jurjewitsch drang die Stille der Felder, das reine Leben der Pflanzen, der Luft und der Sonne in sein Inneres, und er hörte nicht, was Mansur auf guschanisch

seinem Chauffeur sagte. Bald lenkte dieser den Wagen auf einen schmalen Seitenweg und hielt vor einer einsamen schilfgedeckten Hütte.
Die Hütte war leer. Es roch nach heißem Staub und Mist. Vlasta zeigte ihre kräftigen Zähne (alles an ihr war kräftig – Brüste, Hüften und Schultern) und fragte Mansur:
„Tiger, warum hast du uns hierher gebracht?"
„Wir müssen verschnaufen. Auf einem Pferd wird der Mann des Gebirges nicht müde, wohl aber im Auto."
Der Fahrer holte einen kleinen Teppich aus dem Gepäckraum, dann Cognac, Mineralwasser, Hammelfleisch, Käse, Brot und ein paar Tafeln Schokolade. Man stärkte sich. Die zweite Flasche wurde geöffnet. Vlasta hielt beim Trinken mit den Männern mit und saß ungeschickt und schamlos im Türkensitz. Ihr kurzer Rock war dieser Haltung nicht angemessen. Jedoch – wie man es nahm. Der nüchterne Fahrer bemerkte in seiner Muttersprache, mit so einer würde ein Bulle nicht fertig. Mansur widersprach:
„Ein Bulle vielleicht nicht, wohl aber ein Tiger." Ihm hatte der Spitzname, den Vlasta ihm gegeben hatte, gefallen. Dann fingen alle außer Mansur an zu rauchen. Dieser warf einen Blick auf den Fahrer, dann auf Stanislaw Jurjewitsch, und zwar mit dem weit aufgerissenen Gaunerauge. Sie begriffen und verließen die Hütte.
Die Sonne brannte auf die Ebene, in der Ferne floß still der Terek. Der Fahrer machte sich am Motor zu schaffen. Stanislaw Jurjewitsch legte sich in das trockene Gras, das im Wind raschelte. Er kam sich unwürdig und schmutzig vor. Er ging auf die sechzig zu und lag nun neben dem mächtigen, hier unten nicht mehr tosenden Terek im Gras, über das einst Lermontow und Tolstoi dahingaloppiert waren, in der Nähe der Stadt, wo Gribojedow wegen seiner Verbindungen zu den Dekabristen verhaftet worden war, lag da und wartete wie ein Besudelter, während der junge Herr eine europäische Nutte bearbeitete, und jede Minute des Wartens war eine Minute der Entehrung, sklavischer Entehrung.
Das Liebespaar ließ sich wieder blicken. Mansur knöpfte sich mit glücklicher Frechheit die Hose im Gehen zu. Sein asymmetrisches Gesicht posierte die Maske der Seligkeit. Vlasta lächelte und zeigte dabei ihre unglaublich gleichmäßigen Zähne. Als sie ins Auto einstiegen, sah Stanislaw Jurjewitsch, daß ihre Nylonjacke vom Mist beschmiert war. Böse ließ er eine Bemerkung darüber fallen. Vlasta bekam einen ehrlichen Schreck.
Dann kamen sie nach Grosny: Erdöltürme, Fabrikschornsteine, kleine Häuser der Arbeitersiedlungen. Laut donnerte unter einer Brücke die gelblich trübe Sunscha. Ein Straßenpolizist hielt den Wagen an, blickte

hinein und wollte vom Fahrer die Papiere sehen, doch als er Mansurs Abzeichen als Abgeordneter des Obersten Sowjets erkannte, sagte er ehrfurchtsvoll:
„Genosse Abgeordneter des Obersten Sowjets, Sie müssen eine Umleitung fahren."
„Warum? Es ist kürzer für uns über den Platz der Revolution."
„Da werden die Straßen repariert."
„Wo findet der Schriftstellerkongreß statt? Im Theater?"
„Das weiß ich nicht."
Der Polizist war verunsichert. Mansur bemerkte das und sagte, als sie weiterfuhren:
„Festtagsstimmung ist hier nicht."
Sie kurvten lange herum, bis sie schließlich in einer stillen Straße angekommen waren. Bei dem Haus, in dem der Schriftstellerverband und das Wissenschaftliche Forschungsinstitut für Geschichte, Sprache und Literatur untergebracht waren, konnte man von der üblichen Unruhe, die zu einem Kongreß gehört, nichts spüren. Kein Kommen und Gehen von Gästen. Nirgendwo Losungen. Mansur sagte:
„Vlasta, bleib einen Augenblick hier, ich bin mit Stanislaw Jurjewitsch gleich wieder da."
In dem Gebäude war es so still, als sei tiefste Nacht. Sie stiegen in die erste Etage und bogen nach links ab. In den Zimmern des Schriftstellerverbandes war niemand, nicht einmal die Sekretärin, alle Türen aber standen offen. Sie begaben sich über den Flur in die Zimmer des wissenschaftlichen Institus. Im allerletzten Zimmer saß ein alter Mann mit einem schönen weißen Kopf gedankenversunken da. Mansur stellte sich und Stanislaw Jurjewitsch vor. Der alte Mann erhob sich, gab jedem die Hand mit beiden Händen und stellte sich selbst vor. Es war Ansorow, ein bekannter Mann, einer der Begründer der sowjetischen tschetschenischen Literatur, Schriftsteller und Wissenschaftler. Er war nicht aus der kasachischen Verbannung in die Heimat zurückgekehrt, sondern aus dem Konzentrationslager, hatte achtzehn Jahre gesessen, war rehabilitiert und jetzt Leiter einer Abteilung des Instituts. Er sprach Russisch wie jemand aus Petersburg.
„Es sind schon Gäste aus den Nachbarrepubliken eingetroffen, man hat sie im Hotel „Grosneft" untergebracht. Das ist das erträglichste Hotel am Ort. Aber Sie sind in die Datscha des Parteikomitees eingeladen."
„Wir haben eine Journalistin aus der Tschechoslowakei mitgebracht. Das wird Ihrem Kongreß ein Licht aufsetzen", sagte Mansur. „Können wir sie mit auf die Datscha nehmen?"
Ansorow zögerte lange mit der Antwort. Er überlegte:
„Ich will offen mit Ihnen sein. Bei uns in der Stadt gibt es Unannehm-

lichkeiten. Es ist noch nicht bekannt, ob der Kongreß überhaupt stattfinden wird. Die Frage wird gegenwärtig erörtert. Man hat die Leitung unseres Verbandes in das Parteikomitee gerufen. Haben Sie einen Platz im Auto frei? Ich werde mit Ihnen zur Datscha fahren, die Frau muß so schnell wie möglich aus der Stadt geschafft werden. Später werden wir weiter sehen."

„Was ist passiert?" fragte Stanislaw Jurjewitsch.

„Irgendwo hat sich beim Tanzen ein Russe mit einem Tschetschenen angelegt. Beide sind junge Arbeiter. Der Tschetschene hat den Russen erstochen. Man hat ihn verhaftet. Die Arbeiter der Fabrik, die Kameraden des Verstorbenen, haben den Streik erklärt. Sie fordern, wir Tschetschenen sollten wieder verbannt werden und der Mörder solle ihnen ausgeliefert werden. Es geht das Gerücht, der Streik habe auf andere Fabriken übergegriffen."

Stanislaw Jurjewitsch machte den Vorschlag:

„Fahren Sie, ich gehe ein bißchen in der Stadt spazieren. Mich interessiert das."

Mansurs Überredungsversuche fruchteten nichts, Stanislaw Jurjewitsch bestand auf seinem Plan. Ansorow warf einen Blick auf die Uhr: „Es ist jetzt etwa ein Uhr. Um vier Uhr komme ich zurück und erwarte Sie hier, Genosse Bodorski, im Institut, um mit Ihnen in die Datscha zu fahren. Nur unter dieser Bedingung lasse ich Sie laufen."

Stanislaw Jurjewitsch winkte den Abfahrenden zu (Vlasta winkte fröhlich zurück) und begab sich zum Platz der Revolution. In der Mitte des Platzes, gegenüber dem Regierungsgebäude, hatte sich eine große Menschenmenge versammelt. Hier und da, etwas von ihr getrennt, standen Gruppen Neugieriger. Einige von ihnen mischten sich unter die Menge, aber gleichzeitig lösten sich Leute heraus und bildeten neue Menschenansammlungen. Die Passanten schlossen sich teils der Menge an, teils gingen sie weiter, vertieft in ihre eigenen Angelegenheiten. Auch Stanislaw Jurjewitsch schob sich in die Menge. Sie hörte auf einen Redner. Stanislaw Jurjewitsch drängte sich nach vorn und erblickte einen Lastwagen. Darauf stand auf flachen Böcken der Sarg mit dem Verstorbenen. Der Sargdeckel war an die Seitenwand des Wagens gelehnt. Zu beiden Seiten des Sarges saßen Männer und Frauen auf Brettern. Einige standen. Der Redner, offenbar ein Arbeiter, ein hochgewachsener Mann in einem grauen zerknitterten Anzug ohne Schlips, mit einem schwindsüchtigen Gesicht, sprach mit verzerrten Lippen:

„Brüder und Schwestern! Wer liegt im Sarg? Zu ewigem Schlaf ist Sergej Stepanowitsch Sajarny entschlafen, unser Serjoga, Dreher unserer Fabrik, ein prächtiger Bursche, der kürzlich vom Militärdienst zurückgekehrt ist. Und wer ist rings um den Sarg versammelt? Serjogas Vater, der verdiente Arbeiter unserer Fabrik, Stepan Petrowitsch Sajarny, ein Frontsoldat mit vielen Verwundungen. Neben ihm seine Gattin, Maria Tichonowna, Serjogas Mutter, eine einfache russische Frau, die drei Söhne großgezogen hat, zwei fielen den Tod der Tapferen, der älteste im Kursker Bogen, der mittlere in Preußen, nur der jüngste war ihr geblieben, und diesen haben jetzt die Tschetschenen ermordet: genau solche Faschisten. Rings um den Sarg ist nicht nur die Familie versammelt, da sind auch Serjogas Genossen. Wir arbeiten in derselben Abteilung."

Die Masse lauschte schweigend, gab ihren Gefühlen keinen Ausdruck, nur den Frauen traten Tränen in die Augen. Es gelang Stanislaw Jurjewitsch, näher zum Lastwagen vorzudringen, da die Vornestehenden sich allmählich zurückzogen. Er konnte das Gesicht des Toten nicht erblicken, aber den Redner besser betrachten. Er hatte seltsam erstarrte, unbewegliche Augen, die gleichsam getrennt von seinen Worten lebten. Die Worte aber drangen unbeirrt über seine Lippen:

„Die Arbeiter unserer Fabrik sind heute nicht zur Arbeit gegangen. Direktor Berditschewski hat erklärt, das sei Streik. Nein, das ist kein Streik. Der Direktor will uns erschrecken. Jedem Russen wird klar sein, wir beerdigen unseren Kameraden, den ein Tschetschene erstochen hat. Die Arbeiter anderer Fabriken haben sich uns angeschlossen. Der Direktor macht da jüdische Mauscheleien. Er sagt, ‚Der Verbrecher ist verhaftet, es wird eine Gerichtsverhandlung geben, er wird bekommen, was er verdient'. Aber wir wollen ihn selbst richten. Bei den Tschetschenen ist der Richter ein Tschetschene, der Staatsanwalt ein Tschetschene. Zu denen haben wir kein Vertrauen. Sie tragen alle Messer, sind alle Mörder. Stalin war klug, er hat alles begriffen, er hat den Kaukasus von den Banditen gesäubert, hat sie weit weg verbannt. Chruschtschow aber hat sie zurückgeschafft. Er hat nicht an uns gedacht. Brüder und Schwestern! Wenn wir uns wie die Hammel verhalten, dann werden uns die Tschetschenen alle abschlachten. Auch unsere Kinder werden sie nicht am Leben lassen, diese reißenden Tiere. Unterstützt unsere Forderungen. Wir fordern erstens, daß Tschetschenen und Inguschen wieder verbannt werden; zweitens, daß Vorsitzender des Ministerrats der UdSSR Genosse Molotow wird; drittens, daß in dieser Stadt General Jermolow ein Denkmal aufgestellt wird. Das sind gute Forderungen, sowjetische Forderungen russischer Menschen."

Der Lastwagen heulte auf. Man hatte offenbar beschlossen weiterzufahren. Die Masse machte ihm Platz. Jemand bekreuzigte sich. Allmählich löste sich die Menge auf. Stanislaw Jurjewitsch ging von Grüppchen zu Grüppchen. Zum ersten Mal in seinem Leben sah er einen Aufstand.

Alle schimpften auf die Tschetschenen: Sie erhöben Anspruch auf die Häuser der russischen Arbeiter, sagten, sie hätten sie einst selbst gebaut. Was haben denn die Russen für Schuld? Man hat sie hierher getrieben und in diese Häuser eingewiesen. Die Häuser taugen überhaupt nichts. Aber bei jedem Haus ist ein Garten, eigenes Gemüse. Die Tschetschenen dringen in die Höfe und Gärten ein, schlafen dort, manchmal brechen sie die Schlösser der Häuser auf, werfen die Sachen der Bewohner hinaus, während sie auf Arbeit sind, sperren die Kinder aus und besetzen die Häuser. Für solche Banditen ist kein Raum im Kaukasus, man muß sie verbannen. Wie unter Stalin, so war es richtig. Chruschtschow möchte den lieben Kerl spielen. Alle in der Stadt hassen die Tschetschenen, nur die Juden halten mit ihnen zusammen. Nicht zufällig hat Berditschewski den Arbeitern verboten, heute Sergej Sajarny zu beerdigen. Er sagt, sonst könne er den Plan nicht erfüllen. Ihm ist der Plan wichtiger als ein Mensch. Er kriecht vor den Tschetschenen.

Die Leute lobten Stalin und vergaßen, daß man sie unter Stalin schon dafür ins Konzentrationslager gesteckt hätte, daß sie nicht zur Arbeit gegangen waren. Für so regierungsfeindliche Äußerungen und für eine derartige Versammlung hätten sie bestimmt die Höchststrafe – die Kugel – bekommen. In einer anderen Gruppe ging es nicht um Politik, dort tauschte man Einzelheiten aus. Das Mädchen, mit dem Sergej Sajarny tanzte, hatte einem Tschetschenen gefallen. Der kannte sie schon länger. Dieser Tschetschene versuchte, sie Sergej aus den Armen zu reißen. Andere Tschetschenen waren ihm zu Hilfe gekommen, denn bei allen anderen Nationen halten die Menschen zusammen, nur wir Russen sind so dumm geblieben, wie wir waren, und deshalb geht es uns am schlechtesten. Sergej hatte verzweifelt Widerstand geleistet, doch kein einziger Russe hatte sich für ihn eingesetzt, keiner geholfen. Da hatte der Tschetschene ihn erstochen.

In der nächsten Gruppe hörte er unerwartet Töne einer liberaldemokratischen Richtung. Ein hagerer, sehr großer alter Mann mit zwei Metallkronen in seinem ansonsten zahnlosen Mund, brachte durch seine eingefallenen Lippen:

„Geht es denn nur um die Tschetschenen oder Juden? Das System muß man ändern..."

Er wollte noch etwas Wichtiges sagen, als sich plötzlich alle zum Regierungsgebäude umdrehten. Stanislaw Jurjewitsch hatte Hunger bekommen. Es war auch schon nach vier Uhr. Ansorow wartete auf ihn, aber die aufrührerische Menge hatte Stanislaw Jurjewitsch gebannt. Er wollte sich nicht von ihr trennen. Vom Balkon wandte sich jemand mit einer Rede an die Menge. Seine Worte konnte man nicht verstehen.

„Wer ist denn das?" fragte Stanislaw Jurjewitsch. Jemand, der neben ihm stand, antwortete ihm: „Sardalow, so ein tschetschenischer Knilch, der Vorsitzende des Präsidiums von deren Obersten Sowjet." Inzwischen waren die Verwegensten, die Wütendsten über die Mauervorsprünge und Verzierungen außen am Gebäude hochgeklettert (es war ein vorrevolutionäres Haus). Als sie auf dem Balkon angelangt waren, warfen sie Sardalow nach unten in die Masse. Ob man ihn zu Tode getrampelt hat? Keiner wußte es.

Jahre in der Verbannung, in der Erniedrigung zu leben, sich in noch größerer Erniedrigung nach oben zu arbeiten, für den Preis kleiner Gemeinheiten und Intrigen einen vielbegehrten Posten zu erreichen – und dann im Heimatland, an einem friedlichen warmen Tag nicht von den Sicherheitsorganen, nicht von der Kommandantur, sondern einfach von den Bürgern umgebracht zu werden...

Als sich der Arbeitstag seinem Ende näherte, wurde die Menge immer größer. Schon waren es keine einzelnen Gruppen, keine einzelnen Passanten mehr. Es war eine einheitlich tosende Menge, und inmitten des gewaltigen Stimmenschwalls stand ein Lastwagen mit einem Toten. Stanislaw Jurjewitsch wurde mitgezogen, als die Menge wie ein vielköpfiges Wesen vom Platz drängte und sich, wie sich später herausstellte, zum Postamt begab, wo im ersten und zweiten Stockwerk der Radiosender der Republik untergebracht war. Die Menge, das Wesen mit dem einheitlichen Denken, wußte, was sie wollte: den Radiosender in ihre Gewalt bringen. Doch genau von dort erscholl der Befehl:

„Gehen Sie sofort auseinander. Vermeiden Sie ein Unglück. Gehen Sie geordnet auseinander. Die Miliz wird Ihnen behilflich sein, damit es kein Gedränge gibt. Beenden Sie die Arbeitsunterbrechung. Alles ab morgen an die Maschinen!"

Doch die Menge kümmerte sich nicht um den Befehl und wogte tosend durch die breite Tür des Erdgeschosses, wo das eigentliche Postamt war. Ein Schuß fiel. Ein schwerer, lange hallender Schuß. Der erste Panzer rollte um eine Ecke. Von dort war der Schuß erfolgt. Zunächst in die Luft. Da kam der zweite Panzer um die Ecke und zerfetzte den Asphalt des Bürgersteigs. Dann der dritte, der vierte. Wie viele Panzer rollten hinter ihnen? Jetzt vereinte die Menschen in der Menge nicht das Denken, sondern die Angst. Stanislaw Jurjewitsch wich mit allen nach hinten aus und entschloß sich, in einen Laden zu laufen. Es war eine Apotheke. Ein Mädchen, das ihren Kopf durch einen Schalter in einer Glaswand gesteckt hatte, schrie ihn an, aber da tönte wieder ein Schuß. Die Apotheke erzitterte. Fläschchen fielen auf den Boden und zersprangen. Durch das Schaufenster konnte man sehen, wie die Menschen liefen. Die Apothekerin fing an zu weinen. Stanislaw Jurjewitsch

wartete ungefähr eine Viertelstunde. Dann verließ er die Apotheke. Draußen war es leer. Die Miliz hatte eine Kette um das Gebäude des Postamts gebildet. Krankenwagen standen auf der Straße. Die Panzer hatten sich entfernt. Auf dem Platz der Revolution, der auch leer war, wollte ein Milizionär Stanislaw Jurjewitschs Papiere sehen. Er wies seinen Personalausweis und die telegrafische Einladung vor. Der Milizionär gab ihm seine Papiere zurück, ließ Stanislaw Jurjewitsch passieren, kritisierte aber den Text des Telegramms:
„Da hält man Kongresse ab. Es gäbe Wichtigeres zu tun."
Vor dem Eingang ins Institut stand das grüne Auto Mansurs. Der Fahrer döste. Stanislaw Jurjewitsch stieg ins erste Stockwerk. Ansorow wartete auf ihn.
„Gott sei Dank. Ich habe mir große Sorge um Sie gemacht. Waren Sie die ganze Zeit dort?"
„Ja."
„Gibt es Tote?"
„Ich weiß es nicht, es waren Krankenwagen auf der Straße."
„General Plijew persönlich ist in Grosny eingetroffen. Das sind seine Panzer. Er ist ein Ossete. Zwischen Osseten, Tschetschenen und Inguschen gibt es uralte Auseinandersetzungen. Ich habe es selbst gesehen: die Tschetschenen und die Inguschen schlossen sich der Roten Armee an, dem Ordschonikidse, sie paßten sogar seinen Namen ihrer Sprache an, ‚Ershkines', das heißt ‚Fürst der Armut' und sie taten das nur, weil die meisten Osseten den Weißen nahestanden."
„Jetzt haben sie aber auf Russen geschossen."
„Plijew hätte auch auf Osseten geschossen. Man hätte es ihm nur befehlen müssen."
„Kennen Sie ihn?"
„Ich habe unter ihm in der Roten Armee gedient. Zunächst war ich in der Weißen Armee. 1937 hat man mir das angekreidet. Aber jetzt ist nicht der richtige Zeitpunkt, das zu erzählen. Der Kongreß wird verschoben. Wir fahren zur Datscha, da können Sie sich erholen. Machen Sie sich nichts draus. Wir würden mit den Russen gern freundschaftlich zusammenleben wie Weinrebe und Nußbaum – es gibt so eine tschetschenische Redensart – unzertrennlich bei Sonne und Sturm."

Siebzehntes Kapitel

Shamatow hatte beschlossen, die zweite Dekade, die in seiner Regierungszeit stattfinden würde, sollte grandioser sein als die erste. Sie wurde nicht nur als Dekade der Literatur, sondern auch als Dekade der Kunst deklariert. Ihre Besonderheit bestand auch darin, daß an ihr zum ersten Mal die Tawlaren teilnahmen. Nach Gugird kamen außer den Schriftstellern auch Regisseure und Komponisten. Sie waren besser als die Schriftsteller, fröhlicher, zynischer. Einige wurden im Hotel untergebracht, die Wichtigsten und Höchstgestellten im Datschenviertel des Gebietsparteikomitees, in den Häusern, die für die Hofleute zweiter Klasse vorgesehen waren. Dorthin wurde aus dem Hotel auch Bodorski verlegt. Jetzt brauchte er sich morgens nicht um das Frühstück zu kümmern, brauchte nicht in dem stickigen, verrauchten Speisesaal des Restaurants zusammen mit auswärtigen Sportlern und einheimischen Säufern Mittag zu essen. In der Datscha des Gebietsparteikomitees hatten die Tische zwar keine Tischtücher, aber es gab schmackhaftes Essen. Sie lag in wunderbarer Umgebung, inmitten der reinen Luft des Vorgebirges. Im Garten wuchsen Rosen. Doch die Verbindung zur Stadt war mühsam, einen Omnibus-Linienverkehr gab es nicht. Personenwagen wurden nicht zur Verfügung gestellt, es sei denn, daß einer der Kulturschaffenden im Gebietsparteikomitee, im Kulturministerium oder – seltener – im Schriftstellerverband benötigt wurde. Matwej Kaplanow, der Unverzagte, der wie eine schwarzäugige Holzpuppe aussah, hatte auch das Angebot bekommen, in der Regierungsdatscha zu wohnen, war er doch Leibübersetzer des Cheflyrikers der Republik. Doch er zog das Hotel vor, ihm war es bequemer in der Stadt zu leben, weil er einiges mit dem örtlichen Verlag zu regeln hatte und er in das Hotel Philologiestudentinnen mitbringen konnte. In die Datscha des Parteikomitees konnte man sie nicht mitnehmen, davor stand die Miliz. Woher hätte er auch bei Bedarf ein Auto bekommen sollen?
Bodorski hatte glücklicherweise niemanden zu übersetzen. Er wurde als Brigadier der Übersetzer angesehen, verteilte unter ihnen die Interlinear-Übersetzungen, redigierte Lyrik und Prosa und war an der Auswahl der Werke beteiligt, die übersetzt werden sollten. Es war eine neue, reich illustrierte Ausgabe der guschanischen epischen Lieder in russischer Sprache geplant. Man hatte beschlossen, in diese von Bodor-

ski betreute Edition zwei neue epische Lieder einzubeziehen, die in den letzten Jahren vom wissenschaftlichen Forschungsinstitut der Republik ausfindig gemacht worden waren. Doch diese neuen waren blasser als die früheren. Ibrai Rachmetow sagte, in seinem heimatlichen Aul lebe ein alter Mann, der Episoden des guschanischen Epos vortrüge, die bisher noch nicht aufgezeichnet seien. Er schlug Bodorski vor, zu diesem alten Mann zu fahren.

Shamatow stellte einen Wagen zur Verfügung, nicht seinen persönlichen, aber als Kraftfahrer war Sultan, Shamatows Fahrer, eingeteilt, sozusagen der wichtigste Fahrer, ein alter Bekannter von Bodorski. Der frühe Herbsttag empfing sie in seiner ganzen Pracht. Er strahlte in stillem weihevollem Licht. Der Himmel über ihnen leuchtete wie ein blauer Heiligenschein, und in der Ferne hingen die Berge wie Scheiche in weißen Turbanen ihren Gedanken nach. Ibrai erzählte unter Sultans schweigender Billigung vom unverschämt anmaßenden Wesen Mansurs. Er hatte die Sippenbande vergessen, die ihn mit Shamatow, mit ihm, Ibrai, selbst und mit Muhabbat Chisrijewa verbanden. Er erzählte von Mansurs Intrigen auf dem Moskauer Parkett, die gegen Shamatow gerichtet waren, obwohl Shamatow, als man ihm im Zentralkomitee in Moskau Vorhaltungen gemacht hatte, daß sein Dichter tränke, herumhure und überflüssiges Zeug rede, sich für Mansur eingesetzt und gesagt hatte, daß Mansurs genießerische Lebensform sich auf die Beurteilung seiner literarischen und gesellschaftlichen Tätigkeit nicht auswirken dürfe.

„Mein Gott", dachte Bodorski, „das sind doch immer dieselben toten Wörter, die niemand braucht. Ringsum ist so viel Sonne, leben die Pflanzen ein so bewegtes Leben, sind die Berge so erhaben, an die der von der Phantasie eines Volkes geschaffene Räuber des Feuers geschmiedet war und wo die im Gedächtnis eines anderen Volkes bewahrte Arche landete. Aber es ging wohl nicht an, daß er sich dem Gespräch entzog, und so fragte Bodorski, nur um irgend etwas zu fragen:

„Vielleicht sehen Sie ihn einseitig? Erinnern Sie sich doch an Ihr Sprichwort: ‚Redet über einen Menschen Gutes, ohne auf seine Beerdigung zu warten.' Ist Mansur wirklich so tief gefallen?"

Sultan, der mit dem Steuer viel zu tun hatte, kam Rachmetow zu Hilfe, ohne sich umzudrehen:

„Stanislaw Jurjewitsch, Sie haben meinem Dshachangir den Vornamen gegeben, ich kann Sie nicht betrügen. Ich habe danach noch einen Jungen und noch ein Mädchen bekommen. Bei allen meinen acht Kindern schwöre ich: Mansur ist tief gefallen!"

Sie fuhren in den Aul und verließen den Wagen. Die Häuser standen dicht an einer waldigen Schlucht. Es roch nach dem Rauch von

brennendem Mist, nach Knoblauch und nach gebackenem Maisbrot. An den Bergen ballte sich der Nebel, er glänzte silbern in der Sonne. Sie hielten vor einem Hof, wo kleine Jungen Ball spielten. Als sie das Auto sahen, unterbrachen sie das Spiel. Sultan holte ein paar Flaschen mit einer klaren farbigen Flüssigkeit heraus. Stanislaw Jurjewitsch kannte die Sitte: einem Sänger hatte man Wein zu bringen und keinen Wodka. Aus dem Hause kam ihnen ein alter Mann in einer engen Jacke und in Hosen aus tarnfarbenem Stoff entgegen. Er trug Ledersocken und Überschuhe. Das war der Sohn des Sängers. Er bat die Besucher, in das Zimmer zu kommen, das für den Empfang von Gästen vorgesehen war. An den Wänden hingen Teppiche, ein uralter Vorderlader und seltsamerweise ein Stadtplan von Wien. Zwei Frauen in schwarzen Kleidern und Kopftüchern führten den Greis herein. Früher hätte es den Sitten widersprochen, daß Frauen sich blicken ließen. Sie entfernten sich auch sofort. Die Gäste ließen sich mit untergeschlagenen Beinen auf dem maschinengearbeiteten Teppich nieder.
Der Sänger hieß Naurus Shamatow. Er gehörte also zu derselben Sippe wie der Erste Sekretär des Gebietsparteikomitees. Dieser wollte offensichtlich, daß der Name Shamatow in das Buch der epischen Lieder seines Volkes kam, wie einst der Name Parwisows dorthin geraten war. Das war offenbar der Grund, warum Ibrai Rachmetow Bodorski hierher gebracht hatte.
Naurus war sehr alt, hielt sich aber aufrecht. Dank seines nach Kosakenart langgeschnittenen schwarzen Tscherkessenrockes wirkte er größer. Seine Augen hatten den Glanz noch nicht verloren, alle Zähne waren vollständig erhalten, nur die dunkle Gesichtshaut war von Runzeln durchfurcht und die große Nase glich einem verwitterten Stein.
Der Sohn von Naurus stellte mit Sultans Hilfe die mitgebrachten Flaschen auf den Teppich, ferner große Porzellantassen mit am Boden angebrachten Henkeln, die man hier seltsamerweise Kalmückentassen nannte. Aus dem Inneren des Hauses wurde etwas zum Essen herbeigeschafft: ein steifer Brei mit Sauce und Stücke kalten Hammelfleischs. Der alte Naurus sagte: „Bismillah." Man begann zu essen. Ibrai ließ sich vor den Gastgebern ausführlich über die Bedeutung des guschanischen Epos aus, das vom großen russischen Volk, ja von allen Völkern hoch geschätzt würde, und berichtete, warum der Gast aus Moskau gekommen sei. Naurus hörte ihn voller Befriedigung an. Er nickte bedeutsam mit seinem Kopf, auf dem die hohe Mütze aus braunem Karakulfell prangte, sagte etwas zu seinem Sohn, der ging hinaus und brachte bald eine junge Harmonikaspielerin herein, vielleicht seine Tochter. Sie war modern gekleidet, wußte offensichtlich schon, was der Großvater von

ihr wollte und fing an auf der Ziehharmonika zu spielen. Naurus begann, langgezogen zu singen. Das war eine Musik wie keine andere. Die Musik der Urväter. Der Skythen, der Sarmaten? Winterkälte, draußen ein Mädchen, Schnee fällt auf ihr unbedecktes Haupt. Im warmen Zelt ihre Eltern, ihre Schwester und ihr Bruder. Das Mädchen singt klagend:

> Mutter, du goldene,
> schöne, geschmückte,
> laß mich hinein
> sonst erleid' ich den eisigen Tod.

Da antwortet die Mutter:

> Nenn mich deine Schwiegermutter,
> dann laß ich dich hinein.

Das Mädchen lehnt es ab, ihre Mutter Schwiegermutter zu nennen, und bittet den Vater, sie in die Hütte zu lassen. Der Vater antwortet:

> Nenn mich deinen Schwiegervater,
> dann laß ich dich hinein.

Die Schwester ist bereit, das in der großen Kälte zitternde Mädchen hineinzulassen, wenn es sie Schwägerin nennt, der Bruder, wenn es ihn Ehemann nennt. Aber das Mädchen will seinen Bruder nicht Ehemann nennen. So beginnt der Zusammenbruch der altguschanischen blutsverwandten Familie, in der die Brüder ihre Schwestern heirateten. Das Volk besang keine Kleinigkeiten, es besang das Bedeutende in seinem Leben. Nicht jedes inhaltsreiche Lied wird älter als sein Jahrhundert, es muß auch schön sein: erst dann hört es auf, von seiner kurzlebigen Zeit abhängig zu sein. Doch auch das kunstvollste Lied ohne bedeutsamen Inhalt ist totgeboren, wann auch immer es geboren wurde – ob in Urzeiten oder in unserer Gegenwart. Es gibt keine neue Kunst oder alte Kunst. Wir und unsere Vorfahren leben in derselben Zeit wie Homer, Dante, Puschkin und Tolstoi. Dichtung ist eine der Möglichkeiten, seine Liebe zu Gott in der Sprache einer Nation zum Ausdruck zu bringen. Der Schöpfer liebt die Vielfalt der von ihm geschaffenen Welt. Im menschlichen Bereich drückt sich die Vielfalt der Welt in der Menge der Nationen aus, und es ist durchaus nicht erforderlich, daß alle Nationen in etwas Einheitliches verfließen, zusammenfließen muß nur das Gebet, das aus den Herzen in verschiedenen Sprachen aufsteigt. Stanislaw Jurjewitsch dachte über die epischen Lieder nach: „Schau, so bin ich!" sagt ein Volk zu sich selbst, und darin liegt der kindliche Reiz des Epos. Es sagt es zur ganzen Welt, zu allen Menschen – und darin liegt die Reife seiner Seele, die auf das Zusammenfließen mit der Seele des Absoluten, mit Gott, gerichtet ist.

Gemächlich tranken sie den Wein und aßen dazu den steifen Brei mit dem Hammelfleisch. Naurus trank fast nichts – vielleicht wegen seines Alters, vielleicht in der Absicht, sich dem russischen Gast von seiner besten Seite zu zeigen.

Das alte Lied, das Naurus gesungen hatte, konnte Bodorski für das neue Buch nicht brauchen. Es zeigte sich, daß Naurus die guschanischen epischen Lieder nicht kannte, aber Stanislaw Jurjewitsch war Ibrai dankbar dafür, daß er ihn hierher gebracht hatte, dafür, daß er sich seelisch mit einem Lied hatte vertraut machen können, dessen alte Worte, dessen Urworte sich mit einer russischen Ziehharmonika verbanden.

Man nahm von dem Sänger und den Menschen in seinem Hause Abschied und fuhr in der waldigen Schlucht nach oben. Kürzlich hatte es hier geregnet. Dem Auto kamen Reiter entgegen, offenbar Kolchoshirten. Ihre Pferde versanken im Schlamm. An den Satteltaschen waren Blätter hängengeblieben, offenbar hatten sich die Reiter mühsam durch Walddickicht gezwängt. Der Weg wurde glitschig und gefährlich. Man beschloß, umzukehren und nach unten zu fahren. War es nicht ganz gleichgültig, ob es nach unten oder nach oben ging, solange man sich auf diesem kaukasischen Boden bewegte, auf dem das Leben der Menschheit nach der Sintflut begonnen hatte, ein Leben, angefüllt von dem Getümmel brudermörderischer Kämpfe und Strömen fließenden Blutes, vom Tosen der Wolkenbrüche und Quellen, vom Aufkeimen des Korns und der Stille der Nebel, von Mondabenden – ein Leben, vom guten Feuer der Herde erleuchtet? Weiter, immer weiter über diese Erde, wo die Zeit sich nicht in Stunden und Tage, in Dekaden und Monate, in Jahre und Fünfjahrespläne gliedert, sondern wo die Erde, vom göttlichen Leuchten des blauen Himmels gekrönt, zusammen mit allen Geschöpfen, Bäumen, Blumen und Ähren in Liebe ihrem Schöpfer lauscht.

Nach einer Woche kehrten sie zurück. Am Tor der Regierungsdatscha trat der Milizionär aus seinem Wachhäuschen und grüßte mit der Hand an der Mütze.

Abends rief Mansur an und fragte, wie es ihnen ginge, wie die Fahrt gewesen sei, und er stieß – mit offensichtlicher Freude – einen Seufzer aus, daß sie bei Shamatows Verwandten keine neuen epischen Lieder

gefunden hatten. Er habe übrigens auch nicht angenommen, daß dieser alte Mann neue epische Lieder kenne. Morgen werde er Stanislaw Jurjewitsch mit einem Wagen holen lassen.
Der Vorstand des Schriftstellerverbandes der Republik befand sich unverändert in dem ehemaligen Friseurladen an der zentralen, lauten Leninstraße. Shamatow hatte seit langem versprochen, geeignetere Räume anzuweisen, aber er hatte dieses Versprechen nicht erfüllt. Mansur war böse darüber, ein derartig kümmerlicher Amtssitz paßte ihm nicht. Das einzige, was er bisher erreicht hatte, war ein Umbau des ehemaligen Friseurladens, so daß für den Vorsitzenden des Schriftstellerverbandes jetzt ein kleines, aber gemütliches Arbeitszimmer abgeteilt war. Nunmehr konnte man zum Vorsitzenden des Verbandes nicht mehr wie in früheren Jahren ohne Genehmigung vordringen. Das Zimmer war mit fröhlicher Ölfarbe frisch gestrichen.
Mansur erhob sich und ging Stanislaw Jurjewitsch entgegen. Sie küßten sich und nahmen Platz. Stanislaw Jurjewitsch erblickte einen schwarzen Fleck mit auseinanderkriechenden Adern hinter Mansurs Rücken an der Wand. Er sah, daß der Volksdichter früh grau wurde. Dieses Grau gab seinem asymmetrischen Gesicht eine gewisse Durchgeistigung. Er trug einen karminroten Tweedanzug. Mit den üblichen Grimassen seiner Augen führte er das Gespräch etwas erregt, teils in seinem fehlerhaften Russisch, teils auf guschanisch:
„Muhabbat Chisrijewa wollte mich umbringen."
„Sind Sie noch bei Verstand, Mansur?"
„Meinen Verstand verliere ich bei dieser Arbeit, aber auch das Leben. Muhabbat ist falsch wie ihr falscher Zopf. Man hatte mir mitgeteilt, daß in Moskau ihre Verserzählung über Lenin erschienen ist, und brachte mir ihr Buch. Ich lud Muhabbat vor und fragte sie, woher die Verserzählung käme, sie sei doch in der Muttersprache nicht erschienen, wir hätten sie nie zu sehen bekommen, nie diskutiert. Ich sagte ihr, sie solle mir den Text einmal geben, man könne nicht mit dem Namen des Führers spielen, das sei Gotteslästerung. Da schleuderte sie dieses große Tintenfaß nach mir. Wenn ich mich nicht rechtzeitig zur Seite gelehnt hätte, hätte sie mich umgebracht. Schauen Sie nur, was da für ein Fleck an der Wand ist."
„Ich hatte immer den Eindruck, sie stünde Ihnen und Ihrem Haus nahe. Sie fand doch bei Ihnen Unterschlupf, als sie von ihrem Mann fortgelaufen war."
„Erinnern Sie sich daran? Haben nicht damals mein Vater und ich Sie gebeten, ihre hilflosen Verse zu übersetzen? Haben wir sie denn nicht ernährt, gekleidet, unter die Menschen gebracht, ihr einen neuen guten Mann gefunden, den Direktor der Taxizentrale, haben wir ihm nicht

reichlich unter der Hand Geld zugesteckt, während sie mal mit dem einen, mal mit dem anderen seiner Fahrer schläft? Sie hat keine Gebirgsehre, keine Scham, sie denkt, die guschanische Lyrik ist eine gestohlene Zigeunerstute, die man auf dem Markt feilbieten kann. Nein, sie hat keine Verserzählung von Lenin, es gab sie nicht, sie hat diese Interlinear-Version irgendwie zusammengemurkst und sie einem Moskauer Lyriker zur Bearbeitung gegeben. Dieser Verseschmied arbeitet als Lektor in einem Verlag, ist genau so ein Gauner wie Muhabbat. Ihr Name, Sie wissen das ja selbst, bedeutet ‚Liebe‘, aber sie liebt nur sich selbst. Ich werde meinen Posten aufgeben, soll ein anderer die Leitung übernehmen, ich kann mit solchen gemeinen, undankbaren Leuten nicht arbeiten."
„Wann ist das passiert?"
„Vor einer Woche, an dem Tag, als Sie mit Ibrai wegfuhren."
„Mansur, möchten Sie, daß ich Ihnen helfe?"
Mansur holte aus der Schreibtischschublade ein schmales Büchlein: „Lesen Sie das einmal, machen Sie sich einmal damit vertraut, wie Chisrijewas Verse auf russisch klingen. Vielleicht taugen sie auch in der Übersetzung nichts? Wir tun etwas für die Gebirgsfrauen, das heißt aber nicht, daß jede beliebige Frau aus dem Gebirge eine Lyrikerin ist, daß sie würdig ist, an der Dekade teilzunehmen."
Ach, darauf wollte sein ehemaliger Schüler hinaus. Stanislaw Jurjewitsch würde sich in diese schmutzige Sache nicht einmischen, und wenn doch, dann nur, um Muhabbat zu verteidigen. Natürlich gab es keinen Rauch ohne Feuer, aber es dürfte kaum auch alles so gewesen sein, wie Mansur es darstellte.
Das Büchlein verschwand in seiner Jackentasche. Stanislaw Jurjewitsch verließ die Räume des Schriftstellerverbandes. Er hatte im ortsansässigen Verlag zu tun, hatte sich mit Mansur geeinigt, er würde in zwei Stunden wiederkommen, dann würde Mansur ihn mit seinem Wagen in die Datscha des Gebietsparteikomitees bringen lassen. Was für ein Schmutz, wie quälend, wie scheußlich, so zu leben. Warum haßte Mansur diese Frau? Was konnte sie ihm nehmen? Dabei hatte Mansur trotz seiner Jugend alles oder wenigstens fast alles, was der Staat einem seiner Sänger geben kann. Ob Muhabbat Chisrijewa ein Original ihrer Verserzählung besaß oder nicht, davon ging es der Literatur nicht besser oder schlechter. Weder Mansur noch Muhabbat waren Dichter. Auch ohne ihre Verserzählung gelesen zu haben, konnte man sagen, daß sie in der Übersetzung letzter Dreck war und im Original, wenn es dieses gab, nichts besseres.
Es heißt, die Welt sei klein, Gugird aber war ein winziges Pünktchen in der Welt, und als Stanislaw Jurjewitsch gerade die Straße überqueren

wollte, hielt neben ihm ein Taxi. Durch das offene Fenster reckte sich ihm ein mit mehreren Reifen behangener Arm entgegen. Die Wagentür ging ein wenig auf, Muhabbat Chisrijewa sprach ihn an:
„Hallo, Stanislaw Jurjewitsch, mein Lieber, guten Tag, steigen Sie ein, kommen Sie mit zu mir."
„Danke, Muhabbat, ich muß in den Verlag."
„Was haben Sie denn zu Verlagen zu gehen? Sollen die doch zu Ihnen kommen. Sie sind der erste, der mich ins Russische übersetzt hat, und waren noch nie bei mir zu Hause, haben noch keinen Happen bei mir gegessen. Ich lasse Sie nicht laufen."
Sich mit Muhabbat auseinanderzusetzen war sinnlos und unmöglich. Er stieg in das Auto ein. Muhabbat hatte sich seit ihrer ersten Begegnung verändert, das wilde Bergmädchen war eine Dame der Republikhauptstadt geworden. Sie trug ein Kleid aus elegantem grünem Samt, auf ihrer vollen Brust prangten zwei Colliers, eines aus Perlen und das andere aus einem ihm unbekannten Edelstein. Ihr dichtes Haar hatte einen leichten Kupferglanz, offensichtlich färbte sie es mit Henna. Muhabbat beugte sich zum Fahrer vor und flüsterte ihm etwas zu. Da erblickte Stanislaw einen schweren Zopf, der auf ihrem Rücken hing. Sicher hatte Mansur über diesen falschen Zopf gesprochen. Muhabbats Augenbrauen, die sich wie die Flügel einer Schwalbe von der Nase nach beiden Seiten schwangen, umrahmten große dunkle Augen, die so dicht unter den Brauen saßen, daß Brauen und Wimpern ineinander übergingen.
Das Taxi hielt vor einem dreistöckigen Haus eines Neubauviertels in der Kosmonautenstraße. Stanislaw Jurjewitsch stellte fest, daß Muhabbat den Fahrer nicht bezahlte, sei es nun, weil sie die Frau des Direktors der Taxi-Zentrale war, sei es aus einem anderen, intimeren Grund.
Sie stiegen in die erste Etage. Muhabbats braunes Gesicht leuchtete. Es war schön, was man von ihrer Figur nicht sagen konnte. Die Schultern waren für eine Frau zu breit, die Hinterpartie über den dicken, krummen Beinen zu flach.
Muhabbat brachte den Gast in ein Zimmer, in dem ein gigantischer Schreibtisch so aufgestellt war, daß das Licht von links darauf fiel. An der gegenüberliegenden Wand befanden sich zwei Betten mit Überdekken aus chinesischer Seide, der Tür gegenüber drei Sessel unter Hängeregalen mit Büchern und in der Mitte des Zimmers eine alte Truhe, so hoch wie ein Tisch, mit einem großen Schloß davor. Sie konzentrierte gleichsam in sich die ganze Kraft dieser Behausung. „Mein Safe", sagte Muhabbat und fuhr fort:
„Hier ist das Schlafzimmer von meinem Mann und mir und auch mein Arbeitszimmer. Ich habe noch zwei Zimmer: ein Eßzimmer und ein Kinderzimmer für meine beiden Buben. Der ältere ist jetzt in die fünfte

Klasse gekommen, mein Mann, ein sehr guter Mensch, liebt ihn wie ein eigenes Kind, hat ihn adoptiert; mein Jüngster ist jetzt im Kindergarten. Wie glücklich bin ich, Stanislaw Jurjewitsch, daß Sie zu mir gekommen sind."
Sie machte sich in der Küche zu schaffen und schob, als sie zurückkam, einen Teewagen vor sich her.
„Stanislaw Jurjewitsch, setzen Sie sich da in den Sessel, langen Sie zu, diesen Kaviar kaufe ich schwarz. Ich bin nicht geizig, zahle viel, auch der Stör kostet mich nicht wenig, schauen Sie nur, wie eine Lyrikerin, obwohl sie bisher keine Volkslyrikerin ist, Sie bewirtet. Masch allah! Alles ist bei mir gut und schön – mein Mann, meine Kinder, und wenn die ganze Familie beisammen ist, dann ergibt das ein Instrumentalquartett. Von dem, was ich da am Hals hängen habe, kann man eine ganze Wohnung kaufen, so teuer ist der Schmuck. Essen Sie bitte allein, achten Sie nicht auf mich, ich habe heute meinen Kefir-Tag. Wenn es Mansur nicht gäbe, ginge es keiner Frau besser als mir."
„Ist Mansur wirklich ein so übler Kerl?"
„Lieber Stanislaw Jurjewitsch, Sie sind doch ein angesehener Mann. Alle Dichter der kleinen Republiken wünschen sich, daß Sie sie übersetzen. Sie haben so viel für uns getan, auch für mich persönlich, Sie sind, ehrlich gesagt, mein Vater, meine Mutter, aber Sie sind vertrauensselig wie ein Kind. Sie sehen nicht, Sie begreifen nicht, was Mansur für einer ist. Ganz Guschano-Tawlarien haßt ihn, fragen Sie, wen Sie wollen. Alle wissen seit langem: begegnet man Mansur auf der Straße, bedeutet das nichts Gutes, da droht Gefahr, da muß man sich auf der Stelle irgendwohin zu Bekannten flüchten und erst einmal Wasser hinunterspülen. Erst dann kann man sich wieder auf die Straße wagen. Als Lyriker ist er unvergleichlich, alle seine Werke stehen bei mir im Regal. Sie können das überprüfen, ich lerne bei ihm. Aber als Mensch ist er kein Mensch, sondern ein Schuft. Letzte Woche war ich bei ihm. Ich bin ja genauso vertrauensselig wie Sie, und brachte ihm mein neues Buch, eine Verserzählung über Lenin, es ist in Moskau erschienen, schenke es ihm mit einer Widmung. Ich werde es Ihnen heute auch mit einer Widmung schenken, es ist eine sehr schöne Dichtung. Er aber brüllt los, als wollte er mich mit seinem einen Auge verbrennen: ‚Wo hast du diese Verserzählung her? Wir kennen sie nicht, wir haben sie nicht diskutiert. Über alle meine Werke diskutieren zunächst die Genossen, du aber hast keine literarischen Werke, du handelst mit dem Namen des großen Führers. Was du machst, ist reine literarische Prostitution!'
Da wurde mir schwarz vor Augen, und ich schrie ihn an: ‚Du bist selbst eine Hure, deine Frau ist eine Hure und deine Töchter werden Huren!'

Dann habe ich das Tintenfaß vom Tisch genommen und nach ihm geschleudert. Allah Akbar, ich hätte ihn umgebracht, wenn er nicht ausgewichen wäre. Ach, was der für einen Schrecken bekommen hat. Der ist nur zu Schwachen frech, wir aber in der Republik wissen, daß er ein Feigling ist, daß er keine Gebirgsehre kennt. Er fauchte: ‚Du wirst gleich verhaftet!', drehte am Telefon, rief offenbar Shamatow an: ‚Hier spielt Muhabbat Chisrijewa verrückt, sie wollte mich umbringen, sorgen Sie dafür, daß ich wieder Ruhe habe.'
Ich habe ihn angespuckt, aber nicht getroffen und bin weggegangen. Wie ich ging, drehte sich mir alles vor den Augen, ich konnte kaum die Tränen zurückhalten, schämte mich vor den Leuten, schließlich kennen mich alle in der Stadt. Am nächsten Tag ruft ein Mitarbeiter von Aslan Shamatowitsch bei mir an und zitiert mich zum Ersten Sekretär ins Gebietsparteikomitee. Ich aber sage ihm: ‚Ich komme nicht ins Parteikomitee, Aslan Shamatowitsch und Mansur sind aus demselben Aul, sie besuchen sich gegenseitig, ich aber werde, obwohl ich aus demselben Aul bin, im Parteikomitee kein Recht bekommen.' Seitdem sind ein paar Tage vergangen, aber ich weiß nicht, wie es weitergehen soll. Ich sitze wie auf glühenden Kohlen. Wir haben einen Nachbarn, er wohnt über uns im selben Treppenhaus, ein sehr guter Mensch. Er ist Tawlare, aber mir ist es egal, ob einer Tawlare, Guschane oder Russe ist. Der arbeitet beim KGB und hat mir gesagt: ‚Du bist ja dumm, ruf den Genossen Shamatow an, der wird dich empfangen, erzähle ihm alles, wie es war, berichte der Partei, da wirst du Verständnis finden.'
Inzwischen ist die letzte Nummer des ‚Ogonjok' aus Moskau eingetroffen. Darin ist noch eine Verserzählung von mir abgedruckt, wirklich eine gute Dichtung! Gestern habe ich den Genossen Shamatow angerufen. Er ist selbst an den Apparat gekommen und hat gesagt: ‚Komm morgen um zehn.' Da habe ich das Exemplar der Zeitschrift mitgenommen und bin mit dem Taxi ins Parteikomitee gefahren. Als wir uns trafen, kam ich gerade von dort. Aslan Shamatowitsch hat mich freundlich empfangen, er ist überhaupt ein freundlicher Mann, und hat gefragt: ‚Was hatten Sie denn da für eine Geschichte mit Mansur?' Daraufhin ich: ‚Das wissen Sie doch, was ich mit Mansur hatte. Er hat Sie doch in meinem Beisein angerufen.' Seine Antwort: ‚Ich möchte deine Version hören.' Dann ich: ‚Meine Fassung heißt, daß Mansur ein Schuft ist.' Dann habe ich vor Aslan Shamatowitsch die ganze Wahrheit ausgepackt, habe erzählt, wie Mansur jeden fähigen Schriftsteller verfolgt, den jungen Leuten keine Möglichkeit gibt, sich zu entfalten, alle beneidet, mich beneidet, obwohl man nicht weiß, worauf er neidisch sein soll, so hoch ist er doch gestiegen. Aslan Shamatowitsch hat mich so lieb wie ein Vater angeschaut und gesagt:

‚Wir werden das schon klar bekommen. Geh du ruhig deiner Arbeit nach. Deine Dichtung über Lenin haben wir gelesen. Das ist eine nützliche, begabte Verserzählung, gut, daß sie die Leser in der ganzen Sowjetunion kennenlernen. Warum hast du sie nicht auch in der Muttersprache veröffentlicht?'
‚Aslan Shamatowitsch', habe ich geantwortet, ‚Sie wissen das besser als wir. Die Schriftsteller spüren allenthalben Ihre Aufmerksamkeit und Hilfe: unsere graphische Industrie hat eine schwache Basis. Die Schriftsteller müssen jahrelang auf die Veröffentlichung ihrer Bücher warten. So veröffentliche ich in Moskau. Mein Mann ist Direktor der Taxi-Zentrale, er verdient ganz gut, also habe ich dem Verlag vorgeschlagen, meine Verserzählung zur Veröffentlichung erst in den Plan für das nächste Jahr aufzunehmen, man soll ruhig zunächst die Bücher des Nachwuchses herausbringen, der es nötiger hat. Nach Moskau zur Dekade aber bringen wir meine Dichtung in der Übersetzung.'
Shamatow sagte: ‚Ich bin mit deiner Antwort zufrieden. Ich wiederhole: Geh du ruhig deiner Arbeit nach, über dein Schaffen wacht die Parteiorganisation der Republik. Nur nenne in Zukunft einen Volksdichter nicht Schuft, du wirst selbst, soweit ich weiß, in den nächsten Tagen zum Volksdichter ernannt werden. Übrigens, du mußt mich einmal einladen. Wir sind doch aus einem Aul.'
Masch allah! Da habe ich Aslan Shamatowitsch die Nummer des „Ogonjok" geschenkt, habe ihm eine herzliche Widmung hineingeschrieben und das Parteikomitee verlassen. Es gab auf der ganzen Welt keinen glücklicheren Menschen als mich. Ich nahm mir ein Taxi und habe Sie getroffen: eine doppelte Freude...
Als Stanislaw Jurjewitsch in den Schriftstellerverband zurückkehrte, ließ ihn Mansur warten. Die Sekretärin Bella war betroffen. Nach zwanzig Minuten kam ein Besucher aus dem Zimmer heraus. Mansur aber gab Bella kein Zeichen. So etwas hatte es noch nicht gegeben! Bella warf einen fragenden, erschreckten Blick auf Stanislaw Jurjewitsch. Schließlich kam Mansur aus seinem Zimmer und sagte:
„Das Auto steht zu Ihrer Verfügung, der Fahrer wartet seit langem. Übrigens mußte er auch mal etwas essen."
Stanislaw Jurjewitsch kochte vor Wut, aber er ließ sich die Beleidigung nicht anmerken und begab sich schweigend zur Tür. Mansur rief ihn zurück:
„Sie waren bei Muhabbat? Was schmeckt denn besser: ihr Kaviar oder ihre Verleumdung?"
Wie schnell sich hier alles herumsprach! Stanislaw Jurjewitsch gab keine Antwort. Er begriff, daß sein früherer Schüler ihn von nun an haßte. Je nun, man kam auch ohne Mansur aus.

Die Eröffnung der Dekade war kurz nach den Revolutionsfeierlichkeiten, auf den 15. November festgelegt, also in zwei Monaten. Sollten sich die anderen Künstler aufregen, mit der Literatur stand alles bestens. Die Manuskripte waren redigiert und in Satz gegeben. Er konnte hier die Übersetzung der beiden zusätzlichen epischen Lieder abschließen. Aber er sehnte sich nach Hause, nach Mascha. Er hatte sie eingeladen, hier Urlaub zu machen und sich das hiesige Obst gut schmecken zu lassen, aber sie wollte Kolja nicht allein lassen, konnte sich immer noch nicht daran gewöhnen, daß ihr Sohn erwachsen war, ein promovierter Wissenschaftler und in Kürze auch Vater. Hier war natürlich eine paradiesische Ecke. Der September war in dieser Gegend der schönste Monat. Es gab viele Äpfel, Weintrauben und gebackene Maiskolben – mit Salz –, wie er sie von klein auf liebte. Aber wenn er bliebe, dann würde man ihn wie bei der letzten Dekade zwingen, den Vortrag für den Propagandasekretär zu schreiben und sich mit sinnlosen und keineswegs stets angenehmen Organisationsfragen zu befassen: welche Schriftsteller man mit nach Moskau nehmen, wer in die Liste der Redner im Kolonnensaal kommen solle. Dazu hatte er wahrlich keine Lust, auch war er dafür zu alt. Schließlich hatte er keine Meinung, Mansur noch einmal zu begegnen.

Stanislaw Jurjewitsch unterrichtete Mansur telefonisch, er werde, da die Vorbereitungsarbeiten abgeschlossen seien, zurück nach Moskau fliegen. Mansur wunderte sich nicht. Er drängte ihn, doch wenigstens noch zwei Wochen zu bleiben, aber drängte ohne Nachdruck. Das Gespräch war schnell beendet.

„Heute habe ich bis zum Abend keinen Wagen für Sie, ich werde ihn morgen schicken, gleich früh. Wir müssen uns vor Ihrer Abreise noch einmal darüber unterhalten, wie es weitergeht, damit wir – auch im Vergleich zu den anderen – gut abschneiden."

Die Etikette verlangte, daß Stanislaw Jurjewitsch sich von Shamatow verabschiedete oder wenigstens ihn über seine Abreise informierte, aber als er dort anrief, sagte ihm die Sekretärin: „Genosse Shamatow ist nach Moskau geflogen." Großartig, umso besser.

Die Gärtnerin goß vor seinem Fenster die Blumen. Das Plätschern des Wassers aus dem Schlauch verfloß mit dem Rauschen des Flusses Lapse, der weiter unten floß, irgendwo hinter dem grünen, aber sich schon färbenden Dickicht der Akazien und Kastanien. Das Telefon klingelte, ein Milizionär war am Apparat – in allen Republiken werden die Milizionäre aus der ansässigen Bevölkerung genommen:

„Bitte entschuldigen Sie die Störung, Sie haben Besuch. Ein gewisser Safarow. Er hat keinen Passierschein."

„Ich komme gleich selbst."

Stanislaw Jurjewitsch wußte aus langjähriger Erfahrung, daß es nicht einfach war, vom Direktor einer Regierungsdatscha einen Passierschein zu bekommen. Außerdem war dieser selten draußen. Wenn der Milizionär ein Guschane war, dann würde er mit ihm guschanisch reden und es ginge ohne Passierschein. Mit einem Tawlaren dürfte es schwieriger sein. Stanislaw Jurjewitsch hatte nicht so gut Tawlarisch gelernt, aber er würde eine solche Bitte schon formulieren können.
Glücklicherweise war der Milizionär ein Guschane, jemand, den Stanislaw Jurjewitsch kannte. Sie hatten manchmal, wenn Stanislaw Jurjewitsch im Garten spazierengegangen und bis zum Wächterhäuschen gekommen war, ein paar Worte miteinander über die Familie oder das Wetter gewechselt.
Alim war nicht allein, ihn begleitete ein hochaufgeschossenes schlankes Mädchen. Ihr langer dünner Hals, ihre Schlüsselbeine (sie trug eine Art Sarafan), ihr mattes Gesicht, ihre großen Augen von undefinierbarer Farbe – all das hatte einen Zug von jungmädchenhafter Unschuld.
„Olja", stellte sie sich vor und gab Stanislaw ihre schmale, warme und feste Hand.
Es war heiß, der Asphalt gab unter den Schuhen nach. In Stanislaw Jurjewitschs Zimmer war es angenehm kühl. Er holte aus dem Kühlschrank eine Flasche Weißwein, schenkte jedem ein Glas ein und bot Äpfel und Weintrauben an. Alim sagte:
„Olja verehrt Ihre Gedichte. Einige kann sie auswendig."
Olja blickte Stanislaw Jurjewitsch ausdruckslos mit ihren großen Augen an und trug ihm mit Verständnis die letzte Strophe eines Gedichtes vor, das er vor zwei Jahren veröffentlicht hatte. Stanislaw Jurjewitsch traf selten Menschen, die seine Gedichte kannten. So freute er sich und empfand seltsamerweise gleichzeitig Schmerz und Bedrückung. Lange bittere Jahre über hatte er sich in wahnsinniger Hoffnungslosigkeit danach gesehnt, seine eigenen Gedichte zu veröffentlichen. Diese Sehnsucht war nicht befriedigt worden. Sie hatte einen dumpfen und fast schmerzlosen Tod erlitten. Seine Muse war vom Bild seiner Tage, das er in Gedanken zeichnete, nicht verschwunden, doch sie befand sich jetzt nicht mehr im Zentrum, sondern irgendwo an der Seite, dort wo ihr Körper vom Rahmen durchschnitten wurde. Allmählich hatten Gegenstände beruflicher Notwendigkeit das Zentrum des Bildes eingenommen, solche, die mit seinem Übersetzen zusammenhingen. Natürlich war er nicht vom Mißerfolg geplagt, aber das, was er und andere als Erfolg ansahen, war eigentlich seine Niederlage, eine erniedrigende Niederlage. Er hatte selbst nicht bemerkt, wie er sich dem Sieger, dem blinden, unbarmherzigen und gewissenlosen Sieger auf Gnade und Ungnade ergeben hatte. Wäre es nicht besser gewesen, wenn er kein

Mann der Feder geworden wäre. Wenn er das elitäre Leben gar nicht kennengelernt hätte, sondern in irgendeiner höheren Schule Geschichtsunterricht gegeben hätte, als halber Bettler, aber stolz, wenn er die Jahre seiner Jugend nicht für sinnloses Zeug vergeudet hätte, für das leere Getriebe, wenn er stattdessen für die Schreibtischschublade geschrieben hätte, und zwar nicht ab und an, sondern mit voller Kraft. Wenn er viel für sich selbst geschrieben hätte, mit einer winzigen, aber verführerischen Hoffnung, einmal einen Freund in einer anderen Generation zu finden. Vielleicht vermochte Alim, dieser junge Mann aus dem Gebirge, das zu schaffen, was er selbst nicht geschafft hatte, weil er aus dem Gebirge stammte, weil er Nachfahre der kaukasischen Reiter und Krieger war. Vielleicht würde er auf das angenehme Leben verzichten und das durchsetzen, was notwendigerweise durchgesetzt werden mußte? Vielleicht würde dieser junge Nichtrusse auf dem Felde gewinnen, auf dem Bodorski öde und schändlich verspielt hatte? Mußte man überhaupt spielen? Wer war diese Olja für Alim? Hoffentlich nur eine zufällige Freundin. So eine brauchte Alim nicht. Er brauchte eine Tawlarin, mochte sie auch nicht allzu gebildet sein, aber eine, die die uralte Stammeshingabe lebte. Mochte sie ihn auch nicht verstehen, doch auch eines solchen Verstehens gar nicht bedürfen, eine, die ihren Mann nicht deshalb liebt, weil er Schriftsteller ist, sondern weil er ihr Mann ist, der Vater ihrer Kinder, der Herr des Hauses. Doch Stanislaw entdeckte zu seinem Schrecken in Alims rassigem, länglichen Gesicht Schwäche und Willenlosigkeit, die eigene Schwäche, die eigene Willenlosigkeit. Diese Olja entsprach offensichtlich dem umgedrehten Sprichwort: „Heiße Hände, kaltes Herz." Todsicher schrieb sie selbst Gedichte. Seine Vermutung bestätigte sich rasch: Alim sagte, Olja träume seit langem davon, Stanislaw Jurjewitsch mit ihrer eigenen Dichtung vertraut zu machen.

Olja las abgehackt, wobei sie den Mangel an melodischem Klang ausdrücklich betonte. Sie verwendete den modern werdenden Blankvers. Gedanken schienen, wenn es sie überhaupt gab, irgendwo tief verborgen zu sein. Ödete es sie nicht selbst an, diese taubstummen Verse zu Papier zu bringen? Doch ab und an flammte ein seltenes Wort auf, leuchtete eine Metapher, und Stanislaw Jurjewitsch freute sich aufrichtig darüber. Da war etwas, was er loben konnte. Er zog es vor zu loben: Seine wahre Meinung äußerte er nur einem Talent gegenüber. Olja nahm das Lob wie etwas ihr Zustehendes, etwas Selbstverständliches auf. Stanislaw Jurjewitsch hatte ihre Erwartungen erfüllt: ein alter, aber gebildeter Mann, der die Schönheit eines neuen Verses erkannte. Alim hingegen war erstaunt, dankbar erstaunt, aber er blickte Stanislaw Jurjewitsch mit rührendem Mißtrauen an. Er sagte:

„Die Redaktion schickt mich auf eine Dienstreise – und was glauben Sie, wohin? Nach Kagar! Da ist ein Brief zu überprüfen. Man gibt mir einen Wagen. Stanislaw Jurjewitsch, fahren Sie doch mit uns, mit mir und Olja. Sie waren sicher seit langem nicht mehr dort. Erinnern Sie sich noch, wie Sie dort neben uns, in Mussaibs Haus, gewohnt haben, und wie ich Ihnen meine scheußlichen Bilder brachte?"
„Danke, Alim, ich würde gern mit Ihnen fahren, aber ich kehre in ein paar Tagen nach Moskau zurück."
„Sie kehren zurück? Ich wollte Sie zu unserer Hochzeit einladen. Das gibt eine richtige Tawlaren-Hochzeit, eine wahre Fundgrube für Volkskundler und Ethnographen. Mein Vetter, Murad Kutschijew, der Direktor des Hotels, in dem Sie früher gelebt haben, hat uns den Saal des Restaurants angeboten, aber Mama und alle Verwandten bestehen darauf, daß wir die Hochzeit in Kagar ausrichten, inmitten der Berge, im Oktober, wenn die Kolchosbauern mehr Zeit haben."
Während Alim über die Hochzeit redete, drückten Oljas große Augen weder jungfräuliche Verlegenheit noch Erregung aus – gar nichts. Stanislaw Jurjewitsch dankte für die Einladung und versprach: „Wir werden Ihre Hochzeit ein zweites Mal bei mir zu Hause feiern. Wenn Sie zur Dekade kommen, dann bringen Sie Olja mit. Wenn Sie keinen Platz im Hotel finden, kann sie bei mir wohnen."
Erstmals war in Oljas Stimme eine innere Anteilnahme zu spüren: „Er will nicht zur Dekade fahren."
„Er will nicht? Warum denn, Alim?"
„Ich will nicht." Alims Rassegesicht wurde blaß. „Mir reicht es mit dieser Schau. Eine Dekade der Literatur und der Kunst ohne Literatur und ohne Kunst. Kleinliche Leidenschaften, Intrigen und Verleumdungen. Haben Sie gehört, was zwischen Muhabbat und Mansur passiert ist? Beide sind gut, beide schreiben Blödsinn. Da war noch ein skandalöses Ereignis, aber schon auf höherem Niveau. Unser Vorsitzender des Ministerrats, Eldarow, ein sehr dummer Tawlare, hat zusammen mit Ibrai Rachmetow an das Zentralkomitee geschrieben, daß Shamatow sich gegenüber den Tawlaren schlecht verhält, daß er sie nicht auf führende Posten und zur Parteischulung zuläßt. Hinter diesen beiden steht ganz eindeutig Mansur, er stiftet sie an. Ibrais Benehmen verstehe ich. Er ist ein kleiner Mann. Er ist schon viele Jahre in der Literatur, aber immer noch ohne den Titel ‚Volksdichter', während Muhabbat Chisrijewa, im Vergleich zu ihm ein kleines Mädchen, diesen Titel schon bekommen hat. Mansur hatte es leicht, ihn aufzustacheln. Aber worauf hat es Eldarow abgesehen? Er ist Vorsitzender des Ministerrats, höher als er ist nur noch der Erste Sekretär des Gebietsparteikomitees, das aber ist kein Posten für ihn. Diesen Posten muß ein

Guschane innehaben, denn die Guschanen haben in der Republik die Mehrheit. Ich glaube, Eldarow hat die eigene Dummheit zu dieser widerlichen Sache verleitet. Vielleicht hat Shamatow ihn vor anderen Leuten erniedrigt und Eldarow ist wütend geworden. Mansur aber hat diesen Zorn mit Schmeicheleien angeheizt. Die Beziehungen zwischen den Guschanen und Tawlaren sind ohnehin seit der Rückkehr verdorben, aber unseren obersten Bonzen ist das ganz egal. Sie versuchen einer dem anderen das Wasser abzugraben. Ich will mit ihnen nichts zu tun haben, ich will schreiben, solange man meine Sachen druckt, und wenn man das nicht mehr tut, dann werde ich trotzdem weiterschreiben. Ich will sie um nichts bitten, will von ihnen nicht abhängig sein. Erinnern Sie sich, Stanislaw Jurjewitsch, an die Zeilen des persischen Dichters? Sie haben sie mir einmal genannt: ‚Laß auf dein eigenes Brot salzige Tränen' tropfen, doch von gemeinen Menschen erbitte nicht einmal Essig'."

Aus Alim Safarows Notizbuch

Lyrik ist das schöpferische, harmonische Bewußtsein der eigenen Sünde. Dieses Bewußtsein wird mit größter Kraft im Gebet ausgedrückt.

Alles, was ich geschrieben habe, selbst das Komische, selbst das Alltägliche, ist mein Gebet zu Gott. Ist es demnach nicht ganz gleichgültig, in welcher Sprache ich bete, ob russisch oder tawlarisch? Warum sind die Menschen meines Stammes unzufrieden damit, daß ich russisch schreibe? Bin ich dadurch weniger Tawlare als sie? Können sie denn, wenn sie Gott vergessen – und sie vergessen ihn – Tawlaren bleiben? Können sie denn Tawlaren bleiben, wo sie Sklaven sind? Sie sind aber Sklaven. ‚Nur der religiöse Mensch ist ein freier Mensch' (Lew Tolstoi).

Der Vater des biblischen Abraham (in unserer Sprache Ibrahim) war mit der Herstellung von Götzen befaßt. Ibrahim, der Prophet des Herrn, zerschlug die Götzen. Wenn ich mich umschaue, befaßt sich die Mehrzeit der Schriftsteller, und nicht nur unserer, sondern auch der westlichen, mit der Herstellung von Götzen. Doch unsere Götzen sind plump, die westlichen sind elegant. Die Götzen haben gelernt, mit Hilfe von Mechanismen zu sprechen. Dabei reden unsere Götzen ‚Papa', ‚Mama', ‚Ideengut', die westlichen hingegen ‚Existenzialismus' und viele andere schwer aussprechbare Wörter. Ich möchte wie Ibrahim die Götzen zerschlagen, Lebendiges schaffen und keine Götzen.

Hier sind die Worte aus dem Koran:
„Allah weiß, was ihr verbergt und was ihr bloßlegt. Diejenigen, die anstelle von Allah einen anderen anrufen, erschaffen nicht, obwohl sie selbst erschaffen sind. Tot sind sie und wissen nichts. Wenn man ihnen sagt: ‚Was hat der Herr gesandt?', dann antworten sie: ‚Die Märchen der Altvorderen.' Wahrlich, das ist Schimpf und Schande für die Ungläubigen. Demütig werden sie am Tage der Auferstehung sagen: ‚Wir haben nichts Böses getan'. Allah weiß, was sie getan haben! Die Engel werden ihnen sagen: ‚Geht durch das Tor der Dschehenna zum ewigen Aufenthalt dort! Schändlich ist dieser Aufenthaltsort der Hoffärtigen!' Und es werden die Engel die Gottesfürchtigen fragen: ‚Was hat der Herr euch gesandt?'. Da werden sie antworten: ‚Seinen Segen!'

Dann werden wir sagen: ‚Für die, die in unserer Welt Gutes getan haben, wird es auch in jener Welt Gutes geben. Die künftige Wohnung ist besser, und die Wohnstatt der Gottesfürchtigen ist schön – es sind die Gärten der Ewigkeit. Unser Wort gilt dem Seienden. Wenn wir wünschen, daß etwas geschaffen wird, dann sagen wir ‚Sei!', und es ist."

Ich kenne den Koran schlecht. Ich lese ihn auf russisch. Man muß Arabisch lernen. Bisher kenne ich nur das Alphabet. Als ich vom Bewußtsein meiner Sünde schrieb, war ich eher ein Christ als ein wahrer Mohammedaner. Überhaupt – wer bin ich? Wofür schreibe ich, wenn ich nicht immer so schreibe, wie ich denke, oder nicht all das, woran ich denke? Stanislaw Jurjewitsch spricht, wie mir scheint und wie ich aus seinen Gedichten schließe, mit mir nicht immer so, wie er denkt. Indessen habe ich kürzlich über eine sehr offene Erklärung von ihm gestaunt: ‚Mit der Sowjetmacht', so hat er gesagt, ‚darf man kein raffiniertes Spiel treiben. Sie ist raffinierter als jeder noch so raffinierte Spieler. Man darf mit ihr überhaupt kein Spiel treiben: sie gewinnt immer.' Warum hat er plötzlich so mit mir gesprochen? War das eine Andeutung darauf, daß ich ein Spiel treibe? Und dabei ist es so.

Worte, die Yunus Emre zugeschrieben werden:
„Ein Christ fragte einen Sufi:
‚Glaubst du an die unbefleckte Empfängnis?'
Der Sufi antwortete:
‚Jede Empfängnis ist unbefleckt.'
‚Glaubst du, daß Maria Jesus von Gott empfangen hat?'
Der Sufi antwortete:
‚Alle Menschen sind von Gott empfangen.' "

Stanislaw Jurjewitsch reist nach Moskau ab. Wenn ich an der Dekade nicht teilnehme – und ich werde dies nicht tun –, dann werde ich ihn lange nicht wiedersehen. Schade. Er ist der einzige mir bekannte Schriftsteller, dem ich meine Manuskripte zeigen möchte. Ich habe ihn eingeladen, mit uns nach Kagar zu fahren. Warum habe ich das gemacht? Wollte ich denn nicht mit Olja allein sein? Aber vielleicht hatte ich schon etwas geahnt? Stand mir etwas Unangenehmes vor Augen?

Sie war vor unserer Druckerei aufgetaucht, als ich bei dem Wagen der Redaktion überprüfte, ob der Motor auch anspringt. Der Weg war nicht leicht, aber je besser das Pferd, desto kürzer der Weg. Sie trug über dem Sarafan unseren guschanischen schwarzen Schal, der zu ihrem matten

sizilianischen Gesicht paßte. Ich habe einmal festgestellt, daß die Menschen den Tieren gleichen, mit denen sie Umgang haben. Hundebesitzer sehen wir ihre Pudel oder Bulldoggen aus. Pferdehirten haben etwas von unserer berühmten Pferderasse, Schäfer von den Schafen. Olja sieht mit ihrem langen Hals wie ein Reh aus, mit dem sie keinen Umgang hat. Der Vergleich ist banal, doch was für ein großer Dichter war jener erste Araber, der ein Mädchen mit einer Gazelle verglich.
Wir fuhren über eine hervorragende Chaussee, die Pappeln und Aprikosenbäume säumten. Unmittelbar vor dem Eingang in die Schlucht tauchten wie behutsame Vorzeichen Hügel auf, manche mit wilden Birnen und Kirschpflaumen bewachsen, andere mit Weißdorn, wieder andere mit Kornelkirschen. Nicht zum ersten Mal seit unserer Rückkehr sehe ich die Schlucht von Kagar, aber jedes Mal schlägt mein Herz hier erregter, häufiger und reiner, heute aber ganz besonders, weil Olja mit mir ist. Hier ist meine Seele. Hier wird mein Körper eins mit meiner Seele.
Ja, die Leute aus unserem Stamm machen mir den Vorwurf, daß ich russisch schreibe. Aber was soll ich denn tun, wo ich doch schlechter Tawlarisch als Russisch kann? Ich und meine Altersgenossen haben russische Schulen besucht. Abgesehen von den alten Männern und alten Frauen sprechen wir alle schlecht tawlarisch. Ich schreibe nicht für unsere Vorfahren, nicht für die Toten, sondern für die Lebenden. Unser Wort ist dann wahrlich ein Wort, wenn es wie Allah dem Geschaffenen befiehlt: ‚Sei!' Sogar die Houyhnhnms, Swifts hochintelligente Pferde sind nicht in der Lage, Tolstois „Leinwandmesser" zu lesen. Tolstoi hat nicht für Pferde geschrieben. Er hat, als er ein vierbeiniges Wesen mit Worten geschaffen und ihm befohlen hatte: „Sei!" nicht den Pferden ein Pferd nahegebracht, sondern dem Menschen einen Menschen. Jahrhundertelang haben die persischen Dichter mit süßen Klängen Nachtigallen besungen, doch nicht Nachtigallen haben ihre Verse gelesen, sondern ein Mädchen hat gelauscht, wie eine Nachtigall versucht zu schlagen, wie ihr Lied erklingt, und lieb und neu war ihr die Frühlingserzählung, die schon tausend Mal der Welt erzählt worden ist. Bin ich denn etwa weniger Tawlare als jene Schreiberlinge, die versuchen, sich im Schönreden zu übertrumpfen, ohne den Geschaffenen zu sagen: „Sei!", die überhaupt nicht reden, denn sie stapfen wie die Tiere nur auf der Erde herum ohne Glauben, also auch ohne zu denken. Sie nehmen an, daß sie sich mit etwas Schöpferischem befassen, aber sie schaffen nichts Lebendiges, sie schaffen Totes. Die besten von ihnen sind gelegentlich von nationalem Gefühl beseelt, aber das ist ein kulturloses Gefühl, denn sie wissen nichts, denn sie kennen Gott nicht. Sie kennen das Buch der Bücher nicht, sie kennen den Islam nicht. Kann man etwa ein tawlari-

scher Schriftsteller sein, ohne Gott zu kennen, ohne den Islam zu kennen?

Unzufrieden damit, daß ich russisch schreibe, ist auch Murad Kutschijew, mein Vetter, obwohl er stolz darauf ist, wie bekannt ich bin, was er erheblich überschätzt. Übrigens hat auch er während der Jahre des Krieges und des Konzentrationslagers seine Muttersprache gründlich vergessen. Murad war böse, als ich ihm sagte, ich wolle an diesem jämmerlichen, schändlichen Spektakel, an der Dekade, nicht teilnehmen:
„Obwohl du ein Schriftsteller bist, bist du dümmer als der allerletzte Hinterwäldler aus dem Gebirge. Überlege doch mal selbst: wer hat die Macht? Sie haben die Macht. Wollte ich denn in die Partei eintreten? Ich hasse sie. Doch was kann ich tun? Kalerija haben sie zum Leiter einer Abteilung in der Poliklinik gemacht. Und wer bin ich, ihr Mann? Sie haben immerhin meine Ernennung zum ‚Held der Sowjetunion' wiederhergestellt, aber Chauffeur bleibt Chauffeur. Wie stünde in Gugird eine angesehene Ärztin da, eine Russin, deren Mann ein Kraftfahrer ist? Sie haben mir gesagt: ‚Tritt in die Partei ein, dann finden wir für dich einen passenden Posten, einen, der nicht schlechter als der von Awschalumow ist'. Und nun bin ich Direktor des größten Hotels in der Stadt, das ist ein höherer Posten als Abteilungsleiter in einer Poliklinik. Auch vorteilhafter. Ich brauche das ja nicht zu verschweigen. Ich will dir nicht wehtun, schließlich ist ein Wort schärfer als ein Dolch, aber ein Wort muß ich dir doch sagen: Deine Olja war oft bei einem Moskauer Schriftsteller im Hotel, bei Matwej Kaplanow. Die Etagenaufsicht mußte sich einmischen, mußte sie um ein Uhr nachts aus Kaplanows Zimmer holen. Aber das geht mich nichts an, das ist deine Sache. Meine Sache, unsere tawlarische Sache ist, daß du nach Moskau fährst, daß du dich während der Dekade sehen läßt, daß du das den Guschanen aufs Butterbrot schmierst, sollen sie doch sehen, was du für einer bist und was dein Volk für eines ist, damit wir hier unsere Freude haben: die Kutschijews und die Safarows und alle Tawlaren!"

Wir fuhren an alten Grabstätten vorbei, Grabgewölben mit der Darstellung eines Pferdemauls und der Halbfigur eines Kriegers mit einem Kreuz auf dem Kettenhemd, an einem alten Turm, durch dessen Mauerdurchbruch die Berge blau schimmerten. So fuhren wir in meinen Heimatort. Aber ich habe mich in Kagar nicht lange aufgehalten. Es war ein neues Kagar, das mir fremd ist, denn die Häuser waren neu, für mich fremd, mit Elektrizität, Radio, Wasserleitung. Die zweigeschossigen, seit der Kindheit vertrauten Sakljas mit ihren flachen Dächern, ihren

Terrassen, ihren verräucherten aus Steinplatten gebauten und mit Lehm verschmierten Herden, mit den zweirädrigen Karren auf dem Hof, gab es nicht mehr.

Ich beschloß, meinen Verwandten meine Braut auf dem Rückweg vorzustellen, zunächst aber mit ihr nach Kurusch hinaufzusteigen, zum Minarett des Berglandes. Aber mußte ich sie vorstellen, war Olja meine Braut?

Als wir aus dem Auto stiegen und Olja den fast senkrechten Pfad zwischen den Abgründen sah, wie er sich in den Himmel zu den Gipfeln mit den scharfen Zacken schlängelte, zu den Wolken hin – oder waren das vereiste Pässe? – da bekam sie einen Schreck. Ich nahm sie, die Leichte, Schlanke auf den Arm, die Fremde und Nahe, sie kniff ihre großen Augen zu, deren Farbe ich nicht begreifen konnte, vieles konnte ich nicht begreifen, und stieg den Weg hinauf. Ich erinnerte mich, wie ich inmitten der Verdammten diesen Pfad hinabgestiegen war, nicht mit dieser mir teuren und qualvollen Last, sondern mit einer Tasche, mit den Porträts von Onkel und Tante, wie Onkel Ismail mit meinen Porträts von Lenin und Stalin in den Abgrund gestürzt war, wie Achmed, der Mann ohne Beine, in seinem Wägelchen hinunterstürzte und auch der einbeinige, einarmige Babrakow. Ich erinnerte mich an die Vertreibung meines Volkes, aber mein Kopf schwindelte nicht. Ich schritt sicher über den eigenen Boden. Nur in meinem Herzen war Schmerz, der alte, nicht heilende Schmerz, dazu ein neuer, frischer. Olja wurde schwindlig, als ich sie nach dem Aufstieg auf dem Boden Kuruschs absetzte. Wir gingen durch den Aul. Er war zur Hälfte leer. Wenige Bewohner von Kurusch waren am Leben geblieben. Nicht alle, die noch lebten, waren in den heimatlichen Aul zurückgekehrt. In wenigen Sakljas ging das Leben weiter. Dort, wo es weiterging, schaute man von den Terrassen zu uns herüber. Von ferne entdeckte ich schon den Zimmermann Kutschijew, seine Frau und seine Zwillinge, die ehemaligen Marx und Engels, Sarijat Babrakow und ihre drei Söhne. Ich sah den Erwachsenen und den Kindern in die Augen. Niemand lud mich zu sich ein, aber alle erwarteten, daß ich zu ihnen mit meiner Freundin käme, alle wußten, daß ich Schriftsteller bin und hatten Angst, ob ich nicht zu den Hochgestochenen gehöre. Ich wußte, daß ich unbedingt alle besuchen würde, aber zunächst wollte ich Olja in den Klub führen, in die frühere Moschee.

Nikolaj Leopoldowitsch hat mir einmal gesagt, das Ornament an den Wänden der Moschee bestünde in Wirklichkeit aus Koransprüchen, die in kufischer Schrift geschrieben seien. Ich habe das arabische Alphabet gelernt, aber mit der kufischen Schrift komme ich nicht klar. Ich las laut die arabische Aufschrift an der Tür: ‚Lob sei Allah, dem Herren der Welten, dem gütigen, gnädigen König am Tage des Gerichts' und stieß die niedrige Tür auf. Offensichtlich wurde der Klub selten aufgemacht. Es roch nach muffiger Feuchtigkeit. Der Mihrab wies niemandem den Weg nach Mekka. Eine Spinne hatte darin ihr Netz gespannt. Unter dem Dach war ein Stück Mauer herausgebrochen, in dem Spalt saß ein Kuckuck und schwieg. Die untereinander verbundenen Stühle, nur ein paar Reihen, waren an der rückwärtigen Wand zusammengeschoben. Ich ließ die Tür offen, und warmes Licht legte sich als zitternder Streifen auf den Erdboden der ehemaligen Moschee, auch auf die Stühle. Wir setzten uns hin.

Das ist anscheinend aus dem Buch der Richter. Der Älteste des Stammes Japheth, von den feindlichen, wütenden Moabitern umringt, betete voller Verzweiflung: ‚Herr, ich schwöre Dir, wenn Du mich aus den Fängen des Todes befreist, bringe ich Dir den ersten aus meinem Hause zum Opfer, dem ich begegne'. Gott erhörte das Gebet, und als Japheth zu den Zelten seines Stammes zurückkehrte, war der erste, den er sah, seine junge Tochter. Schmerz drang ihm in sein Herz, und er berichtete seiner Tochter von seinem Schwur. Zwei Wochen lang spielte seine Tochter mit ihren Gespielinnen. Zwei Wochen lang wußte sie, daß sie sterben müsse. Zwei Wochen sprach Japheth mit ihr, bereitete seine geliebte Tochter auf den Tod vor. Was hat er ihr gesagt? Im Buch ist es nicht gesagt. Ich wünschte mir, eine solche Frau zu finden, mit der ich im Jahre meines Todes so sprechen könnte, wie Japheth mit seiner Tochter.

Ich setzte mir Olja auf die Knie, streichelte ihre kleinen Brüste, holte sie aus dem Sarafan. Ich besudelte die seit langem besudelte Moschee, ich war zum ersten Mal glücklich im Glück meines Fleisches. „Wenn ihr Frauen berührt habt und kein Wasser fandet, dann reinigt euch mit sauberem Sand und wischt Gesicht und Hände ab". Allah, du weißt von mir, ich habe mich nicht gewaschen, mein Gesicht nicht und meine Hände nicht und auch meine Seele habe ich nicht mit reinem Sand gewaschen.

Olja sagte:
„Erinnerst du dich an die Einladung von Stanislaw Jurjewitsch? Nimmst du mich nach Moskau mit? Ich will versuchen, mir in der Universität zehn Tage freigeben zu lassen, obwohl der Dekan sagen wird: ‚Das geht nicht, du bist im letzten Studienjahr'."
Ich sagte:

„Ich fahre nicht zur Dekade. Von den gemeinen Kerlen möchte ich nicht einmal Essig nehmen."
„Was redest du für Unsinn. Was für Essig? Was hat das mit Essig zu tun? Ich will, hörst du, ich will, daß du zur Dekade fährst. Ich will dabeisein, wo man dich lobt. Du bist begabt, bist zeitgemäß. Du bist nicht so einer wie all unsere Gugirder Schriftsteller. Vielleicht kann auch ich meine Gedichte bei Kennern vortragen."
„Olja, was hattest du mit Matwej Kaplanow?"
„Ich liebe dich. Ich werde dich immer lieben. Ich will dir nichts verbergen. Ich war ihm nah, ein paar Mal."
„Liebtest du ihn?"
„Nein, das glaube ich nicht. Ich bin ihm dankbar."
„Wofür?"
„Er ist gut. Er hat mir seine Übersetzungen vorgelesen, hat mich nach meiner Meinung gefragt. Ich fühlte mich höher. Offensichtlich hatte ich eine gewisse Bedeutung. Er lobte meine Gedichte. Er klagte, jammerte, daß er im Krieg einen Bauchschuß bekommen hat. Unsere Studenten sind solche kümmerlichen Kerle. Vor dir habe ich keinen besseren getroffen als ihn."
„Schlechtere hast du getroffen?"
„Mein Lieber, wir wollen uns nicht quälen. Wir hatten es doch gerade so gut."
Sie blickte mich mit ihren ruhigen, großen Augen an. Jetzt begriff ich, was sie für eine Farbe haben: kupfern, zwei abgegriffene Dreier unter den Wimpern. Ich liebe sie.
In dieser Moschee hörte ich die entsetzliche Rede des Sicherheitsoffiziers Bijew. In dieser Moschee nahm ich in kindlichem, berechtigtem Zorn die Porträts Lenins und Stalins von der Bühne. In dieser Moschee verfluchten den Bijew der schöne, beinamputierte Achmed und die schwangere Sarijat Babrakowa. In dieser Moschee erkannte ich eine nicht keusche Frau. In dieser Moschee habe ich nie gebetet.

Ich bete zu Allah. Ich bete zur russischen Sprache, die mich adoptiert hat. Das Leben ist Sünde. Ich möchte sündigen. Ich habe meine armselige sklavische Kindheit und meine bittere sklavische Jugend im Kolchos „Schwert der Revolution" nicht vergessen. Ich habe nicht vergessen, wie die Nachricht von Stalins Tod eintraf, wie der Zimmermann Kutschijew seinen gewaltigen Tanz tanzte und schrie: „Verreckt, verreckt!" Ich will, daß alle Kutschijews, alle Safarows, meine Mutter Fatima und mein ganzes Volk stolz auf mich sind. Ich werde sündigen, aber ich werde mit keinem einzigen Wort auf dem Papier sündigen. Stanislaw Jurjewitsch hat Recht: mit dieser Macht spielt man nicht, sie

gewinnt immer. Ihr muß man dienen. Will man ihr nicht dienen, muß man Straßenfeger, Fahrstuhlführer, Wächter oder Heizer sein. Willst du aber ein Schriftsteller sein, dann diene.
Wenn du ein Gewissen hast, dann hast du nur eine kümmerliche schmutzige Möglichkeit: diene ihr schlecht. Ich werde schlecht dienen. Dienen, aber nicht wie der getreue Johannes, und nicht wie der käufliche Fouché. Dienen wie die tawlarischen Kolchosbauern im Kolchos „Schwert der Revolution" und wie auch in der Gegenwart alle Kolchosbauern auf den staatlichen Feldern dienen. Nur auf meinem kleinen Hofland, auf meinen eigenen Seiten, da werde ich voller Hingabe und Ehrlichkeit dienen, werde der Wahrheit dienen. Mein Gott, plane ich da kein Spiel? Ich werde zur Dekade fahren.

Das Flugzeug flog, als schöbe es den Schnee der Wolken auseinander. Stanislaw Jurjewitsch wußte noch nicht, daß Alim seinen Beschluß geändert hatte, und er überlegte, ob der junge Tawlare bei seinem Verzicht auf die Teilnahme an der Dekade richtig handelte.
Was geschieht in unseren orientalischen Republiken? Man kann das irgendwie verstehen, wenn man sich die drei Generationen vor Augen hält. Hakim Asadajew hatte die sowjetische Periode seines Lebens mit dem Schwung einer erhabenen Liebe zu seinem heimatlichen Volk und zu Gott begonnen, aber er war – gekauft – immer tiefer und tiefer gefallen. Die nächste Generation brauchte nicht mehr zu fallen, sie spürte schon von Geburt an die Seele in ihrem Körper nicht mehr, war zur Ware geworden. War Alim Safarow etwa ein Vorbote einer gewissen Wiedergeburt? Aber war denn überhaupt eine Wiedergeburt nach den Ereignissen in Grosny möglich? Noch nie zuvor hatte es bei uns einen derartigen Haß der mohammedanischen Völker auf die Russen und der Russen auf die Fremdvölker gegeben. Ist denn Rußland ein koloniales Imperium wie einst England? Das britische Imperium ist zerfallen, doch England lebt bestens ohne die Kolonien, die hinter all den Ozeanen lagen, sogar ohne Indien, wo die Menschen verschiedener Sprache sich weiter untereinander auf englisch verständigen. Rußland aber kann man sich schwer ohne den Kaukasus und ohne Mittelasien vorstellen. Auch diese Gebiete kann man sich schlecht ohne Rußland vorstellen. Wir sind miteinander verschmolzen. Bisweilen verstehen wir selbst nicht, mit welcher Festigkeit und welchen Banden des Blutes wir miteinander verwoben sind. Selbst wenn sich die Völker unseres Orients von uns entfernen, bleiben sie mit uns verbunden. Und wir mit ihnen. Das Leben, das wir zusammen durchlebt haben, kann nicht verschwinden, denn insgeheim will es nicht verschwinden.
Vor dem Flugzeugfenster lagen weiß die Wolken. Stanislaw Jurjewitsch

hatte den Gedanken, die Erde würde immer zum Himmel streben, mit ihrem ganzen grünen Körper dorthin streben, und die Berge seien ein versteinertes Streben der Erde zum Himmel. Die Wolken aber seien Schneeklippen, die sich in einer tragischen Aufwallung dieses uralten Strebens von den Bergen losgerissen haben. Losgerissen strahlen sie in schmerzlichem Glanz am Himmel, sehnen sich nach der Erde. Oh, ihr Gipfel der Kaukasusberge, der trübe Tag wird kommen, an dem ihr euch von Rußland losreißt, aber ihr werdet euch nach Rußland sehnen, nach meinem armen Rußland, ja: nach meinem armen Rußland.

Moskau
Oktober 1979 – Oktober 1980

NACHWORT
Eine freie und weise Muse

Semjon Lipkin ist als Übersetzer epischer Gedichte, vor allem östlicher, bekanntgeworden. Seine eigenen Gedichte und Prosawerke sind den Lesern in der Sowjetunion auch heute noch unbekannt: Der große Gedicht-Sammelband „Wolja"[1]) und der Roman „Dekada"[2]) sind auf russisch nur in den USA erschienen.
Semjon Lipkin wurde 1911 in Odessa geboren. Als junger Mann ging er nach Moskau, studierte östliche Sprachen, Philosophie, Geschichte und Kunst des Ostens, wurde Schriftsteller. 1934 nahm man ihn in den gerade gegründeten Schriftstellerverband auf: Maxim Gorkij händigte ihm seine Mitgliedskarte aus.
Daß Anna Achmatowa Lipkins Gedichte hoch einschätzte, war nur einem engen Kreis bekannt. Daß er seine Gedichte Ossip Mandelschtam vorgelesen hat, erfährt man erst jetzt aus dem Essay „Die feuersprühende Kohle"[3]), in dem er das vielleicht beste bislang existierende Bild Mandelschtams gezeichnet hat.
Lipkin ist viel im Kaukasus und in Mittelasien gereist. Während des Krieges war er an der Front; er hat an der Schlacht um Stalingrad teilgenommen.
Lange Jahre hindurch hatte er Arbeit, genoß Hochachtung der Kollegen und offizielle Anerkennung, hatte Geld, erhielt Auszeichnungen, er machte, was er schrieb, talentvoll. Was er schrieb, wurde gebraucht. Er freute sich des Lebens. Reiste. Schrieb Gedichte für die Schublade. Hatte Freunde. Trank Wein. Küßte Frauen.
Der Titel des Gedicht-Sammelbandes „Wolja" (russ.: Freiheit) ist nicht zufällig: Durch alles, was er schrieb, zieht sich als Hauptthema die Freiheit. In ihren vielen Bedeutungen: die Sehnsucht nach ihr, das bittere Gefühl, wie relativ die eigene, kleine Freiheit ist, und ihre Unerreichbarkeit.
Freiheit ist, wenn man nicht eingesperrt wird, wenn keine Gitter vor den Fenstern sind. Freiheit ist, wenn man sich nicht selber einsperrt. Wenn man im Einklang mit der Schöpfung atmet, eins ist mit den göttlichen wie den menschlichen Gesetzen, eins mit dem eigenen Ich.

[1]) ARDIS, Ann Arbor/Michigan, 1981
[2]) Chalidze Publications, New York, 1982
[3]) ebda., 1983

Die Gedichte und die Prosa Lipkins fließen langsam. Er selber hat sich ebenfalls langsam entwickelt, jedoch ungewöhnlich stetig. Im allgemeinen rebellieren junge Menschen. Lipkin war fast siebzig Jahre alt, als er, nach der Veröffentlichung von Gedichten in dem unzensierten Almanach „Metropolj" aus Protest gegen die Verfolgung junger Kollegen aus dem Schriftstellerverband austrat. Gemeinsam mit ihm traten seine Frau, die Dichterin Inna Lissnjanskaja, und der Schriftsteller Wassilij Aksjonow aus. Im Jahre 1977 war ihnen Georgij Wladimow vorangegangen.

Der Austritt aus dem Schriftstellerverband bedeutet „Schwarze Liste", keinerlei Veröffentlichungen, keinerlei Honorare. Werke, die Lipkin und Inna Lissnjanskaja vor langer Zeit übersetzt hatten, wurden bei anderen neu in Auftrag gegeben, damit die Namen der „Abtrünnigen" nicht in den Büchern erschienen und man ihnen kein Geld zahlen mußte. Sie verloren das Recht, sich in der Poliklinik des Schriftstellerverbandes behandeln zu lassen, wo die Ärzte sie lange Jahre hindurch betreut hatten.

Der Austritt aus dem Schriftstellerverband bedeutet zugleich eine Zunahme der Gefahr: Morgen kann jemand mit einem Haussuchungsbefehl kommen, und man hat nicht mehr jenen relativen Schutz, den die Mitgliedskarte immerhin gewährt.

Der Austritt aus dem Schriftstellerverband beendete nur einen Prozeß, der bei Lipkin lange zuvor begonnen hatte.

Aus dem Inhalt: ...Mitten im Krieg stößt ein Offizier auf einer Bahnstation im Hinterland auf einen vergitterten Waggon. Er hört Stöhnen, Schreie. Prallt zurück vor Gestank. Er nimmt einen leeren Eimer, holt Wasser für die Eingesperrten, aber an der Waggontür steht bereits wieder der Wachtposten, der sich für eine Minute entfernt hatte.

Dort, eingesperrt in dem Waggon, leiden Menschen, darunter auch Autoren, deren Gedichte dieser Offizier, Bodorskij, übersetzt hatte – unter ihnen auch ein berühmter Dichter des Volkes.

Jahrhundertelang hatten im Kaukasus zwei kleine Völker gelebt: die Tawlaren und die Guschanen. Die Bezeichnungen sind erdacht, ihr Schicksal jedoch nicht. Ein ganzes Volk, die Tawlaren, wurde verbannt. So war das Schicksal der „bestraften" Völker – der Kabardiner, der Balkaren, der Tschetschenen und der Inguschen, der Kalmücken, der Wolgadeutschen und der Krimtataren.

Ausnahmslos alle Tawlaren – wie auch die anderen – waren auf Befehl Stalins wegen „verräterischer Kollaboration mit den deutschen Besatzern" innerhalb weniger Stunden aus ihren heimatlichen Bergdörfern, den Auls, geholt worden. Auf der langen Fahrt in die Verbannung nach Kasachstan haben sie einen Leidensweg in denselben Waggons wie

jenem durchgemacht, auf den der Offizier Bodorskij, der lyrische Held von „Dekada" (zu deutsch: „Das Volk der Adler"), stieß. Er läuft nach Wasser, empfindet die fremde Not und hat das Bedürfnis, unverzüglich zu helfen. Zugleich aber empfindet er dankbar seine eigene Freiheit und fürchtet sich tödlich, sie zu verlieren.
Der Autor gesteht, wie schwer es ihm gefallen ist, die Augen vor der furchtbaren Wahrheit zu öffnen. Noch schwieriger war es, aus dem Gesehenen Schlüsse zu ziehen. Zunächst in Gedanken, dann – in Taten. Er fordert Rechenschaft vor allem von sich, dann aber von dem „Wolfshund des Jahrhunderts", wie ihn Mandelschtam genannt hat.
‚Im Jahre 1944 wußte ich nichts von den „bestraften Völkern". Ich habe von ihnen nach 1956 erfahren, als ich von den anderen Verbrechen der Stalinzeit erfuhr.
Die Geschichte Bodorskijs ist ein Teil meiner, unserer Geschichte. Mir wie meinen Freunden wurden die Augen geöffnet. Man sah danach die Welt anders an. Mitunter wandelte sich auch das Benehmen. Es war schwer und schmerzhaft, sich zu ändern.
Die Geschichte der bestraften Tawlaren ist nicht meine Geschichte. Dergleichen ist weder mir noch jenen Menschen widerfahren, die mir nahestanden. Darin unterscheidet sich mein Eindruck wahrscheinlich von den Empfindungen der Mehrheit der deutschen Leser. Denn hier haben es viele Menschen erfahren müssen, was es heißt, aus der Heimat vertrieben zu sein. Und mit wie vielen Fäden, sichtbaren und unsichtbaren, diese Erinnerung an die Vergangenheit mit der Gegenwart verbunden ist!
Als ich „Dekada" las, begann ich zu sehen. Genauso war es gewesen: hoch oben in den Bergen der Aul Kurusch, wo man sich verliebte, wo Kinder zur Welt kamen, wo Bäume wuchsen, wo man sich stritt, Krüge herstellte, Gedichte machte, starb. Das vielfältige, vielgesichtige Leben war von einer verbrecherischen Feder mit einem einzigen Strich unterbrochen worden. Alle wurden vertrieben, gleichgemacht, der Möglichkeit zum Widerstand beraubt. Man hatte versucht, Menschen in Vieh zu verwandeln. Ich hoffe, daß dies auch jene Menschen empfinden, die das Buch in der deutschen Übersetzung lesen.
... Murad Kutschijew war in Kurusch geboren und aufgewachsen. Als einziger Tawlare war er für seine Tapferkeit an der Front mit dem Ehrentitel eines „Helden der Sowjetunion" ausgezeichnet worden. Aus dem Lazarett in seinen heimatlichen Aul zurückgekehrt, erfährt er von dem Schicksal seines Volkes.
Als Ausnahme – er ist ein Held – wird es Kutschijew erlaubt, in seiner Heimat zu bleiben, er wird „eingetragen" als Guschane. (Auf diese Art sind während des Krieges in diesen Auls die sogenannten Bergjuden, die

Taten, gerettet worden). Er weist die Gnade jedoch zurück, begibt sich freiwillig in die Verbannung zu den Seinigen. Dort entschließt er sich, Stalin einen Brief zu schreiben, ihm von allem zu berichten und ihn zu bitten, die unverdiente Strafe wieder aufzuheben. Einige „Sonderverschickte", seine Schicksalsgenossen, unterschreiben diesen Brief. Für diesen Versuch wird Kutschijew verhaftet, geschlagen, des Titels „Held der Sowjetunion" beraubt und in ein Lager in Norilsk im Hohen Norden gebracht.
Murad Kutschijew hätte dem Unglück entgehen können. Beide Male erwählte er das für ihn Schlechtere, da die Stimme des Gewissens stärker war als der Instinkt der Selbsterhaltung um jeden Preis.
Das Buch „Dekada" („Das Volk der Adler") eine Galerie von Bildern: Verschiedene Menschen reagieren unterschiedlich auf das Schicksal, das ihnen gegenübertritt in Form eines bürokratischen Papiers, in Form von Lastwagen und bewaffneten Soldaten. Die Mehrheit hatte keine Wahl. Es stellte sich heraus, daß es natürlich auch unter den Tawlaren Speichellecker und Verräter gab – Menschen, die nur an sich selber dachten.
Dem Schriftsteller Lipkin stehen jene am nächsten, die die schwersten Prüfungen durchmachen, die ihr Schicksal erwählen, indem sie dem inneren Gesetz ihres Charakters folgen – spontan wie Murad Kutschijew oder langsam wie Bodorskij.
...Die Tawlaren waren in den Untergang geschickt worden. Den Guschanen dagegen wurde befohlen, eine „Dekada" zu veranstalten: zehn Tage lang in der Hauptstadt sich feiernd darzustellen, mit Tänzen und Liedern, in Oper und Schauspiel aufzutreten, in den Zeitschriften der Hauptstadt Gedichte und Prosa zu veröffentlichen.
„Dekada" wurden die Volkskunst-Veranstaltungen der nationalen Republiken in Moskau genannt. Vorführen, was ist, eine Schau vormachen – das ersinnen, was es nicht gibt (mit dem Anschein, es sei vorhanden), was aber die Vorgesetzten aller Ränge bis hin zu dem Allerhöchsten, Stalin, wünschen. Hinter der Schau die blutige Leere verstecken.
Darüber hat Lipkin seine Erzählung geschrieben. Hinter dem engen Ausschnitt des Sujets steht die geschichtliche Tragödie. Mit der Einzigartigkeit der menschlichen Schicksale ist sie dem Leser nahegekommen. Aus den Seiten hervor tritt ein Konzentrationslager, das untrennbar mit einem Karneval verbunden ist, und ein Karneval, zu dem unzertrennlich ein Konzentrationslager gehört. Die Tawlaren werden in die Hölle gejagt. In Moskau aber ist zur gleichen Zeit ein verwandtes Volk zu Gast, die Guschanen: Man lobt sie, versucht, sie mit Geschenken zu korrumpieren. „Teile und herrsche."

All dies ist nicht dem Autor widerfahren. Es widerfuhr seinen Brüdern. Ihm wurde die Gnade, die Tragödie der anderen zu spüren. Er bekam seine schriftstellerische Begabung, um die Tragödie in Worte zu fassen. Die Erzählung „Dekada" enthält die Reportage eines Augenzeugen: Konkret heißen Zeit und Ort – Kaukasus, 1944. Es ist zugleich die Geschichte der Generationen, die über Jahrhunderte in diesen Bergen gelebt haben. Das Schicksal, das sich vor allem in der Mythologie verkörpert hat.
Die Gegenwart wird in einem manchmal fast krampfhaften Rhythmus wiedergegeben. In den mythologischen Kapiteln entwickelt sich das Sujet gleichmäßig, ähnelt dem Gang der Bergbewohnerinnen, die von den Quellen mit den Wasserkrügen auf dem Kopf hinabgeschritten kamen...
„Dekada" ist die Prosa eines Dichters. Man müßte diesen Begriff freimachen von dem Beigeschmack des Beurteilens: bedeutet doch in der Umgangssprache eine „poetische Seele" etwas Gutes, die „Prosa des Lebens" dagegen etwas Schlechtes. Dabei handelt es sich um zwei tiefschürfende Verfahren, die Wirklichkeit im Wort auszudrücken. Semjon Lipkin hat einen Hang zur Prosa. Selbst in jedem Gedicht gibt es ein Sujet, eine Erzählung, ein Bild. Seinem Stil fremd sind unbestimmte Schwankungen und Nuancen, fremd ist ihm der Symbolismus. Die Farbgebung seiner Malerei in Worten ist kraß wie bei einer Umrißzeichnung. Das Wort hält das Sichtbare fest.
Man erkennt die klare Zeichnung der Berge, der steilen Abhänge, man hört das Rauschen des Windes, der Flüsse. Man nimmt den Geruch des Waldes, des Feldes, der scharfen kaukasischen Küche wahr.
Der Autor versetzt die Leser in besondere Dimensionen: „... die meisten Menschen haben kein historisches Vorstellungsvermögen, weil sie in jenem Scheinbaren leben, was sie selbst als Zeit bezeichnen, während die Zeit bei den Menschen menschlich, trügerisch, momentan ist, das aber, was erst vor einem Augenblick war, sagen wir im ersten Jahrtausend der relativen, scheinbaren Ära, ist den Menschen unbekannt, oder sie kennen es nur wenig, oder, was noch schlimmer ist, die Menschen glauben voller Dünkel, es sei lange her – dabei geschah es gestern..." Es gibt keine Zeit, wie schon die Apokalypse verkündet hat.
Über die Vertreibung schreibt Lipkin nicht zum ersten Mal. In dem Gedicht „Die moldauische Sprache" berichtet der Autor, wie der an die Grenze des römischen Imperiums verbannte Dichter Ovid große römische Literatur schuf. In den Lagern und Gefängnissen eines anderen Imperiums schufen Sträflinge von heute große russische Literatur. Das Latein, das die Bessarabier zu Ovids Zeit sprachen, nennt der Autor eine „Lastsprache", beladen wie ein Pferdewagen. Ist das nicht auch ein Gesicht von Semjon Lipkins Muse?

Das Gedicht wurde im Jahr 1962 geschrieben. Aber in seiner obersten, brennend aktuellen Schicht – die Stummheit hat ihre Sprache wiedergefunden! – erschöpft sich sein Reichtum ebensowenig, wie sich mit der Erzählung von den Verbrechen an den Tawlaren der Reichtum von „Dekada" erschöpft. Die Mehrdeutigkeit der Literatur führt die Bücher Lipkins über die Grenzen Moskaus, über die Grenzen dieser Jahrzehnte hinaus.

In der Erzählung „Dekada" („Das Volk der Adler") gibt es viel Dunkles: Krankheiten, Enttäuschungen, Erniedrigungen, Verrat, Bestechung, Morde, Tod. Der Schriftsteller hat nichts erdacht und seine Farben keineswegs zu stark aufgetragen. Aber darüber hinaus gibt es in der Erzählung auch ein Bündel hellen Lichts.

Das Kolorit erinnert an den Boden einer Schlucht. Es ist dunkel, feucht und kalt, an den Rändern entlang kriecht dichter Nebel. Doch das beginnende Spiel von Licht und Schatten verkündet den Sonnenaufgang. Die Sonne ist bereits aufgegangen, sie steht hinter den Bergen, es dauert nicht mehr lange, und sie kommt auch hierher, in die Schlucht. Wenn man bis zum Hellwerden weiterleben könnte...

Licht ist ein Versprechen. Licht ist Hoffnung. Sowohl auf höhere Kräfte, als auch auf jene unerschöpfliche Fähigkeit der menschlichen Seele zum Widerstand, zur Opposition, die keine Tyrannei zerbrechen kann – auch nicht die grausamste.

Lipkin ist ein Zeuge davon, wie mehrere kleine Völker vernichtet wurden, und davon, wie von den Häftlingen des GuLag Literatur geschaffen wird. Er bewahrt das Gestrige auf, das Heutige, das Augenfällige, aber auch etwas Größeres: die Verbindung der Zeiten. Er erblickt im Heute das Morgen.

„...doch dann erhebt sich als Prophet,
wer vorher Alltags Zeuge war...",
heißt es in einem alten Gedicht.

Lipkin hört nicht auf, Zeuge zu sein. Und der Augenzeuge überprüft unablässig den hochweisen Propheten. Jedoch ließen und lassen Propheten derlei nur sehr selten zu.

Die Liste der Ehrentitel und Auszeichnungen Lipkins war länger als der Text über seinen Austritt aus dem Schriftstellerverband. All dies liegt weit zurück.

Er hat den dornigen Weg beschritten, wohl wissend, daß vor ihm keine Güter, keine Auszeichnungen, keine Ehrentitel liegen. Aber er konnte nicht anders handeln, ebenso wie der von ihm geschaffene Held Murad Kutschijew nicht anders handeln konnte.

Auch den Schriftsteller hat das unbestechliche Gewissen geleitet. Ihn hat seine Gabe geleitet; das Wort konnte sich nicht länger mehr in der Seele verbergen, konnte nicht mehr in der Schreibtischschublade liegen. Das Wort ist nach außen gedrungen, in jene schrankenlose Welt ohne staatliche Grenzen, ohne die Grenzen von Zeit und Raum, wo für immer schon die weise und freie Muse Semjon Lipkins ihre Heimatstatt hat.

R. Orlowa

Die wichtigsten handelnden Personen des Romans

Familien und Sippen
Asadajew (alter Sippenname Scharmatow)
Hakim – ehemaliger Mulla, Lehrer und Schriftsteller
Mansur – sein Sohn, Schriftsteller
Chalida – dessen Frau
Muhabbat Chisrijewa – eine Verwandte, Schriftstellerin

Bodorski
Stanislaw Jurjewitsch, Stassik – Lyriker und Übersetzer
Mascha, Maschenka – seine Frau
Kolka – beider Sohn

Kutschijew
Ismail – Schmied in Kurusch
Aischa – seine Frau
Murad – beider Sohn, Held der Sowjetunion
Kalerija Wassiljewna – dessen Frau, Ärztin
Wika – beider Sohn
Alim Safarow – Neffe von Ismail, Schriftsteller
Fatima Safarowa – seine Mutter, Schwester von Ismail
Olja – seine Braut
Kutschijew – Zimmermann
Marx-Mirsaid und Engels-Enwer – seine Söhne
Mussaib Aschagow – Volkssänger aus Kagar
Rasijat – dessen Frau

Otarow
Berd Ismailowitsch – Lehrer im Kolchos „Schwert der Revolution"
Galina Petrowna – seine Frau
Sarema – eine Verwandte von Berd Ismailowitsch
Dshemaldin Atalykow – deren Verlobter

Parwisow
Danijal Saurowitsch – Erster Sekretär des Gebietsparteikomitees in Gugird
Nadeshda Grigorjewna (Girschewna) – seine Frau
Saur – sein Vater, Lehrer

Personen
Ahmed – Kriegsinvalide aus Kurusch
Aischa – s. Sippe Kutschijew
Akbaschew – Vorsitzender des Rates der Volkskommissare in Gugird
Alim – s. Sippe Kutschijew
Amirchanow, Mohammed – Parteisekretär in Kagar
Aslan Shamatowitsch – s. Shamatow
Atalykow, Dshemaldin – s. Familie Otarow
Awschalumow – Held der Sowjetunion in Gugird
Babrakow – Klubvorsitzender in Kurusch
Babrakowa, Sarijat – seine Frau, Hirtin in Kurusch
Baschaschkin, Oleg – Übersetzer
Berd Ismailowitsch – s. Familie Otarow
Bijew – NKWD-Offizier im Kreis Kagar
Chalida – s. Sippe Asadajew
Danijal Saurowitsch – s. Familie Parwisow
Dewjatkin, Iwan Grigorjewitsch – Erster Sekretär des Gebietsparteikomitees in Gugird
Eldarow – Stellvertretender Vorsitzender des Ministerrats für Kultur in Gugird
Fatima – s. Sippe Kutschijew
Galina Petrowna – s. Familie Otarow
Gulaim Dshumabajewa – pensionierte Lehrerin in Kant, Wirtin von Mussaib aus Kagar
Hakim – s. Sippe Asadajew
Henselt, Nikolaj Leopoldowitsch – verbannter deutscher Gelehrter im Kolchos „Schwert der Revolution"
Ibrai – s. Rachmetow
Ismail – s. Sippe Kutschijew
Iwan Grigorjewitsch – s. Dewjatkin
Kalerija Wassiljewna – s. Sippe Kutschijew
Kaplanow, Matwej Sinowjewitsch – Übersetzer
Kasymkul – s. Samaganow
Kobenkow, Wadim Terentjewitsch – Kommandant im Kolchos „Schwert der Revolution"
Kolka – s. Familie Bodorski
Mansur – s. Sippe Asadajew
Mascha, Maschenka – s. Familie Bodorski
Matwej Sinowjewitsch – s. Kaplanow
Michail Michajlowitsch – Chauffeur in Gugird
Muhabbat Chisrijewa – s. Sippe Asadajew
Murad – s. Sippe Kutschijew

Murtasalijew, Hadschi – Vorsitzender des Schriftstellerverbandes in Gugird
Mussaib – s. Sippe Kutschijew
Nadeshda Grigorjewna – s. Familie Parwisow
Nashmuddin Suleiman – Erster Sekretär des Gebietsparteikomitees in Gugird
Naurus – s. Shamatow
Nikolaj Leopoldowitsch – s. Henselt
Olja – s. Sippe Kutschijew
Priluzki, Emmanuil Abramowitsch – Redakteur einer Armeezeitung
Rachmetow, Ibrai – Schriftsteller
Rasijat – s. Sippe Kutschijew
Sarijat – s. Babrakowa
Samaganow, Kasymkul – NKWD-Kommandant in Kant
Saur – s. Familie Parwisow
Semissotow, Viktor Nikolajewitsch – General
Shamatow, Aslan Shamatowitsch – Propagandasekretär in Gugird
Shamatow, Naurus – Volkssänger
Stanislaw Jurjewitsch – s. Familie Bodorski
Soronbai – Volkssänger
Sultan – Chauffeuer in Gugird
Temir – Chauffeur von Semissotow, später NKWD-Leutnant in Kant
Viktor Nikolajewitsch – s. Semissotow
Vlasta – tschechische Journalistin
Wesirow – Volkskommissar für Inneres in Gugird

Historische Personen aus dem Bereich von Politik und Kultur sind in dieses Verzeichnis nicht aufgenommen.